PUBLICATIONS

DE

L'ÉCOLE DES LANGUES ORIENTALES VIVANTES

IIᵉ SERIE — VOLUME IX

MÉLANGES ORIENTAUX.

VIENNE. — TYP. ADOLPHE HOLZHAUSEN,
IMPRIMEUR DE LA COUR I. & R. ET DE L'UNIVERSITÉ.

MÉLANGES ORIENTAUX

TEXTES ET TRADUCTIONS

PUBLIÉS

PAR

LES PROFESSEURS DE L'ÉCOLE SPÉCIALE DES LANGUES ORIENTALES VIVANTES

A L'OCCASION

DU SIXIÈME CONGRÈS INTERNATIONAL DES ORIENTALISTES

RÉUNI A LEYDE

(SEPTEMBRE 1883)

PARIS

ERNEST LEROUX, ÉDITEUR

LIBRAIRE DE LA SOCIÉTÉ ASIATIQUE

DE L'ÉCOLE DES LANGUES ORIENTALES VIVANTES, ETC.

28, RUE BONAPARTE, 28

1883.

NOTICE HISTORIQUE

SUR

L'ÉCOLE SPÉCIALE DES LANGUES ORIENTALES VIVANTES.

NOTICE HISTORIQUE

SUR

L'ÉCOLE SPÉCIALE DES LANGUES ORIENTALES VIVANTES.

«Chez les peuples les plus éclairés de l'Europe, les langues orientales occupent un rang distingué dans tous les établissements consacrés à la propagation des lumières. Ces langues, négligées en France depuis le commencement de ce siècle, ont été presqu'entièrement abandonnées pendant la révolution.» Tels sont les premiers mots d'un *Rapport sur les langues orientales, commerciales et diplomatiques,* présenté à la Convention par le député Lakanal, et sanctionné, le 10 germinal an III (30 mars 1795), par le vote du décret de fondation de l'Ecole des langues orientales vivantes.

Cette constatation officielle de la décadence qui avait frappé les études orientales en France pendant le XVIIIe siècle, trouve peut-être sa confirmation la plus éclatante dans ce fait que, de 1696 à 1779, il ne fut pas imprimé dans notre pays une seule ligne en caractères arabes. En 1751, à l'occasion de la naissance du duc de Bourgogne, frère aîné de Louis XVI, les élèves de l'Ecole royale des Jeunes de langues publièrent un petit recueil de vers de circonstance en latin, en grec et en français. Ils s'excusent par le quatrain suivant *quod non Turcice scripserint* :

Turcica Musa silet. Ne, Princeps optime, culpes
Immeritam : voluit plurima verba loqui.
At quæ dixit amor, memori transmittere chartæ,
Non assueta typis, Gallica dextra negat.

Et sous les vers on peut lire cette note : *Nihil Parisiis Turcice Arabiceve typis mandatur.* Un effort considérable était nécessaire pour que ces études reprissent chez nous le rang qu'elles avaient conservé ou conquis dans les pays voisins.

L'idée de créer une nouvelle Ecole spécialement consacrée à l'enseignement des langues orientales vivantes est due à L. Langlès, qui la développa dès l'année 1790 dans une Adresse à l'Assemblée nationale[1]. Partant de l'insuffisance des leçons données au Collége royal[2] (aujourd'hui Collége de France), « établissement d'ostentation, dit-il, plus propre à flatter la vanité d'un roi qu'à remplir les vues des hommes studieux,» Langlès proposait, dans l'intérêt du commerce, de la politique et de la science, de créer à

1. *De l'importance des langues orientales pour l'extension du commerce, les progrès des lettres et des sciences.* Adresse à l'Assemblée nationale, par L. Langlès, *Officier du point d'honneur et Chasseur volontaire de la Garde nationale parisienne.* A Paris, chez Champigny, imprimeur-libraire, rue Haute-Feuille, n° 36, et à Strasbourg, chez Kœnig, libraire, 1790, 40 p. in-8°.

2. Le Collége royal avait eu longtemps deux chaires de langue arabe, dont l'une avait été créée par Henri III, l'autre par Louis XIII. Une de ces chaires avait été supprimée en 1773 par arrêt du Conseil du roi et remplacée par une chaire de langues turque et persane. Les professeurs titulaires étaient, en 1790, Caussin de Perceval père et Ruffin.

Paris et à Marseille «une chaire d'*arabe*, une autre de *turc*, et une troisième de *persan*.» Ces chaires ne devaient être «confiées qu'à des savants, naturalisés parmi les orientaux par un long séjour en Asie.» Le plan d'études tracé par l'auteur du projet ne ménageait pas une sinécure aux «anciens drogmans» qu'on aurait appelés comme professeurs, car il leur aurait fallu donner «tous les matins des leçons publiques de quatre ou cinq heures.» Quant au chapitre des voies et moyens, Langlès voulait «employer à la fondation de ces chaires les revenus destinés à l'éducation des enfants-de-langue, établissement trop mal conçu pour échapper aux recherches de nos sages députés[1].» Un tel projet n'avait guère de chances d'être accueilli en 1790. La sévérité des jugements portés sur les écoles déjà existantes devait également blesser un certain nombre de personnes et priver son auteur de l'appui et des sympathies dont il avait besoin. La proposition resta donc dans les cartons de

1. Par arrêt de la Cour de commerce en date du 18 novembre 1669, révisé par un autre arrêt du 31 octobre 1670, le roi avait ordonné, sur la proposition de Colbert, que «doresnavant les droguemans et interprètes des Echelles du Levant résidant à Constantinople ne pourroient s'immiscer à la fonction de leur emploi, s'ils n'étoient François de nation . . . que de trois en trois ans seroient envoyés aux dites Echelles de Constantinople et de Smyrne six jeunes garçons de l'âge de neuf à dix ans qui voudroient volontairement y aller et iceux remis dans le Couvent des Capucins desdits lieux de Constantinople et Smyrne, pour y être élevés et instruits à la religion catholique, apostolique et romaine et à la connoissance des langues, en sorte qu'on pût s'en servir avec le temps pour interpreter lesdites langues.» Les enfants envoyés en Orient en vertu de cet arrêt reçurent à Constantinople le nom de Jeunes de Langues ou Enfants de Langues, traduction littérale du turc دل اوغلانى, et le gardèrent lorsque plus tard l'établissement fut transporté à Paris, au Collége Louis le Grand (1700). Voyez F. Masson, *Les Jeunes de Langues*, dans le *Correspondant* du 10 septembre 1881, p. 905 à 930.

l'Assemblée nationale. Mais Langlès n'était pas homme à se laisser décourager par un premier échec.

Quelques années après, un moment plus favorable se présenta. A la suite des évènements de la révolution, la plupart des drogmans attachés aux postes diplomatiques et consulaires de la Barbarie et du Levant avaient quitté le service. En même temps presque tous les élèves de l'Ecole des Jeunes de langues avaient été retirés du Collége Louis-le-Grand, devenu le Collége de l'Egalité; il n'en restait plus que deux en 1795. La pénurie d'interprètes était devenue telle qu'on ne pouvait trouver de candidats sérieux pour les emplois vacants. D'un côté, l'intérêt commercial et politique du pays exigeait impérieusement qu'une pareille situation ne se prolongeât pas; de l'autre, «l'établissement des Jeunes de langues, qui n'admettait que des enfants en bas âge, n'offrait que des ressources bien lentes pour les pressants besoins de l'Etat.» Il devenait urgent de créer une Ecole dont l'enseignement, s'adressant à des jeunes gens déjà formés, les préparât rapidement à remplir les fonctions d'interprètes.

Langlès, qui n'était point resté inactif depuis sa tentative de 1790, trouva le moment propice et revint à la charge. Au commencement de l'année 1795, mettant à profit ses relations avec plusieurs conventionnels, entre autres avec Lakanal, il présenta de nouveau son projet légèrement modifié, — il n'était plus question de cours de langues orientales à Marseille, — et le fit agréer par les Comités d'instruction publique et des finances de la Convention. On peut même regarder comme certain qu'il rédigea lui-même le rapport de Lakanal dont nous citions tout à l'heure le début. Quoi qu'il en soit, dans un des moments les plus critiques de l'histoire de la révolution, au milieu des émeutes provoquées par la disette, la Convention, vers la fin de la séance orageuse du 10 germinal an III (30 mars 1795), rendit le décret suivant qui est demeuré la charte constitutive de l'Ecole des langues orientales :

La Convention nationale, après avoir entendu le rapport de ses comités d'instruction publique et des finances, décrète:

Article premier.

Il sera établi dans l'enceinte de la Bibliothèque nationale une école publique destinée à l'enseignement des langues orientales vivantes, d'une utilité reconnue pour la politique et le commerce.

II.

L'école des langues orientales sera composée, 1° d'un professeur d'Arabe littéraire et vulgaire; 2° d'un professeur pour le Turc et le Tartare de Crimée; 3° d'un professeur de Persan et de Malais.

III.

Les professeurs feront connaître à leurs élèves les rapports politiques et commerciaux qu'ont avec la République française les nations qui parlent les langues qu'ils seront chargés d'enseigner.

IV.

Les dits professeurs composeront en français la grammaire des langues qu'ils enseigneront : ces divers ouvrages seront remis au comité d'instruction publique.

V.

Le mode de nomination et le salaire des professeurs de langues orientales, seront les mêmes que ceux des professeurs des écoles centrales instituées par la loi du 7 ventôse dernier.

VI.

Le comité d'instruction publique demeure chargé du règlement de police de l'école des langues orientales.

Le rapport présenté à la Convention et imprimé par son ordre en même temps que le décret ci-dessus[1], s'attachait à montrer l'utilité que la diplomatie et le commerce pouvaient retirer de l'étude des langues orientales; il distinguait soigneusement les langues orientales *savantes* ou *mortes* des langues orientales *vivantes*, énumérait et caractérisait à grands traits ces dernières en laissant entrevoir la création éventuelle de nouvelles chaires, et justifiait en ces termes l'établissement de l'école projetée « dans l'enceinte de la Bibliothèque nationale : »

« Quelques-unes des langues dont nous venons de parler,

1. Cette pièce a été réimprimée dans les *Documents relatifs à la constitution et à l'histoire de l'Ecole spéciale des langues orientales vivantes.* Paris, 1872, p. 27.

étaient enseignées dans le ci-devant collége de France; mais cette branche d'enseignement n'était pas convenablement placée : les manuscrits et les imprimés en langues orientales, d'une rareté et d'une cherté excessives, manquaient également aux professeurs et aux élèves; les uns et les autres étaient privés des secours nécessaires au succès de leurs travaux. C'est dans la Bibliothèque nationale; c'est dans ce dépôt de tous les éléments de l'instruction en ce genre que doit s'élever le monument destiné à l'enseignement public des langues orientales. »

Les évènements ne permirent pas à la Convention de mettre immédiatement en vigueur les nombreuses lois sur l'instruction publique qu'elle avait décrétées. Cette tâche fut réservée au Directoire exécutif et accomplie par son ministre de l'intérieur Benezech. Les écoles centrales, créées le 7 ventôse an III (2 février 1795), ne purent être ouvertes à Paris que le 1er prairial an IV (20 mai 1796). Quant à l'Ecole des langues orientales, ses cours commencèrent le 4 messidor an IV (22 juin 1796) à la Bibliothèque nationale qui venait d'être réorganisée. L. Langlès, nommé, le premier en date, à la chaire de persan et de malais, avait déjà fait un certain nombre de leçons dans les locaux du Collége de France.

L'affiche annonçant l'ouverture des cours de l'École des langues orientales a été conservée dans les précieuses collections de la Bibliothèque nationale. Nous en donnons plus loin un fac-simile. Elle porte que les leçons de persan du citoyen Langlès et les leçons d'arabe du citoyen Sylvestre Sacy *(sic)* auront lieu les Duodi, Quartidi, Septidi et Nonidi de chaque décade, de six à huit heures du soir pour le premier, de quatre à six heures pour le second. Le cours de langue turque devait commencer incessamment et être annoncé par de nouvelles affiches.

Les premières leçons furent bientôt interrompues par les vacances. La rentrée eut lieu le 21 brumaire an V (11 novembre 1796). Langlès profita de cette occasion pour prononcer un discours qui est un excellent commentaire du décret du 10 germinal an III, et où il accentua fortement le caractère pratique de l'enseignement qui devait être donné. «Citoyens,» dit-il en commençant, «le texte de la loi placée à la tête du programme de nos cours vous fait assez connaître quel a été le but des législateurs, en fondant l'*Ecole spéciale des langues orientales vivantes, et d'une utilité reconnue pour la politique et le commerce.* Cette école est destinée à former promptement des droguemans capables de remplacer ceux qui ont abandonné le service de leur patrie. Vous n'ignorez pas que ces hommes précieux par leurs connaissances, estimés jusqu'alors par des services importants et par une fidélité héréditaire, ont sacrifié en un instant tous les droits qu'ils avaient à la reconnaissance de leurs concitoyens, ainsi que la considération dont ils jouissaient parmi les diplomates asiatiques et européens. Quelques-uns n'ont pas rougi de s'enrôler au service des nations ennemies. Nos législateurs ont senti quel coup funeste cette désertion allait porter à notre commerce du Levant et de la Barbarie, si on ne se hâtait de pourvoir à leur remplacement.»

Plus loin le professeur, revenant sur la dure condamnation dont il avait frappé quelques années auparavant le Collége de France, montre comment les cours de langues orientales donnés dans cet établissement viendront compléter l'enseignement de la nouvelle Ecole. «On sait, dit-il, que ce collége est consacré spécialement à l'enseignement des langues mortes et savantes. Ainsi, loin de voir la moindre incompatibilité entre son existence et l'*Ecole spéciale des langues orientales vivantes,* je crois que ces deux établissements doivent se prêter des secours mutuels. Après avoir étudié avec nous les idiômes vulgaires et diplomatiques de l'Asie, nos élèves iront se perfectionner au collége de France, en y apprenant les langues anciennes et sacrées de la Palestine, que l'on y enseigne, celles de la Perse et de l'Inde, dont on ne peut se dispenser de fonder les chaires. Alors il existera dans cette branche de l'enseignement des degrés d'instruction qui manquent dans nos écoles centrales. Ainsi, sans prétendre porter la plus légère atteinte à un établissement consacré par plusieurs siècles d'une utile et brillante existence, respecté par nos derniers Vandales, et dont la destruction serait l'opprobre de ses destructeurs, on a voulu en former un exclusivement consacré à l'enseignement des langues orientales nécessaires à la politique et au commerce.»

Rappelant ensuite que les professeurs de l'Ecole ne doivent pas se borner à exposer les principes et à expliquer les difficultés grammaticales des langues qu'ils enseignent, mais qu'ils sont aussi «chargés de développer les relations politiques et commerciales que nous avons avec les peuples qui parlent ces langues,» Langlès déclare qu'il ne négligera point cette partie de sa tâche : «Le premier soin du professeur de persan sera de vous donner un aperçu des nombreuses provinces de cette immense presqu'île située entre l'Arabie, l'Inde et la Tatarie, connue parmi nous sous la dénomination impropre de *Perse*, mais que, depuis l'antiquité la plus reculée, les nations asiatiques appellent Irân.» Il s'applaudit enfin du choix qui a été fait de la Bibliothèque nationale pour y placer l'Ecole : «Nous avons éprouvé dès l'année dernière l'avantage de cette position, tant par le nombre des élèves qui ont suivi assidûment nos cours, que par les secours littéraires que nous avons trouvés ici, et que nous aurions vainement cherchés ailleurs.»

Ce n'est pourtant pas que l'Ecole eût été somptueusement, ni même confortablement, logée dans l'enceinte de la Bibliothèque nationale. Depuis 1796 jusqu'en 1834 elle n'eut d'autre local qu'une sorte de hangar, éclairé d'une manière insuffisante par d'étroites fenêtres, dans une petite cour, du côté de la rue Neuve-des-Petits-Champs. Mais on était près des manuscrits orientaux, et Langlès, qui en avait été nommé conservateur, les mettait libéralement à la disposition de ses collègues. Il y avait là une compensation à l'aspect misérable de la salle des cours.

Dès la rentrée du 21 brumaire an V, Silvestre de Sacy commença à dicter une grammaire arabe dont le manuscrit, mis au net par un de ses élèves, se trouve aujourd'hui à la bibliothèque de l'Ecole. C'est la première ébauche de la célèbre *Grammaire arabe* publiée par lui en 1810, mais dont le texte était déjà arrêté et livré à l'impression en 1805.

La chaire de turc, qui n'avait point encore de titulaire, était occupée provisoirement par Joseph Behenam, vieillard de soixante-treize ans, né à Mossoul, qui avait perdu pendant la Révolution sa place d'interprète à la Bibliothèque nationale et reçu en assignats la valeur d'une collection de manuscrits orientaux cédée au même établissement. Cette nomination par intérim avait donc eu lieu à titre de dédommagement. Mais l'avis du ministre de l'intérieur était que « la place ne pouvait être bien remplie que par un drogueman du Levant, » et on trouva bientôt un candidat qui satisfaisait à toutes les conditions. C'était Venture de Paradis, premier interprète de la légation française à Constantinople; il fut nommé professeur et prit possession de la chaire de turc en 1797, à son retour à Paris où il accompagnait l'ambassadeur ottoman Esseïd Ali-Efendi.

Les trois chaires de l'Ecole des langues orientales eurent donc comme premiers titulaires : LANGLÈS, pour le persan, SILVESTRE DE SACY, pour l'arabe, et VENTURE DE PARADIS, pour le turc.

La brièveté de cette notice ne nous permet pas de donner la biographie de tous les professeurs qui se sont succédés au différentes chaires de l'Ecole; mais nous croyons devoir faire une exception pour les trois que nous venons de citer en racontant sommairement leur vie jusqu'à l'époque de leur nomination.

Langlès (Louis Mathieu), né à Pérenne, près Montdidier, le 23 août 1763, vint de bonne heure à Paris terminer ses études qu'il avait commencées en province. L'état de sa santé ne lui permit pas d'embrasser le métier des armes auquel sa famille le destinait. Mais, désirant partir pour l'Inde, où il comptait trouver un emploi civil ou militaire, il se livra à l'étude des langues orientales, et suivit au Collége de France les leçons d'arabe de Caussin de Perceval père et les leçons de persan de Ruffin. Langlès fut nommé en 1785 lieutenant dans la garde du tribunal des maréchaux de France, et chargé en cette qualité d'empêcher et de réprimer les duels. Il ne cessa pourtant pas de poursuivre ses études scientifiques, et se fit bientôt connaître par de nombreuses publications se rapportant toutes à l'Orient. Quand arriva la Révolution, il en adopta les principes et obtint en 1792 une des places de sous-garde des manuscrits à la Bibliothèque nationale. Il put rester à son poste pendant la Terreur et y rendit de réels services en préservant de toute atteinte le dépôt confié à ses soins. Devenu membre de la commission temporaire des arts, adjointe par la Convention nationale à son comité d'instruction publique, Langlès acquit assez d'influence pour faire rendre le décret de fondation de l'Ecole des langues orientales vivantes. Il fut, en premier lieu, nommé professeur de langue persane. En désignant lui-même les collègues qui devaient lui être adjoints, Silvestre de Sacy et Venture de Paradis, deux orientalistes dont le savoir était bien supérieur au sien, Langlès fit preuve d'une réelle abnégation et d'un véritable dévouement aux intérêts de la science.

Silvestre de Sacy (Antoine Isaac), né à Paris le 21 septembre 1758, était le second fils d'un notaire nommé Jacques Abraham Silvestre. Il reçut le nom de Silvestre de Sacy, comme son frère cadet celui de Silvestre de Chanteloup, tandis que son frère aîné gardait seul le nom patronymique de Silvestre : la famille obéissait ainsi à un usage très fréquent dans la bourgeoisie parisienne. Le jeune Silvestre de Sacy, qui avait perdu son père de bonne heure, fit d'excellentes études classiques sous la direction d'un précepteur et sans quitter la maison maternelle. Dom Berthereau lui ayant inspiré le goût des études orientales, il s'y adonna avec une ardeur peu commune, et apprit successivement l'hébreu, le syriaque, le chaldéen, l'arabe et l'éthiopien. A l'âge de vingt-trois ans, il adressait à Eichhorn, au sujet d'un manuscrit syriaque de la Bibliothèque du roi, une communication qui fut insérée dans le *Repertorium für biblische und morgenländische Literatur*. Deux ans plus tard, en 1783, il publiait dans le même recueil le texte et la traduction des lettres jadis adressées à Scaliger par les Samaritains. Le jeune savant abordait à la fois l'étude des langues persane et turque, acquérait une charge de conseiller à la Cour des monnaies (1784), et était nommé associé libre de l'Académie des inscriptions (1785), à laquelle il présentait bientôt des travaux remarquables sur les premiers temps de l'histoire des Arabes et sur les antiquités de la Perse. En 1791 il devint l'un des commissaires généraux des monnaies, et l'année suivante, membre titulaire de l'Académie des inscriptions qui fut dissoute peu de mois après. Démissionnaire de sa charge de commissaire général, il se retira à la campagne et fit imprimer pendant l'année 1793 ses *Mémoires sur les antiquités de la Perse*. Silvestre de Sacy passait donc déjà pour un orientaliste éminent, pour un savant dont la réputation n'était plus à faire, quand il fut appelé, sur la proposition de Langlès, à occuper la chaire d'arabe de l'Ecole des langues orientales vivantes.

Venture de Paradis (Jean Michel de), de beaucoup plus âgé que ses deux collègues, était né à Marseille le 8 mai 1739, d'un père qui avait été consul dans le Levant. Après avoir fait ses études à l'Ecole des jeunes de langues, il fut envoyé à Constantinople pour se perfectionner dans la connaissance du turc et obtint le poste d'interprète à Saïda. De là il passa en Égypte où il resta jusqu'en 1776, accompagna le baron de Tott, chargé par le roi de visiter les Echelles du Levant (1777), et, après un court séjour au Maroc, fut nommé chancelier interprète du consulat de Tunis (1780). Venture rentra en France en 1781 comme secrétaire interprète du roi *en langues orientales* au ministère des affaires étrangères, mais quitta de nouveau l'Europe pour aller remplir à Alger une mission qui dura deux ans. Ce fut pendant son séjour dans cette ville qu'il composa sa *Grammaire* et son *Dictionnaire de la langue berbère*, publiés plus tard par A. Jaubert (1844). Adjoint ensuite comme drogman à deux ambassadeurs de la République près la Porte ottomane (1793 et 1794), nommé successivement consul général à Smyrne (1794) et premier interprète de la légation française à Constantinople (1796), Venture revint en France en 1797 et occupa immédiatement la chaire de turc à l'Ecole des langues orientales. C'était à lui probablement que songeait déjà le ministre de l'intérieur l'année précédente lorsqu'il voulait réserver cette chaire pour un « drogueman du Levant. »

Venture ne jouit pas longtemps d'un repos qu'il avait si

bien mérité. Sa vie se confond maintenant avec l'histoire de l'Ecole. Dès les premiers mois de l'année 1798, «le gouvernement donne l'ordre au citoyen Venture de se rendre à Toulon pour partir avec une expédition secrète.» Bonaparte l'avait choisi comme premier interprète de l'armée d'Égypte. Il obéit sans murmurer et emmena avec lui, en qualité d'interprètes, trois élèves de l'Ecole des langues orientales, Amédée Jaubert, Raige et Belleteste; un quatrième, Marcel, était nommé directeur de l'imprimerie du corps expéditionnaire, place déclinée par Langlès à qui elle avait été tout d'abord offerte. Venture et ses élèves rendirent à l'armée d'Orient d'éminents services. Le journal d'Abd-er-Rahman Gabarti parle de lui en ces termes: «Venture était un drogman du général en chef. C'était un homme éloquent et aimable : il possédait parfaitement le turc, l'arabe, le grec, l'italien et le français.» Quant à Napoléon, le témoignage suivant, extrait de la relation dictée par lui de la campagne d'Égypte, montre en quelle estime il tenait son interprète : «C'était le premier orientaliste d'Europe. Il rendait avec élégance, facilité, et de manière à produire l'effet convenable, tous les discours du général en chef.» Malheureusement Venture, nommé membre de l'Institut d'Égypte, ne put supporter les fatigues de l'expédition de Syrie. Il fut atteint de la dyssenterie au siége de Saint-Jean d'Acre et mourut, pendant la retraite de l'armée française, en mai 1799. Amédée Jaubert, un des élèves de l'Ecole qui l'avaient accompagné, lui succéda d'abord comme interprète en chef, puis, en 1800, après son retour d'Égypte, comme professeur de turc et secrétaire-interprète de la République pour les langues orientales. «En l'absence du citoyen Venture,» le cours de turc avait été fait par un «citoyen Ambroise,» sur la personnalité duquel il nous a été impossible de trouver le moindre renseignement.

L'affiche du 21 frimaire an VII (11 décembre 1798), qui nous révèle ce dernier détail, porte également que «Cirbied, arménien de nation, donnera des leçons de sa langue naturelle.» Ce premier essai d'ajouter un enseignement nouveau à celui des langues comprises dans l'organisation primitive, savoir l'arabe, le persan et le turc, ne dura que trois ans. Jacques Chahan de Cirbied (ջրպետեան), originaire d'Édesse, plus connu sous le nom de J. de Cirbied, ou simplement Cirbied, était arrivé en France depuis peu de temps, et la connaissance tout à fait insuffisante qu'il avait du français ne lui permettait pas de professer avec fruit sa langue maternelle. Le cours provisoire d'arménien fut donc supprimé le 24 vendémiaire an X (16 octobre 1801).

Langlès, élu président de l'Ecole par ses collègues, s'efforçait cependant de faire augmenter le nombre des chaires et de compléter ainsi l'enseignement des langues orientales vivantes qui se donnait à la Bibliothèque nationale. Dans une séance de la classe de littérature et beaux-arts de l'Institut national en vendémiaire an VIII, il exposa de nouveau ses vues sur l'importance politique et commerciale de l'étude de ces langues, dont il voulait faire «comme le noviciat de la diplomatie.» Aux trois langues déjà enseignées il lui semblait utile d'ajouter «le malais, le maure ou hindostany, et le tatare-mantchou, qui doit tenir lieu du chinois.» Ce dernier idiôme, ainsi que le japonais, ne lui paraissait pas encore assez bien étudié pour devenir l'objet d'un enseignement pratique. C'était l'Inde surtout qui fixait son attention; il regardait la connaissance des dialectes parlés dans ce pays comme un des moyens à employer, « soit pour profiter des fautes que les Anglais y ont commises, et de l'horreur qu'y inspire leur rapacité tyrannique, soit pour faire reprendre au commerce de cette contrée son ancien cours par l'Égypte. » Langlès, en émettant ces vœux, était évidemment dominé par les préoccupations du moment; aucun ne devait se réaliser pendant qu'il serait à la tête de l'Ecole, comme président, puis bientôt comme administrateur. Mais s'il ne vit inaugurer aucun des enseignements désirés par lui en l'an VIII, il assista pourtant avant sa mort (1824) à la création de trois chaires nouvelles, celles d'arménien (1812), de grec vulgaire (1819) et d'arabe vulgaire (1820).

Le grec moderne paraît pour la première fois sur les programmes de l'Ecole le 15 frimaire an IX (6 décembre 1800); on y peut lire que « le citoyen d'Ansse de Villoison développera l'origine et les principes du Grec vulgaire, dictera des Dialogues pour enseigner à parler cette Langue, etc.[1] » Ce cours provisoire fut maintenu jusqu'à la mort de l'helléniste éminent qui en avait été chargé (1805), puis demeura suspendu pendant dix ans. Il fut rétabli pour M. Hase le 15 septembre 1815. Enfin une ordonnance du roi en date du 7 avril 1819 créa définitivement la chaire de « grec vulgaire », que son titulaire, M. Hase, fit transformer plus tard

1. Voir plus loin la reproduction de l'affiche du 15 frimaire an IX.

(1838) en une chaire « de grec moderne et de paléographie grecque. »

Trois ans après le grec vulgaire, nous voyons l'arabe vulgaire s'introduire dans l'enseignement de l'Ecole des langues orientales. Dom Raphael de Monachis, ancien moine copte, né au Caire, membre de l'Institut d'Égypte, et qui avait rendu des services à l'armée française pendant l'expédition, fut nommé professeur-adjoint[1] par le premier Consul, le 1er vendémiaire an XII (24 septembre 1803), avec mission de « donner des leçons publiques d'arabe [vulgaire], et de travailler à la traduction de ceux des manuscrits de cette langue déposés à la Bibliothèque, qui renferment des notions relatives à la littérature et à l'histoire de sa nation. » Ces traductions devaient être entreprises dans le but de fournir des matériaux à la commission qui rédigeait alors la grande *Description de l'Égypte* dont le premier volume fut publié en 1809. Silvestre de Sacy, qui ne s'occupait pourtant dans ses leçons que de l'arabe classique, et dont la prononciation arabe, de l'aveu de tous, s'écartait notablement de la prononciation orientale, conçut d'abord un assez vif dépit de se voir donner un adjoint, mais ce mécontentement ne tarda pas à s'apaiser. Dom Raphael resta professeur-adjoint d'arabe jusqu'au mois d'avril 1816; il

1. A une époque qu'il nous est impossible de préciser, mais qui est antérieure à 1812, les deux chaires de persan et de turc furent également pourvues de professeurs-adjoints, chargés de suppléer les titulaires en cas d'absence ou de maladie. Au mois de décembre 1815, lorsque M. de Vaublanc fixa le budget de l'Ecole pour 1816, il supprima pour des raisons d'économie les traitements affectés à ces places qu'occupaient Chézy pour le persan et Sédillot pour le turc.

donna alors sa démission et retourna en Égypte, ne voulant point accepter pour sa part une réduction de traitement, conséquence des mesures générales d'économie décrétées sous le ministère de M. de Vaublanc.

En transmettant au Ministre la démission de Dom Raphael, Langlès, administrateur de l'Ecole, proposait de le remplacer en faisant «donner des leçons d'écriture, de prononciation et de conversation arabes» par Michel Sabbagh, autre réfugié égyptien, attaché à l'Ecole en qualité de copiste[1] depuis le 17 septembre 1810. Mais celui-ci étant mort presque immédiatement après (juillet 1816), le cours d'arabe vulgaire fut interrompu pendant trois ans. Le Ministre de l'Intérieur décida, le 26 août 1819, que ce cours devait être «de suite réorganisé,» et en chargea Ellious

1. Michel Sabbagh avait été attaché à l'Ecole des langues orientales sur la proposition de Silvestre de Sacy. Celui-ci, en le recommandant au Ministre, s'exprimait ainsi sur les obligations qui allaient incomber au copiste (Lettre du 3 sept. 1807) : « . . . Il y a longtemps que je désire que le gouvernement attache à son service un copiste pour les langues orientales, et surtout pour l'arabe. Ce copiste me paraîtrait devoir être attaché à l'Ecole spéciale des langues orientales vivantes et mis sous la dépendance des professeurs, qui se concerteraient pour les travaux dont ils le chargeraient. Ces travaux auraient principalement pour objet les manuscrits empruntés à des Bibliothèques étrangères dont on désirerait tirer des copies, et les divers extraits à faire des manuscrits de la Bibliothèque impériale pour les travaux littéraires ordonnés par le gouvernement. Pareillement quelques copies de manuscrits demandées par des gouvernements ou des savants étrangers, après que l'administration de la Bibliothèque y aurait donné son consentement, seraient confiées à ce copiste que l'on pourrait aussi employer à copier les manuscrits qui viendraient à s'altérer par la vétusté. Ce serait donc une chose utile pour la littérature que de charger de ce travail M. Michel Sabbagh, qui a une belle écriture et assez de connaissances littéraires pour s'en bien acquitter. M. Langlès, mon collègue, partage avec moi le désir que Votre Excellence attache ce copiste à l'Ecole des langues.» C'était donc surtout la Bibliothèque qui devait bénéficier des travaux du copiste. Un certain nombre de manuscrits de la main de Michel Sabbagh sont conservés aujourd'hui à la Bibliothèque nationale.

Bocthor (اليوس بقطر), copte égyptien, ancien interprète de l'armée française en Égypte. La lettre ministérielle portait que «les leçons seraient données à des externes comme pour le grec moderne, l'arménien, le turc, l'arabe et le persan,» recommandations qui semblent inutiles, vu l'organisation de l'Ecole qui n'admettait pas d'autres catégories d'élèves. On les comprendra peut-être mieux lorsqu'on saura qu'il s'agissait alors, dans le but de «commencer ou entretenir d'intéressantes relations,» de faire venir d'Égypte et de Syrie pour étudier en France de jeunes Arabes qui auraient été placés sous la surveillance du professeur d'arabe vulgaire[1]. Si le projet se fût réalisé, les obligations de ce professeur seraient devenues tout autres. Quoi qu'il en soit, la chaire d'arabe vulgaire fut définitivement créée, et Bocthor nommé titulaire, par ordonnance du roi en date du 2 août 1820. En ouvrant son cours le 8 décembre 1819, Ellious Bocthor avait prononcé un intéressant discours sur la tâche du professeur d'arabe vulgaire et le plan qu'il se proposait de suivre dans ses leçons :

«Quatre points principaux, dit-il, en feront l'objet : Lire, expliquer, parler, écrire; la lecture comprendra la prononciation; dans l'explication, on fera voir les différentes acceptions d'un mot, son emploi, la manière de le traduire.

«Toutes ces données, qui nous conduiront à parler, seront accompagnées d'exercices de calligraphie ou de l'art de bien former les lettres chez les Orientaux.

1. Peut-être s'occupait-on déjà des jeunes Égyptiens qui furent envoyés en France vers la fin de l'année 1826, et mis sous la direction de M. Jomard, membre de l'Institut et de la commission d'Égypte, et de M. Agoub, professeur d'arabe à l'Ecole des Jeunes de Langues (au Collége Louis-le-Grand).

« Au lieu de donner une fausse théorie de la manière de prononcer un mot, comme on l'a fait trop souvent jusqu'ici, je le prononcerai devant mes auditeurs, en les invitant à m'imiter.

« Les sujets des lectures ne seront pas pris dans les auteurs qui ont besoin de commentaires, ce qui n'apprendrait à un élève interprète, à un voyageur, à un négociant, etc., qu'à ne savoir parler avec personne : nous les choisirons dans les auteurs les plus faciles, et qui sont à la portée de tout le monde, et nous en avons heureusement en tout genre. »

Bocthor n'occupa que peu de mois la chaire nouvellement créée. Il mourut en septembre 1821, à peine âgé de trente-sept ans, laissant achevé et mis au net le manuscrit d'un Dictionnaire français-arabe que publia plus tard son successeur, Caussin de Perceval. Celui-ci, qui, de 1814 à 1821, avait été successivement drogman à Constantinople, à Smyrne et à Alep, fut nommé professeur d'arabe vulgaire le 13 décembre 1821, et resta en fonctions jusqu'à sa mort arrivée le 15 janvier 1871.

Nous avons vu plus haut comment et pour quelles raisons le cours provisoire d'arménien avait été supprimé en 1801. Dix ans après, Chahan de Cirbied demanda à le rouvrir, alléguant ses « études continuelles dans la langue et la littérature françaises ». Langlès pensa également qu'il devait avoir acquis « la facilité d'exprimer et de communiquer ses idées à ses auditeurs », et donna un préavis favorable. Le Ministre de son côté, estimant qu'il y avait lieu de tenter encore un essai, autorisa de nouveau un cours provisoire le 8 décembre 1810, et promit en cas de succès de prendre des mesures pour créer définitivement une chaire d'arménien. Cette fois Cirbied réussit, forma rapidement plusieurs élèves dont deux publièrent des travaux, et montra un zèle qui lui valut d'être nommé professeur titulaire par décret impérial du 27 février 1812.

Langlès mourut le 8 janvier 1824, après être resté vingt-neuf ans à la tête de l'Ecole des langues orientales vivantes. On a dit de lui beaucoup de bien et beaucoup de mal. Il ne nous appartient pas de décider ici entre ses détracteurs et ses panégyristes, ni de peser la valeur de ses mérites scientifiques. Mais ce qui n'a jamais été nié et ce qu'il nous faut retenir, ce sont ses rares qualités personnelles, la générosité avec laquelle il mettait sa riche bibliothèque à la disposition des travailleurs, son affabilité envers les nombreux savants français et étrangers qu'il recevait régulièrement deux fois par mois dans sa galerie, et avant tout son activité, sa persévérance, et son dévouement incessant pour l'établissement qu'il avait été chargé d'organiser. Il laissait l'Ecole en pleine prospérité, avec six chaires autour desquelles se réunissaient des élèves de tout âge et dont la moitié au moins venaient de l'étranger.

De Chézy, déjà professeur de sanscrit au Collége de France, fut nommé à la chaire de persan en remplacement de Langlès. Une ordonnance du roi en date du 26 août 1824 conféra le titre d'administrateur à Silvestre de Sacy qui en exerçait déjà les fonctions depuis plusieurs mois.

Paris, avec l'Ecole des langues orientales, le Collége de France et la Société asiatique fondée en 1822 sous le patronage de Silvestre de Sacy, était devenu le vrai centre des études orientales en Europe. On en jugera par l'extrait suivant d'une lettre écrite à un de ses amis le 24 mars 1828 par un jeune orientaliste allemand :

«Le gouvernement français fait et peut faire plus que tous les autres États pour l'érudition orientale. Imaginez vous que dans la capitale de la France il existe deux établissements distincts, où sont enseignées *gratuitement* la plupart des langues de l'Asie qui ont une littérature. Le plus ancien est le «Collége royal de France.» Outre les leçons ordinaires sur la littérature classique, sur les sciences mathématiques, physiques et historiques, on peut y apprendre les langues asiatiques suivantes : l'*hébreu,* le *chaldéen* et le *syriaque,* avec M. E. Quatremère; l'*arabe,* avec M. Caussin; le *turc,* avec M. Kieffer; le *persan,* avec l'illustre Silvestre de Sacy, le plus grand des orientalistes actuellement vivants, qui a reçu de Napoléon, en récompense de ses nombreux services, le titre de baron; le *chinois* et le *mantchou,* avec M. Abel-Rémusat, homme d'une vaste et solide érudition, qui explique cette année le texte chinois des *Deux cousines,* roman déjà traduit par lui; enfin le *sanscrit,* avec M. de Chézy, le mari de Helmina de Chézy, une de nos femmes poètes de l'Allemagne, qui montra un tel dévouement en soignant dans les hôpitaux du Rhin nos soldats blessés.

«L'autre établissement est «l'Ecole spéciale des langues orientales vivantes,» fondée pendant la Révolution par Langlès, homme fort aimable et trop tôt enlevé à la science. Elle se trouve dans une des cours de la Bibliothèque royale, mais dans un local qui est loin d'être beau : figurez-vous une espèce d'écurie, éclairée par de misérables petits carreaux de vitre. Son directeur actuel est le baron Silvestre de Sacy, qui occupe en même temps la chaire d'*arabe ancien,* pendant que M. Caussin de Perceval enseigne l'*arabe vulgaire.* Le chevalier Jaubert, dont nous avons lu à Bonn avec tant d'intérêt le voyage en Perse, donne les leçons de *turc.* M. de Chézy professe le *persan,* M. Levaillant de Florival, l'*arménien,* et notre compatriote allemand Hase, le *grec moderne,* qu'il parle avec une merveilleuse facilité.

«Tous ces professeurs ont formé un nombre considérable d'élèves dignes de leurs maîtres. Je ne vous citerai que ceux de langue allemande qui suivent actuellement les leçons. Parmi les auditeurs de M. de Sacy, le plus fort est sans contredit M. Fleischer, de Leipzig, que l'on voit journellement travailler avec une ardeur peu commune dans la salle des manuscrits de la Bibliothèque royale. Pendant son séjour à Paris, il a copié entièrement le commentaire de Beidhawi sur le Coran, qui forme un énorme in-folio. Vous connaissez l'excellente édition du texte arabe des *Mille et une Nuits* de Abich[1]; Fleischer l'a collationnée avec les manuscrits de Paris et a réuni toutes les variantes. C'est un travail gigantesque, qui remplirait au moins deux volumes in-8°, et dont un spécimen a paru dans le *Journal Asiatique;* mais seulement un spécimen, car la rédaction de cette revue a refusé de publier la suite sous le futile prétexte

1. Lire : Habicht.

qu'une telle collection de variantes serait trop ennuyeuse pour les lecteurs[1]. Après M. Fleischer, la première place appartient à un Alsacien, M. Stahl, qui se distingue par la variété de ses connaissances bibliographiques. M. Munk a également fait de grands progrès en arabe, en profitant de l'avantage que lui vaut la connaissance de l'hébreu, sa langue maternelle. Vullers[2], dont vous possédez probablement déjà la belle édition de la *Moallakah* de Hareth, avec les scholies de Zouzeni, est de même un des élèves les plus distingués de Silvestre de Sacy. Vous le connaissez, je crois, personnellement de Bonn. Le savant et sagace Olshausen a séjourné aussi un certain temps à Paris, etc.[3] »

On vient de voir que le cours d'arménien était fait en 1828 par Levaillant de Florival. Chahan de Cirbied avait en effet, en 1826, demandé un congé de trois ans «pour aller à Tiflis, où il était appelé par l'archevêque Nersès, afin d'organiser une école spéciale des langues européennes dans la capitale de la Géorgie.» Il avait en même temps

1. Abhinc annos octo in Diario Societatis asiaticæ Parisiensis (Ann. 1827, mens. Oct., p. 217 sqq.) huic dissertationi praelusi animadversiones criticas in primum tomum noctium ab Habichtio editarum, quæ ab ejus initio pertinent ad p. 36; plures dedissem, si editores Diarii, qui tum erant, his literis fovissent. Cf. Fleischer, *De glossis Habichtianis*, p. 7.

2. Parisios ire, Orientalium litterarum principem præceptorem nancisci, ditissimos bibliothecæ Regiæ Parisiensis thesauros perscrutari, summa Augustissimi, Munificentissimique Regis nostri liberalitate mihi concessum est... Vix Parisiis consederam, quum statim *Silvestrum de Sacy* adii, ut et doctissimarum doctoris eximii lectionum perciperem fructus, et ipsa Viri Illustrissimi consuetudine litterarum, quos possidet, thesauros pretiosissimos adeundi copia mihi daretur. Humanissime ab illo exceptus, omni qua par est diligentia et ardore per triennium fere doctissimas ejus scholas frequentavi. *Theses controversæ ... quas defendet* Ioannes Vullers. *Halis Saxonum*, 1830, p. 7.

3. *Briefe über den Fortgang der Asiatischen Studien in Paris, von einem der orientalischen Sprachen beflissenen jungen Deutschen.* Ulm, s. a., p. 5 sv.

proposé pour le remplacer durant son absence un de ses élèves, Levaillant de Florival, qui fut nommé professeur-suppléant le 11 août 1826. Cirbied ne revenant pas à l'expiration de son congé, on le considéra comme démissionnaire et son suppléant fut nommé titulaire par une ordonnance du roi en date du 4 septembre 1830. Levaillant de Florival resta professeur d'arménien jusqu'à sa mort arrivée le 20 janvier 1862[1].

Un nouvel enseignement fut introduit à l'Ecole sous l'administration de Silvestre de Sacy, celui de la langue hindoustani, dont Langlès, en l'an VIII, avait déjà recommandé l'étude. C'était pour un de ses élèves favoris, M. Garcin de Tassy, alors secrétaire du Collége de France, que Silvestre de Sacy sollicita personnellement et obtint en 1828 la création d'un cours provisoire de cette langue. Un article parut à cette occasion dans le *Moniteur* (16 juin 1828), qui contenait les appréciations suivantes sur l'utilité d'une chaire d'hindoustani et les mérites du candidat désigné :

« Un arrêté de S. Exc. le ministre secrétaire d'état de l'intérieur, en date du 29 mai dernier, établit un cours de langue hindoustani à l'Ecole royale et spéciale des langues orientales vivantes. Ainsi, en même temps qu'on apprendra au Collége royal de France la langue sacrée de l'Inde, dont une chaire a été fondée en 1814 par la munificence de Louis XVIII, on pourra étudier dans une autre école,

1. Levaillant de Florival obtint en 1834 l'autorisation de s'absenter pour faire un voyage en Arménie et de prendre comme suppléant pendant son absence M. Eugène Boré, qui siégea comme tel à l'assemblée des professeurs. Il se contenta cependant de séjourner quelques mois à Venise.

plus spécialement consacrée aux langues vivantes de l'Asie, un idiôme né du mélange de l'arabe et du persan avec le sanscrit, et qui, à peu d'exceptions près, et sauf certaines variétés propres aux diverses localités, offre le moyen de communication le plus général avec les nations qui occupent la presqu'île de l'Inde. En effet, bien qu'on parle dans ses différentes provinces dix ou douze idiômes différents, l'hindoustani suffit aux étrangers pour se faire entendre dans presque toutes les parties de cette vaste contrée, depuis le cap Comorin jusqu'aux frontières de la Boucharie, et des bouches de l'Indus jusqu'aux rives du Bur-Campostor ou Brahma-Poure . . . . M. Garcin de Tassy, que S. Exc. le ministre de l'intérieur a chargé de cet enseignement, avait déjà obtenu le suffrage des hommes qui, en Angleterre, se sont le plus occupés de cet idiôme; et les connaissances variées qu'il a acquises par quinze ans de travail dans plusieurs des langues de l'Asie, et dont il a donné des preuves par la publication de divers ouvrages, ne permettent point de douter qu'il ne réponde à la confiance du gouvernement.»

La publication de cet article souleva une polémique des plus violentes, que Silvestre de Sacy ne put apaiser en se déclarant l'auteur des appréciations incriminées; les critiques les plus acerbes n'étaient pas toujours celles qui portaient sur la matière du nouvel enseignement. Les adversaires de M. Garcin de Tassy n'eurent pourtant pas raison contre l'administrateur de l'Ecole, et deux ans après, l'essai ayant été jugé suffisant, une ordonnance du roi, en date du 17 décembre 1830, créa définitivement la chaire d'hindoustani. Ce cours traversa bientôt une période brillante, et pendant plusieurs années attira à l'Ecole un nombre assez considérable d'élèves anglais qui se destinaient au service de la Compagnie des Indes.

En 1832 l'épidémie de choléra, qui frappa si cruellement le monde scientifique de Paris, enleva à l'Ecole deux de ses membres : Sédillot, secrétaire, mourut le 9 août, et De Chézy, professeur de persan, le 3 septembre suivant.

Une ordonnance du roi, en date du 14 novembre 1832, pourvut à la chaire de persan en y nommant M. Étienne Quatremère, déjà professeur des langues hébraïque, chaldaïque et syriaque au Collége de France.

Quant à la place de secrétaire, elle fut supprimée par ordonnance du 28 août de la même année et les fonds ainsi rendus disponibles, employés à parfaire le traitement de M. Garcin de Tassy, le nouveau professeur d'hindoustani. C'est ici le lieu de dire en quoi consistaient les attributions du secrétaire de l'Ecole, qui n'avaient nullement alors le caractère presque exclusivement administratif qui leur a été donné depuis.

Le Directoire exécutif, «considérant l'augmentation du nombre des élèves et la multiplicité des travaux des professeurs,» créa cette place le 23 fructidor an V (9 sept. 1797), et y nomma le même jour «le citoyen Jean Jacques Emmanuel Sédillot.» Les fonctions que devait remplir le nouveau titulaire n'étaient pas clairement définies dans l'arrêté d'institution. Au commencement de l'année 1812, Amable Jourdain, interprète du conseil des prises et un des élèves les plus distingués de l'Ecole, fut nommé secrétaire-adjoint et «spécialement chargé de copier et cataloguer les manuscrits arabes, turcs et persans [de la Bibliothèque impériale], de remplacer les professeurs-adjoints[1] en cas de maladie et d'aider le secrétaire de l'Ecole dans ses travaux. » Il semble que des conflits d'attribution ne tardèrent pas à se produire entre les deux secrétaires et le copiste arabe, car, le 30 avril de la même année, le ministre de l'intérieur dut prendre, sur la demande de l'administrateur Langlès, un arrêté déterminant les fonctions de ces employés et qui peut se résumer comme suit : « Le secrétaire en chef, le secrétaire-adjoint et le copiste doivent se tenir à la disposition de l'administrateur et des professeurs tous les jours de dix heures à deux; ils secondent les professeurs dans leurs travaux littéraires, soit en transcrivant des textes orientaux, soit en traduisant, en corrigeant des épreuves, etc.; ils dressent la table des chapitres ou des matières des principaux manuscrits orientaux de la Bibliothèque impériale, et en traduisent les passages les plus importants, « de manière à ce que ces traductions puissent faire suite à celles que les Jeunes de Langues envoyaient autrefois de Constantinople; » enfin le secrétaire en chef s'occupera encore « des détails d'administration et de comptabilité que l'administrateur voudra bien lui confier. » Les secrétaires étaient donc affectés avant tout à des travaux scientifiques; l'administration de l'Ecole restait trop simple et trop peu chargée, pour que la présence d'un fonctionnaire spécial fut jugée nécessaire.

A. Jourdain, qui avait dû à ses travaux le maintien de sa place, alors que M. de Vaublanc supprimait par éco-

1. Voir page XX, note.

nomie toutes les adjonctions, mourut jeune en février 1818. E. Gauttier, qui s'occupait principalement de la reproduction lithographique des textes orientaux, fut nommé secrétaire-adjoint provisoire, sans traitement, le 4 avril 1820, mais ne parvint pas à se faire attacher définitivement à l'Ecole. Le règlement de 1812 tombait du reste peu à peu en désuétude, et quand la place de secrétaire fut supprimée après la mort d'Emmanuel Sédillot en 1832, ses attributions étaient réduites à la rédaction des procès-verbaux et de la correspondance administrative courante. M. Amélie Sédillot fils, secrétaire du Collége de France, se déclara prêt à continuer sans rémunération les fonctions remplies auparavant par son père, et son offre fut acceptée par l'assemblée des professeurs le 24 novembre 1832.

Depuis son organisation, l'Ecole des langues orientales avait dépendu du Ministère de l'Intérieur. Elle en avait été distraite en 1832, sous le ministère Casimir Périer, pour être rattachée au Département du commerce et des travaux publics, mais cette situation dura à peine quelques mois. Une ordonnance du roi, en date du 14 novembre 1832, la fit rentrer «avec les établissements scientifiques et littéraires,» dans les attributions du Ministre de l'Instruction publique qui était alors M. Guizot.

L'année suivante, l'Ecole quitta le pauvre local dont nous avons parlé plus haut. Une des pièces occupées jusqu'alors dans les bâtiments de la Bibliothèque nationale par les bureaux de l'indemnité de Saint-Domingue, fut affectée à son service au moyen de quelques travaux d'appropriation.

Silvestre de Sacy, baron de l'empire, Pair de France, administrateur du Collége de France et de l'Ecole des langues orientales vivantes, etc. etc., mourut le 21 février 1838. Cette date est décisive dans l'histoire de l'Ecole. Elle marque la fin d'une période où le succès de l'établissement créé le 10 germinal an III avait été sans cesse grandissant. Mais l'autorité qui s'attachait au nom de l'illustre orientaliste n'avait pas été sans rejeter un peu trop à l'arrière-plan la légitime influence de ses collègues. L'Ecole des langues orientales s'était incarnée, pour ainsi dire, dans la personnalité de Silvestre de Sacy, et, lui mort, il sembla à plusieurs que tout croulait avec lui. Nous verrons tout à l'heure à quelles mesures on crut devoir recourir pour protéger l'Ecole. Mais revenons un instant en arrière pour apprécier le chemin parcouru, et nous rendre compte de la manière dont l'Ecole avait rempli les obligations qui lui incombaient de par le décret de l'an III.

Dans l'esprit de ce décret, l'Ecole des langues orientales était créée pour former les interprètes dont avaient besoin les divers services publics et le commerce extérieur du pays. Si cette première obligation ne fut pas remplie aussi bien qu'on aurait pu s'y attendre après le succès des premières années, la faute n'en doit pas uniquement retomber sur la direction imprimée à l'enseignement. Les débouchés ne tardèrent pas en effet à manquer pour les élèves. Dès l'an VI, le Ministre des relations extérieures qui, pour des raisons trop longues à développer ici, tenait à avoir un établissement dépendant directement de son département, rétablit dans le Prytanée français la «Chambre des élèves pour les langues orientales, » c'est-à-dire l'ancienne Ecole des Jeunes de langues, où continuèrent à se recruter les drogmans employés dans les Echelles du Levant. On fit bien rarement appel pour ces fonctions à l'Ecole des langues orientales vivantes. Mais il ne faut pas non plus se dissimuler que sous la puissante influence de Silvestre de Sacy, le côté scientifique de l'enseignement n'avait pas tardé à primer le côté pratique. Silvestre de Sacy ne professa jamais que l'arabe dit *littéral*. Il n'avait point été en Orient et prononçait l'arabe comme il l'avait appris de son maître Dom Berthereau, comme on le prononçait alors dans toutes les Ecoles de l'Europe; la pratique de la conversation lui faisait complètement défaut. La plupart de ses collègues commencèrent de bonne heure à modeler leur enseignement sur le sien, et à négliger, — il serait peut-être aussi vrai de dire : à dédaigner — ce qui aurait dû être le but immédiat de leurs leçons. On forma des savants, et non des interprètes. N'oublions pas cependant que, lors de l'expédition d'Alger en 1830, un certain nombre d'élèves de l'Ecole furent adjoints au corps expéditionnaire et rendirent à l'armée les plus grands services[1].

L'article 3 du décret du 10 germinal an III imposait aux professeurs de faire « connaître à leurs élèves les rapports politiques et commerciaux qu'ont avec la République française les nations qui parlent les langues qu'ils seront

1. Nous pouvons citer les noms suivants : Gauthier, Bourcet, L'Auxerois, Muller, Eusèbe de Salles, Vincent, Joanny Pharaon; d'autres nous ont sans doute échappé. Dans les années qui suivirent la conquête, de nouveaux élèves de l'Ecole se distinguèrent en Algérie, Clerc, Desbarolles, Bresnier, le Dr Perron, etc.

chargés d'enseigner. » Cette prescription fut certainement observée pendant les premières années d'existence de l'Ecole; mais elle tomba peu à peu en désuétude, à mesure que l'enseignement devenait plus scientifique et littéraire. On arriva assez vite à ne plus faire qu'exposer la grammaire et interpréter des textes. Il est même douteux que la chaire d'histoire et de littérature orientales qu'il était question de créer en 1818 pour le secrétaire-adjoint A. Jourdain, eût pour but de compléter l'enseignement des langues dans le sens voulu par la Convention.

En revanche l'article qui ordonnait de composer en français la grammaire des diverses langues professées à l'Ecole, avait été ponctuellement exécuté. En 1838, les chaires de persan et de grec vulgaire étaient les seules où l'on ne pût employer de livre élémentaire « à l'usage des élèves de l'Ecole des langues orientales vivantes. » Les grammaires rédigées pour les cours d'arabe, d'arabe vulgaire, de turc, d'arménien et d'hindoustani étaient publiées[1], et

1. *Grammaire arabe à l'usage des élèves de l'Ecole des langues orientales vivantes;* avec figures. Par A. I. Silvestre de Sacy. Paris, Imprimerie impériale, 1810, 2 v. 8°. — Seconde édition corrigée et augmentée, à laquelle on a joint un Traité de la prosodie et de la métrique des Arabes. Paris, Imprimerie royale, 1831, 2 v. 8°.

Chrestomathie arabe, ou Extraits de divers écrivains arabes tant en prose qu'en vers, à l'usage des élèves de l'Ecole spéciale des langues orientales vivantes, par A. I. Silvestre de Sacy. Paris, Imprimerie impériale, 1806, 3 v. 8°. — Seconde édition, corrigée et augmentée. Paris, Imprimerie royale, 1826—1827, 3 v. 8°.

Éléments de la grammaire turke, à l'usage des élèves de l'Ecole royale et spéciale des langues orientales vivantes, par P. Amédée Jaubert. Paris, Imprimerie royale, 1823, in-4°. — 2e édit. 1833, 8°.

Grammaire de la langue arménienne, rédigée pour les élèves de l'Ecole royale et spéciale des langues orientales vivantes, par J.-Ch. Cirbied. Paris, Everat, 1823, 8°.

toutes, à l'exception de la Grammaire arménienne de Cirbied, arrivèrent au moins à une seconde édition.

Malgré les lacunes que nous venons de signaler, nous pouvons dire, et chacun le reconnaîtra avec nous, que l'Ecole des langues orientales, pendant cette première période de son existence, accomplit sa mission dans la mesure de ce qui était possible. Et si, grâce aux conditions difficiles où elle se trouva placée, elle ne donna pas tous les résultats pratiques qu'on était en droit d'espérer, elle contribua du moins largement à entretenir et à augmenter la bonne renommée scientifique de la nation[1].

Silvestre de Sacy était mort le 21 février 1838. Ses funérailles furent célébrées en grande pompe, le 23, à l'Eglise Saint Sulpice. Dès le 25, c'est-à-dire deux jours après, l'assemblée des professeurs se réunit sous la présidence de

Grammaire arabe-vulgaire, suivie de dialogues, lettres, actes, etc., à l'usage des élèves de l'Ecole royale et spéciale des langues orientales vivantes, par A. P. Caussin de Perceval. Paris, Dondey-Dupré, 1824, in-4°. — 2e édit. 1833, 8°; 3e édit. 1843, 8°; 4e édit. 1858, 8°.

Rudimens de la langue hindoustani, à l'usage des élèves de l'Ecole royale et spéciale des langues orientales vivantes, par Garcin de Tassy. Paris, Imprimerie royale, 1829, in-4°. — 2e édit. 1863, 8°.

Nous omettons un certain nombre d'ouvrages de moindre importance, mais composés pour satisfaire aux mêmes besoins.

1. « Sous le rapport scientifique, on peut dire avec vérité que l'Ecole des langues orientales a jeté sur la France un vif éclat, et qu'il n'est pas de pays qui ne nous envie cette belle institution.

« Depuis quarante années, en effet, c'est à cette Ecole que la plupart des grands Etats de l'Europe ont envoyé leurs élèves, et les orientalistes les plus célèbres de l'Allemagne, de l'Angleterre et de la Russie s'honorent de lui avoir appartenu. » (*Rapport présenté au Roi,* le 22 mai 1838, par M. de Salvandy, Ministre de l'instruction publique.)

son doyen, M. Amédée Jaubert. Le procès-verbal de la séance, dans sa concision, trahit un certain effarement. M. E. Quatremère expose les motifs qui rendent nécessaire un règlement spécial pour l'Ecole. L'assemblée approuve à l'unanimité, mais «décide préalablement qu'il sera fait un *Rapport des services rendus par l'Ecole à la France dans ses relations politiques et commerciales avec l'Orient*. M. Quatremère est nommé rapporteur.» M. Quatremère donne ensuite lecture d'un projet de règlement déjà préparé et dont les articles sont successivement adoptés. Puis «l'Assemblée décide que M. le Doyen demandera une audience au Ministre, au nom de MM. les Professeurs, et que l'Ecole entière se rendra auprès de lui, afin de soumettre à son approbation le projet de règlement adopté, et demander que ce règlement soit confirmé par une ordonnance royale.»

Le 2 mars, le Ministre, M. de Salvandy, reçoit les professeurs de l'Ecole et leur promet de donner toute son attention au projet de règlement remis entre ses mains. Une ordonnance royale, en date du 25 du même mois, nomme M. Reinaud professeur de la chaire de langue arabe en remplacement de M. de Sacy; le 25 avril une autre ordonnance confère à M. Jaubert le titre d'administrateur de l'Ecole; enfin le 22 mai paraît une nouvelle ordonnance qui réorganise l'Ecole des langues orientales vivantes[1].

Nous ne connaissons pas le projet de «Règlement» qu'avait préparé M. Quatremère; mais il nous est impossible

1. Le texte en est publié dans les *Documents relatifs à la constitution et à l'histoire de l'Ecole des langues orientales vivantes*. Paris, 1872, 4°.

d'admettre qu'il se retrouve dans l'ordonnance du 22 mai 1838, où l'on n'entrevoit guère autre chose qu'une tentative malheureuse de faire rentrer l'Ecole dans le savant mécanisme universitaire qui plaisait tant à la monarchie de juillet : l'Ecole des langues orientales aura à sa tête un Président, nommé par le roi. Ses élèves devront être au moins bacheliers-ès-lettres et pourront recevoir trois diplômes échelonnés (comme le baccalauréat, la licence et le doctorat), dont le dernier conférera le titre de «gradué pour les langues orientales.» Nul ne pourra être nommé professeur s'il n'est licencié-ès-lettres et «gradué[1].» Un fonds sera fait pour rémunérer ceux des gradués français qui se voueront au dépouillement et à la traduction des manuscrits orientaux de la Bibliothèque du roi.

Tels sont les grands traits de la nouvelle ordonnance qui devait désormais régir l'Ecole des langues orientales. Elle ne contenait rien sur la direction à imprimer aux études, rien sur l'avenir réservé aux élèves, auxquels il ne restait guère d'autre perspective que celle de succéder à leurs maîtres ou de se partager une somme de 5000 francs en faisant des extraits des manuscrits de la Bibliothèque[2]. C'é-

1. L'ordonnance du 22 mai introduit quelques modifications dans la liste des chaires de l'Ecole. C'est ainsi que la chaire d'*arabe*, occupée d'abord par Silvestre de Sacy et à laquelle venait d'être nommé M. Reinaud, devient une chaire d'*arabe littéral*. La chaire de *grec vulgaire*, créée pour M. Hase qui l'occupait encore, prend le titre de chaire de *grec moderne* et de *paléographie grecque*.

2. Ce que l'on demandait au contraire depuis plusieurs années, c'était que le gouvernement voulût bien accorder aux élèves de l'Ecole des langues orientales certains avantages dont jouissaient les élèves d'autres établissements, et leur assurer un avenir, en leur réservant des places dans la carrière des consulats et de la diplomatie orientale.

tait la négation la plus formelle et la plus absolue du décret de la Convention. Et cependant, par une contradiction vraiment inexplicable, le Rapport au Roi, qui précédait l'ordonnance, visait «l'extension toujours plus grande de nos rapports commerciaux et politiques avec l'Asie, la possession de l'Algérie, la situation nouvelle de l'Égypte et de la Syrie, l'établissement régulier des bateaux à vapeur sur tout le littoral de la Méditerranée, enfin le mouvement scientifique qui tourne tous les esprits, autant que le mouvement commercial, vers les points de départ du commerce et de la civilisation.»

Fort heureusement pour l'Ecole des langues orientales, l'ordonnance royale du 22 mai 1838 se trouva inapplicable. L'assemblée des professeurs fit d'inutiles efforts pour en exécuter les prescriptions, rédigea des programmes d'examens, présenta des élèves pour l'obtention des diplômes, etc.; rien n'aboutit. La tradition de l'Ecole veut que M. Dulaurier ait obtenu le seul diplôme de «gradué» qui ait été alors délivré; nous n'en avons trouvé nulle trace dans les pièces administratives. L'ordonnance était déjà tombée en désuétude dès la fin de l'année 1839, et les 5000 francs alloués pour rémunérer les gradués, appliqués à la publication de textes orientaux[1].

A partir de ce moment l'Ecole vécut comme elle put, mais dans les plus déplorables conditions, c'est-à-dire avec

1. C'est ainsi que furent publiés, sous le titre général de *Chrestomathies orientales*, un certain nombre de textes destinés à être mis entre les mains des élèves; en arabe, des *Extraits du roman d'Antar;* en persan, l'*Histoire de Djenghizkhan* et l'*Histoire des Sassanides* de Mirkhond; l'*Histoire des sultans du Kharezm*, du même: les *Prolégomènes des tables astronomiques d'Oloug Beg* (par M. Sédillot), etc., etc.

un règlement qui n'était pas observé. Les professeurs continuaient de se distinguer par des travaux remarquables, formaient peu d'élèves, et semblaient craindre d'attirer l'attention sur un établissement dont la célébrité avait été un moment si grande. Consultée par le Ministre sur l'opportunité de créer une chaire de malais, langue mentionnée au décret d'institution de l'Ecole, mais qui n'avait pas encore été enseignée, l'assemblée des professeurs émet à l'unanimité, le 8 novembre 1839, un préavis défavorable. Le 13 décembre suivant, c'est un cours de chinois vulgaire qui a le même sort[1]. Mais le Ministre passe outre, et autorise, le 4 mars 1841, MM. Dulaurier et Bazin à ouvrir à l'Ecole, le premier un cours de langues malaye et javanaise, le second un cours de chinois moderne. Ceux-ci désirent que leurs leçons figurent au programme des cours; «l'assemblée décide que cette demande, étant contraire aux usages et aux précédents, ne peut être accueillie.» Cependant, et malgré toute opposition, la chaire de langue chinoise vulgaire est définitivement créée par ordonnance du 22 octobre 1843, et M. Bazin nommé titulaire. Il en est de même le 2 septembre 1844 pour la chaire de langues malaye et javanaise, dont est pourvu M. Dulaurier. D'un autre côté le Ministre de l'Instruction publique adresse, le 6 avril 1846, une lettre sévère au Président de l'Ecole qui a autorisé,

1. Le projet de créer une chaire de langue berbère, demandée plusieurs fois par le Ministère de la guerre, ne fut pas soumis aux délibérations de l'assemblée des professeurs. Le tout se passa en pourparlers et en échanges de vues entre le Ministre de l'Instruction publique, le Ministre de la guerre, le Président de la Commission du budget et le Président de l'Ecole. La correspondance dura près de deux ans et n'aboutit à aucun résultat.

sans lui en donner connaissance, un cours de langues turco-tartare professé par un savant étranger, M. Rœrig.

M. Amédée Jaubert, président et doyen des professeurs de l'Ecole, meurt le 27 janvier 1847. Il occupait la chaire de turc depuis 1801, mais avait eu à remplir diverses missions diplomatiques en Orient pendant la durée desquelles il s'était fait suppléer, d'abord par M. Sédillot, ensuite par M. Bianchi. M. Hase, professeur de grec moderne et de paléographie grecque, devient président de l'Ecole en vertu d'une ordonnance royale du 31 mars. La chaire de turc demeure vacante jusqu'au 23 janvier 1848; à cette date une ordonnance y nomme M. Mac Guckin de Slane, interprète principal de l'armée d'Afrique.

Survient la Révolution de février. M. de Slane, à peine nommé, est considéré comme suspect de sympathies pour le régime déchu, et un arrêté ministériel du 20 mars 1848 le remplace par M. Dubeux. Vers la même époque, M. Carnot, ministre de l'Instruction publique, reçoit une députation des anciens élèves de l'Ecole : ils venaient demander qu'on introduisît dans l'organisation de cet établissement des modifications propres à assurer aux élèves une carrière et un avenir, et à rétribuer enfin leurs travaux restés jusqu'alors sans encouragement. Entre autres vœux qu'ils émettaient, se trouvait celui de voir créer des places de répétiteurs, dont les uns auraient enseigné l'histoire et la géographie de l'Orient, les autres aplani pour les commençants par des leçons élémentaires les principales difficultés que présentent toujours au début les langues orientales. L'assemblée des professeurs persista à ne vouloir rien changer aux cadres de l'Ecole, et, consultée par le Ministre sur deux demandes particulières, se prononça, dans sa séance du 13 décembre 1848, contre l'utilité et l'opportunité d'un enseignement accessoire.

Malgré cette résolution de l'assemblée, M. Hase, président de l'Ecole, demanda au Ministre le 3 novembre 1852, la création d'une chaire d'histoire et de littérature orientales pour M. Sédillot, secrétaire de l'Ecole depuis 1832, et auquel avait été adjoint M. E. Latouche, par arrêté du 30 mai 1848. L'examen de cette proposition fut ajourné à une « occasion favorable, » mais à la même époque M. Latouche, secrétaire-adjoint, reçut l'autorisation de faire pour les élèves une conférence préparatoire aux principales langues de l'Orient.

Après la mort de M. Quatremère (18 septembre 1857) M. Schefer, premier-secrétaire interprète pour les langues orientales au Ministère des Affaires étrangères, fut nommé professeur de la chaire de persan par décret impérial du 23 novembre 1857. Pour la première fois l'Ecole avait eu l'occasion d'exercer la prérogative qui lui avait été accordée par le décret du 9 mars 1852 de présenter deux candidats, pendant que l'Académie des Inscriptions et Belles-Lettres en désignait également deux. Depuis 1795, date de la création de l'Ecole des langues orientales, les nominations avaient toujours été faites directement par les Ministres, sans présentation d'aucune sorte.

Jusqu'aux premières années de l'administration actuelle, l'histoire de l'Ecole ne présente aucun fait saillant. Tout jugement nous est interdit du reste sur cette période, où il ne pourrait porter que sur des faits contemporains et des personnes dont plusieurs vivent encore. Nous nous bornerons donc à résumer rapidement, et en suivant l'ordre chronologique, les principaux actes administratifs qui touchent à notre sujet.

M. Levaillant de Florival étant mort le 20 janvier 1862, l'assemblée des professeurs réunie le 1er février demande à M. Dulaurier, professeur de malais et de javanais, de prendre par permutation la chaire d'arménien, à laquelle il est nommé par décret impérial du 19 du même mois. Le 26 février, un arrêté ministériel charge du cours de malais et de javanais, ainsi devenu vacant, M. l'abbé Favre, ancien missionnaire apostolique dans la presqu'île de Malacca. M. l'abbé Favre ne fut nommé titulaire de la chaire que le 5 avril 1864.

Le 30 décembre 1862, M. Bazin, professeur de chinois moderne, meurt à son tour. M. Stanislas Julien, professeur de chinois au Collége de France, est d'abord autorisé à faire gratuitement à l'Ecole le cours de chinois vulgaire (23 mars 1863), puis chargé du cours avec une indemnité égale au traitement des autres professeurs (6 novembre 1863). Il ne devint jamais titulaire.

M. Léon de Rosny, ancien élève de l'Ecole, est autorisé par arrêté du 20 avril 1863 à faire un cours public de langue japonaise, mais sans avoir droit à aucune rémunération.

Le 13 décembre de la même année, M. Barbier de Meynard est nommé professeur de turc, en remplacement de M. Dubeux, décédé le 4 octobre 1863.

M. Mac-Guckin de Slane, membre de l'Institut, est autorisé à faire un cours public d'arabe algérien, par arrêté du 31 décembre 1863.

M. Hase meurt le 21 mars 1864. Il est remplacé comme président de l'Ecole par M. Reinaud (décret du 13 avril suivant), et comme professeur par M. Brunet de Presle (21 septembre). Un décret du 1er juin 1864 avait préalablement changé le titre de la «chaire de grec moderne et de paléographie grecque,» en la transformant en une «chaire de grec moderne.»

M. Schefer, professeur de persan, est nommé président de l'Ecole, par décret du 16 octobre 1867, en remplacement de M. Reinaud, décédé le 14 mai précédent.

Le 7 avril 1868, l'assemblée des professeurs, considérant l'exiguité du local occupé par l'Ecole dans les bâtiments de la Bibliothèque impériale et sa complète insuffisance pour les besoins actuels, décide qu'il y a lieu d'insister auprès de M. le Ministre de l'Instruction publique pour obtenir un local plus vaste, où les collection reçues depuis quelque temps puissent trouver place. Les leçons ne se faisaient plus dans la salle où l'Ecole avait remplacé en 1833 les bureaux de l'indemnité de Saint-Domingue, mais dans un auditoire plus convenable construit en 1858—1859 pour le cours d'archéologie établi près la Bibliothèque impériale; pendant l'édification de cette salle, les cours de langues orientales avaient dû être suspendus toute une année. Le nouveau local ne correspondait pas cependant au développement que prenait peu à peu l'Ecole, et de plus, quelques difficultés soulevées par l'Administrateur de la Bibliothèque rendaient désirable la séparation des deux établissements.

Le 24 mai de la même année un décret supprimait la chaire d'arabe littéral vacante par suite de la mort de M. Reinaud, et y substituait une chaire de japonais à laquelle était nommé le même jour M. Léon de Rosny.

Plusieurs enseignements nouveaux s'introduisent à l'Ecole en 1868 et en 1869 : M. Sandou est autorisé à faire un cours de tamoul (19 juin 1868); MM. de Slane et Feer sont chargés, le premier d'un cours d'arabe d'Algérie (15 janvier 1869) et le second d'un cours de tibétain (26 janvier 1869).

Cédant enfin aux vœux réitérés de l'assemblée des professeurs relativement au local, M. le Ministre de l'Instruction publique met à la disposition de l'Ecole, qui en prend possession dans les derniers jours de l'année 1868, l'appartement alors inoccupé de l'Administrateur du Collége de France. Quelques travaux d'appropriation suffirent pour pratiquer dans cet appartement deux salles de cours et un bureau pour le secrétariat, ainsi que pour loger les livres et autres objets de collection que possédait déjà l'Ecole. L'éloignement de la Bibliothèque impériale faisait une obligation rigoureuse de constituer rapidement une bibliothèque orientale : en peu de mois, beaucoup d'ouvrages furent achetés, d'autres reçus en don de France et de l'étranger, et la place ne tarda pas à faire défaut dans un appartement relativement petit, qui du reste n'avait été accordé qu'à titre transitoire et pouvait être redemandé d'un jour à l'autre. Mais n'anticipons pas sur les événements et arrivons au décret du 8 novembre 1869, portant réorganisation de l'Ecole des langues orientales.

Ce décret clôt la deuxième période de l'histoire de l'Ecole et ouvre la troisième dans laquelle nous sommes aujourd'hui.

Depuis plusieurs années le besoin d'une réorganisation de l'Ecole des langues orientales était vivement senti par la plupart des professeurs. M. Hase avait déjà fait, en 1866, mais sans succès, des démarches pour l'obtenir. La translation de l'Ecole dans un local où elle était indépendante de toute autre administration, non moins que le nombre des élèves qui augmentait sensiblement d'année en année, faisaient, en 1869, une obligation stricte de ne pas ajourner davantage une mesure aussi urgente. Le décret de réorganisation fut donc rendu le 8 novembre 1869[1]. Deux mots suffiront à le caractériser : c'était un retour net et formel à l'esprit et à la lettre de la loi du 10 germinal an III ; le préambule du décret le déclarait sans ambages : « Considérant qu'il est nécessaire de réorganiser l'Ecole *pour la ramener à sa destination primitive.* »

Voici, rapidement esquissée, l'économie de la nouvelle organisation : Aux neuf chaires déjà existantes était ajoutée une chaire de langue annamite, destinée à faciliter le recrutement du personnel administratif employé dans la Cochinchine française. L'article 2 du décret précisait en ces termes la nature des études et le but auquel devait tendre

1. Voyez les *Documents relatifs à la constitution et à l'histoire de l'Ecole des langues orientales vivantes*, p. 3.

l'enseignement: « Les cours ont pour objet d'apprendre aux élèves à lire, écrire et parler les langues dont l'énumération précède, et de leur enseigner la géographie politique et commerciale des pays où ces langues sont en usage. » Aux professeurs étaient adjoints des répétiteurs indigènes « chargés d'interroger les élèves et de les exercer à la conversation et à la lecture à haute voix. » Le décret portait également que des cours complémentaires pourraient être institués au fur et à mesure des besoins. Des bourses étaient accordées aux élèves qui se distingueraient par leur assiduité et leurs progrès. Enfin, ceux des élèves qui rempliraient certaines conditions de scolarité et auraient achevé trois années d'études devaient subir un examen, à la suite duquel le diplôme d'*Elève breveté de l'Ecole des langues orientales* pourrait leur être conféré.

L'Ecole était placée sous l'autorité d'un administrateur, nommé par le Ministre de l'Instruction publique, qui devait convoquer et présider l'assemblée des professeurs. Le décret établissait aussi, près de l'Ecole, un Conseil de perfectionnement composé de neuf membres, délégués par les divers ministères qui pouvaient admettre dans leur personnel des élèves sortis de l'établissement.

Des difficultés, provenant de l'insuffisance des crédits portés au budget, puis le passage temporaire de l'Ecole dans les attributions du « Ministère des lettres, sciences et beaux-arts, » empêchèrent d'abord de mettre à exécution les améliorations introduites par le décret du 8 décembre 1869 dans l'organisation de l'Ecole. La guerre et les désastres qui l'accompagnèrent, devinrent une nouvelle cause d'ajournement[1]. Mais dès le début de l'année scolaire 1871—1872 furent nommés, par arrêtés du 8 novembre : M. Abel des Michels, chargé du cours de langue annamite; MM. Blancard, Soliman al-Haraïri, Kouri Moto[2], répétiteurs pour les langues grecque moderne, arabe vulgaire et japonaise. Le 10 décembre 1871, deux décrets nommaient également M. de Slane professeur titulaire de la chaire d'arabe vulgaire, en remplacement de M. Caussin de Perceval, décédé le 15 janvier précédent, et M. le comte Kleczkowski, premier secrétaire-interprète du gouvernement pour les langues de la Chine, à la chaire de chinois vulgaire, qui était restée sans titulaire depuis la mort de M. Bazin.

Le 26 février 1872 étaient institués à l'étranger des membres correspondants de l'Ecole des langues orientales vivantes, et le 11 mars suivant fut signé le décret portant règlement de l'Ecole[3] et complétant sous ce rapport le décret de réorganisation. La même année le Ministre de l'Instruction publique, conformément à l'article 9 du décret du 8 novembre 1869, établit un cours complémentaire d'histoire, de géographie et de législation des Etats musulmans,

1. Notons ici que les cours de l'Ecole ne furent point suspendus, même pendant le siége de Paris.

2. Remplacés plus tard par MM. Legrand, Aboul Naman Imran et Imamoura Waro. Ce dernier a quitté l'Ecole et n'a pas encore été remplacé, non plus qu'un répétiteur chinois, Liéou Siéou Tchang, attaché à l'Ecole par arrêté du 12 janvier 1874 et décédé le 14 novembre 1879, après avoir rendu des services qui ont été hautement appréciés. Mentionnons encore deux répétiteurs annamites, Tran van Cua et Tran Nguon Hanh, nommés par le Ministère de la marine et des colonies et entretenus à Paris aux frais du gouvernement colonial de la Cochinchine.

3. *Documents,* etc., p. 17.

en chargea M. Dugat (29 avril 1872), et augmenta le nombre des répétiteurs en nommant M. O. Saghirian répétiteur de turc (même date). Quelques mois après, un nouveau cours complémentaire d'histoire, de géographie et de législation des Etats de l'Extrême-Orient, fut créé et confié à un sinologue bien connu, M. Pauthier (8 novembre 1872). Presque en même temps M. A. des Michels était nommé titulaire de la chaire d'annamite (5 décembre).

Ce fut à la fin de l'année scolaire 1872—73 qu'eurent lieu les premiers examens de fin d'étude donnant droit au diplôme d'élève breveté. Sept élèves en furent jugés dignes: MM. Huart, pour l'arabe et le grec moderne; Lorgeou et Hardouin, pour le malais et le javanais; Sarazin, pour le japonais; Meyer, pour l'annamite; Balluet d'Estournelles de Constant de Rebecque, pour le grec moderne, et Batifaud, pour le turc[1].

Cependant les collections, et en particulier la bibliothèque de l'Ecole, s'accroissaient dans des proportions qui ne permettaient plus de les ranger convenablement dans l'appartement concédé à l'Ecole au Collége de France, appartement qui venait en outre d'être réclamé par le nouvel administrateur de cet établissement. Il fallait donc trouver un autre local plus grand, mieux aménagé, et où, cette fois, l'Ecole fût indépendante et chez elle.

Un heureux hasard rendit vacant dans le courant de l'année 1873 l'hôtel occupé jusqu'alors dans la rue de Lille par l'Ecole du génie maritime. Il fut attribué à l'Ecole des

1. Six de ces élèves diplômés furent admis presque immédiatement dans les services extérieurs du Ministère des Affaires étrangères.

langues orientales qui y trouva des locaux suffisants pour ses salles de cours, ses collections et sa bibliothèque, et s'y installa au mois d'octobre 1873. On peut dire que c'est à partir de ce moment, et de ce moment seulement, que le décret de réorganisation du 8 novembre 1869 et le règlement du 11 mars 1872 purent produire leur plein et entier effet. Le classement de la bibliothèque commença immédiatement sous la direction de M. A. Carrière, répétiteur à l'Ecole des hautes études, nommé secrétaire-bibliothécaire le 15 décembre 1873, en remplacement de M. Sédillot, nommé secrétaire-honoraire, et de M. Latouche, chargé d'une conférence préparatoire à l'étude des langues de l'Orient musulman. Les conditions d'âge et de scolarité furent rigoureusement exigées des élèves. Aucun empêchement ne vint plus entraver la marche régulière de l'enseignement donné par les professeurs et les répétiteurs. Le nombre des élèves et des auditeurs continua de s'accroître, et les Jeunes de langues, au lieu de recevoir, comme par le passé, des leçons de langues orientales au Lycée Louis-le-Grand, commencèrent depuis ce moment à suivre les cours de l'Ecole après l'achèvement de leurs études classiques.

Le développement de l'Ecole des langues orientales s'est opéré depuis lors d'une manière constante et tout à fait normale. Dix ans se sont écoulés depuis la translation de cet établissement dans l'hôtel de la rue de Lille. Un exposé rapide de sa situation actuelle permettra de juger des progrès accomplis et des services rendus à l'Etat pendant cette période.

Personnel et enseignement. M. Brunet de Presle, professeur de grec moderne, décédé le 12 septembre 1875, a été remplacé par M. Miller, membre de l'Institut, nommé 19 février 1876. — Une chaire de langue russe et de dialectes slaves a été créée le 1er janvier 1877, et M. L. Leger, chargé d'un cours complémentaire depuis 1874, en a été le même jour nommé titulaire. — M. de Slane, professeur d'arabe vulgaire, et M. Garcin de Tassy, professeur d'hindoustani, sont morts le premier, le 4 août 1878, et le second, le 2 septembre suivant. La chaire d'hindoustani fut supprimée le 12 avril 1879 et remplacée par la chaire d'arabe littéral, rétablie pour M. H. Derenbourg, qui était chargé depuis le 9 octobre 1875 d'un cours complémentaire de grammaire arabe. M. Cherbonneau, nommé à la chaire laissée vacante par M. de Slane, le 15 mars 1879, est mort le 11 décembre 1882, et n'a point encore de successeur. — Un cours complémentaire d'hindoustani et de tamoul a été institué le 12 avril 1879 et confié à M. Vinson. — M. Dulaurier, professeur d'arménien, décédé le 21 décembre 1881, n'est point encore remplacé ; M. A. Carrière, secrétaire de l'Ecole, a été chargé du cours. — Enfin, M. H. Cordier, depuis le 5 août 1881, est chargé du cours complémentaire d'histoire, de géographie et de législation des Etats de l'Extrême-Orient, et M. E. Picot, depuis le 31 décembre 1881, d'un cours complémentaire de langue roumaine qu'il était autorisé à professer depuis le 30 juillet 1875[1].

Scolarité. Les cours de l'Ecole ont été suivis pendant l'année scolaire 1882—1883 par 42 élèves réguliers et 81

1. Ajoutons encore qu'en 1874 MM. de Ujfalvy et Rochet furent autorisés à professer à titre temporaire, le premier la géographie de l'Asie, et le second, le Mandchou et le Mongol.

auditeurs libres. Les examens de fin d'année qui ont eu lieu au commencement de juillet dernier ont été assez satisfaisants pour que vingt-neuf diplômes aient pu être demandés au Ministre de l'Instruction publique. Depuis 1873, plus de trente élèves de l'Ecole sont entrés dans les services extérieurs du Ministère des affaires étrangères et du Ministère de la marine, et quelques-uns remplissent déjà des fonctions élevées[1].

BIBLIOTHÈQUE. La Bibliothèque de l'Ecole des langues orientales, qui comptait à peine 4000 volumes en 1873, en possède aujourd'hui environ 20,000, se rapportant tous aux langues et à l'histoire de l'Orient moderne. Elle contient de nombreux textes arabes, persans, turcs, chinois et japonais imprimés en Orient, ainsi qu'une belle collection d'ouvrages en grec moderne léguée par M. Brunet de Presle. Cette bibliothèque est mise tous les jours à la disposition des professeurs et des élèves de l'Ecole.

PUBLICATIONS. Depuis 1875, des fonds ont été alloués à l'Ecole des langues orientales pour la publication d'ou-

1. L'admission des élèves de l'Ecole dans la carrière du drogmanat et de l'interprétariat a été définitivement réglée par le décret du 18 septembre 1880, qui contient les deux articles suivants : «Art. 6. — Nul ne pourra être nommé drogman ou interprète de 3e classe s'il n'a été au moins trois ans attaché, en qualité de drogman-adjoint ou d'interprète-adjoint, à un poste diplomatique ou consulaire. — Art. 7. — Les drogmans-adjoints et interprètes-adjoints sont recrutés : 1° parmi les élèves drogmans et les élèves interprètes diplômés, c'est-à-dire parmi les anciens «Jeunes de langues» munis du diplôme de bachelier-ès-lettres et qui auront suivi avec succès les cours de l'Ecole spéciale des langues orientales vivantes; 2° parmi les autres élèves, français et diplômés, de la dite école; 3° parmi les drogmans auxiliaires jouissant de la qualité de Français, ayant, après trois ans de stage, subi devant une commission spéciale un examen d'aptitude dont le programme sera fixé par un arrêté ministériel.»

vrages relatifs aux langues orientales et aux pays où ces langues sont parlées. La collection, qui fut immédiatement commencée et qui paraît chez M. E. Leroux, libraire de l'Ecole des langues orientales, comprend déjà les ouvrages suivants :

Histoire de l'Asie centrale, par Mir Abdoul Kerim Boukhary, publiée, traduite et annotée par Ch. Schefer. Paris, 1876, 2 vol.

Relation de l'ambassade au Kharezm de Riza Qouly Khan. Texte persan, et traduction française par Ch. Schefer. Paris, 1876—1879, 2 vol.

Recueil de poèmes historiques en grec vulgaire, publiés, traduits et annotés par E. Legrand. Paris, 1877.

Mémoires sur l'ambassade de France en Turquie, par le comte de Saint Priest, [publié par Ch. Schefer]. 1877.

Recueil d'itinéraires et de voyages dans l'Asie centrale et l'Extrême-Orient. Paris, 1878.

Bag o Bahar, *le Jardin et le Printemps,* poème hindoustani traduit en français par Garcin de Tassy. Paris, 1878.

Chronique de Moldavie depuis le milieu du XIVe siècle jusqu'à l'an 1594, par Georges Urechi; texte roumain avec traduction française par E. Picot. Paris, 1878 (3 livraisons publiées; la 4e et dernière est sous presse.)

Bibliotheca Sinica. *Dictionnaire bibliographique des ouvrages relatifs à l'empire chinois,* par H. Cordier. Paris, t. I, 1878 (le 2e vol. est en cours de publication.)

Recherches archéologiques et historiques sur Pékin et ses environs, par le Dr. Bretschneider. Traduction française par V. Collin de Plancy. Paris, 1879.

Histoire des relations de la Chine avec l'Annam Viêtnam du XVIe au XIXe siècle, par E. Devéria. Paris, 1880.

ΔΑΚΙΚΑΙ ΕΦΗΜΕΡΙΔΕΣ. *Ephémérides Daces ou Chronique de la Guerre de quatre ans* (1736—1739), par Constantin Dapontès; publiée, traduite et annotée par E. Legrand. Paris, t. I, 1880, t. II, 1881 (le t. III et dernier est sous presse).

Recueil de documents sur l'Asie centrale, par C. Imbault-Huart. Paris, 1881.

Tam tu kinh *ou le Livre des phrases de trois caractères, avec le grand commentaire de Vương tân thăng;* texte, transcription annamite et chinoise, etc., par A. des Michels. Paris, 1882.

Histoire universelle, par Etienne Açogh'ig de Daron; traduite de l'arménien et annotée par E. Dulaurier. Paris, 1ère partie, 1883 (la 2e partie, traduite par A. Carrière, est en préparation).

Luc Vân Tiên, *poème populaire annamite,* publié et traduit par A. des Michels. Paris, 1883.

Sefer nâmèh. *Relation du voyage de* Nassiri Khosrau *en Syrie, en Palestine,* etc. Publié, traduit et annoté par Ch. Schefer. Paris, 1881.

Chronique de Chypre, par Léonce Machéras. Texte grec et traduction française par E. Miller et C. Sathas. Paris, 1882, 2 vol.

Dictionnaire turc-français. Supplément aux dictionnaires publiés jusqu'à ce jour, par A. C. Barbier de Meynard. 1881; trois livraisons publiées.

Mirâdj-nâmèh, publié pour la première fois d'après le manuscrit ouïgour de la Bibliothèque nationale; traduit et annoté par A. Pavet de Courteille. Paris, 1882.

Chrestomathie persane, par Ch. Schefer. Paris, t. I, 1883 (le 2ᵉ vol. est sous presse).

Sont sous presse et doivent paraître incessamment :

Chronique de Nestor, traduite du russe par L. Leger.

Les manuscrits arabes de l'Escurial, décrits par H. Derenbourg.

Histoire du bureau des interprètes de Pékin, par Devéria.

Ousâma le Mounkidhite. Récit de la vie d'un émir syrien au XIIᵉ siècle, par M. Hartwig Derenbourg. — Avec le texte arabe de l'autobiographie d'Ousâma, publié d'après le manuscrit de l'Escurial.

Ni-hon syo-ki, *l'un des livres canoniques des Japonais*, publié et traduit par L. de Rosny.

Le présent volume rentre également dans la collection des Publications de l'Ecole des langues orientales.

Paris, 16 août 1883.

Tableau des Professeurs de l'École des langues orientales depuis sa fondation.

Présidents et Administrateurs	PERSAN 1795	ARABE 1795	TURC 1795	ARMÉNIEN 1812	GREC VULGAIRE 1819	ARABE VULGAIRE 1820	HINDOUSTANI 1830	CHINOIS 1843	MALAIS ET JAVANAIS 1844	JAPONAIS 1868	ANNAMITE 1869	RUSSE 1876
LANGLÈS 1796—1824	LANGLÈS (1796—1824)	S. DE SACY (1796—1838)	Behenam, *ch.* (1796) VENTURE (1797—1799) A. JAUBERT (1800—1847)	Cirbied, *c. p.* (1798—1801) Cirbied, *c. p.* (1810—1812) CIRBIED (1812—1830)	Villoison, *c. p.* (1800—1805) Hase, *c. p.* (1815—1819) HASE (1819—1864)	Dom Raphaël, *p. a.* (1803—1816) Ellious Boethor, *c. p.* (1819) ELLIOUS BOCTHOR (1820—1821) CAUSSIN DE PERCEVAL (1821—1871)						
S. DE SACY 1824—1838	DE CHÉZY (1824—1832) E. QUATREMÈRE (1832—1857)			L. de Florival, *s.* (1826—1830) L. DE FLORIVAL (1830—1862)			Garcin de Tassy, *c. p.* (1828—1830) GARCIN DE TASSY (1830—1878)					
A. JAUBERT 1838—1847		REINAUD (1838—1867) 1838. La chaire prend le titre de «chaire d'arabe littéral».			1838. La chaire devient «chaire de grec moderne et de paléographie grecque».			Bazin, *c. a.* (1841—1843) BAZIN (1843—1862)	Dulaurier, *c. a.* (1841—1844) DULAURIER (1844—1862)			
HASE 1847—1864	SCHEFER (1857)		M. G. DE SLANE (23. Janv.—20. Mars 1848) DUBEUX (1848—1863) BARBIER DE MEYNARD (1863)	DULAURIER (1862—1881)				Julien, *ch.* (1862—1871)	abbé Favre, *ch.* (1862—1864) abbé FAVRE (1864)	L. de Rosny, *c. a.* (1863—1868)		
REINAUD 1864—1867					1864. La chaire prend le titre de «chaire de grec moderne». BRUNET DE PRESLE (1864—1875)							
SCHEFER 1867		Chaire supprimée en 1868, rétablie en 1879. H. DERENB[illegible] (1879)		A. Carrière, *ch.* (1881)	MILLER (1876)	M. G. DE SLANE (1871—1878) CHERBONNEAU (1879—1882)	Chaire supprimée en 1879.	KLECZKOWSKI (1871)		L. DE ROSNY (1868)	A. des Michels, *ch.* (1871) A. DES MICHELS (1872)	L. Leger, *c. c.* (1874—1876) L. LEGER (1876)

Abréviations. *p. a.* = professeur adjoint; *ch.* = chargé du cours; *s.* = suppléant; *c. p.* = cours provisoire; *c. c.* = cours complémentaire; *c. a.* = cours autorisé. — Les noms des professeurs titulaires sont imprimés en petites capitales.

ÉCOLE SPÉCIALE
DE
LANGUES ORIENTALES,
À LA BIBLIOTHÈQUE NATIONALE.

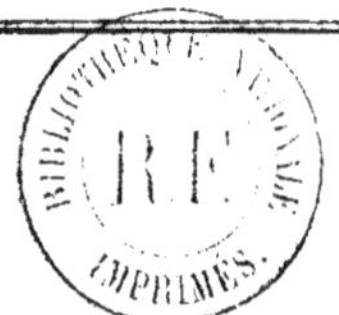

LOI

Portant qu'il sera établi dans l'enceinte de la Bibliothèque nationale, une École publique, destinée à l'enseignement des Langues orientales;

Du 10 Germinal, an III de la République française, une et indivisible.

LA CONVENTION NATIONALE, après avoir entendu le Rapport de ses Comités d'Instruction publique et des Finances, DÉCRÈTE :

ARTICLE PREMIER.

Il sera établi dans l'enceinte de la Bibliothèque nationale, une École publique, destinée à l'enseignement des Langues orientales vivantes, d'une utilité reconnue pour la politique et le commerce.

II. L'École des Langues orientales sera composée, 1.° d'un Professeur d'Arabe littéraire et vulgaire, 2.° d'un Professeur pour le Turc et le Tartare de Crimée; 3.° d'un Professeur pour le Persan et le Malais.

III. Le mode de nomination et le salaire des Professeurs de Langues orientales, seront les mêmes que ceux des Professeurs des Écoles centrales, instituées par la Loi du 7 Ventôse dernier.

IV. Le Comité d'Instruction publique demeure chargé du Règlement de police de l'École des Langues orientales

Visé, *signé* S. E. MONNEL.

Collationné, *signé* PELET, *Président.*

CONFORMÉMENT à la Loi ci-dessus, les Cours de Langues orientales, près la Bibliothèque nationale, commenceront le 4 Messidor, an IV.

Le citoyen LANGLÈS, Membre de l'Institut national des Sciences, continuera le *Cours de Langue persane* qu'il avait commencé au Collège de France; il expliquera d'abord la première partie des *Instituts militaires de Tymour* (Tamerlan), et passera ensuite aux *Négociations de Châh-rokh, roi de Perse, avec Day-ming, empereur de la Chine, pour établir des relations politiques et commerciales entre ces deux contrées.*

Il donnera ses Leçons les Duodi, Quartidi, Septidi et Nonidi, depuis six heures jusqu'à huit.

Les mêmes jours, depuis quatre heures jusqu'à six, le citoyen SYLVESTRE SACY donnera ses Leçons de Langue arabe : après avoir developpé les principes de cette Langue, il expliquera quelques chapitres du *Coran*, et les Fables manuscrites de *Kolêilah.*

Le Cours de Langue turque commencera incessamment, et sera annoncé par de nouvelles affiches

Signé BENEZECH.

A PARIS, DE L'IMPRIMERIE DE LA RÉPUBLIQUE. Prairial, an IV.

ÉCOLE SPÉCIALE DES LANGUES ORIENTALES VIVANTES,

Près la Bibliothèque nationale.

CONFORMÉMENT à la Loi du 10 germinal an 3, portant qu'*il sera établi dans l'enceinte de la Bibliothèque nationale, une École publique destinée à l'enseignement des Langues Orientales vivantes, et d'une utilité reconnue pour la Politique et le Commerce, &c.*,

Les Cours établis par cette Loi commenceront, à dater du 15 frimaire an 9, dans l'ordre suivant :

COURS DE PERSAN

Le C.en LANGLÈS, *Membre de l'Institut national des Sciences et Arts*, consacrera deux leçons par décade aux principes de la Langue persane, et deux autres à l'explication de quelques fragmens des تزوکات تیمور صاحب قران فی تدبیرات و کنکاشها *Tozoùkâti Tymoùr ssâhheb qerân fy tadbyrât où kenkâchehâ* [Instituts politiques et militaires de TAMERLAN, écrits par lui-même], et de la partie géographique du نزهة القلوب تالیف حمد الله بن ابی بکر بن احمد المستوفی القزوینی *Nozahat âl-Qoloùb*, renfermant la description de la Perse, *par Hhamdoûllah, fils d'Aboûbekr, natif de Qazoùyn.*

Il donnera ses leçons les duodis, quartidis, sextidis et nonidis, à six heures et demie.

COURS D'ARABE.

Il aura lieu les mêmes jours, à quatre heures et demie.

Le C.en SILVESTRE DE SACY donnera deux séances au développement des principes de cette Langue, et deux autres à l'explication de quelques chapitres du Qorân, et du Poëme de Kaab-ben-Zohaïr, intitulé : قصيدة بانت سعاد لكعب بن زهير بن ابي سلمى *Qassydatou Bânat Soâ'dou li-Ka'bi-bni Zouhayri-bni Âby Solmä*, dont il dictera le texte à ses auditeurs.

COURS DE TURK.

Les primedi, tridi, quintidi et septidi de chaque décade, à quatre heures et demie,

Le C.en JAUBERT, *Secrétaire interprète de la République pour les Langues orientales*, consacrera deux leçons au développement des principes de cette Langue, et deux à l'explication du تحفة الكبار في اسفار البحار تاليف حاجي خليفة والمعروف بكاتب چلبي *Tohhfet âl-Kobâr fy âsfâr âl-Bahhâr*, ou Description de la Mer blanche et de l'Archipel, avec un Traité de la navigation, par *Hhâdjy Khalfah*, surnommé *Kiâtib Tcheleby.*

COURS D'ARMÉNIEN.

Les mêmes jours, à six heures et demie,

J. CIRBIED, Arménien de nation, donnera des leçons de sa Langue maternelle. Deux leçons seront employées au développement des élémens, et deux autres à la traduction des Տրամաբանութիւն յեբաբնութեան եւ բարոյականութեան ազգին հայոց *Dramapanoution y vera pnoutian er parvïaganoutian az kin haiotz* [Dialogues sur le physique et le moral de la Nation arménienne], et du Տաղաչափութիւն դիմառնական եւ ողբերգական քաղաքին Եդեսիոյ ի կլայեցւոյ : *Dughatchapoutioum thimarnagan er oghperkagan kaghatin Ethesia y Glaetzro*, Poëme prosopopétique et tragique sur la ville d'Edesse, par GLAEZI.

COURS DE GREC MODERNE.

Le C.en D'ANSSE DE VILLOISON développera l'origine et les principes du Grec vulgaire, dictera des Dialogues pour enseigner à parler cette Langue, et expliquera ensuite le Γεωπονικὸν, ou Traité d'agriculture d'*Agapius*, et l'Ἀραβικὸν μυθολογικὸν, Contes arabes traduits en Grec vulgaire.

Il donnera ses leçons les duodis, quartidis, sextidis et octidis, à deux heures précises.

L. LANGLÈS, *Président de l'École spéciale des Langues orientales.*

On entre par la porte de la rue Neuve-des-Petits-Champs.

A PARIS, DE L'IMPRIMERIE DE LA RÉPUBLIQUE. Frimaire an IX.

ÉCOLE SPÉCIALE
DES
LANGUES ORIENTALES VIVANTES,

Rue de Lille, n° 2.

ANNÉE SCOLAIRE 1882-1883.

SECOND SEMESTRE.

LES COURS DE L'ÉCOLE SPÉCIALE ***destinée à l'Enseignement des Langues orientales vivantes et d'une utilité reconnue pour la politique et pour le commerce*** **commenceront à dater du lundi 2 avril 1883 :**

COURS D'ARABE LITTÉRAL.

M. HARTWIG DERENBOURG, *professeur*, exposera aux élèves de première année les principes de la grammaire arabe et fera faire des thèmes et des exercices élémentaires de traduction et d'analyse; il fera traduire aux élèves de deuxième année les prolégomènes du *Fakhri*, d'après l'édition de M. Ahlwardt, et aux élèves de troisième année les *Séances* de Hariri avec le *Commentaire choisi*, par Silvestre de Sacy.

Le cours aura lieu pour les élèves de première année les lundis, mercredis et vendredis, à trois heures et demie; pour les élèves de deuxième et de troisième année, les mêmes jours à quatre heures un quart.

COURS D'ARABE VULGAIRE.

M. N. , *professeur*.

M. ABDOUL NAMAN IMRAN, *répétiteur indigène*, enseignera les principes de la langue arabe vulgaire et exercera les élèves à la conversation et au style épistolaire, les lundis, mercredis et vendredis, à midi et demi

COURS DE PERSAN.

M. CH. SCHEFER, *professeur*, fera expliquer aux élèves de première année le premier livre du *Golistan*; il fera expliquer aux élèves de deuxième et de troisième année la *Relation du voyage au Kharezm* de Riza Qouly Khan et le premier livre de l'*Envari Soheily*.

Le cours aura lieu les mardis, jeudis et samedis, à deux heures.

COURS DE TURC.

M. BARBIER DE MEYNARD, *professeur*, fera expliquer aux élèves de première année la *Relation de l'ambassade* de Mehemet-Efendi, et aux élèves de seconde année des morceaux choisis de l'anthologie turque publiée par Tevfik Efendi sous le titre de *Numouné-i-édébiat*.

Les cours auront lieu les mardis, jeudis et samedis, à quatre heures.

M. O. SAGHIRIAN, *répétiteur indigène*, exercera les élèves à la conversation et au style épistolaire, les lundis, mercredis et vendredis, à deux heures.

COURS DE MALAIS ET DE JAVANAIS.

M. l'abbé FAVRE, *professeur*, exposera les principes de la grammaire malaise; il fera traduire le *Hikayat Kalilah dan Daminah*, fera faire des thèmes et des versions, et exercera les élèves à la conversation.

Le cours aura lieu les lundis, mercredis et vendredis, à deux heures.

COURS D'ARMÉNIEN.

M. N..., *professeur*.

M. A. CARRIÈRE, *secrétaire de l'École, chargé du cours*, exposera les principes de la langue arménienne classique et fera traduire des textes faciles, les lundis et vendredis, à cinq heures; il traitera des premiers temps de l'histoire d'Arménie en faisant expliquer le premier livre de l'*Histoire d'Arménie* de Moïse de Khorène, les mercredis, à la même heure.

COURS DE GREC MODERNE.

M. MILLER, *professeur*, fera expliquer aux élèves des morceaux choisis en vers et en prose, et les exercera à traduire du français en grec moderne. Une leçon par semaine sera consacrée au déchiffrement de toute espèce d'écriture grecque.

Les cours auront lieu les lundis, mercredis et vendredis, à midi trois quarts.

M. Émile LEGRAND, *répétiteur*, expliquera les *Études historiques* de Renieri et exercera les élèves à la conversation et au style épistolaire, les mardis, jeudis et samedis, à une heure.

COURS DE CHINOIS.

M. le Comte KLECZKOWSKI, *professeur*, enseignera, les mercredis, les phrases et les dialogues de l'*Arte China* du P. Gonçalvès; les jeudis, il expliquera le *Saint Édit de Kang-Chi*, texte et paraphrase; les vendredis, il fera traduire un choix de documents diplomatiques et commerciaux. Le cours aura lieu à trois heures le mercredi et le vendredi, et à une heure le jeudi.

COURS DE JAPONAIS.

M. LÉON DE ROSNY, *professeur*, expliquera les lundis, à deux heures, un choix de *Documents diplomatiques* et de *Lettres commerciales* en écriture cursive.

Les mardis, à sept heures du soir, il fera traduire des textes chinois en langue japonaise par les élèves les plus avancés.

La leçon du mercredi, à deux heures, sera consacrée aux personnes qui veulent commencer l'étude du japonais, et particulièrement du style de la conversation.

Quelques conférences sur l'histoire, la géographie et l'économie politique du Japon seront ultérieurement annoncées, conformément au programme des examens.

COURS D'ANNAMITE.

M. ABEL DES MICHELS, *professeur*, expliquera, les mardis, à deux heures trois quarts, des textes annamites faciles pour les élèves de première année.

Les jeudis, à deux heures trois quarts, cours de seconde année. Explication de la *Chrestomathie cochinchinoise*.

Les mardis et les jeudis, au commencement de chaque leçon, le professeur exposera les principes de la grammaire et exercera les élèves à la conversation.

Les samedis, à deux heures trois quarts, cours de troisième année. Étude du style sinico-annamite (langue officielle et savante de la Cochinchine) et de ses rapports avec l'idiome vulgaire. Le professeur traduira le *Tam tu'kinh* avec le grand commentaire classique de Vu'ong tân thăng. Explication du poème *Luc Vân Tiên* sur le texte en caractères figuratifs.

M. TRÂN NGUON HANH, *répétiteur indigène*, exercera les élèves à la prononciation et à l'écriture, les lundis, mercredis et vendredis, à trois heures trois quarts.

COURS DE LANGUE RUSSE.

M. LOUIS LEGER, *professeur*, exposera les éléments de la langue russe et de la langue slavonne, les lundis, de trois à quatre heures, et les mercredis, à quatre heures et demie (cours de première année). Les mardis, de dix à onze heures, il fera expliquer des textes et lire des manuscrits (cours de seconde année).

Les lundis, de quatre à cinq heures, il exposera les éléments de la langue serbe et expliquera les chants populaires du cycle de Marko Kraljevitch.

L'Administrateur de l'École,
CH. SCHEFER.

Paris, le 28 avril 1883.

Vu et approuvé par nous, Ministre de l'Instruction publique et des Beaux-Arts,
JULES FERRY.

COURS COMPLÉMENTAIRES.

GÉOGRAPHIE, HISTOIRE ET LÉGISLATION DES ÉTATS MUSULMANS.

M. GUSTAVE DUGAT, *chargé du cours*, traitera de l'histoire et de la géographie de l'Afrique septentrionale.

Le cours aura lieu les lundis et vendredis, à dix heures du matin.

GÉOGRAPHIE, HISTOIRE ET LÉGISLATION DES ÉTATS DE L'EXTRÊME ORIENT.

M. HENRI CORDIER, *chargé du cours*, continuera d'exposer l'histoire politique et économique de la Chine et des pays tributaires de l'empire chinois depuis le commencement du XIXe siècle.

Le cours aura lieu les mercredis et vendredis, à quatre heures un quart.

HINDOUSTANI ET LANGUE TAMOULE.

M. JULIEN VINSON, *chargé de cours*, exposera la formation, l'histoire et les éléments grammaticaux du tamoul et de l'hindoustani; il expliquera quelques textes faciles dans ces deux langues.

Les cours auront lieu le mardi de deux à quatre heures, et le jeudi à trois heures.

LANGUE ROUMAINE.

M. ÉMILE PICOT, *chargé de cours*, exposera les éléments de la grammaire roumaine et fera expliquer le recueil de *Contes* d'Ispirescu, le mardi, de quatre à six heures. Il fera l'histoire de la principauté de Moldavie à partir de l'année 1627, le samedi, à quatre heures et demie.

HISTOIRE DES ÉTUDES ORIENTALES.

M. A. CARRIÈRE, *secrétaire de l'École*, exposera l'histoire de l'étude des langues orientales vivantes en Europe depuis le moyen âge jusqu'à la fin du XVIIIe siècle, les samedis, à cinq heures.

Le Registre des Inscriptions sera ouvert cette année : du 1er au 25 novembre; du 1er au 15 janvier; du 1er au 15 avril et du 15 juin au 1er juillet.

Les élèves inscrits pourront travailler dans la salle d'étude, tous les jours, de midi à quatre heures.

La Bibliothèque de l'École sera ouverte, pour les personnes autorisées à la fréquenter, les mardis et les vendredis, de deux à quatre heures.

Approuvé :
JULES FERRY.

TABLEAU DES JOURS ET HEURES DES COURS.

LUNDIS.	SALLES.	HEURES.	MARDIS.	SALLES.	HEURES.	MERCREDIS.	SALLES.	HEURES.	JEUDIS.	SALLES.	HEURES.	VENDREDIS.	SALLES.	HEURES.	SAMEDIS.	SALLES.	HEURES.
MM.			MM.			MM.			MM.			MM.			MM.		
GUSTAVE DUGAT	1	10 heures.	LEGER	1	10 heures.	ABDOUL NAMAN IMRAN	2	Midi 1/2.	Émile LEGRAND	4	1 heure.	GUSTAVE DUGAT	1	10 heures.	Émile LEGRAND	4	1 heure.
ABDOUL NAMAN IMRAN	2	Midi 1/2.	Émile LEGRAND	4	1 heure.	MILLER	4	Midi 3/4.	Comte KLECZKOWSKI	1	1 heure.	ABDOUL NAMAN IMRAN	2	Midi 1/2.	CH. SCHEFER	4	2 heures.
MILLER	4	Midi 3/4.	CH. SCHEFER	4	2 heures.	L'abbé FAVRE	4	2 heures.	CH. SCHEFER	4	2 heures.	MILLER	4	Midi 3/4.	ABEL DES MICHELS	2	2 h. 3/4.
L'abbé FAVRE	4	2 heures.	ABEL DES MICHELS	2	2 h. 3/4.	LÉON DE ROSNY	2	2 heures.	ABEL DES MICHELS	2	2 h. 3/4.	L'abbé FAVRE	4	2 heures.	TRÂN NGUON HANH	2	2 h. 3/4.
LÉON DE ROSNY	2	2 heures.	VINSON	1	2-4 heures.	O. SAGHIRIAN	1	2 heures.	VINSON	1	3 heures.	O. SAGHIRIAN	1	2 heures.	BARBIER DE MEYNARD	4	4 heures.
O. SAGHIRIAN	1	2 heures.	TRÂN NGUON HANH	2	3 h. 3/4.	Comte KLECZKOWSKI	1	3 heures.	TRÂN NGUON HANH	2	3 h. 3/4.	Comte KLECZKOWSKI	1	3 heures.	PICOT	1	4 h. 1/2.
LEGER	1	3 heures.	BARBIER DE MEYNARD	4	4 heures.	DERENBOURG	2	3 h. 1/2.	BARBIER DE MEYNARD	4	4 heures.	DERENBOURG	2	3 h. 1/2.	A. CARRIÈRE	2	5 heures.
DERENBOURG	2	3 h. 1/2.	PICOT	1	4-6 heures.	LEGER	1	4 h. 1/2.				CORDIER	4	4 h. 1/4.			
LEGER	1	4 heures.	LÉON DE ROSNY	2	7 heures.	CORDIER	4	4 h. 1/4.				A. CARRIÈRE	2	5 heures.			
A. CARRIÈRE	2	5 heures.				A. CARRIÈRE	2	5 heures.									

IMPRIMERIE NATIONALE. — Mars 1883.

QUATRE LETTRES MISSIVES

ÉCRITES DANS LES ANNÉES 1470—1475

PAR

ABOÛ 'L-ḤASAN 'ALÎ

AVANT-DERNIER ROI MORE DE GRENADE.

TEXTE ARABE PUBLIÉ POUR LA PREMIÈRE FOIS
ET TRADUCTION FRANÇAISE

PAR

HARTWIG DERENBOURG.

QUATRE LETTRES MISSIVES

ÉCRITES DANS LES ANNÉES 1470—1475

PAR

ABOÛ 'L-ḤASAN 'ALÎ

AVANT-DERNIER ROI MORE DE GRENADE.

INTRODUCTION.

Les documents inédits ne sont pas toujours mis en œuvre par ceux, qui les ont exhumés. A première vue, notre cher et illustre président, M. R. P. A. Dozy, assignera aux matériaux, que je soumets à son examen, leur vraie place pour les faire concourir à l'harmonie, à la solidité et à l'achévement de l'édifice, qu'il a tant contribué à élever[1]. Ce sont documents de fraîche date dans l'histoire de l'Espagne musulmane. Lorsqu'ils furent écrits dans les années entre 1470 et 1475, la chrétienté avait partout repris le dessus, excepté dans le royaume de Grenade. Les princes

1. Dans les *Verhandlungen des fünften internationalen Orientalisten-Congresses, gehalten zu Berlin im September 1881,* II, 1, p. 29—47, M. F. G. Robles a parlé *De l'état actuel des études arabes en Espagne.* Son tableau, qui tourne parfois au plaidoyer, n'en est pas moins instructif : il démontre l'influence féconde, exercée par deux hommes tels que M. Dozy et D. Pascual de Gayangos.

Naṣrides[1] n'avaient pas encore été dépossédés et chassés de leur Alhambra; mais, affaiblis par l'hostilité de leurs voisins et par l'indiscipline de leurs sujets, ils ne possédaient plus qu'une autorité de nom et de forme sur les *cosas de Granada*[2]. Aboû 'l-Ḥasan ʿAlî, l'*Alboacen* des chroniques andalouses[3], en était réduit à mendier des alliances, à désavouer ses généraux, à s'humilier devant ses vassaux et ses ennemis, à remercier avec effusion les uns et les autres pour le moindre témoignage de bienveillance, à leur promettre et à leur offrir même un concours sans réserves et sans compensations. Les quatre lettres d'Aboû 'l-Ḥasan, que nous publions, ont beau affecter un stile pompeux et une forme déclamatoire. L'agonie de la puissance musulmane en Espagne se montre sous l'aisance affectée du langage. En 1474, Isabelle la Catholique et Ferdinand V montèrent sur le trône de Castille[4], après la rédaction des

1. La généalogie et l'ordre de succession des rois Naṣrides ont été recueillis avec une parfaite exactitude par D. Francisco Javier Simonet dans la première édition de sa *Descripcion del reino de Granada* (Madrid, 1860). Voir le tableau qui fait face à la page 214. Il a été reproduit sans changement par D. Francisco Codera y Zaidin dans son *Tratado de numismática arábigo-española* (Madrid, 1879, in-8), p. 235 et 281—282.

2. M. J. Müller, *Die letzten Zeiten von Granada* (München, 1863), p. 56.

3. Gayangos, *The history of the Mohammedan Dynasties in Spain* (London, 1840—1843, 2 vol. in-4) II, p. 540. Ce même roi est appelé *Abulhazen* dans la *Cronica de los rreyes católicos don fernando y doña isabel* de Hernando de Pulgar, publiée par M. J. Müller d'après le manuscrit III. Y. 6 de l'Escurial. Voir *Op. laud.* p. 69, 82, 86, etc. A la fin du XVIe siècle, Luis de Marmol le nomme Abil Hascen dans son *Historia de la rebelion y castigo de los moriscos.* Cf. Simonet, *Descripcion*, etc. (2e éd. Granada, 1872), p. 257 et 258. Aboû 'l-Ḥasan ʿAlî, le dix-neuvième des rois Naṣrides, occupa le trône de Grenade une première fois de 866 à 887 de l'Hégire (1461—1482 ap. J.-Ch.), une seconde de 888 à 890 (1483—1485 ap. J.-Ch.).

4. Sur le règne de Ferdinand et d'Isabelle, on peut consulter le bel ouvrage de l'américain Prescott : *Ferdinand and Isabel,* publié pour la pre-

deux premières lettres, avant l'envoi des deux dernières; dans les premiers jours de 1492, le royaume de Grenade succomba définitivement[1]; son dernier prince, le fils d'Aboû 'l-Ḥasan, Aboû 'Abd Allâh Moḥammad, plus connu sous son prénom défiguré de *Boabdil,* après avoir poussé « un dernier soupir[2] » prit le chemin de l'exil[3]. Il mourut à Fez en 940 de l'Hégire (1533 ap. J.-Chr.)[4].

mière fois en 1838 (3 vol. in-8) et souvent réimprimé. Il en existe une traduction française par G. Benson, Bruxelles-Paris, 1861—1862, 4 vol. in-8.

1. Ferdinand V fit son entrée à l'Alhambra le 2 Janvier 1492. Cf. G. Weil, *Geschichte der islamitischen Völker* (Stuttgart, 1866), p. 295.

2. Boabdil « a poussé hors de Grenade conquise ce gémissement historique, *el ultimo suspiro del Moro,* qui a baptisé un rocher de la Sierra d'Elvire ». Th. Gautier, *Voyage en Espagne (Tras los montes),* p. 221 (édition de 1879). Le nom, que porte encore aujourd'hui ce point de la Sierra Nevada, a été seulement complété d'après A. Germond de Lavigne, *Itinéraire général .... de l'Espagne et du Portugal.* 3e éd. (Paris, 1880), p. 604. Voir aussi L. Geley, *L'Espagne des Goths et des Arabes* (Paris, 1882, in-12), p. 153. Je ne saurais trop recommander ce résumé, clair et substantiel, et je ne fais de réserves que sur l'orthographe parfois défigurée des noms propres d'origine arabe.

3. M. J. Müller a publié, d'après le manuscrit 1758 de l'Escurial (Casiri, 1753), fol. 83 r°, une lettre d'Ibn Koutiyya, datée de 896 de l'Hégire (1491 ap. J.-Ch.) sur la situation faite en Afrique aux émigrés de Grenade. Voir *Beiträge zur Geschichte der westlichen Araber* (München, 1866—1878, 2 Hefte) I, p. 42—44.

4. Al-Makkari, *Analectes sur l'histoire et la littérature des Arabes d'Espagne,* publiés par MM. Dozy, Dugat, Krehl et Wright (Leyde, 1855—1861, 2 vol. in-4) II, p. ٨١٤; cf. Gayangos, *Mohammedan Dynasties* II, p. 390. L'année 1538, que, dans ce dernier passage, une faute d'impression a substituée à 1533, a été reproduite dans Weil, *Islamitische Völker,* p. 296. Il suffirait de cette date incontestable pour détruire l'hypothèse de M. C. Brosselard, qui a cru retrouver à Tlemcen le tombeau de Boabdil. L'épitaphe, qu'il a publiée, (*Journal Asiatique* 1876, I, p. 159—197), n'est pas celle de Boabdil, le « dernier roi de Grenade », mais celle de son homonyme Aboû 'Abd Allâh Moḥammad, surnommé Az-Zagal, le frère et non le fils d'Aboû 'l-Ḥasan 'Alî. L'étude des documents, que nous publions plus loin, prouve avec évidence qu'à la ligne 10 du monument (*ibid.* p. 175) il faut insérer ابى نصر ابن الامير. Un Arabisant de premier ordre, le sénateur D. Francisco Fernandez y Gonzalez, a traité cette question avec ampleur et l'a résolue définitivement dans son important mémoire, intitulé : *Correccion á una noticia de el Diario Asiático de*

Des quatre pièces diplomatiques, que je ferai suivre dans l'ordre de leurs dates, la première est conservée à l'Académie de l'histoire de Madrid dans deux calques d'autant plus exacts qu'ils paraissent pris par une personne incompétente, qui ne possédait ni la science, ni la prétention d'expliquer ou de contrôler son texte. Si mes souvenirs sont exacts, la charte elle-même appartient à l'archéologue D. Ignacio Tro. Les originaux des trois autres documents sont entrés successivement dans la Bibliothèque de l'Académie de l'histoire, où j'ai été autorisé à les étudier et à les copier. La deuxième lettre a été acquise la dernière; elle a été longtemps déposée dans les archives du comte d'Altamira.

Si l'Académie de l'histoire de Madrid, qui en général proscrit de ses acquisitions les manuscrits arabes[1], a admis

Paris, acerca de una lápida sepulcral hallada en Tremecen y atribuida á Boabdil, último rey de Granada. Voir *Boletin de la Real Academia de la historia,* tomo I — cuaderno II (mayo 1878), p. 140—150.

1. En dehors des quatre lettres d'Aboû 'l-Ḥasan, l'Académie de l'histoire ne possédait en 1880 que des bribes de manuscrits arabes : 1° un fragment de poème espagnol en caractères arabes, copié sur le manuscrit Gg, n° 244 de la Biblioteca Nacional de Madrid (cf. D. Eduardo Saavedra, *Discursos,* Madrid, 1878, in-8, p. 136); 2° un traité incomplet d'astrologie, mis à la suite d'un calendrier turc; 3° deux talismans, dont l'un presque effacé, commençant tous deux par le verset du Coran xvi, 100; 4° une liasse de notes prises par D. Faustino de Bourbon, dit Muscat, en Février 1779 (cf. Gayangos, *Mohammedan Dynasties* I, p. ix; Dozy, *Catalogus codicum orientalium bibliothecae Academiae Lugduno Batavae* I, p. 52, 95 et 96); 5° des calques d'inscriptions arabes de l'Alhambra, provenant de Casiri, l'auteur de la *Bibliotheca Arabico-Hispana Escurialensis;* 6° une traduction espagnole de la «célèbre inscription» du Sacro Monte, près de Grenade, par D. Faustino de Bourbon. On lit en tête de ce dernier manuscrit le titre suivant : «*La Celebre Inscripcion Granatense Que traduce nuevamente y corrige del error con que un Docto la havia traducido D. Faustino de Muscat y Guzman. Aumentadose un defensorio contra los que traduxeron mal estos caracteres y intentaron defender su traduccion ...... Con laminas.*» Le travail est dédié «al Illmo Sr D. Manuel de

une exception unique en faveur de cette série précieuse, c'est qu'elle se proposait d'en donner des traductions espagnoles pour accompagner la *Crónica latina de D. Enrique IV*[1]. Ce plan déjà ancien sera-t-il jamais exécuté[2]? Vers la fin de 1834, dans une séance solennelle, le directeur de la compagnie, en quittant le fauteuil de la présidence, parlait à ses confrères des trois chartes (on ne connaissait pas encore la première), traduites par D. Francisco Antonio Gonzalez[3]. Dans le cas où la publication annoncée, souvent reprise et non moins souvent interrompue, resterait à l'ordre du jour, l'Académie de l'histoire ne manquerait pas de provoquer un remaniement et une refonte des anciennes traductions qu'elle possède, afin de les mettre au niveau des progrès que les études orientales ont faits en Europe pendant ces trente dernières années. Un commentaire paléographique[4], historique et géographique, où aucune source d'information

Roda». C'est une des nombreuses élucubrations, qu'ont suscitées les planches en écriture pseudokoûfique, publiées à Grenade en 1682 par de pieux mystificateurs, qui ont intitulé leur étrange recueil : *Liber nonaginta fundamentorum religionis Christianae, filii Aathar, discipuli Jacobi Apostoli.* Ce livre imprimé se compose de 16 pages dans des cercles. Il y en a un exemplaire, égaré parmi les manuscrits arabes de l'Escurial, sous le numéro 1859.

1. La chronique latine, qui doit constituer l'ouvrage principal, est intitulée : *Alphonsi Palentini historiographi gesta Hispaniensia ex annalibus suorum dierum colligentis.* Elle doit avoir pour appendice une *Coleccion diplomática de la Crónica de D. Enrique IV.* A travers de nombreuses péripéties, Henri IV occupa le trône de Castille depuis 1454 jusqu'à sa mort en 1474.

2. La direction de l'entreprise est aujourd'hui confiée à l'académicien D. Antonio María Fabié.

3. *Discurso leido á la Real Academia de la historia en junta de 28 de Noviembre de 1834 por Su Director el Excmo Señor Don Martin Fernandez de Navarrete, al terminar el trienio de su direccion* (Madrid, 1835, in-8). On y lit, p. 7 : «estas tres cartas traducidas por nuestro compañero D. Francisco Antonio Gonzalez.»

4. L'écriture (ai-je besoin de le dire?) est l'écriture Magrébine d'Espagne.

n'aurait été négligée, serait le complément naturel de cette version renouvelée et définitive. C'est aux Arabisants de l'Espagne à écrire cette page de leur histoire nationale.

Les visées de mon travail sont moins ambitieuses. J'ai essayé, d'après mes copies hâtives, d'éditer un texte correct et généralement exact. Pour les identifications, je me suis contenté de recueillir ce qui était à fleur de terre, sans me livrer à des fouilles profondes. Ma traduction laissera percer peut-être quelque inexpérience des idiotismes particuliers à l'arabe d'Espagne. Heureusement l'école de Leyde est venue à mon secours par ses glossaires spéciaux, dont M. Dozy, après y avoir largement collaboré, a tiré la quintessence pour enrichir son magnifique *Supplément aux dictionnaires arabes*[1]. Au jour de la récolte, s'il reste la plus faible trace de mon premier défrichement, je n'aurai pas semé en terre ingrate.

PARIS, ce 18 Janvier 1883.

1. Les glossaires particuliers à chaque auteur sont une tradition excellente de l'école de Leyde. Ceux de Messieurs Dozy et de Goeje peuvent être considérés comme des modèles du genre. On en trouvera l'énumération dans Dozy, *Supplément aux dictionnaires arabes* (Leyde, 1881, 2 vol. gr. in-4) I, p. XXII.

TEXTE ARABE DES QUATRE DOCUMENTS.

I.

بســم الله الرحمن الرحيم صلّى[1] الله على سيّدنا محمّد وعلى اله وصحبه وسلّم تسليما
من عبد الله امير المسلمين على الغالب بالله ابن مولانا امير المسلمين ابى النصر
ابن الامير المقدّس ابى الحسن ابن امير المسلمين ابى الحجّاج ابن امير المسلمين
ابى عبد الله ابن امير المسلمين ابى الحجّاج ابن امير المسلمين ابى الوليــد بن
نصر ايّده الله بنصره وامدّه بيسره الى الفارسين المكرمين الزعيمين الحسيبين
المشكورين الوفيّين ذون دياقه هرّندس المرشكال ومرتين الهنشه ذى منت ميور
صاحب القبذيق اكرمهما الله بتقواه واسعدهما بهُداه سلام يراجع سلامكــم
كثيرا اثيرا كتبنا اليكم من حمرائنا العليّة بغرناطه حرسها الله عن الخير والعافية
والحمد لله   والى هذا فاعلموا ايّها الفارسان المكرمان أنه وصل كتابُكم وفهِمْنا
جميع ما ذكرتم فيه فشكرنا تعريفكم وقصدكم وأثنينا على محبّتكم ومودّتكم

1. Je n'ai pas cru altérer la physionomie de ces documents, en ajoutant plus d'un *taschdîd*, qui ne se trouvait pas dans le manuscrit. C'est le seul changement, que je me sois cru autorisé à faire; et les voyelles, que j'ai données par ici par là, proviennent des originaux.

وشكرناكم على وصولكم للقبذيق وعلى إظهار المحبّة التى لا شكّ فيها فانتم علم
الله عندنا من أحبابنا الاوفياء واصدقائنا الاصفياء وبسبب أنه وصلنا التعريف
أن ذون الهُنشه والفرسان جازوا على توجّه وزير مقامنا لجهــة وادى اش[1]
ولاجل أنه توجّه سريعا ولم يصحّ عندنا من الاخبار شيء بصحيح ما عرّفكم
بشيء فنريد منكم ان لا تزالوا تُعرّفونا بما يزيد عندكم وكذلك نحن نعرّفكم بما
يزيد عندنا وجميع حوائجكم عندنا مقضيّة والله يعمل كرامتكم بتقواه [كتب
فى] التاسع عشر لربيع الاول عام خمسة وسبعين وثمنى ما[يه][2] صح هذا

Le verso ne porte pas d'adresse.

1. Ma copie porte وادى اشر.
2. C'est l'orthographe des pièces III et IV.

II.

بســم الله الرحمن الرحيم صلّى الله على سيّدنا محمّد وعلى اله وصحبه وسلّم تسليما ليعلم من يقف على هذا المكتوب الكريم او يسمعه أننــا عبد الله امير المسلمين على الغالب بالله ابن مولانا امير المسلمين ابى النصر ابن الامير المقدّس ابى الحسن ابن امير المسلمين ابى الحجّاج ابن امير المسلمين ابى عبد الله ابن امير المسلمين ابى الحجّاج ابن امير المسلمين ابى الوليد بن نصر ايّدنا الله بنصره ∴ وامدّنا بيسره ∴ كان بيننا وبين الفارس المكرم الزعيم الحَسيب المشكور الاوفى ذون دياقه هِرّندس ذى قرطبة قند قبره بن قند حصن اشر صاحب بيــانه وقائد القلعه والفارس المكرم الزعيم الحسيب المشكور مرتين الهنشُه ذى منت ميور صاحب القبذيق والفارس المكرم الحسيب الزعيم المشكور بيغش بنيغش صاحب لك والبندين اكرمهم الله بتقواه صُلح ثابت ومحبّة صادقة ومودّة خالصة منعقدة لامد معلوم ولاجل ان هذه المحبّة التى بين مقامنا وبين الفرسان المذكــورين هى تزداد فى كلّ يوم وفى كلّ حين ونحن نريد ان تزيد اكثر من ذلك وانّــا نجدّدها الان وان نُدخل فى الصلح والمحبّة الفرسان المكرمين بيغش بنيغـــش صاحب لك والبندين وذون دياقه هرّندس المرشكال بقشتالّه والوزير الكبير بقرطبة وذون مرتين قندذور استبّة اولاد القند ذى قبره فلاجل ذلك تعلمون ايّها الفرسان المكرمون والأحباب المشكورون ذون دياقُه هرّندس ذى قرطبة قند قبره وبن قند حصن اشر وصاحب بيانه وقائد القلعه ومرتين الهنشــه

ذى منت ميور صاحب القبذيق ويبغش بنيغش صاحب لك والبندين وذون دياقه هرّندس المرشكال بقشتالّه الوزير الكبير بقرطبه وذون مرتين قنددور استبّة اكرمكم الله بتقواه انّ مقامنا الكريم يعقد ويجدّد معكم صلحا صحيحا ومحبّة ثابتة خالصة لهذه من عشرة اعوام العجميّة متولّية يكون اولها اول يوم من شهر ينير الاعجمىّ مفتتح عام اثنين وسبعين واربعماية والف لتأريخ المسيح ويكون تمامها اخر يوم من شهر ذجنبر الاعجمى عام احد وثمانين واربعماية والف لتأريخ المسيح المذكور على ان نكون أحباب أحبابكم وأعداء أعدائكم وان نعينكم فى جميع الامور التى تحتاجون اليها فى وطنكم بقدر جُهْدنا على جميع اعدائكم من اىّ صنف كانوا للمدّة التى تريدونها وفى الوقت الذى تعرّفونا بحاجتكم فى الاعانة او توجّهوا رسولكم فى طلب ذلك نعينكم[1] بقدر جهدنا وكذلك نعرّفكم ايّها الفرسان المكرمون بجميع ما نعلمه او نتعرّفه من سرّ او غيره ممّا لا يكمل لحُرمتكم نعرّفكم بذلك سريعا مع رسول صادق معروف لاجل ان تجعلوا خلاصا فى ارضكم قبل وقوع الفساد واذا تميّز ضررا لجهتكم نجتهد فى تبعيده عنكم وان ميّزنا فائدة او مصلحة لجهتكم نجتهد فى تقريبها لكم ونحفظ المودّة والصحبة المنعقدة بيننا وبينكم فى الاقوال والافعال واعلموا ايها الفرسان المكرمون المذكورون انّ اولادنا الامراء اسعدهم الله يحفظون لكم هذا الصلح وهذه المحبّة والصحبة مثلما نحفظها نحن بخاصّة مقامنا الكريم فانكم من اجل أحبابنا الاوفياء واصدقائنا الاصفياء ومن اهل رأينا الكبراء فجانبكم عندنا محفوظ و محبّتكم صحبة ثابتة لا نشكّ فى صدق محبّتكم ولا فى خلوص مودّتكم ونحن نعاهدكم على صحّة جميع ما ذكرنا لكم ونحلف لكم بالله الواحد

1. Ms. نعينهم.

الحقّ على ان كلّ ما ذكرنا لكم نوفى به ونحفظه ونُحرزه بالقدر[1] والوفاء فى كلّ وقت من غير غدر ومن غير خداع ولاجل ان يكون هذا العقد صحيحا وثابتا ختمناه بعلامتنا السعيده الصادرة من يدنا الكريمة وجعلنا عليها طابعنا العزيز المعهود عن مقامنا الكريم فى اوائل رجب الفرد المبارك عام ستّة وسبعين وثمانماية عرف الله بحكمته صح هذا

Il y avait un grand cachet sur de la cire rouge; il est presque entièrement détruit. On ne peut plus y lire que الله *ou* بالله. *Le verso ne porte pas d'adresse.*

1. L'original semblerait devoir être lu بالعذو, mais cela ne donne aucun sens.

III.

بسم الله الرحمن الرحيم صلّى الله على سيّدنا محمّد وعلى اله وصحبه وسلّم تسليما من عبد الله امير المسلمين على الغالب بالله ابن مولانا امير المسلمين ابى النصر ابن الامير المقدّس ابى الحسن ابن امير المسلمين ابى الحجّاج ابن امير المسلمين ابى عبد الله ابن امير المسلمين ابى الحجّاج ابن امير المسلمين ابى الوليد بن نصر ايّده الله بنصره وامدّه بيسره الى الفارس المكرم الزعيم الحسيب المشكور الاوفى ذون دياقه هرندس ذى قرطبة قند قبره بن قند حصن اشر صاحب بيانه وقائد القلعه اكرمه الله بتقواه واسعده بهداه سلام يراجع سلامكم كثيرا اثيرا كتبناه اليكم من الحمراء العليّة بغرناطة حرسها الله عن الخير والعافية والحمد لله والى هذا فاعلموا ايّها الفارس المكرم والقند المرفع انه وصلنا كتابكم وصُحْبَه القائد جوان يناذه واستوفينا ما ذكرتم فيه وامرنا وزير مقامنا الكريم اسعده الله ان يتحدّث معه ويقرّر له قصد مقامنا العلىّ اعلاه الله حسبما يُخبرْكم به وما ذكرتموه عن وجهتكم وسفركم لسلطان قشتالّه صديقنا اكرمه الله بتقواه فاذ مصلحتكم[1] فى ذلك فتوجّهوا ان شاء [الله] بالسلامة واعلموا ايّها القند المرفع ان حبيبنا ولدكم المرشكال اكرمه الله بتقواه وارضكم تكون منّا ببال وما يعملهم الّا ما يرضيهم والذى وقع ما وقع الّا بأسباب يقرّرها لكم المذكور ولا نشكّ ان فرساننا اخطؤا فى بعض ما نضر ولاكن محبّتكم عندنا معلومة فلا تشكّوا فى

1. Ma copie, à raison ou à tort, porte ومصلحتك.

ذلك ولا تعتقدوا خلافه ويريد منكم ان توصوا اهل القلعه ان لا يخرجوا عن الواجب وكلّ ما لكم من الحوائج نعمل فيها ما يرضيكم والله يعمل كرامتكم بتقواه كُتب فى الرابع والعشرين من الربيع الاول عام ثمانين وثمنى مايه

صح هذا

Adresse au verso :

الفارس المكرم الزعيم الحسيب
الاوفى ذون دياقه هرّندس ذى قرطبه
قند قبره بن قند حصن اشر صاحب
بيانه وقائد القلعه اكرمه الله بتقواه

IV.

بســم الله الرحمن الرحيم صلّى الله على سيّدنا محمّد وعلى اله وصحبه وسلّم تسليما
من عبد الله امير المسلمين على الغالب بالله ابن مولانا امير المسلمين ابى النصر
ابن الامير المقدّس ابى الحسن ابن امير المسلمين ابى الحجّاج ابن امير المسلمين
ابى عبد الله ابن امير المسلمين ابى الحجّاج ابن امير المسلمين ابى الوليـد بن
نصر ايّده الله بنصره وامدّه بيسره الى الفارسين المكرمين الزعيمين المشكورين
الوفيّين الاحبّين ذون دياقه هرّندس المرشكال بقشتالّه ومرتين الهنشه ذى منت
ميور صاحب القبذيق اكرمهما الله بتقواه ووفّقهما بهداه سلام يراجع سلامكم
كثيرا اثيرا كتبناه اليكم من الحمراء العليّه بغرناطة حرسها الله عن الخير والعافية
والحمد لله والى هذا فاعلموا ايّها الفرسان المكرمون انه وصلنا كتابكم واستوفينا
ما ذكرتم فيه فشكرنا قصدكم ومحبّتكم والامان الذى طلبتموه يعملكم كرامة لكم
وقد امرنا وزير مقامنا العلىّ اسعده الله بكتب لكم بالغًا حسبما يعملكم فاعلـموا
هذا وكلّ ما لكم من الحوائج نعمل فيها ما يرضيكم والله يعمل كرامتكم بتقـواه
وكتب فى الرابع عشر لجمدى الاخر عام ثمانين وثمنى مايه صح هذا

Adresse au verso :

الفارسان المكرمان الزعيمـــــــان
ذون دياقه هرّندس المرشكـــــــال
ومرتين الهنشه ذى منت ميور صاحب
القبذيق اكرمهمـا الله بتقـــــــواه

TRADUCTION FRANÇAISE.

I.

Au nom d'Allâh le clément, le miséricordieux ! Puisse Allâh répandre ses bénédictions sur notre maître Moḥammad, sur sa famille et sur ses compagnons ! Puisse-t-il leur donner la paix !

De la part du serviteur d'Allâh, émir des Musulmans[1], 'Alî Al-Gâlib Billâh[2], fils de notre maître, l'émir des Musul-

1. Le titre d'« émir des Musulmans » est une variante de celui d'« émir des croyants » (امير المؤمنين), réservé aux khalifes de Bagdâd. Il paraît que ce titre fut porté pour la première fois par Yoûsouf ibn Tâschoufîn, le deuxième des Almoravides, en 479 de l'Hégire (1086 ap. J.-Ch.). Cf. Ibn Al-Athîr, *Chronicon* X, p. ١٠٣; D. Francisco Codera, *Títulos y nombres propios en las monedas Arábigo-Españolas* (Madrid, 1878, in-8), p. 31 et suiv.; *Tratado de numismatica*, p. 194. Les rois Naṣrides de Grenade ont tous adopté ce titre.

2. Aboû 'l-Ḥasan 'Alî était surnommé *Al-Gâlib Billâh* « le vainqueur par Allâh », comme le fondateur et la plupart des membres de sa dynastie. Cf. Ibn Al-Khaṭîb dans Casiri, *Bibliotheca Arabico-Hispana Escurialensis* II, p. 260; *Journal Asiatique* de 1876, I, p. 175. Ce surnom est rappelé par la devise de la dynastie, telle qu'elle se trouve sur les murs de l'Alhambra et sur les monnaies : لا غالب الّا الله. Voir Codera, *Tratado de numismatica*, p. 233. Mon ami, M. H. Lavoix, m'apprend que le Cabinet des médailles de France possède une grande pièce d'argent inédite (voir la planche gravée dans le fleuron de la page 3), où un carré inscrit dans un cercle porte la légende suivante :

عبد الله الغالب
بالله على بن سعد بن
على بن يوسف بن محمد بن
يوسف بن اسماعيل
بن نصر ايده الله ونصره

Dans les segments du cercle, on lit la devise : لا غالب الا الله. Sur le revers, de même un cercle, dans lequel un carré porte le verset du *Coran* III, 100. Dans les quatre segments du cercle طبع — بمدينة — غرناطة — حرسها الله.

mans Aboû 'n-Naṣr[1], fils de l'émir sanctifié[2] Aboû 'l-Ḥasan[3], fils de l'émir des Musulmans Aboû 'l-Ḥadjdjâdj[4], fils de l'émir des Musulmans Aboû 'Abd Allâh[5], fils de l'émir des Musulmans Aboû 'l-Ḥadjdjâdj[6], fils de l'émir des Musulmans Aboû 'l-Walîd[7], fils de Naṣr[8] (puisse Allâh le fortifier par son secours[9] et l'assister de son indulgence!) aux deux chevaliers honorés, estimés, considérés, glorifiés, fidèles, le maréchal[10] Don Diego Herrandez et Martin Alfonso[11] de Montemayor[12], seigneur d'Alcaudique[13] (puisse Allâh les honorer tous deux de sa crainte, et les réjouir par sa direc-

1. Aboû Naṣr Sa'd Al-Mousta'în, le dix-huitième des rois Naṣrides.

2. Le prince ainsi désigné n'a pas régné. Cf. l'inscription dans le *Journal Asiatique*, loc. cit.

3. Aboû 'l-Ḥasan 'Alî.

4. Aboû 'l-Ḥadjdjâdj Yoûsouf, le onzième des rois Naṣrides.

5. Aboû 'Abd Allâh Moḥammad Al-Ganî Billâh, le huitième des rois Naṣrides.

6. Aboû 'l-Ḥadjdjâdj Yoûsouf, le septième des rois Naṣrides.

7. Aboû 'l-Walîd Ismâ'îl, le cinquième des rois Naṣrides.

8. Cette expression ne doit pas être prise à la lettre; elle est l'équivalent écourté de ابن الملوك النصريين, comme dit l'auteur anonyme publié et traduit par M. J. Müller, *Die letzten Zeiten von Granada*, p. 2 et 104.

9. Il y a, dans l'intention de l'auteur, un jeu de mots entre Naṣr et *binaṣrihi*, que porte le texte arabe.

10. La transcription régulière eût été Alhonzo ou Alonzo, forme populaire pour Alfonso.

11. Dans les lettres II et IV, il est appelé avec plus de précision « le maréchal de Castille ».

12. Sur le حصن منت ميور « château-fort de Montemayor », voir Edrîsî, *Description de l'Afrique et de l'Espagne*, par Dozy et de Goeje, p. ١٨٣ du texte, 222 de la traduction; Simonet, *Descripcion del reino de Granada*, 2e éd. p. 132 et 220. Pourquoi l'usage de ce livre utile et consciencieux n'est-il facilité par aucun index?

13. Le nom d'Alcaudete s'était d'abord présenté à mon esprit; mais Alcaudete est toujours transcrit en arabe par القبذاق. Cf. Edrîsî, *Description .... de l'Espagne*, p. ٢٠٤ du texte, 252 de la traduction; Yâḳoût, *Geographisches Wörterbuch* IV, p. ٢٧; Simonet, *Descripcion*, p. 13, 94 et *passim*. L'identification de القبذيق et d'Alcaudique m'a été suggérée par M. Simonet, *ibid.* p. 151, 286, 302, 306.

tion!). En réponse à votre salut, recevez nombre de salutations distinguées, que Nous vous avons adressées de notre Alhambra[1], qui s'élève à Grenade (puisse Allâh en maintenir l'intégrité par un effet de sa faveur et de sa protection! Gloire à Allâh!).

Et maintenant, sachez tous deux, ô chevaliers honorés, que votre écrit Nous est parvenu, que Nous avons compris tout ce que vous y avez mentionné, que Nous vous avons été reconnaissant de vos indications et de votre démarche, que Nous nous louons de votre amitié et de vos sentiments affectueux, et que Nous avons appris avec reconnaissance votre arrivée à Alcaudique et vos témoignages publics d'une affection pour Nous, que Nous ne mettons pas en doute. Vous aussi, Allâh le sait, vous comptez parmi Nos plus fidèles amis, vous êtes l'élite de Nos familiers.

Nous avons été informé que Don Alfonso avec ses cavaliers, s'est rendu à la rencontre du vizir de Notre Majesté dans la direction de Guadix[2], et que celui-ci s'est avancé rapidement; mais, de même que Nous n'avons encore reçu aucune nouvelle sûre, il n'a pu rien vous annoncer. C'est

1. On sait que l'Alhambra signifie le Palais Rouge. Cette signification, dit M. Girault de Prangey, «serait parfaitement confirmée par l'aspect actuel de ses murailles et de ses tours construites en tapia, car le temps et le soleil les ont colorées de teintes admirables». Cf. *Essai sur l'architecture des Arabes et des Mores, en Espagne, en Sicile et en Barbarie* (Paris, 1841, in-4), p. 124. C'est dans ce même volume que M. Joseph Derenbourg a donné «une révision des inscriptions de l'Alhambra». Sur l'Alhambra au XVe siècle, il faut lire les pages, qu'a consacrées à cette restitution archéologique le restaurateur habile et amoureux du passé, qui dirige actuellement les travaux, D. Rafael Contreras. Voir son *Estudio descriptivo de los monumentos arabes de Granada, Sevilla y Córdoba* (Madrid, 1878, in-8), p. 157—167.

2. Sur وادى آش = Guadix, cf. Edrîsî, *Description . . . . . de l'Espagne*, p. ١٧٥, ٢٠٢ et ٢٠٣ du texte; 209, 247 et suiv. de la traduction.

2*

pour ce motif que Nous vous invitons à ne pas cesser de Nous faire connaître le surplus de ce qui aura lieu de votre côté; et par contre, Nous vous communiquerons le surplus de ce qui aura lieu chez Nous. Nous chercherons à satisfaire tous les désirs, que vous Nous exprimerez, et Allâh honorera en vous la piété.

Cet écrit a été rédigé le dix-neuf du mois de rabî' premier, en l'an 875[1].

La charte est authentique. Fin[2].

II.

Au nom d'Allâh, le clément, le miséricordieux! Puisse Allâh répandre ses bénédictions sur notre maître Moḥammad, sur sa famille et sur ses compagnons! Puisse-t-il leur donner la paix!

Voici ce que Nous portons à la connaissance de quiconque lira ou entendra lire ce noble écrit, Nous, serviteur d'Allâh, émir des Musulmans, 'Alî Al-Gâlib Billâh, fils de notre maître l'émir des Musulmans Aboû 'n-Naṣr, fils de l'émir sanctifié Aboû 'l-Ḥasan, fils de l'émir des Musulmans Aboû 'l-Ḥadjdjâdj, fils de l'émir des Musulmans Aboû 'Abd Allâh, fils de l'émir des Musulmans Aboû 'l-Ḥadjdjâdj, fils de l'émir

1. Le 15 septembre 1470 de l'ère chrétienne.

2. Le monogramme, composé d'un ه et d'un ى, qui termine chacune des quatre missives, est abrégé de انتهى.

des Musulmans Aboû 'l-Walîd, fils de Naṣr (puisse Allâh le fortifier par son secours et l'assister de son indulgence!).

Entre Nous, d'une part, et de l'autre le chevalier honoré, estimé, considéré, glorifié, modèle de fidélité, Don Diego Herrandez[1] de Cordoue, comte de Cabra, vicomte d'Iznajar, seigneur de Baena[2] et gouverneur[3] d'Alcala[4]; le chevalier honoré, estimé, considéré, glorifié, Martin Alfonso de Montemayor, seigneur d'Alcaudique; enfin le chevalier honoré, considéré, estimé, glorifié, Egas Venegas, seigneur de Luque et d'Albendin[5] (puisse Allâh les honorer de sa crainte!) a existé une paix constante, une amitié sincère et une affection pure, dont témoigne un traité signé pour un temps déterminé.

Or, comme cette amitié entre Notre Majesté et les susdits chevaliers grandit chaque jour et à chaque instant, et que Nous désirons la voir s'augmenter encore, Nous voulons aujourd'hui en renouveler l'expression, et faire entrer dans Notre alliance et dans Notre amitié les chevaliers honorés, Egas Venegas, seigneur de Luque et d'Albendin;

1. Il ne faut pas confondre ce Don Diego Herrandez avec son fils, le maréchal de Castille, cité dans la première lettre, et dont il est de nouveau question plus loin dans ce même morceau.

2. Les positions respectives de Cabra, Iznajar et Baena sont indiquées par Edrîsî, *Description*, etc. p. ٢٠٤ et ٢٠٥ du texte; 251 et 252 de la traduction. Sur حصن اشر = Iznajar, voir aussi Simonet, *Descripcion*, etc. p. 4, 128.

3. Dans l'arabe d'Espagne, قائد (espagnol *alcaide* = القائد), signifie surtout un gouverneur militaire, plutôt un commandant de place qu'un général. M. Simonet, *Descripcion*, p. 17, en traduisant par «*général arabe*» a exagéré une idée juste.

4. Il s'agit d'Alcalá la Real. Voir Simonet, *ibid.*, p. 222; M. J. Müller, *Die letzten Zeiten von Granada*, p. 121.

5. Sur Luque, cf. Simonet, *ibid.*, p. 4, 94, 129; sur Albendin, p. 299, peut-être aussi p. 107, où il est parlé d'Albondon. Luque (لُكّ) est aussi mentionné par Yâḳoût, *Geographisches Wörterbuch* IV, p. ٣٦٥.

Don Diego Herrandez, maréchal de Castille et grand vizir de Cordoue, et Don Martin, commandeur d'Estepa[1], tous trois fils du comte de Cabra.

Vous saurez donc, ô chevaliers honorés, ô excellents amis, Don Diego Herrandez de Cordoue, comte de Cabra, vicomte d'Iznajar, seigneur de Baena et gouverneur d'Alcala; Martin Alfonso de Montemayor, seigneur d'Alcaudique; aussi Egas Venegas, seigneur de Luque et d'Albendin; Don Diego Herrandez, maréchal de Castille, grand vizir de Cordoue et Don Martin, commandeur d'Estepa (puisse Allâh vous honorer de sa crainte!) que Notre Majesté noble renoue et renouvelle avec vous une paix cordiale, gage d'amitié solide et pure, pour cette année solaire et neuf autres années consécutives, à partir du premier janvier 1472 de l'ère chrétienne jusqu'au trente-et-un décembre 1481 de la même ère[2].

Nous nous engageons à être les amis de vos amis et les ennemis de vos ennemis, à vous appuyer chaque fois que vous en aurez besoin pour la défense de votre territoire, dans la mesure de Nos ressources, contre tous vos ennemis, à quelque catégorie qu'ils appartiennent, et pour l'espace de temps, que vous fixerez. Au moment même, où vous Nous transmettrez votre demande d'assistance, ou bien que vous donnerez mission à votre envoyé de faire appel à Notre concours, Nous vous aiderons dans la mesure de Nos ressources.

1. D'après d'autres, استبّة répondrait à Teba. Cf. Dozy, *Recherches sur l'histoire et la littérature de l'Espagne pendant le moyen âge* (3e éd. Leyde, 1881, 2 vol. in-8) I, p. 299. L'orthographe arabe la plus correcte pour ce nom géographique est اسطبّة; cf. Gayangos, *Mohammedan Dynasties* I, p. 345; Casiri, *Bibliotheca Arabico-Hispana* II, p. 124. Les éditeurs d'Al-Makkarî, *Analectes*, ont imprimé اسِطبّة I, p. ١٠٣; استبّة I, p. ٢٩٧ et ٢٩٨.

2. Les années musulmanes correspondantes sont 876–886.

De même, Nous vous ferons savoir, ô chevaliers honorés, tout ce que Nous saurons et tout ce que Nous apprendrons, que ce soit secret ou public, de ce qui sera attentatoire à votre honneur. Nous vous en informerons promptement par un envoyé sûr, éprouvé, afin que vous assuriez le salut de votre pays avant le ravage de vos champs[1]. Lorsque Nous distinguerons un mal qui peut vous atteindre, nous ferons des efforts pour l'éloigner de vous; lorsque Nous distinguerons un avantage ou une utilité que vous pouvez recueillir, Nous ferons des efforts pour l'approcher de vous. Nous conserverons l'amitié et l'alliance, stipulées entre Nous et vous, dans les paroles et dans les actes.

Et sachez, ô chevaliers honorés susdits, que Nos fils les émirs[2] (qu'Allâh leur accorde le bonheur!) garderont à votre égard cette paix, cette amitié et cette alliance, comme Nous la garderons Nous, dans le privilège de Notre Majesté noble.

Quant à vous, par égard pour nos amis fidèles et purs, et en vue de Nos illustres alliés, que vos bonnes relations avec Nous ne se démentent jamais et que votre amitié produise une alliance durable, où Nous ne mettrons pas en doute la sincérité de votre affection et la réalité de vos sentiments. Pour Nous, le pacte, que Nous contractons avec vous, est fondé sur la vérité de ce que Nous vous avons exprimé, et Nous vous jurons par Allâh l'unique, le juste, que tout ce que Nous vous avons promis, Nous l'accomplirons, Nous le tiendrons, Nous l'observerons dans la limite de nos ressources

1. Le sens, que nous avons donné à الفساد, est emprunté à M. J. Müller, *Die letzten Zeiten*, p. 117, note 1.

2. L'un des fils, auxquels il est fait allusion dans ce passage, est précisément Boabdil ou, en d'autres termes, Aboû 'Abd Allâh Moḥammad.

et de nos promesses, en tout temps, sans perfidie et sans trahison.

Et pour que cette convention fût valable et solide, Nous l'avons scellée avec Notre anneau bienheureux, qui émane de Notre main noble, et Nous y avons placé Notre cachet puissant, pour bien montrer que l'engagement a été pris par Notre noble Majesté. Dans les premiers jours du radjab unique, béni, en l'année 876[1]. Allâh a connu l'autorité de cet engagement.

La charte est authentique. Fin.

Sur les débris du cachet, on lit encore :

Allâh[2].

III.

Au nom d'Allâh, le clément, le miséricordieux ! Puisse Allâh répandre ses bénédictions sur notre maître Moḥammad, sur sa famille et sur ses compagnons ! Puisse-t-il leur donner la paix !

De la part du serviteur d'Allâh, émir des Musulmans, 'Alî Al-Gâlib Billâh, fils de notre maître l'émir des Musulmans Aboû 'n-Naṣr, fils de l'émir sanctifié Aboû 'l-Ḥasan, fils de l'émir des Musulmans Aboû 'l-Ḥadjdjâdj, fils de l'émir des Musulmans Aboû 'Abd Allâh, fils de l'émir des Musulmans Aboû 'l-Ḥadjdjâdj, fils de l'émir des Musulmans Aboû

1. Seconde moitié de décembre 1471 ap. J.-Ch.

2. Ou Billâh, qui proviendrait d'*Al-Gâlib Billâh,* surnom honorifique d'Aboû 'l-Ḥasan 'Alî. Voir plus haut p. 17, note 2.

'l-Walîd, fils de Naṣr (puisse Allâh le fortifier par son secours et l'assister de son indulgence!) au chevalier honoré, estimé, considéré, glorifié, modèle de fidélité, Don Diego Herrandez de Cordoue, comte de Cabra, vicomte d'Iznajar, seigneur de Baena et gouverneur d'Alcala (puisse Allâh l'honorer de sa crainte et le réjouir par sa direction!). En réponse à votre salut, recevez nombre de salutations distinguées, que Nous vous avons adressées de Notre Alhambra, qui s'élève à Grenade (puisse Allâh en maintenir l'intégrité par un effet de sa faveur et de sa protection! Gloire à Allâh!).

Et maintenant, sachez[1], ô chevalier honoré et comte haut placé, que Nous avons reçu votre écrit, qu'il Nous a été remis par le gouverneur Juan Inâda[2], que nous avons exécuté entièrement ce que vous y avez mentionné, et que nous avons ordonné au vizir de Notre noble Majesté (puisse Allâh le combler de bonheur!) de s'entretenir avec votre envoyé et de lui confirmer les intentions de Notre auguste Majesté (puisse Allâh la rendre plus auguste encore!), ainsi qu'il vous les exposera.

Quant à ce que vous avez dit de l'excursion et du voyage, que vous projetez chez le prince de Castille[3], Notre ami (puisse Allâh l'honorer de sa crainte!), puisque vous y

1. Le pluriel est employé ici, bien qu'il ne s'agisse que d'un seul «chevalier». A la première personne, une telle construction n'est pas rare; je la crois moins fréquente en arabe, comme expression de politesse à l'égard de celui qui est interpellé.

2. Tout en me bornant à transcrire ce nom, je me demande si l'on ne devrait pas le traduire par Ignacio. La comparaison des chartes espagnoles contemporaines et une connaissance plus approfondie de l'onomastique arabico-espagnole peuvent seules donner la solution du problème.

3. A ce moment, le «prince de Castille» était déjà Ferdinand V le Catholique. Voir plus haut, p. 4.

trouvez votre intérêt, vous vous y rendrez en paix, si Allâh le veut.

Et sachez, ô comte haut placé, que Notre ami, votre fils le maréchal[1] (puisse Allâh l'honorer de sa crainte!) et votre pays sont chers à Notre cœur, et qu'il ne veut rien leur faire qui leur soit désagréable. Mais ce qui est arrivé n'a eu lieu que par des motifs, que votre envoyé vous exposera. Nous ne mettons pas en doute que parfois Nos cavaliers se soient laissés égarer par un mirage[2]; mais l'affection, que vous Nous inspirez, est connue; n'en doutez pas, et n'ajoutez pas foi à ceux qui vous diraient le contraire. Notre cœur réclame de vous que vous recommandiez aux troupes d'Alcala de ne point manquer à leurs devoirs.

Dans toute circonstance, Nous ferons ce qui vous agréera; et Allâh honorera en vous la piété.

Cette lettre a été écrite le vingt-quatre du premier rabî', en l'an 880[3].

La charte est authentique. Fin.

On lit au verso comme adresse :

Le chevalier honoré, estimé, considéré, modèle de fidélité, Don Diego Herrandez de Cordoue, comte de Cabra, vicomte d'Iznajar, seigneur de Baena et gouverneur d'Alcala (puisse Allâh l'honorer de sa crainte!).

1. Ce fils est Don Diego Herrandez, maréchal de Castille et grand vizir de Cordoue, dont il est parlé dans la première, dans la deuxième et dans la quatrième missive. Cf. p. 18, 22, etc.

2. Si, dans le texte, نضر est exact, le sens de ce mot me laisse des doutes.

3. 29 juillet 1475 ap. J.-Ch.

IV.

Au nom d'Allâh, le clément, le miséricordieux! Puisse Allâh répandre ses bénédictions sur notre maître Moḥammad, sur sa famille et sur ses compagnons! Puisse-t-il leur donner la paix!

De la part du serviteur d'Allâh, émir des Musulmans, ʿAlî Al-Gâlib Billâh, fils de notre maître l'émir des Musulmans Aboû 'n-Naṣr, fils de l'émir sanctifié Aboû 'l-Ḥasan, fils de l'émir des Musulmans Aboû 'l-Ḥadjdjâdj, fils de l'émir des Musulmans Aboû 'l-Walîd, fils de Naṣr (puisse Allâh le fortifier par son secours et l'assister de son indulgence!) aux deux chevaliers honorés, estimés, glorifiés, fidèles, bien-aimés, Don Diego Herrandez, le maréchal de Castille et Martin Alfonso de Montemayor, seigneur d'Alcaudique (puisse Allâh les honorer de sa crainte, et les favoriser de sa direction!). En réponse à votre salut, recevez nombre de salutations distinguées, que Nous vous avons adressées de Notre Alhambra, qui s'élève à Grenade (puisse Allâh en maintenir l'intégrité par un effet de sa grâce et de sa protection! Gloire à Allâh!).

Et maintenant, sachez tous deux, ô chevaliers honorés, que Nous avons reçu votre écrit, que Nous avons exécuté entièrement ce que vous y avez mentionné, et que Nous vous avons été reconnaissant tant de vos intentions que de vos sentiments affectueux.

L'envoi du sauf-conduit, que vous avez demandé, vous prouvera combien Nous vous honorons, et Nous avons ordonné au vizir de Notre auguste Majesté (puisse Allâh le combler de bonheur!) de vous écrire clairement quelle sera sa manière d'agir à votre égard. Sachez le!

Dans toute circonstance, Nous ferons ce qui vous agréera, et Allâh honorera en vous la piété.

Cette lettre a été écrite le quatorze du premier djoumâdâ, en l'an 880[1].

La charte est authentique. Fin.

On lit au verso comme adresse :

Les deux chevaliers honorés, estimés, Don Diego Herrandez le maréchal et Martin Alfonso de Montemayor, seigneur d'Alcaudique (puisse Allâh les honorer tous deux de sa crainte!).

1. 16 septembre 1475 de l'ère chrétienne.

TROIS CHAPITRES

DU

KHITAY NAMÈH

TEXTE PERSAN ET TRADUCTION FRANÇAISE

PAR

CHARLES SCHEFER

MEMBRE DE L'INSTITUT, PROFESSEUR A L'ÉCOLE DES LANGUES ORIENTALES VIVANTES.

TROIS CHAPITRES

DU

KHITAY NAMÈH.

Je ne puis, dans une courte introduction, donner qu'un aperçu très succinct des relations qui, depuis l'établissement de l'Islamisme, ont existé entre la Chine et les contrées occidentales de l'Asie. Avant l'apparition de Mahomet, des colonies persanes, établies dans les ports du Yémen et de la mer Rouge, entretenaient des rapports commerciaux suivis avec l'Inde, la Malaisie et le sud de la Chine. Le fondateur de l'Islam avait quelques notions sur ce dernier empire; il aurait dit, d'après une tradition : Je suis prophète (même) en Chine انا نبي بالصين, et il aurait recommandé à ses disciples de rechercher la science, dussent-ils pour l'acquérir aller jusqu'en Chine اطلبوا العلم ولو بالصين.

Des navigateurs, partant des bords du golfe Persique et des côtes de l'Arabie, faisaient régulièrement le voyage des îles de la Malaisie et de la Chine; quelques-uns de leurs récits sont parvenus jusqu'à nous. Ces relations maritimes conservèrent toute leur activité jusqu'à l'apparition des escadres portugaises dans l'océan Indien. La découverte du cap de Bonne Espérance fut, pour le commerce des Arabes et par contre-coup pour celui des Vénitiens, la cause de désastres dont ils ne purent se relever. Le dernier prince de la dynastie des sultans mamelouks d'Égypte, Qançou Ghoury, essaya vainement d'éloigner les Portugais de la mer Rouge et des mers de l'Inde. Sultan Suleyman voulut suivre la même ligne politique, mais il dut renoncer à toute intervention armée après l'échec de ses troupes devant Diu (1538) et la tentative infructueuse de l'escadre qu'il avait placée sous les ordres de Sidy Aly (1553—1556).

La conquête de la Perse et de l'Asie Centrale par les Arabes n'interrompit point les voyages à la Chine par la voie de terre. Dès leurs premiers pas dans la Transoxiane, les Arabes rencontrèrent des populations qui avaient des rapports constants avec l'Empire du Milieu; à leur entrée dans la ville de Kichch dans la province de Ferghanèh, ils trouvèrent, au rapport d'Ibn el Athir, une grande quantité de vases en porcelaine rehaussée de dessins d'or et des selles chinoises. Nerchakhy nous apprend de son côté que, lors de la prise de la ville de Bikend par Qotaïbah, un certain nombre d'habitants s'étaient rendus en Chine pour les besoins de leur commerce. A leur retour, ils payèrent au vainqueur la rançon de ceux de leurs compatriotes qui avaient été réduits en esclavage. Il existait déjà, à l'époque des Samanides, une colonie de Musulmans dans la capitale de l'Empire Chinois, et nous voyons des produits de l'industrie de ses différentes provinces figurer dans les inventaires des trésors des Khalifes, et être cités parmi les objets que recherchaient les souverains et les grands personnages de l'Orient.

Tous les géographes et tous les ethnographes arabes et persans ont consacré des chapitres spéciaux à la Chine et aux différents peuples fixés sur son sol. Une histoire du Khita et des tribus mogoles et turques qui l'habitaient a été écrite, probablement au milieu du XIe siècle de notre ère, par Medjd eddin Mohammed ibn Adnan.

Lors de la conquête de l'Asie Centrale par les Mogols et de celle de la Chine par Qoubilay Khan, des savants et des artistes chinois furent appelés en Perse et des ingénieurs et des mathématiciens persans furent attachés à la cour de Pékin. Rechid eddin, l'auteur qui écrivait en 704 (1304) une histoire de la Chine et dont Benakety donnait en 736 (1335) un abrégé dans son *Raouzet ouli' lelbab,* nous ont conservé les noms des lettrés qui firent connaître les annales chinoises aux Musulmans et ceux des astronomes qui furent adjoints au célèbre Nassir eddin Thoussy. Les rapports commerciaux étaient aussi des plus actifs et nous trouvons, dans le chapitre relatif à la Chine inséré dans le *Messalik oul Abçar* d'Aboul Abbas Ahmed el Omary, les noms de négociants de Boukhara qui avaient visité la Chine.

Le XVe siècle nous a légué un document d'un très vif intérêt; c'est le récit de l'ambassade envoyée, en 822 (1419), à la cour de Pékin par des princes de la famille de Timour. La relation en a été écrite par un peintre, Khâdjèh Ghias eddin, que Châhroukh avait attaché à cette mission et auquel il avait donné ordre de noter par écrit, et certainement aussi de dessiner tout ce qu'il verrait dans son voyage. Cette relation a été insérée par Abdoul Rezzaq Samarqandy dans l'histoire officielle qui porte le titre de *Mathla oussa'adeïn ou Medjma oul bahreïn* (Le lever des deux astres heureux et la réunion des deux mers). Cet ouvrage avait, dès la fin du XVIIe siècle, attiré l'attention d'Antoine Galland, et ce savant orientaliste en avait fait une traduction qui est restée manuscrite. M. Quatremère a, dans le tome XIVe des *Notices et extraits des manuscrits de la bibliothèque du roi,* donné une analyse de cette œuvre historique, et publié le texte et la traduction des deux relations des ambassades de Châhroukh, l'une à la Chine et l'autre aux Indes. Je ne parlerai point ici de l'ambassade dont Aly Qouchtchy fut chargé par Oulough Beik; je devrai la mentionner plus loin pour corriger une assertion relative à l'ouvrage dont je publie aujourd'hui un extrait.

Dans les dernières années du XVe siècle et au commencement du XVIe siècle, un marchand musulman, probablement originaire de l'Asie Centrale, s'était rendu en Chine avec plusieurs de ses coreligionnaires et avait obtenu la permission de résider à Pékin. A son retour, il se fixa à Constantinople et y rédigea, sous le titre de *Khitay Namèh,* un ouvrage divisé en vingt chapitres dans lesquels il consigna toutes les observations qu'il avait faites pendant son voyage et son séjour dans les provinces du nord de la Chine. L'exemplaire autographe du *Khitay Namèh* est conservé dans la bibliothèque d'Achir Efendy à Constantinople, et, dans une note placée à la fin du livre, l'auteur nous apprend qu'il se nommait Seyyid Aly Ekber et qu'il avait reçu ou adopté le surnom de Khitay (le Chinois). Il acheva la copie de son livre à la fin du mois de Reby oul ewwel 922 (avril 1516)[1].

Cette même année, le Sultan Sélim se mettait à la tête de son armée pour envahir l'Égypte et la Syrie. A son retour, Sélim se rendit à Andrinople; il en fut chassé par la peste et, après un court séjour dans sa capitale, il se remit en route pour revenir dans cette première ville; mais la mort le saisit entre Tchourlou et Ourgach Keuy, et il expira le 22 septembre 1520, au lieu même où il avait livré bataille à son père Sultan Bayezid.

Seyyid Aly Ekber n'eut donc point l'occasion de présenter son ouvrage à Sultan Sélim. Il l'avait composé dans le but d'exciter le souverain de l'Empire Ottoman à faire la conquête de la Chine et à la convertir à l'Islamisme; il cite l'exemple de Timour qui, forcé par la maladie de s'arrêter à Otrar, avait, sur son lit de mort, exprimé le regret d'avoir versé le sang des Musulmans au lieu d'avoir tourné ses armes contre les infidèles du Tibet, du pays des Ouïgours et de la Chine. J'ignore si le *Khitay Namèh* fut mis sous les yeux de Sultan Suleyman, mais Seyyid Aly Ekber remplaça dans sa préface le nom de Sultan Sélim par celui de

1. J'ai fait faire, pendant mon séjour à Constantinople, une copie fort exacte de ce manuscrit. Il se termine par ces lignes : تمت الكتاب على يد عبد الضعيف سيد على اكبر خطايى فى آخر شهر ربيع الاول سنه اثنى وعشرون وتسعمايه بود كه خطاى نامه‌را تاليف كرد در شهر قسطنطنيه ☼ «Ce livre a été terminé par la main du faible esclave, Seyyid Aly Ekber Khitay, à la fin du mois de Reby oul ewwel de l'année neuf cent vingt-deux. C'est à cette époque qu'il composa le Khitay Namèh dans la ville de Constantinople.»

son fils, et il lui dédie une pièce de vers à la fin de laquelle il fait appel à sa générosité; j'en donne ici la traduction.

Panégyrique du Sultan Suleyman Châh.

«Ta science est à la tête de l'armée des choses utiles; ton pouvoir est l'ancre qui assure la stabilité au milieu des tempêtes. Dans tes paroles, il n'y a vestige ni d'erreur ni de légèreté; dans tes actions, il n'y a point de trace d'humilité ou de bassesse. Ton pouvoir met à néant la tyrannie, et il détruit même toute pensée de violence. Tes bienfaits ne permettent pas à l'ambition de se manifester. La fortune propice a établi sa résidence sur la route par laquelle tu dois passer, et la mort a tendu ses embûches sur le chemin de tes envieux. Tu personnifies l'assistance due à la religion et tes étendards sont bénis par la victoire céleste. Tu es l'appui de l'innocence et la manifestation de la justice divine. L'empire ne peut être gouverné par un prince plus puissant, et la générosité ne peut reconnaître un chef plus magnanime que toi. Ò toi, qui domines l'univers! tu as fait briller de joie les yeux du monde. Ô Châh Suleyman! c'est toi qui mets les mérites en relief, c'est toi qui plonges dans la confusion, et l'injustice du siècle et son amour des richesses. Ton équité a donné une nouvelle force à l'Islamisme; ta puissance a endormi la discorde dont le cœur est désormais sans force. Ta vigueur a décapité et fait rentrer dans le néant la tyrannie et l'oppression. Qu'est Djemchid? Un esclave à ta cour! Qu'est le Faghfour? Un valet en présence de tes grandes pensées. Toutes les largesses et toutes les marques de générosité sont, pour ton grand cœur, choses vaines et de peu de valeur. Tous les princes semblables à Djem ne sont que des esclaves lorsqu'ils sont en ta présence; car chacun, selon son mérite, ses vertus, son esprit ou sa science, reçoit de toi des présents en or et en joyaux.»

Le *Khitay Namèh* a été traduit en turc sous le règne de Murad III (1575—1595) par un auteur qui n'a point fait connaître son nom et lui a donné le titre de *Qanoun Namèhi Tchin ou Khita* (Le livre des lois de la Chine et du Khita). Un certain nombre de détails ont été retranchés dans cette version turque, et des phrases entières dont le sens était assez difficile à saisir ou qui contenaient des mots incompris du traducteur ont été passées sous silence. Cet ouvrage fut accueilli avec faveur; on en trouve des copies dans quelques-unes des bibliothèques de Constantinople, et une édition en fut lithographiée en 1270 (1853) à l'imprimerie du génie militaire à Topkhanèh. On en tira un fort petit nombre d'exemplaires qui furent tous distribués en cadeau. En Europe, les bibliothèques de Dresde, de Leipzig et de Berlin possèdent chacune un exemplaire manuscrit de cette version.

Hadji Khalfa a tiré de la traduction du *Khitay Namèh* et de la relation de Ghias eddin qui accompagnait l'ambassade de Châhroukh, tous les détails sur la situation intérieure de la Chine, sur son administration, sur les mœurs et les coutumes de ses habitants, qu'il a insérés dans son *Djihan Numa*[1].

1. La description du Khita s'étend de la page 166 à la page 189 du volume du *Djihan Numa* publié en 1145 (1732) par Ibrahim Efendy. Voici les paroles de Hadji Khalfa. *État de l'empire du Khita* : «Nous résumerons ici pour le faire connaître, la traduction du *Qanoun Namèh* et le journal

Ces extraits du *Khitay Namèh* n'avaient point attiré d'une manière spéciale l'attention des orientalistes, lorsqu'un article publié en 1851 dans les comptes rendus des séances de la Société royale des belles-lettres de Saxe par M. Fleischer fit connaître le réel intérêt que présente la relation de la Chine. M. Fleischer a ajouté à ses observations sur l'époque et l'auteur de cet ouvrage, observations sur lesquelles je reviendrai tout à l'heure, la traduction du quatrième chapitre consacré à l'organisation militaire des Chinois[1]. Enfin en 1876, M. Zenker a, dans le tome XV du journal de la Société orientale allemande (pages 785—805), donné une version et un aperçu succinct de quelques chapitres de la traduction turque du *Khitay Namèh*. Dans une courte introduction, M. Zenker résume l'opinion de M. Fleischer sur l'auteur de cet ouvrage et sur l'époque à laquelle il a été composé.

du voyage du Khita. Le *Qanoun Namèh* est un ouvrage persan divisé en vingt chapitres et composé sous le règne de Sultan Sélim I. Il en a été fait, plus tard, une traduction. Le journal est un opuscule composé par le peintre Ghias eddin que le fils de Timour, Châhroukh, adjoignit à Chady Khadjèh, un des grands personnages de sa cour, envoyé en Chine en 822 en qualité d'ambassadeur. Ghias eddin reçut du prince l'ordre de tenir note, depuis le départ de Hérât jusqu'au retour, de tous les faits et de tous les événements dont il serait le témoin. Il se conforma à cet ordre et revenu dans le Khorassan, il présenta sa relation. Elle a été extraite du *Mathla oussa'adeïn* pour être insérée dans le *Habib oussier*. On en cite une traduction faite de notre temps». Ces derniers mots sont une addition de l'éditeur Ibrahim Efendy. Hadji Khalfa était mort en 1685, et la traduction turque du journal de Ghias eddin fut faite, ainsi que le constate la préface mise en tête d'un exemplaire de cet opuscule que j'ai en ma possession, par Tchelebý Zadèh Acym Efendy pour Ibrahim Pacha, gendre et grand vézir du Sultan Ahmed III (1703 - 1736).

1. *Berichte über die Verhandlungen der Kgl. Sächsischen Gesellschaft der Wissenschaften zu Leipzig.* Philologisch-Historische Classe. V. Leipzig 1851, pag. 317—327.

Après avoir cité dans sa notice l'indication donnée par Hadji Khalfa dans son dictionnaire bibliographique (tome IV, page 501), M. Fleischer repousse avec juste raison l'assertion émise par Hezarfenn Husseïn Efendy dans le VIIIe chapitre de son *Tenqih uttewarikh.* Cet écrivain, après avoir déclaré qu'il a puisé tous les renseignements donnés par lui sur la Chine dans le *Djihan Numa,* attribue la composition du *Khitay Namèh* à un personnage qui aurait vécu sous le règne de Sélim II, fils de Sultan Suleyman (1566—1574). M. Fleischer rejette également et avec autant de raison l'opinion qui donne pour auteur au *Khitay Namèh* le célèbre Aly Qouchtchy : elle a pu naître de la lecture d'une phrase assez mal construite qui se trouve au commencement du récit de Seyyid Aly Ekber. « Ce qui m'a en outre déterminé à cela, dit celui-ci (il s'agit de la rédaction de son *Khitay Namèh*), c'est que le Sultan défunt Oulough Beik envoya au Khitay le maître Mevlana Aly Qouchtchy avec un lion destiné à être offert en présent, et il dit aux personnes qu'il avait désignées : « Consignez par écrit tout ce que vous verrez et tout ce que vous apprendrez. En effet, tout ce qui a trait à cet empire doit être mis au nombre des merveilles. » Et notre auteur ajoute : « Rapporter ce qui est relatif aux infidèles ne constitue point un acte d'impiété. Le qalender racontera ce qu'il a vu, et, en vérité, son récit contiendra des choses surprenantes. » بعد دیکر باعث آن که اولوغ بك سلطان مرحوم استاد مولانا علی قوشچی باشیری بخطای فرستاد وکسان خود را کفت هرچه به بینید وبدانید بنویسید که تمام اوضاع آن مملکت از عجایباتست نقل کفر کفر نیست قلندر از دیده کوید حقا که از عجایبابست ☼

Une règle absolue établie dans les cours orientales obligeait les ambassadeurs à présenter, au retour de leur mission, la relation de tout ce qu'ils avaient observé dans leur voyage. Cet usage a été suivi jusques dans les premières années de ce siècle, et des historiens musulmans nous ont conservé ces textes, soit dans leur intégrité, soit par fragments. On peut donc affirmer qu'Aly Qouchtchy a rédigé une relation de son voyage en Chine; mais, à ma connaissance, elle n'est point parvenue jusqu'à nous. Son petit-fils Hafiz Mohammed Thachkendy l'a peut-être insérée dans son histoire du Khita, publiée dans la première moitié du XVIe siècle, et nous en connaîtrons les détails si, un jour, ce livre vient à être retrouvé. M. Fleischer, à la fin de sa notice, tout en entourant son opinion des réserves les plus sages et les plus expresses, croit pouvoir assurer que le *Khitay Namèh* a été écrit à la fin du XVe siècle par un auteur ayant à sa disposition des documents anciens remontant à l'époque de Marco Polo et à celle d'Ibn Batouta.

L'existence du manuscrit autographe de l'auteur dans la bibliothèque d'Achir Efendy ne laisse plus subsister de doutes, ni sur son nom, ni sur l'année pendant laquelle il a mis la dernière main à son ouvrage. Je ne crois pas, en outre, qu'il ait connu d'autre document sur la Chine, que le journal d'Aly Qouchtchy.

Le récit de Seyyid Aly Ekber excite l'intérêt par son exactitude et par sa sincérité; mais le style est loin d'en être correct. La construction des phrases dénote la plume d'un habitant de l'Asie Centrale, ayant plutôt l'habitude d'écrire en turc oriental qu'en persan. Les mêmes faits, les mêmes idées, les mêmes réflexions sont énoncés plusieurs fois dans un même chapitre; certains mots sont répétés dans une seule période; des expressions sont détournées de leur sens réel; d'autres sont empruntées au dialecte vulgaire ou à la langue turque. La narration est quelquefois entrecoupée de citations poétiques empruntées aux œuvres de Attar, de Saady, de Djelal eddin Roumy et de Mahmoud Chebistery. Seyyid Aly Ekber y a aussi intercalé des pièces de vers dont il se déclare l'auteur; elles ne brillent, ni par la richesse de l'invention, ni par l'élégance de la forme.

Malgré les défauts très réels du style, le *Khitay Namèh* n'en constitue pas moins le document le plus important qu'un voyageur musulman ait écrit, au XVIe siècle, sur la Chine. Sans parler du très maigre récit de Hadji Mehemet recueilli par Ramusio, ni de celui du derviche inséré dans une lettre de Busbecq, on ne saurait lui comparer ni l'opuscule de Seïfy Tcheleby, ni la relation rimée des aventures de Ghinay.

Si la lecture de ces trois chapitres du *Khitay Namèh,* ne semble pas dépourvue d'intérêt, j'entreprendrai plus tard, la publication du texte entier, et j'y joindrai les renseignements épars dans les auteurs arabes et persans. Ils démontreront l'activité des relations entre l'Orient et l'Occident de l'Asie et l'influence réciproque exercée sur l'esprit, l'industrie et les arts de ces vastes contrées qui furent, pendant si longtemps, le siège d'une civilisation raffinée et d'une prospérité qui excite aujourd'hui notre étonnement.

J'ai reproduit le texte persan tel qu'il nous est donné dans le volume autographe de l'auteur; je l'ai traduit aussi exactement qu'il m'a été possible; j'ai conservé des répétitions et des redondances qui choqueront certainement le lecteur. Enfin, je n'ai ajouté à la traduction que les seules notes empruntées aux ouvrages européens qui confirment les assertions de Seyyid Aly Ekber Khitay.

TROIS CHAPITRES
DU
KHITAY NAMÈH
DE
SEYYID ALY EKBER KHITAY.

CHAPITRE I.

Des routes qui, des pays de l'Islamisme, conduisent au Khitay.

Il y a trois routes de terre qui conduisent au Khitay; l'une est celle du Kachmir, l'autre celle de Khoten, la troisième celle de la Mogholie. Les routes du Khoten et du Kachmir traversent des contrées bien peuplées où l'on trouve en abondance de l'eau et des fourrages, excepté sur une étendue de quinze journées de marche; mais là même, à chaque station où l'on s'arrête, on voit jaillir l'eau, après avoir creusé le sol à la profondeur de la taille d'un homme, plus ou moins; en certains endroits, il suffit de faire une excavation d'une coudée. La route de la Mogholie, c'est-à-dire, du royaume de Djaghatay, est fort bonne.

L'émir Timour avait l'intention de la suivre, et il avait donné l'ordre de construire, à chaque étape, un fort qui aurait reçu une garnison de plusieurs milliers d'hommes. Ces soldats auraient cultivé les terres voisines et amassé des approvisionnements de blé de façon à assurer la subsistance des troupes de passage. La mort ne lui permit pas d'exécuter ce projet; à son heure dernière, il exprima le regret d'avoir négligé la conquête des pays occupés par les infidèles, tels que le Khitay, la contrée des Ouïgours, celle des Qalmaqs et le Tibet, et d'avoir tiré l'épée contre les princes musulmans. Il rendit l'âme en exhalant ces regrets.

Mesnevy. «Celui qui voyait le monde soumis aux ordres scellés de son sceau, devint sous la terre une matière semblable à la toutia. Celui qui, assis sur la voûte du firmament, répandait le sang à flots, fut promptement anéanti sous la poussière du tombeau.»

Il faut trois mois de marche pour arriver des rives du Djihoun aux frontières du Khitay. Chaque journée de marche représente un *menzil* ou station qui formerait deux étapes pour les troupes victorieuses de Sa Majesté Impériale se dirigeant sur la ville frontière de Soktcheou[1].

On a construit à Soktcheou une citadelle extrêmement forte; en dehors de la ville, on a creusé un fossé et élevé une muraille flanquée de tours qui environne le Khitay sur une étendue de plusieurs mois de marche. C'est à partir de cette ville que l'on compte les stations où l'on s'arrête quand

1. «So-tcheou-fou, nom d'un district et de son chef-lieu au nord du Chen-si et du Kan-sou.» Biot, *Dictionnaire des noms anciens et modernes des villes et arrondissements compris dans l'empire Chinois.* Paris, 1842, page 185. «So-tcheou est également forte et le gouverneur est très puissant. Elle est divisée en deux parties; l'une est habitée par les Chinois et l'autre par des étrangers qui y demeurent pour leur trafic.» J. B. Du Halde, *Description géographique, etc. de l'empire Chinois.* Paris, 1735, in-fol., tome I, page 207.

on veut se rendre dans les autres villes ou dans les autres places fortes. C'est aussi là que l'on commence à rencontrer les tours de garde bâties sur les hauteurs et dans les terres basses, sur les montagnes et dans les plaines; elles sont en vue les unes des autres, et de nombreuses sentinelles veillent sur leur sommet. Si un ennemi vient à paraître, elles signalent son approche : pendant le jour, en faisant de la fumée, la nuit, en allumant des feux. On est ainsi informé en un jour de nouvelles qui, par un autre moyen, ne seraient connues qu'au bout d'un mois. Particularité singulière! Les gardiens savent reconnaître à quelle nation appartiennent les gens armés qu'ils voient au loin.

Si l'ennemi vient du côté de l'orient, ils allument un feu; deux s'il vient du nord, trois s'il vient du sud et quatre s'il vient de l'occident[1].

L'empereur fournit les vivres à ces gardiens, et leurs provisions leur sont remises chaque mois. Je parlerai de la situation de ces gens dans le chapitre consacré aux prisons. Des sentinelles sont de garde jour et nuit au haut de ces tours; elles font résonner des cloches, et elles battent du tambour. Ces tours n'ont point d'escaliers; on en descend et on y monte au moyen d'échelles de corde. L'ennemi ne peut rien contre la garnison, car elle est bien pourvue d'eau,

1. L'usage de ces signaux en temps de guerre remonte, en Chine, à une haute antiquité. « C'étoit une coutume sous la dynastie des Tcheou, lorsqu'il arrivait quelque trouble considérable qui demandoit un prompt secours, d'allumer de grands feux sur les montagnes: on battoit la caisse partout jusque dans les plus petits hameaux. A ces signaux, les princes voisins, qui les communiquoient successivement aux plus éloignés, rassembloient des troupes toujours prêtes à marcher au premier ordre et se rendoient eux mêmes à la cour. » *Histoire générale de la Chine ou annales de cet empire, trad. du Tong-Kéen-Kang-mou, par le P. de Moyriac de Mailla.* Paris, 1777, tome II, page 49.

de vivres et d'armes, telles que pierres et mousquets. Ils lancent, chassés par la poudre des mousquets, des traits en bois longs de quatre doigts et munis d'une pointe de fer trempée dans un liquide empoisonné.

Les habitants du Khitay, petits et grands, savent fabriquer la poudre à canon; les feux d'artifice sont, en ce pays, un divertissement général. Les centaines de milliers de soldats qui forment l'armée savent tous manier un mousquet et servir un canon; ils sont tous bien équipés et rompus aux exercices dont je parlerai en leur lieu.

CHAPITRE VII.

Des prisons du Khitay; que Dieu nous en préserve[1]!

Il existe à Khan Baligh deux prisons dont l'une porte le nom de Chin pou, l'autre celui de Kim pou. Dans cette dernière, les prisonniers sont traités avec la plus extrême rigueur et chargés de lourdes chaînes; il est rare qu'ils en sortent vivants. Dans le Chin pou, le régime est moins dur et les chaînes sont plus légères; le plus grand nombre de ceux qui y sont enfermés en sortent vivants et sains et saufs. Dans ces deux prisons, les femmes sont séparées des hommes.

1. J'ai fait choix de ce chapitre à cause des observations et des impressions personnelles de Seyyid Aly Ekber pendant son séjour dans la prison de Chin pou. On peut comparer ce chapitre avec celui que l'abbé Grosier a consacré aux lois et à la procédure criminelle en Chine. *Description générale de la Chine ou tableau de l'état actuel de cet empire.* Paris, 1785, in-4°, pages 472–481.

L'étendue des bâtiments fait ressembler chacun de ces lieux de détention plutôt à une ville qu'à une prison dont il porte le nom. A l'extérieur, se trouvent des tribunaux où l'on examine et où l'on établit la nature du délit de l'inculpé ; on constate sa culpabilité, et on rédige un rapport sur les circonstances qui ont motivé son arrestation; ce rapport est soumis à l'empereur et le coupable est incarcéré.

Lorsque l'on arrive à la porte de la prison, on trouve, en outre des portiers, trois fonctionnaires qui prennent note, par écrit, des noms des criminels, des motifs et de la date de leur arrestation. Les Chinois ne connaissant d'autre empire que celui du Khitay, on demande au coupable de quelle province il vient. On consigne par écrit sa réponse ainsi que la date de sa naissance ; s'il l'ignore, on lui ouvre la bouche comme on le fait aux chevaux, et l'on établit son âge d'après l'état de ses dents; on lui applique ensuite sur la figure un sceau frotté d'encre, et on le fait entrer en prison. L'empire du Khitay se composant de douze gouvernements, la prison est divisée en douze sections dont chacune est assignée aux gens de la même province, et tous les individus arrêtés sont incarcérés dans la section portant le nom de la province dont ils sont originaires et qui forme un bâtiment séparé et solidement construit.

Si un individu se rend coupable d'un acte de violence, on arrête pour un seul délinquant, dix ou quinze personnes de ses parents et de ses proches, hommes et femmes, et on les conduit en prison, la chaîne au cou. Tout individu condamné par un tribunal quel qu'il soit ayant constaté une faute avérée, est conduit en prison, chargé de chaînes :

lorsqu'il doit être remis en liberté, on le fait comparaître devant ce même tribunal et on le relâche. C'est par troupes que l'on incarcère les gens, et c'est par troupes qu'on les délivre de captivité. Dans tout l'empire du Khitay, aucun fonctionnaire ni aucun officier de police n'oserait exiger une seule pièce de monnaie au détriment de l'empereur. Les amendes que l'on impose à un coupable consistent en riz blanc; les membres de sa famille et même les femmes doivent aussi donner quelques mesures de blé ou de millet. Telle est dans le Khitay la nature des amendes; il n'est point de règle de les faire payer en or.

Lorsque l'on amène un coupable qui doit être emprisonné, on lui demande de quelle province du Khitay il est originaire. Sur sa réponse, on le conduit à la section destinée à recevoir ses compatriotes. Les Chinois s'imaginent que toute la terre depuis l'Orient jusqu'à l'Occident est soumise à l'autorité du Khâqan et qu'il n'y a dans le monde entier d'autre empire que le leur.

Voici l'aventure qui nous est arrivée. Nous étions douze personnes qui nous étions rendues à Khan Baligh auprès du Khâqan de la Chine. Un de nos compagnons, homme grossier, eut, par hasard, une rixe avec un Tibétain; on nous chargea de chaînes, nous tous qui étions innocents de cette faute, et on nous conduisit en prison. Par une grâce particulière de Dieu, on ne donnait pas la bastonnade aux étrangers et on ne leur appliquait pas la torture; on ne les condamnait pas non plus à payer des amendes. Quand on nous mena en prison, nous qui n'avions commis aucun délit, on nous enferma dans la section réservée aux gens de la province de Cheng si. A notre entrée, on nous fouilla afin de ne nous laisser ni or, ni argent, ni aucun autre objet. On nous dit que c'était une règle toujours suivie chez eux. On nous conduisit à celle des douze sections où nous devions être enfermés, et nous fûmes fatigués du chemin que l'on nous obligea de faire dans l'intérieur de la prison pour arriver à destination. Pendant le trajet, nous remarquâmes différents tribunaux ayant une double façade, et disposés pour recevoir les déclarations des inculpés. Dans chacun de ces tribunaux siégeaient trois mandarins de haut rang, l'un à la place d'honneur, les deux autres à ses côtés. Le premier procède aux interrogatoires : celui qui se tient à sa droite est l'*émin* ou assesseur et celui qui est assis à sa gauche est le *divan* ou greffier. Ces trois mandarins sont des personnages considérables, car ils doivent à leur science profonde et à l'estime qu'ils ont su inspirer les fonctions qu'ils sont appelés à remplir dans les prisons. Tous ces tribunaux à double façade ont le même nombre de mandarins.

Des jardins, des bosquets et des vergers dépendent des tribunaux. Ils sont réservés aux fonctionnaires qui passent quelques instants à se reposer, à boire et à se divertir dans ces parterres, à l'ombre des arbres.

Chaque jour, le matin, à l'heure où l'audience de l'empereur est levée, tous les mandarins dans l'empire du Khitay se rendent à leurs tribunaux pour prendre connaissance des affaires urgentes. Aucun d'eux n'oserait venir en retard ou manquer à ce devoir.

Lorsque les mandarins des prisons, après être restés quelque temps dans les jardins, prennent place à leur tribunal, ils font comparaître devant eux, selon leur degré de culpabilité, les accusés enfermés dans les prisons. Les uns sont relâchés, les autres condamnés à la torture ou à la bastonnade; quelques-uns sont chargés de chaînes bien différentes de celles qui sont en usage dans ce pays-ci (la Turquie). On passe au cou de certains d'entre eux des plaques de plomb; on fixe au cou de plusieurs autres des planches comme celles d'un cercueil. On attache aux pieds de quelques misérables des entraves de plomb. On en voit qui sont suspendus par les cheveux et dont les doigts des mains sont appliqués sur des plaques brûlantes, ou bien qui ont des clous enfoncés dans la partie interne des cuisses. D'autres reçoivent la bastonnade sur les deux côtés des cuisses, à droite et à gauche. La cruauté de ces supplices leur faisait perdre connaissance à tous, et nous supposions qu'ils avaient rendu le dernier soupir.

Vers. « Si tu restes pendant cent ans en enfer, tu n'éprouveras de la part de Malik que de mauvais traitements. Puisque ce bas monde est une geôle pour les vrais croyants, n'y séjourne pas à l'exemple des voleurs; puisque tu reconnais que cette terre est une prison pour les fidèles, celui qui n'en fait pas l'objet de ses désirs est seul le vrai croyant. Réfléchis à ton origine; tu dois comme nous désirer la vie éternelle; voici la voie qui t'y conduira. Ce monde doit-il être ta patrie? mais tu n'y es venu que pour y travailler pendant deux ou trois jours. Si tu crois qu'il est pour toi comme le paradis, sois certainement convaincu que tu n'es qu'un infidèle et c'est la condition la plus affreuse. Si tu es parvenu à la connaissance de la vérité, tu dois être persuadé que tu es ici bas dans un cachot, les pieds chargés d'entraves. Fais tous tes efforts pour t'échapper, car c'est dans l'autre monde que tu trouveras la vie. La connaissance approfondie de la religion sera pour toi la source de la vie de l'âme; si tu te rends compte de cela, tu sauras que la vérité est là. Personne ne peut se réjouir d'être enfermé dans un cachot; celui qui s'y plaît ne peut être qu'un ignorant. Si tu meurs dans cette prison, sans avoir connu tes devoirs, tu seras condamné à l'avilissement et au séjour de l'enfer. Fais tous tes efforts! tâche de sortir de cette geôle. Tant que tu seras plongé dans l'ignorance (des devoirs de la religion) tu gémiras dans la captivité.»

Nous autres qui étions innocents, nous avions le spectacle de ces tribunaux, de ces jardins et de ces vergers, et nous voyions les magistrats. Il passait devant nos yeux une foule de gens que l'on conduisait aux tribunaux ou que l'on entraînait pour leur appliquer toutes sortes de tortures. Témoins de ces choses extraordinaires, nous marchions tout tremblants et saisis de crainte. Nous comparûmes enfin devant un tribunal, le plus important de tous ceux qui étaient dans la prison, et les magistrats qui y siégeaient étaient considérés comme l'expression des paroles mêmes du Khâqan. Il était réservé pour connaître des fautes commises par les officiers attachés au service particulier du Khâqan. Nous jouissions du même privilège qu'eux, parce que dans la salle d'audience du Khâqan, on nous plaçait non loin de son trône, et pour ce motif, nous étions traités comme ses officiers.

Lorsque nous fûmes introduits dans le tribunal, nous nous assîmes en face des juges, parce que ceux-ci nous considéraient comme des gens grossiers et sauvages, et desquels on ne doit exiger ni politesse, ni égards, ni respect, ni observation des rites. A leurs yeux, leur pays est le seul qui soit civilisé. On nous mit les fers aux pieds et aux mains lorsque nous prîmes place; on nous conduisit ensuite à notre prison. A la porte, on nous fouilla encore; on examina nos chaussures et nos manches, dans la crainte que nous n'y eussions caché quelque arme, de l'or ou des objets de prix. Puissent ceux qui entendent ce récit voir loin d'eux un pareil malheur! Nous passâmes, lorsqu'on nous emmena, entre deux rangées de longues galeries couvertes et nous vîmes un grand nombre de malheureux plongés dans des cachots, couchés sur le ventre et attachés sur des planches au moyen de quatre et cinq clous. Les chaînes dont leurs pieds et leurs mains étaient chargés étaient, à leur extrémité, fixées à ces clous; leur tête était assujettie par leurs cheveux et de façon à la rendre immobile; on avait fait passer leurs pieds à travers des planches. D'autres, couchés aussi sur le ventre, avaient le haut du corps entouré de chaînes d'une longueur de cent coudées, et l'on pouvait craindre que les os de leur poitrine ne fussent brisés. Tous ces infortunés faisaient retentir l'air de leurs cris.

Des criminels garrottés et enchaînés étaient enfermés dans des caisses. Dieu est témoin de la vérité de ce que j'avance; je ne me livre à aucune exagération, je ne rapporte que des faits réels.

Les malheureux qui sont enfermés dans des caisses sont ceux qui se sont rendus coupables du meurtre de leur père ou de leur mère. Ces caisses ont une forme triangulaire;

elles sont très basses et très étroites; elles ont une coudée de hauteur. Grand Dieu! comment avait-on pu faire tenir ces misérables dans un si petit espace! On enleva le dessus de l'une de ces caisses, et je vis un homme dont les membres avaient été rongés par les entraves et par les chaînes : on avait usé de force pour le faire entrer dans un espace aussi resserré et pour l'y renfermer et faire tenir sa tête au niveau de ses membres; on devait croire que ses os à force d'être comprimés étaient devenus aussi mous que sa chair. Lorsque l'on ouvrit cette caisse, un homme chargé d'entraves et de chaînes se dressa sur son séant : son aspect était si effrayant qu'il fit sur nous la plus vive impression.

J'ai dit que l'on nous avait chargés de chaînes; nous les gardâmes pendant cinq jours. Au bout de ce temps, on apporta un rescrit du palais; l'empereur donnait l'ordre de nous les enlever et de nous en débarrasser complétement. « Ces étrangers, était-il dit dans ce rescrit, n'ont jamais subi un châtiment pareil et ils n'ont pas la force de le supporter. » On nous enleva donc sur le champ nos entraves et nos chaînes et nous eûmes, dans notre prison, la liberté de nos mouvements.

On nous fit voir, par une ouverture semblable à une fenêtre grillée, les femmes qui étaient détenues. Nous nous informâmes de leur nombre auprès d'un portier; il nous répondit que le Chin pou en renfermait quinze mille.

Notre captivité dura vingt-six jours. Que Dieu préserve ceux qui m'écoutent d'un malheur pareil au nôtre! Pendant ce temps, presque chaque jour, on faisait sortir de nombreux prisonniers : on les conduisait dans les différents quartiers de Pékin; on faisait une enquête sur leur conduite, et on les punissait selon le degré de leur culpabilité établie par les tribunaux. Nous étions témoins de la rigueur avec laquelle ils étaient châtiés et je m'imaginais que nous aussi nous allions recevoir la mort dans cette prison.

Grâce à Dieu, nous ne fûmes ni bâtonnés, ni mis à la torture, car on faisait subir ces supplices seulement aux Chinois que l'on amenait. Que Dieu nous en préserve!

La ville de Khan Baligh est tellement grande qu'il nous fallut marcher une journée pour arriver au tribunal du quartier où avait été commis le crime (pour lequel nous avions été arrêtés); un jour fut consacré à l'enquête que l'on fit sur notre compte, et nous employâmes une journée pour revenir à la prison.

Lorsque le moment de notre délivrance approcha, on nous fit comparaître devant des juges qui siégeaient à l'intérieur de la prison. Que Dieu me garde de les comparer aux nôtres! Jamais la beauté des jardins et des vergers au milieu desquels s'élevait le tribunal où nous comparûmes ne sortira de ma mémoire. Lorsque nous fûmes conduits en présence de ces juges, on leur remit les dépositions faites à notre sujet et recueillies dans les tribunaux des quartiers de Khan Baligh. Elles étaient écrites en caractères chinois sur des feuilles de papier de Chine de la grandeur d'une natte qui sert à faire la prière. On donnait dans ces rapports le nom de celui qui avait commis l'acte de violence; on ajoutait qu'il avait avoué son crime, que ses compagnons étaient ses complices et que pour ces motifs, ils avaient tous été arrêtés avec le criminel, enchaînés et emprisonnés.

Ces juges, que je suis loin de comparer aux nôtres, étaient des vieillards qui, après avoir rempli des emplois administratifs, avaient été investis de ces fonctions à cause de leur complète et parfaite connaissance des lois et des règlements. Ils devaient leur situation à leur science et à leur pratique des affaires. La plus haute fonction que peuvent remplir les magistrats chinois est celle de chef des tribunaux des prisons, car la charge qui donne le droit d'enchaîner, d'incarcérer et de condamner à la peine capitale, est considérée comme la plus importante. C'est grâce à l'observation de ces lois qu'on réussit à gouverner le Khitay.

Lorsque ces vieillards, remplis d'expérience et de maturité, eurent pris connaissance des papiers qui leur furent remis et qu'ils se furent rendus compte de ce qui nous concernait, ils nous dirent : « Vous êtes innocents ; mais votre compagnon a frappé à coups de bâton un Tibétain et a occasionné sa mort. C'est un méchant homme. Vous payerez chacun une amende de trois mesures de millet. Quant au meurtrier, nous lui appliquons, par notre sentence, la peine du talion. Il sera, au bout de trois ans, puni de mort, et jusqu'à cette époque, il sera retenu ici. Quant à vous, vous serez très prochainement rendus à la liberté. » Les juges rédigèrent leur jugement et l'expédièrent au palais de l'empereur. Le lendemain la réponse impériale arriva ; elle ordonnait de détenir le meurtrier et de nous relaxer, car à Khan Baligh toutes les affaires de grande et de minime importance sont soumises au Khâqan. Dans les provinces, elles sont portées devant les eunuques qui en sont les gouverneurs. Si le cas a peu de gravité, ceux-ci en décident; si l'affaire est de grande conséquence, ils en réfèrent au Khâqan qui en prend connaissance et on agit selon ses ordres.

Lorsque les prisonniers sont sur le point d'être relâchés, après avoir été longtemps enchaînés et traités avec une extrême rigueur, on les conduit par troupes dans les marchés et dans les rues fréquentées. On leur passe autour du cou des colliers formés de plaques de plomb fondu; on leur met aux mains et aux pieds des entraves en fer, et on les suspend par dessous les aisselles, de telle façon que leurs pieds ne touchent pas la terre. On leur fait subir ces supplices pour inspirer de la terreur au peuple : s'ils ont, pendant un mois, la force de supporter ces tourments et de conserver la vie, on leur rend la liberté après leur avoir donné cent coups de bâton sur les fesses. Les Chinois ont pour règle de donner la bastonnade aux hommes après les avoir dépouillés de leur pantalon; les femmes, lorsqu'elles sont battues, conservent le leur. Ils infligent aussi des amendes : elles consistent en un certain nombre de mesures de riz blanc, de blé ou de millet. Si l'individu qui est condamné n'a pas le moyen de payer, il est contraint, pour expier sa peine, de rester pendant quelques années dans une tour de garde ou bien d'être veilleur de nuit ou agent de police. A l'expiration de son temps de service, il se présente devant le préfet de police de la ville et, par une requête, il lui fait connaître sa situation. Celui-ci, après en avoir pris connaissance, lui fait appliquer cent coups de bâton sur les fesses et lui remet un papier constatant sa mise en liberté.

Les amendes en Chine sont de la nature que je viens d'expliquer. Il n'est point de règle de les faire payer en or ou en argent. Lorsqu'on relâche des prisonniers, ils sont remplacés par d'autres auxquels on fait subir les mêmes traitements que ceux dont je viens de parler : il y a une grande variété de supplices.

Dans toutes les villes du Khitay, dans les marchés, dans les carrefours, dans les rues et sur les routes, on voit des criminels qui sont enfermés et torturés dans les postes de police. Quand les prisonniers sont conduits au dehors pour subir ces tourments, ils en manifestent de la joie, car ils savent que le moment de leur délivrance est proche.

Les prévenus qui sont incarcérés dans les grandes prisons comparaissent le jour même, sans qu'il y ait le moindre délai, devant les tribunaux : on fait une enquête sur leur conduite; ils sont bâtonnés et mis à la torture et leurs aveux sont recueillis. Chaque accusé est soumis à son tour une fois par mois, à un interrogatoire (il se renouvelle donc douze fois dans l'année), et ses réponses sont consignées à ces différentes reprises par écrit. Au Khitay l'administration des prisons est considérée comme celle qui a le plus d'importance. Le Khâqan demande continuellement des renseignements sur l'état des détenus.

Lorsque nous étions dans la prison de Chin poṷ, il y mourut, en un seul jour, trois prisonniers par suite du poids des chaînes dont ils étaient accablés et des mauvais traitements qui leur avaient été infligés. Toutes les fois qu'un prisonnier meurt, le Khâqan en est informé par un rapport. L'empereur envoya, en conséquence, un rescrit conçu en ces termes : « La mort de ces trois personnes en un seul jour doit avoir pour cause la négligence apportée dans l'administration de la prison. » Les mandarins furent saisis de crainte; ils entrèrent tous ensemble dans les cachots et visitèrent tous les prisonniers; ils firent mettre à quelques-uns des chaînes moins lourdes; d'autres en furent débarrassés complétement, et d'autres enfin obtinrent une nourriture plus abondante.

L'empereur fournit une fois par jour un repas aux détenus; ceux qui ont des parents reçoivent de ceux-ci leur subsistance. Elle leur est apportée dans des corbeilles marquées de certains signes et portant une adresse écrite. On dispose ces corbeilles en tas au milieu de chaque prison. Personne ne serait assez hardi pour commettre la moindre fraude, et celui qui ferait tort à un autre de la valeur d'un pois chiche serait considéré comme voleur et félon. Chaque jour, on accorde par deux fois quelques instants de liberté aux prisonniers, pour qu'ils puissent satisfaire leurs besoins naturels et prendre leur nourriture. Il faut alors que chacun reconnaisse la marque et l'adresse mises sur chaque corbeille et enlève la pitance qui lui est destinée. Le repas terminé, on remet les chaînes aux détenus et on les reconduit en prison.

Le Khâqan est constamment mis au courant de la situation de tous les prisonniers, car chacun d'eux comparaît une fois par mois devant le tribunal pour y être l'objet d'une enquête. Un rapport rédigé par les greffiers et dans lequel on rend compte de l'état de chaque individu, de ses aveux et de ses dénégations, est soumis à l'empereur une fois par mois : on y fait connaître le genre des tortures infligées, la durée de l'enquête, enfin tout ce qui est relatif au détenu. Cette règle permet à l'empereur de connaître le nom de tous ceux qui sont incarcérés, hommes et femmes, et d'être instruit et informé de tout ce qui les concerne. Les rapports et les registres des tribunaux extérieurs et ceux émanant des tribunaux des provinces de toute la Chine sont conservés dans le palais intérieur de l'Empereur. Grand Dieu! Quelles lois et quelle observation des rites! C'est au respect et à la vénération qu'ils ont pour les lois que les Chinois doivent, depuis des milliers d'années, la stabilité de leur empire; c'est grâce à ces sentiments qu'ils n'ont jamais été subjugués par leurs ennemis. Personne, ni enfant de sept ans, ni vieillard de soixante-dix ans, ni pauvre, ni prince, n'oserait transgresser la loi, ou apporter le moindre retard dans son exécution.

Le Khâqan du Khitay tient tous les ans une audience pour examiner le procès des criminels qui ont mérité la mort. Les meurtriers, au nombre de plusieurs milliers, sont introduits, dix par dix, tenus par la main par les bourreaux qui les interpelle chacun par son nom; on les fait sortir après qu'ils ont fait l'aveu de leurs crimes.

Ce n'est point commettre un acte d'impiété que de rapporter ce que font les infidèles; je dois donc faire savoir que les païens du Khitay ont pour le souverain une telle vénération, qu'ils l'adorent comme un dieu. Ils disent, puisse ce blasphème être détourné de ceux qui m'écoutent! qu'il y a trois cents dieux et que le Khâqan est l'un d'eux. Un Dieu unique qui est Allah a créé ces trois cents divinités.

Telles sont leurs doctrines impies et mensongères. Cette croyance au caractère divin de l'empereur leur enlève toute assurance pour mentir ou nier leurs crimes.

Il est cependant avéré que le Khâqan ne partage pas ces croyances. Il n'adore qu'un seul Dieu unique; quelques-unes de ses actions le prouvent et j'ai mentionné ce fait ailleurs.

Les aveux faits tous les mois par les criminels coupables de meurtre ne leur permettent pas de nier les forfaits qu'ils ont confessés devant les tribunaux dans les enquêtes faites sur leur compte dans l'espace de trois ans. Les rapports sont soumis au Khâqan qui connaît ainsi par leurs noms les criminels qui sont en prison, et spécialement les assassins qui chaque année ont comparu en sa présence, et lui ont fait l'aveu de leurs méfaits. A l'expiration de la période de trois ans, l'empereur appose son seing à l'encre rouge sur les rapports qui lui ont été présentés pendant cet espace de temps. Lorsque cette période est arrivée à son terme, il donne l'ordre d'exécuter les criminels, et, le jour du supplice, on met sur la tête de plusieurs milliers de condamnés des marques d'étoffe rouge; puis on les fait sortir du palais par troupes, pour les conduire au lieu de l'exécution. Il y a un jour fixé dans l'année pour l'application de la peine capitale : le calendrier le fait connaître dans toutes les provinces. La coutume de mettre à mort pendant le jour était observée dans tout le Khitay depuis plusieurs milliers d'années; mais vers l'an 902 (1496), une grande famine sévit dans le Cheng si, une des douze provinces de la Chine, et fit périr un grand nombre d'habitants. On chercha un moyen de conjurer ce fléau. Des sages conseillèrent de procéder dorénavant aux exécutions capitales pendant la nuit, au lieu du jour. On inflige donc la peine de mort, en une seule nuit, dans toute l'étendue de la Chine, et particulièrement à Khan Baligh, à plusieurs milliers de criminels. Le matin, le peuple est témoin du spectacle de misérables dont tous les membres ont été coupés et séparés du corps; d'autres ont eu la tête tranchée et leurs corps ont été mis en monceaux; quelques-uns ont été dépecés en morceaux; d'autres ont été écorchés et pendus la tête en bas. Chaque catégorie de criminels subit un supplice différent.

Une particularité des plus étranges est la suivante : après l'exécution, les têtes de plusieurs milliers de condamnés sont, après avoir été détachées du corps, serrées séparément dans de petites caisses, avec un écriteau faisant connaître que la tête est celle d'un tel, habitant tel quartier. On donne son nom, on indique ce qu'était son père; on mentionne le crime qu'il a commis et la durée de son emprisonnement. On fait connaître le nom des juges qui, tous les mois, ont procédé aux interrogatoires, ainsi que les aveux qu'il a faits, tous les ans, en présence du Khâqan. Cette pancarte, relatant tous ces faits, est attachée au cou du criminel, et après sa mort, elle est mise avec soin dans la petite caisse qui renferme sa tête; celle-ci est pendant trente ans gardée dans un magasin. Si, pendant ce laps de temps, quelqu'un fait appel en disant : Un tel, mon parent, a été injustement mis à mort, on tire, sur l'ordre du Khâqan, la tête du magasin, et on prend connaissance de ce qui est écrit sur la pancarte afin d'examiner sa réclamation.

Au bout de trente années, il y a prescription; aucun appel n'est pris en considération et toutes les têtes sont jetées dans la mer.

On voit dans le Khitay bien des choses singulières du même genre! Tous les ans on fait évacuer en une seule fois les prisons par les détenus qui y sont restés pendant trois années. Les uns sont envoyés à la mort, d'autres sont relégués aux tours de garde, d'autres enfin sont constitués veilleurs de nuit ou agents dans les postes de police. Quelques-uns sont conduits chargés de chaînes dans les marchés, dans les rues, sur les routes et dans les carrefours, et ils y subissent des tortures et des châtiments extraordinaires, afin de servir d'exemple au peuple, et de lui inspirer une terreur salutaire, ainsi que je l'ai dit plus haut.

CHAPITRE XV.

Des étrangers qui sont venus au Khitay et qui s'y rendent encore des différentes parties du monde.

Les personnes qui, des pays de l'Islamisme, se rendent au Khitay par les routes de terre, doivent absolument être revêtues du caractère d'ambassadeur. Les Chinois mettent sur le même rang le villageois et l'habitant d'une grande ville, un officier subalterne et un puissant monarque, un négociant et un esclave. Ils ne connaissent dans l'univers d'autre empire que le Khitay et d'autres dignitaires que les leurs.

Les gens qui viennent par terre amènent des chevaux et apportent des diamants, des étoffes de laine, du drap, c'est-à-dire de l'écarlate de Venise, du jade et du corail. Ils conduisent aussi avec eux des lions, des onces et des loups-cerviers. Toutes les marchandises que nous venons de citer sont de bonne défaite au Khitay. Les Chinois reçoivent aussi volontiers les chevaux de somme qu'ils donnent aux soldats chargés de la garde de la frontière. Les chevaux de prix sont conduits avec leurs maîtres à Khan Baligh[1]. On les fait accompagner par douze domestiques qui les mènent d'étape en étape, pendant une distance de cent journées de marche. Six de ces domestiques portent des lanternes de toutes couleurs, suspendues à l'extrémité de bâtons peints et couverts de dessins; ils marchent devant et derrière le cheval; des six autres, trois se tiennent à gauche et trois à droite. Un lion est conduit avec dix fois plus de pompe qu'un cheval. L'once et le loup-cervier ne représentent que la moitié de la valeur d'un lion. On fait franchir ainsi à ces animaux la distance de cent journées de marche.

1. Le Père Amyot, dans le tome XIV (p. 241—248) des *Mémoires concernant l'histoire, les sciences, les arts, les mœurs et les usages des Chinois*, a donné la traduction de quelques lettres présentées à l'empereur par des Musulmans se disant envoyés par leurs souverains. Leur contenu confirme toutes les assertions de Seyyid Aly Ekber Khitay. Ils offrent des chevaux Alou Kou (*oulagh*, cheval de poste) et des chevaux de l'Occident; des pièces de Sou fou (*souf*, étoffe de laine), des diamants, du jade, des lions, des léopards. Ils demandent en échange de leurs cadeaux, des pièces de satin et de brocard, de la porcelaine bleue, du thé et des remèdes chauds. Je me propose de donner plus tard, le texte persan de ces suppliques tel qu'il a été transcrit par les secrétaires du bureau des interprètes de Pékin et de rétablir les mots défigurés par les Chinois.

On reçoit en échange d'un lion trente caisses de marchandises : chaque caisse contient mille pièces d'étoffes, satins, velours et payberk, des étriers en fer, et des vêtements en brocard d'or; on ajoute des ciseaux, des couteaux et des aiguilles. Il y a un paquet de chacun de ces objets. On donne quinze caisses semblables pour un once et un loup-cervier, et, pour un cheval, le dixième de ce qui est accordé pour un lion. Les gens reçoivent, en outre, huit habillements doublés en soie et on revêt chacun d'eux de trois robes de différentes couleurs que l'on place l'une sur l'autre. Chacune de ces robes a une telle ampleur que l'on en pourrait faire deux. La largeur de l'étoffe employée est d'une brasse; on donne aussi des bottes et autres objets. Ces vêtements sont livrés en dehors du prix fixé pour la valeur des présents reçus. Ces cadeaux sont faits à chaque musulman par le Khâqan qui, de notre temps a, par la volonté de Dieu, embrassé l'Islamisme, bien que ses ancêtres, qui ont régné pendant des milliers d'années, fussent infidèles. Les habitants du Khitay sont, en effet, des descendants de Qabil (Caïn). Le descendant de Kin Thay Khan, qui aujourd'hui est devenu musulman, vit en songe le prince des Prophètes lui arracher le cœur, le laver et réciter sur lui la profession de foi. Ce prince fut, en cet instant, converti à l'Islamisme. A son réveil, il vit sur le mur de sa chambre les paroles de la profession de foi tracées en caractères de couleur verte. A la vue de ce prodige, il la récita de nouveau et il informa de ce fait toutes les personnes habitant le palais. Un grand nombre d'entre les hauts dignitaires et les gens de basse condition suivirent son exemple, et embrassèrent l'Islamisme. Le Khâqan rédigea une missive pour informer en dehors du palais les grands et les petits de la détermination qu'il avait prise. « Que direz-vous? écrivait-il : pendant plusieurs milliers d'années, les habitants des pays de l'Orient ont été plongés dans les ténèbres de l'infidélité. La lumière de la foi a brillé, et seul entre mes pères et les descendants du Faghfour de la Chine, j'ai pu arriver au bonheur de la connaître. Si vous avez naturellement en vous la science parfaite, il faut que vous embrassiez l'Islamisme[1]. »

Lorsque les dignitaires et le peuple connurent le fait de la conversion du Khâqan et la teneur de son rescrit, ils furent plongés dans le plus profond étonnement. Les mandarins exposèrent ce qui suit dans un placet: « Aucun de vos aïeux n'a été Musulman et les lois du Khitay ne permettent point à l'empereur de faire profession de l'Islamisme. » Après avoir reçu cette réponse, le Khâqan convoqua les dignitaires. « Ce que vous m'avez écrit, leur dit-il, me prouve que vous ne connaissez pas la loi. Nos ancêtres

1. La croyance que l'empereur de la Chine avait embrassé l'Islamisme était répandue parmi les Mahométans de l'Asie Centrale.

Seïfy Tchéléby fait mention de ce fait dans son opuscule. Selon cet auteur, le cousin de l'empereur Djindi (Kin ti) aurait vu en 960 (1552) en songe pendant la nuit le prophète Mohammed qui lui aurait enjoint de se rendre sur le champ dans ses écuries où il devait trouver un palefrenier qui lui ferait réciter la profession de foi. Le lendemain matin, l'empereur fit connaître sa conversion à ses ministres et aux officiers de son palais et les engagea à suivre son exemple. Les uns y consentirent, d'autres s'y refusèrent. La mère de l'empereur résista à toutes les instances de son fils qui prit le nom de Mohammed. Un individu venu de Boukhara et nommé Abd ous Samed apprit à l'empereur les principes fondamentaux de l'Islamisme. Celui-ci lui offrit la dignité de premier ministre, mais Abd ous Samed la refusa et se contenta de l'office de directeur spirituel. Seïfy ajoute que le nombre des Musulmans est considérable en Chine, et que de son temps, il y avait plus de trois cents mosquées où l'on faisait la prière du vendredi.

l'ont établie pour les actes extérieurs, mais notre conscience lui échappe. Que pouvez-vous sur mes sentiments intimes? L'Islamisme est du domaine des choses spirituelles.» Les mandarins et le peuple ne trouvèrent rien à objecter à ces paroles et ils furent saisis de crainte. Ignorer la loi sur un seul point constitue pour les mandarins une faute très grave. Un grand nombre de fonctionnaires et de gens du peuple adoptèrent l'Islamisme, car les infidèles de l'Orient, soit habitants des villes, soit gens des campagnes, ont un penchant marqué pour cette religion.

Lorsque le Khâqan l'aura pratiquée, une multitude de ses sujets suivront son exemple, car ils poussent jusqu'à l'adoration le respect qu'ils ont pour la personne du souverain; ils se soumettent à tout ce qu'il dit. Quand la lumière venue de l'occident deviendra plus vive (dans les contrées de l'Orient), les habitants embrasseront sans difficulté et sans opposition la religion musulmane, car ils n'ont aucun sentiment de fanatisme religieux.

Lorsque le plus méritant des champions de la religion, le plus glorieux des sultans du monde, l'ombre de Dieu sur la terre, le sultan de Roum, aura, avec le flambeau de la foi qui les guidera dans la voie droite, chassé l'obscurité de la nuit qui enveloppe les infidèles de l'Occident, et que ses troupes victorieuses auront réuni en un seul faisceau la lumière de l'Occident et celle de l'Orient; lorsqu'il aura dissipé les ténèbres de l'erreur qui règne encore sur la surface de la terre, alors les paroles de ce verset : «L'assistance vient de Dieu ainsi que la victoire,» seront complétement réalisées en considération du Prophète et de sa famille.

Nous jouissons encore de ses bienfaits et cependant il a quitté ce monde. Nous avons les yeux de l'espérance fixés sur tes grâces. Ô notre Dieu! Accorde nous notre nourriture journalière!

Distique : «Ô toi dont le caractère généreux resplendit comme le soleil, tu vois clairement exposée devant toi la situation des malheureux.»

خطای نامه تالیف سید علی اکبر خطایی

باب اول

* در بیان راههای خطای از دیار اسلام *

از جانب خشکی سه راه است یکی راه کشمیر و یکی راه ختن و یکی راه مغولستان و آنچه راه ختن و کشمیر است همه مردم بمردم است پر آب و علف الا در آن سر پانزده روزه کم آب و کم علف الا در هر منزل بکاوند بقدر مرد کم یا بیش آب بدر آید و بعضی جای یکبدسك بکاوند آب بدر آید و آنچه راه مغولست یعنی ملك جغتی راه خوبست میر تیمور از آن راه قصد رفتن کرده است و فرموده که در هر منزلی قلعهٔ ساخته اند و در هر قلعه چند هزار لشکر تعین کرد که زراعت بکنند و غله جمع سازند و چون لشکر بر آن راه رود تنگی نکشد گویا عمرش وفا نکرد و چون اجلش رسید تحسر کرده و گفته که ما همچون کافرستان خطای و اویغور و قلماق و تبت را گذاشته تیغ بر ممالك اسلام کشیدیم گویا در این حسرت جان داده * بیت * آنکه عالم داشت در زیر نگین * این زمان شد تو تیا زیر زمین * آنکه بر چرخ فلك خونریز بود * گشت در خاك لحد نا چیز زُود * و از کنار جیحون تا

سر حد خطای سه ماهه راه است یعنی هر روزی منزلی که مقدار دو کوچه عسکر جهان کشای حضرت خداوندکار باشد تا بدربند سکجو و در این دربند قلعهٔ ساخته اند بغایت مضبوط و از بیرون این قلعه خندقی بریده و دیوار زده و بارو کشیده چند ماهه راه بدور خطای و ابتدای هر منزل شهر و حصار بودن از اینجاست و همچنین ابتدای میلها نیز از آنجاست در بلندی و پستی در کوه و صحرا همه بر همدیگر نمایان و دیده‌بانان متعدد بر سر آن میلها نشسته اگر از طرفی دشمن پیدا شود اگر روز باشد دود بیندازند و اگر شب باشد آتش بر دارند بر سر میلها یکماهه راه خبر دشمن در یکروز برود عجب آنکه بدانند از کدام گروه و سپاهند زیرا که اگر دشمن از طرف مشرق باشد یك آتش بر دارند و اگر از طرف شمال دو آتش و اگر از جانب جنوب سه آتش و اگر از جانب مغرب چهار آتش بر دارند مثل هذا قوت لا یموت دیده‌بانان از پادشاهیست ماه بماه و کیفیت حال دیده بانان در بیان زندان گفته شود و دیگر شب و روز میلهارا بنوبت پاس می دارند و جرس می گردانند و چوبك می زنند و آن میلهارا بغنه نیست الا نردبانهای رسن شیو می آیند و بالا می روند اگر دشمن بیاید بایشان کار نتواند کرد زیرا که آب و توشه و اسباب حرب حاضر دارند از امثال سنك و تفنك و بتفنك تیری می اندازند بآتش مقدار چهار انگشت چوب او و پیکان بر آهن زهرآب داده و همه خورد و بزرك آن ملك داروی توب بسازند و آتش بازی در آن دیار عام است و چند بار صد هزار لشکر که هستند همه تفنك اندازند و نیز توب اندازی بدانند و با همه سلاح آراسته و ورزش کرده کیفیت ورزش ایشان در جایش گفته شود ✤

باب هفتم

✤ در بیان زندانهای خطای نعوذ بالله ✤

در خان بالغ دو زندان است یکی را شین پو گویند و یکی کپو و آنکه کپو گویند عقوبت او سخت و بندهای او گران زنده بر آمدن از آنجا نادر الوقت است و آن که شین پو گویند بند و عقوبت او خفیف تر و بیشتر خلق از آنجا بسلامت زنده بر آیند و در هر دو زندان زنان جدا بجدا و هر یکی شهریست نامش زندان و هر نوع گناه کار را که بیارند نظر بگناه آن گروه دیوان خانه ایست در بیرون زندان و در آن دیوان خانها گناه هر گروهی را ثابت کنند و بر گردن ایشان لازم سازند و در حال بیان حادثه ایشانرا خط سازند و پیش پادشاه در آرند و ایشانرا بزندان در اندازند ✤ فصل ✤ و چون بدر زندان برسند سه میر معظم بدر میران دربان زندانند چون پیش آن میران برسند نامهای گنهکارانرا بنویسند و سبب گرفتاری ایشانرا بنویسند و تاریخ گرفتاری ایشانرا بنویسند و مملکت غیر خطای ندانند پرسند از کدام قسم مملکت خطای آمدید و نام این قسم‌را بنویسند و تاریخ عمر هر یك بنویسند آنهارا که سال خود ندانند دهان ایشانرا باز کنند مثل سایر حیوانات که از دندان آدم سال آدم را حکم کنند و بر روی هر یك مهری از مرکب بنهند و بزندان در آورند و چون ملك خطای دوازده قسم است زندان نیز دوازده قسم است و هر گروه که بیارند بنام این قسم مملکت طبقهٔ متعین است

یعنی حصاری جداجدا وکروه آن قسم را بر آن طبقه ببرند وآکر یکی کناه کند مثلا جنك کرد بسبب یك جنك کننده ده پونزده (پانزده) کس از قوم و قبیله او کردن بسته بزندان می برند آکر زن آکر مرد باشد که جمله را بزندان میبرند و هر کروه را از کدام دیوان خانه که کناه بر کردن ایشان لازم ساخته در قید و بند می آرند باز وقت نجات ایشان بهمان جای میبرند و رها می کنند وکروه کروه در می آرند وکروه کروه بر می آرند و در همه مملکت خطای هیچ میری و سو باشی را زهره نباشد که یك آنچه از کنهکاری بکیرند ما سوای پادشاهی و جریمهٔ که از برای پادشاهی بکیرند در خور کناه آن کس و قبیله او و نیز حرم چند مت برنج سفید او بدهد و قبیلهٔ او چند مت کندم و ارزن بدهند در تمام ملك خطای جریمه بهمین طریق است زر کرفتن رسم نیست چون بزندان در آرند بپرسند که از کدام قسم خطای آمده اید چون جواب بکویند که از فلان قسم اشارت کنند بطبقهٔ آن قسم از برای آنکه خطایانرا تصور چنانست که از مشرق تا مغرب همه در فرمان خاقان چین است ما سوای مملکت ایشان مملکت در عالم نمی باشد ✤ فصل ✤ سر کذشت ما چنان بود که ما دوازده کس بودیم که به خان بالغ رفته بودیم پیش خاقان چین از قضا یکی از جهلای ما جنك کرد با یکی از کروه تبتان و بسبب جنك یك کس ما جماعتی از آن کناه بی کناه را بند کردند و در سجن در آوردند ولی عنایت حق بود که مردم مسافر را چوب زدن و اشکنجه کردن نبود و جریمه دادن نیز بر مسافر نبود و چون ما کروه بی کناه را در آوردند در طبقهٔ که بنام یك قسمی از دوازده قسم از ممالك خطایست که اورا قلمرو شنك سی کویند در طبقهٔ او مارا در آوردند چون در آمدیم مارا

کاویدند که زر و نقره و دنیائی بخود نیارد کویان از برای آنکه قانون ایشان بر آنست چون در آمدیم در فرقهٔ از دوازده فرقهٔ زندان خطای می بردند در راهی که از رفتن بسیار در درون زندان مانده شدیم و درون زندان در آن رفتن می دیدیم دو رویه دیوان خانها نوع نوع ساخته بودند از برای پرسیدن انواع کنهکاران و در هر دیوان خانه سه میر معتبر نشسته یکی در پیشان و دو در طرفین و آنکه در پیشانست او پرسد و آنکه در راست او نشسته او امین است و آنکه در چپ او نشسته او دیوان است یعنی نویسنده و هر سه میر معتبر اند از برای آنکه از غایت دانش اعتبار ایشان است در زندان مهمات پرسیدن و در همه آن دیوان خانهای دو رویه امرا بهمین قانون باشند و در این دیوان خانها باغها و باغچها و بستانها ساخته اند از برای امرا و در زیر آن درختان میدانها در محل عیش و نوش زمانی فراغت کنند + فصل + و هر روز صباح از دیوان خاقان که باز کردند همه امرا در همه ممالك چین کروه کروه همه در دیوان خانهای خود بیایند و مهمات می پرسند و هیچ یك را زهرهٔ تاخیر و تقصیر نباشد چون امرای زندان در آن باغها و بوستانها کروه کروه بدیوان خانهای خود بنشینند و از زندانیان انواع کناه کاران را در آن دیوان خانها بمراتب در خور کناه در می آرند وکروهی را بدر می برند وکروهی را اشکنجه می کنند وکروهی را چوب می زنند وکروهی را در بندهای که خلاف این ممالك است می کشند وکروهی را تختهای سرب تا که در کردن ایشان کذرانیده وکروهی را تختهای جنازه مثال در کردن ایشان کرده و در پایهای ایشان کندهای سرب انداخته وکروهی را از مویهای سر آویخته و انکشتان دستهای ایشانرا در تاب خالها کشیده و در

خهای ران ایشان میخهای اشکنجه کشیده و بروی رانهای ایشان دو رویه چپ و راست می زدند از عقوبت و از سختی عقوبت جمله بیهوش شده بودند و مارا اعتقاد چنان بود که جمله مرده اند ✝ مثنوی ✝

✝ اکر صد سال در دوزخ نشینی ✝ زمالك غیر آزردن چه بینی ✝
✝ چو دنیا مومنانرا هست زندان ✝ مشو ساکن در این زندان چو دزدان ✝
✝ چو دانستی سجن بر مومنانست ✝ کسی کورا نخواهد مومن آنست ✝
✝ به بین تا از کجایی در حقیقت ✝ چو ما آنجا روی اینك طریقت ✝
✝ وطن کاه تو کر دنیاست باری ✝ دو سه روز آمدی اینجا بکاری ✝
✝ اکر دنیا ترا همچون بهشت است ✝ یقین دان کافری کین از توزشت است ✝
✝ بدانی کر شوی عارف در این جای ✝ که در سجن تو داری بند بر پای ✝
✝ بکوشی تا از او یابی نجاتی ✝ نجاتی کند زو باشد حیاتی ✝
✝ حیات جان تو از علم دین است ✝ چو در یابی یقین دانی که این است ✝
✝ بسجن اندر کشی شادان نباشد ✝ اکر باشد بجز نادان نباشد ✝
✝ اکر در سجن میری بی خبر وار ✝ بسجنیت کنند آنجا نکو سار ✝
✝ بکن جهدی و بیرون شو ز زندان ✝ که نادانی کر باشی بزندان ✝

و ما جماعت بی کناه آن دیوان خانهای زندانرا و باغها و بوستانهای زندانرا و امرای زندانرا و کروه کروه خلق را در آن دیوان خانها در آوردن و کروه کروه بر آوردن و انواع اشکنجه کشیده را و آن همه عجایباترا میدیدیم و ترسان و لرزان می رفتیم تارسیدیم بجای که آن دیوان خانه بود بر همه دیوان

خانهای زندان مقدم آن امرای که در آن دیوان خانه بوده اند و آن دیوان خانه از برای گاه کاران خواص خاقان بوده چون مردان مارا در دیوان خاقان چین نزدیك تخت ایستاده می کنند از برای آن از خواص بوده ایم وگروهٔ مارا در آن دیوان خانه در آوردند در پیش آن امرا نشستیم از برای آنکه ایشان مردمان مارا صحرایی و روستایی اعتقاد کنند از مردم ما ادب و حرمت و عزت و قانون طمع نکنند و ما سوای ممالك خود شهر در عالم ندانند و چون در پیش آن نشستیم بر دست و پای بندها نهادند بحبس گاه در آوردند و در دروازهٔ حبس گاه نیز کاویدند نعلها و آستینهای مارا از برای آنکه مبادا که تیغ و زر و مال با خود در آورند گویان دور از روی حاضران چون در آوردند می بینیم دو طرفه خانهای طولانی پوشانیده گروه گروه خلق را در تملقها کشیده و چار میخ و پنج میخ بر روی تخته بستان خوابانیده دستها و پایهای ایشانرا با وجود بند و زنجیر بزنجیرها در میخهای آهنین بسته و از مویهای سر ایشان کشیده و با وجود با آن نگذاشته و پایهای ایشانرا از تخته گذرانیده و بستان خوابانیده و از روی سینهٔ ایشانها بزنجیر صد گزی باشکنجه ها کشیده بیم آنست که استخوانهای سینهٔ ایشان بشکند و ایشان در فریاد وگروهیرا در بند و زنجیر کرده و در صندوقها کرده وکفی بالله شهیدا غرض مبالغه نیست بیان واقع است و آنهارا که در صندوق میکنند کشندهای پدر و مادر اند و آن صندوقها مثلث بود یعنی سه برجه در غایت پستی و تنگی و بلندی او بمقدار یك بدسك بود سبحان الله چگونه گنجیده بود آن شخصی که سر صندوقرا باز کردند یك کس را دیدم که در درون صندوق با وجود بند و زنجیر اعضای اورا خورده و در آن

صندوق تنك و پست بزور کنجیده و همه اعضای اورا خـــورده و در آن صندوق جسفیده کویا اعضای او همچون کوشت شده بود که در آنجا کنجیده بود چون سر صندوق را باز کردند آن شخص با آن بند و زنجـــیر از آن صندوق بر خاست بطوری که هیبت در ما اثر کــــرد و مارا نیز در بندها و زنجیرها در آوردند تا پنج روز بعده حکم از سرای خاقان بر آمده که مایانرا بند و زنجیر بر دارند و خالی رها کنند زیرا که ایشان این نوع عقوبتهـــــا ندیده اند کفته و طاقت آن ندارند در حال مایانرا خالی در زندان رها کردند

✱ فصل ✱ پنجره در مثالی بود بسوی زندان زنان عورات می نمـودند از یکی دربانی پرسیدیم که چه مقدار زن محبوس اند کفت پانزده هزار زن در زندان شین پو است و بیست و شش روز دور از روی حاضران در آن زندان ماندیم و در آن مدت هر چند روز از زندان بدر می آوردنـــــد و بطرفی از اطراف شهر خان بالغ از برای تفتیش می بردند بدیوان خانهٔ بسیاستی که خیال می کردم که ما بی کناهانرا جای کشتن آنجاست الحمد لله که کروهٔ مایانرا چوب زدن و اشکنجه کردن نبوده و کرنه خطایانرا کروه کروه می آرند و چوب می زنند و اشکنجه می کنند نعوذ بالله و از بزرکی شهر خان بالغ بود که در هر دیوان خانهٔ که می بردند یك روز در رفتن و یك روز در تفتیش کردن می ماندیم و یك روز در آمدن و چون قریب بخلاص شدیم بلا تشبیه پیش مفتیان ایشان بردند و دیوان خانهٔ آن مفتیان هم در زندان بـــود و هرکز از خاطر نرود خوشی آن باغ و بستان که در زندان در دیوان خانهٔ آن مفتیان بود و چون پیش آن مفتیان بردند و آن اقرار نامه هــــا که در دیوان خانه های اطراف خان بالغ از ما نوشته بودند جمله آن خطهارا پیش

آن مفتیان نهاده بودند و بزرکی کاغذ آن خطها مثل حصیر مصلی که از کاغذ خطایی بود و بخط حطایی نوشته بودند که از این جمله بنام فلان کس جنك کرده و بر کردهٔ خود اقرار نمود و این جمله از همراهان او بودند در کناه داخل اند از آن سبب که کس بدرا همراه خود آورده اند این جمله را در بند و حبس آوردیم کویان نوشته بودند بلا تشبیه آن مفتیان پیران کهن بودند از برای آنکه بعد از ضبط مملکت تمام و کمال قانون را دانسته علم و عملیه اورا بکار آورده و امارت امرای خطایرا نهایت امارت دیوان خانهای زندان بودنست زیرا که پیش خطاییان بند و حبس و قتل بغایت عظیم است و بر این جمله خطای را ضبط کرده اند و چون آن پیران کهن کاردیده روز کار کذرانیده مکتوبات‌را بدیدند و احوال ما در یافتند کفتند شمارا کناه نیست اما همراهٔ شما یك تبتی را بچوب زده و آن تبتی هلاك شده چون همراهٔ شما بد کسی بوده از شما هر یك سه مت ارزن جریمه می باید داد اما آنکس که بچوب زدن قتل نفس کرده صورت می دهیم بر قصاص او که بعد از سه سال اورا قتل بکنند اما اورا نکاه دارند تا آن زمان و شمارا بزودی بکذارند و آن صورت را چون مفتیان خطای نوشتند در سرای پادشاه فرستادند روز دیکر جواب بیرون آمد آن شخص که خونیست اورا نکاه داشتند و مایانرا بکذاشتند از برای آنکه در خان بالغ همه مهم جزی و کلی را بپادشاه باید عرض کردن اما در سوای خان بالغ بخادمانی که هر قسم ملك خطایرا با خادمان تفویض کرده اند اکر مصلحت جزی باشد خادم حکم کند اکر کلی بود بخاقان عرض بفرستد و هرچه سازد بعلم اوست و بعضی زندانیانرا بعد از بند و عقوبت بسیار چون روی بخلاصی نهند کروه کروه از زندان بیرون آرند و در سر

بازارها و کذرها کندهای سرب ریخته در کردن ایشان کذرانیده و در دست و پای ایشان بر بندهای آهن و از شیو بغلهای ایشان آویخته چنانکه پایهای ایشان بر زمین نرسد و آن عقوبتها از برای ترسانیدن خلق بود و در آن سختی اکر ماهی بسر بردند و زنده ماندند بعد از آن فرود آرند و هر یك را صد چوب بر کون بدنهٔ ایشان بزنند زیرا که قاعدهٔ خطاییست اکر مرد بود تنبان اورا بکنند بدنهٔ او چون بزنند و اکر عورت بود بر بالای تنبان او چوب بزنند و تحمیل جریه کنند و جریهٔ او چند مت برنج سفید یا کندم یا ارزن و اکر قوت جریه دادن ندارد بر او چند ساله تحمیل میل بانی و یا پاسبانی و یاعسیسی و غیره از برای جرمانهٔ او در جای بفرمایند و چون مدت آن خدمت بسر آید پیش ضابط آن شهر برود و عرض داشت خودرا ببرد و بر احوال او مطلع شوند و صد چوب بر کون بدنهٔ او بزنند بعد از آن خط خلاصی او بدهند و جریهٔ خطاییان همه از این نوعها بود و زر و نقره جریه ستانیدن رسم نیست و چون آن کروه را رها کنند کروهی دیکر بجای آن جماعت پیشینه بهمان نوع عقوبتها بیاویزند انواع عقوبت ایشان بسیار است و در همه شهرهای خطای در چارسوها و دربندها و کذرها و راهها کروه کروه بانواع عقوبتها در عسس خانها آن زندانیان کرفتارند و زندانیان چون بآن عقوبتها برسند شاد شوند زیرا که آن عقوبتها علامت نزدیك شدن خلاصی ایشانست و آن خلقانی که در آن زندانهای عالی اند لاینقطع هر روز کروه کروه و هر کروه‌را بدیوان خانهٔ دیکر کون می برند و تفتیش حال ایشان میکنند و چوب می زنند و اشکنجه می کنند و اقرار از ایشان میکیرند و هر کاه کاررا ماهی یك بار نوبت تفتیش اوست اکرچه سالی

دوازده ماه بهمان نوع تفتیش کرده اند وبتکرارها از او اقرار نامه کرفته اند زیرا که کار زندان را برهمه امور ملکی مقدم داشته اند و از حالهای زندانیان پیوسته خاقان تفتیش کند و فی زماننا در زندان شین پو سه کس بمرد در یك روز از سختی بند و عقوبت زیرا هر کس که میرد از برای تلف شدن او خط پیش خاقان می آرند که در زندان چین کسی وفات کرد از خاقان خط بر آمد که شما مکر در مهمات زندان تقصیر میکنید که سه کس در یك روز تلف شدند امرای زندان بترسیدند و همه در یکبار بزندان در آمدند وکرد آن محبوسان و بندیان بر آمدند و بعضی‌را بندها تخفیف کردند و بعضی را خالی کذاشتند و بعضی‌را طعام بیشتر امر کردند و طعام زندانیان از پادشاهی میدهند روزی یکبار و آنها که کس دارند از برای محبوسان خود از بیرون نیز طعام فرستند و آن طعامهارا در زنبیلها با علامتها و خطها بیارند و در میان هر حبس خانه توده کنند کرا زهره باشد که در طعام یکی خیانت کند حکمت که هر که مقدار یك نخود خیانت کند دزد و خاین باشد روزی دو بار محبوسانرا رها کنند از برای قضای حاجت و از برای طعام خوردن و هر کس بیاید علامت خود بداند و خط بخواند و طعام خودرا بکیرد چون طعام خوردند در بند و حبس می کشند اما از حالهای زندانیان پیوسته خاقان با خبر باشد زیرا که هر کاه کاری‌را ماهی یکبار نوبت او میرسد که در یك دیوانخانه اورا تفتیش کنند و دیوانیان آن دیوان خانه خط بیان حال اورا و اقرار و انکار و اشکنجهٔ اورا و مدت انواع تفتیش اورا و جملهٔ واقعات اورا در ماهی یکبار در پیش خاقان در می آرند و از آنست که خاقان چین جملهٔ زندانیانرا از زن و مرد ایشانرا نام بنام میداند و بر احوال

واقعات ایشان مطلع است و از حال جمله اهل زندان خبیر و هر خط و دفتر که در دیوان خانهای بیرون سرایست در تمام ممالك و در درون سرایست مثل آن از تمام ممالك خطای سبحان الله چه قانون و چه نکاه داشت قانون است که بسبب ضبط قانون و نکاه داشت قانون چندین هزار سالست که ملك ایشان خلل ندیده و دشمن بر ایشان ظفر نیافته از هفت ساله تاهفتاد ساله و از درویش و پادشاه هیچ کس را سر موی زهرهٔ ترك و تاخیر قانون نباشد ✠ فصل ✠ و آن کناه کاران که واجب قتل اند خاصه از برای تفتیش ایشان خاقان چین سالی یکبار دیوان کند و چندین هزار خونی را مفصلش دهه دهه در دست کیرد و یکان یکان بنام میخواند و آن خونیان بر کردار خود پیش پادشاه اقرار می نمایند و میکذرند و هیچ یك را زهرهٔ انکار نباشد نقل کفر کفر نیست از برای آنکه جهلای خطای از بسیاری حرمت پادشاه خودرا بخدایی می پرستند و کفرهٔ خطای میکویند دور از روی حاضران خدای سیصد است از آن جمله یکی خاقان چین است و آفرینندهٔ آن سیصد خدای یکیست که الله است و کفر کفرهٔ خطای در این رنکست و از آن سبب زهرهٔ دروغ کفتن و انکار ندارند و اکر چه خاقان چین بآنچنان اعتقاد ایشان معلوم است که راضی نیست از برای آنکه خودرا خدا پرست میداند از بعض افعال او معلوم است و مذکور شد و دیکر آن خونیانرا از آن سبب انکار نباشد زیرا ماهی یك بار در هر دیوان خانه بر کردار خود اقرار داده اند تا سه سال و خطهای ایشان جملکی بخاقان رسیده و خاقان چین جملهٔ کناه کارانرا که در زندان اند نام بنام می داند و اکثر را از راه خط می شناسد خاصه مرخونیانرا که سالی یکبار از پیش خاقان چین میکذرانند و بکردار خود

اقرار میدهند و خاقان چین بقلم سرخ علامت خود نشان می کند تا سه سال و آن جمله را که سه سال ایشان رسید حکم بر قتل ایشان می کند آن روز قتل چندین هزار خونی را علمهای سرخ بر سر ایشان نشانده خیل خیل و گروه گروه از سرای خاقان بیرون آورند و بقتل گاه ببرند و محل قتل ایشان در سالی یکبار بود و در تمام خطای از تقویم محل قتل را می دانند و چندین هزار سالست که قتل بروز می کرده اند و قریب تاریخ نه صد و دو بود که قحطی عظیم در یك قسم از دوازده قسم ملك خطای واقع شد که آن قسم را قلم رو شنك سی گویند خلق بی حد تلف شد عاقبت بحکمت علاج کردند و بعد از آن حکمت شناسان فرمودند که روز قتل را بشب بدل کردند و در یك شب چندین هزار خونی را در تمام ملك چین قتل کنند بتخصیص در خان بالغ چون صباح شود بنظاره بیایند و بینند جمعی را پیوند از پیوند جدا کرده و جمعی را گردن زده و بر روی هم پشته کرده و جمعی را پاره پاره کرده و جمعی را پوست کنده و سر نگون آویخته و هر گروه گناه کاررا بنوعی قصاص کرده اند و عجب تر آنکه سر چندین هزار مقتول را هر یك را در صندوقچه جدا بجدا محکم کرده اند و صاحب آن سررا بیان حال او کرده اند و نوشته که صاحب آن سر چنین کس بود و از کدام محله بود و نام او و پدر او چه بود و گناه او چه بود و چند سال در حبس بود و در هر ماهی در کدام دیوان خانها کدام میران تفتیش کرده اند و در هر سال پیش خاقان چه نوع اقرار کرد آن خطهارا بدان انواع نوشته در گردن آن خونیان آویخته بقتل گاه می آرند و چون سر از تن آن خونیان جدا شود سرهای مقتولانرا در صندوقچها محکم سازند و خط هر کس را بصندوقچهٔ سر او بچسفانند و تا سی سال در

خزینه نکاه دارند از برای آنکه اکر کسی دعوی کند که چنین کس من بناحق کشته شد حکم از پادشاهی بر آید که سر آن مقتول را از خزینه حاضر سازند اکر کسی دعوی بکند بر آن سر بکند و آنچه احوال آن مقتولست بتمامه در کاغذ نوشته و در صندوقچه جسفانیده تا سی سال آن سرها در خزینه باشد بعد از سی سال کسی‌را دیکر دعوی نباشد آن سرها از خزینه بیرون آرند و بدریا اندازند و از آن نوع عجایبات در خطای بسیار است و سالی یك بار زندانرا از زندانیان سه ساله پاك سازند بعضی‌را کروه کروه بکشتن برند و بعضی‌را کروه کروه بمیل بانی و دیده بانی فرستند و بعضی‌را کروه کروه بعسیسی و عسس خانها فرستند و بعضی‌را کروه کروه در سر چارسوها و کذرها و راه کذرها و دربندها اشکنجه های عجیب و عقوبتهای غریب نکاه دارند از برای عبرت و ترسانیدن خلق چنانکه پیش از این مذکور شد

باب پانزدهم

در بیان مردمانی که از اطراف و جوانب عالم آمده اند و می آیند

اول مردمانی که از راه خشکی می آیند از ممالك اسلام مطلقا بنام ایلچی باید در آمدن پیش خطاییان از کوی یا شهری معظم از سو باشی یا پادشاهی معظم خواجه و غلام همه برابرند زیرا که ما سوای مملکت خود شهری و علوفه خوری در عالم ندانند مردم راه خشکی اسپ برند و الماس و صوف و چوقه یعنی سقرلات و یشم و مرجان و شیر و یوز و سیاه کوش آن جمله باب

آن دیار است و اسپان بارکیررا جمله قبول کنند و بلشکریان آن سرحد بدهند و اسپان خوب را همراه صاحب پیش پادشاه بفرستند و هر اسپ را دوازده کس را خدمتکار منزل تا منزل تا صد منزل بدهند و از آن دوازده شش او فانوسهای رنکارنك در سر چوبهای رنکین منقش آویخته از پیش و پس و چب و راست آن اسپ می روند و ششی دیکر سهٔ او خدمتکار ساروس او و سه کس خدمتکار دم او و شیررا ده برابر اسپ تجملست و علفه یوز و سیاه کوش را نصف شیر حرمت و علفه است و صد منزل همه از این قبیله است و بخشیشی که از برای شیر بدهند سی صندوق مال و در هر صندوقی هزار برکاله قماش بود از اطلس و کمخا و پای برك و رکیب آهن و جامهٔ زرین و مقراض و کارد و سوزن یعنی از هر چیزی یك برکاله و از جمله هزار در هر صندوقی بر شیر سی صندوق و بر یوز و سیاه کوش پانزده و بر اسپ عشر شیر و از آن آدمیان هر کسرا هشت جامه از اطلس با استار قماش و سه جامه رنکارنك بر وی هم پوشانند که هر جامهٔ او دو کس را جامه شود و نای کرباس که پهنای کرباس یك قولاج بود و موزه و غیره این جمله بخششی که مذکو شد ما سوای بهای پیشکشهاست و این جمله بخشیشی و انعام خاقان چین از برای هر یك مسلمان که الله تعالی اورا الآن فی هذا الزمان ایمان عطا کرده و در اسلام در آمده اکر چه ابای او چندین هزار سالست که در طریق کفر سلطنت کرده اند زیرا که خطاییان اولاد قابلند این پسر کین طای خان که این زمان مسلمان شد حضرت سید الانبیارا در خواب دیده دل اورا بیرون آورده و شسته بر او ایمان تلقین کرد و او مسلمان شد وچون بیدار شد در دیوار حجره دید که کلمهٔ شهادت نوشته شد بخط سبز

و چون آن واقعه را بدید کلمهٔ شهادت تازه کرد و همه اهل سرای را اعلام کرد و بسیاری از خواص و عوام اهل سرای بتبعیت او مسلمان شدند و خط نوشت و بیرون سرای فرستاد و امرا و عوام خلق را از واقعهٔ خود خبر داد که چه میکویید بعد از چندین هزار سال در ظلمات کفار مشرق بر دل من نور ایمان تافت و این سعادت در جد و ابا و نسل و اولاد فغفور چین نصیب من شد و اکر دانش شما را کمالی و اصلی هست باید که باسلام بیایید و چون امرا و خلق آن خط بخواندند و آن سخن بشنیدند جمله متحیر بماندند و در جواب نوشتند که از پدران تو هیچ کس مسلمان نشده و قانون نبوده که پادشاه خطای مسلمان بود و چون آن خط امرارا خاقان چین بخواند کفت معلوم شد که شما قانون نمی دانسته اید دلیل آنکه پدران ما قانون بر ظاهر نهاده اند و بر باطن شما هیچ قانون نیست و شما نیز بر باطن من چه کار دارید و مسلمانی امریست معنوی و چون امرا و خلق عوام آن سخن بشنیدند از آن سخن ملزم شدند و بترسیدند زیراکه امرارا نا دانستن قانون در یك مسئله کناه عظیم است و از آن سبب بسیاری از امرا و عوام و خواص در اسلام آمدند زیرا که کفار مشرق را چه شهری چه صحرایی میل تمامست باسلام و چون خاقان چین باسلام آمد آن خلق چین را ضروری باسلام می باید آمدن زیراکه آن همه خلق پادشاه پرستند هرچه بکوید قبول کنند و چون آن نور از جانب مغرب قوت کیرد کفار مشرق در اسلام خواهند آمدن بلا نزاع زیراکه ایشانرا خصومت دینی نیست و چون افضل غزاة العالم و مفخر سلاطین روی زمین ظل الله فی الارض سلطان روم چراغ در شب افروز او دلیل هدایت ظلمات کفار مغرب شود و بنور معرفت ایمان سپاه جهانکیر او نور مغربی را بنور

مشرق پیوندند و ظلمات کفر از روی زمین بر داشته شود و معنی اذا جاء نصر الله والفتح آن زمان بتمامه آید بحرمة النبی و آله و انعام او رسید وکذشت و چشم امید بر انعام تست اللهم ارزقنا ✤ بیت ✤ ای سخی طبعی که همچون آفتاب ✤ حال مسکینان به پیشت روشنست ✤

تم

NOTICE

SUR

L'ARABIE MÉRIDIONALE

D'APRÈS UN DOCUMENT TURC

PAR

A. C. BARBIER DE MEYNARD

MEMBRE DE L'INSTITUT, PROFESSEUR A L'ÉCOLE DES LANGUES ORIENTALES VIVANTES.

NOTICE
SUR L'ARABIE MÉRIDIONALE
D'APRÈS UN DOCUMENT TURC.

---

§ I.

L'histoire de Sanaa et du Yémen à laquelle nous avons emprunté le fragment qu'on va lire est un document d'une date récente[1] : il doit son origine aux événements dont l'Arabie méridionale a été le théâtre, il y a environ douze ans. On sait que depuis la seconde moitié du XVIIe siècle l'autorité de la Porte sur ce pays est restée purement nominale. Les tentatives faites pour l'y rétablir après la funeste expédition d'Ibrahim Pacha et, plus tard, sous le règne de Sultan Abd-ul-Médjîd, ont été à peu près infructueuses et presque toujours suivies de révoltes sanglantes.

C'est une de ces révoltes périodiques qui motiva une nouvelle expédition turque dans le Yémen, en 1870. Le

1. Le texte turc en deux volumes grand in-8° a paru à Constantinople au mois de février 1875; imprimerie du journal le *Baçiret*.

gouverneur du Belad-Açîr, un certain Mehemet Pacha, fils d'el-'Ayiz, ayant réuni sous ses ordres un parti considérable de Yéménites et de tribus nomades, réussit à s'emparer un moment de la ville de Hodeïda. Il en fut chassé, il est vrai, le 27 novembre de la même année; mais l'agitation que ce mouvement insurrectionnel avait laissée dans le sud de la péninsule et la crainte de le voir s'étendre jusqu'aux limites septentrionales du Hédjaz, au grand détriment du pèlerinage, déterminèrent la Porte à agir plus vigoureusement. Un corps d'armée, tiré de la réserve *(ihtyat)*, fut envoyé au Yémen avec mission d'y rétablir l'ordre et d'occuper le pays définitivement. Les opérations militaires furent menées avec célérité et énergie : Mehemet Pacha paya de sa tête ses velléités d'indépendance, la province d'Açîr fut réduite et l'armée marcha ensuite sur Sanaa dont elle finit par s'emparer après une lutte opiniâtre. L'auteur de notre Chronique, Ahmed Râchid, arrivé dans le Yémen avec le grade de chef de bataillon du 5me régiment, dut à sa belle conduite d'être promu sur place au grade de colonel du 4me. Il séjourna dans le pays deux années encore après la pacification, et résolut de mettre à profit les loisirs que lui laissaient ses fonctions militaires pour écrire le récit de l'expédition à laquelle il venait de prendre part. Mais, voulant faire précéder sa narration d'un précis de l'histoire politique et militaire du Yémen depuis les premières expéditions turques (vers 1547) jusqu'à l'époque actuelle, il fut frappé de l'insuffisance et des inexactitudes qui déparaient les Chroniques ottomanes en ce qui concerne cette période. C'était une lacune à combler dans les fastes militaires de sa nation, et il se mit avec ardeur à l'ouvrage. Pendant son séjour à Sanaa, trois ou quatre documents de provenance indigène et rédigés en arabe lui furent communiqués. Il en donne la liste dans une courte préface. Ces documents, il est à peine besoin de le dire, ne peuvent être consultés avec fruit que pour la période musulmane et surtout pour l'histoire des trois derniers siècles. En voici les titres : 1° كتاب روح الروح « le souffle de l'âme » suivi d'un complément *(tekmileh)*; 2° كتاب طيب الكسا « le parfum du Manteau »[1]; 3° جامع باخبار اليمن الميمون « Recueil de renseignements sur le Yémen fortuné »; 4° قرة العيون فى اخبار اليمن الميمون « Le charme des yeux ou Histoire du Yémen fortuné ».

Tels sont les matériaux que l'officier turc a mis à contribution surtout pour la première partie de son travail, en y ajoutant pour le récit de la campagne de 1870 et l'appendice géographique, ses observations personnelles et les renseignements qu'il a recueillis pendant son séjour au Yémen. De là une division tout indiquée : Le premier volume comprend 1° l'histoire de cette contrée depuis la conquête qui en fut faite par la dynastie des A'mirites, jusqu'à la fin de la domination ottomane (p. 6 à 253); 2° le Yémen sous les imams arabes avec une notice sur les Yézidis et d'autres sectes musulmanes; 3° essais d'occupation sous le

1. Allusion au manteau dans lequel le Prophète aimait à envelopper ses petits-fils Haçan et Huçeïn, ce qui leur a valu, ainsi qu'à leur mère Fatima, le surnom de *Ehl el-Kiça*, comme nous dirions « la sainte famille ». Il est singulier que parmi les chroniques locales consultées par l'auteur, on ne trouve pas mentionnée la fameuse compilation intitulée *El Barq el-Yèmèny* par Kotb ed-din, dont S. de Sacy a donné un long extrait dans les *Notices et extraits des Manuscrits*, t. IV, p. 412 et suiv.

règne de Sultan Abd-ul-Médjîd etc. (p. 257 à 322). — Tome second : 1° Récit de la campagne de 1870 (p. 1 à 239). 2° Organisation civile et militaire du Yémen depuis cette époque; appendice géographique et descriptif (p. 276 à la fin).

Le précis historique qui occupe la plus grande partie du premier volume est rédigé avec soin. L'auteur apporte dans l'examen et le contrôle des différentes versions qu'il a sous les yeux une netteté et justesse d'appréciation assez rares chez les historiens ottomans. Il entremêle d'observations judicieuses le récit des événements depuis les premières conquêtes des Mamelouks d'Égypte sur les côtes du Yémen en 1507, les apparitions des escadres portugaises devant Aden, leur défaite en août 1513, la lutte entre les Circassiens d'Égypte et le Sultan 'Amir, suivie de la déroute de ce dernier près de Zobeïdah, en novembre 1517, et l'expulsion des Égyptiens par l'Emir Cheref ed-dîn jusqu'à la conquête du Hédjaz par une armée turque sous Sultan Selim Ier. Sylvestre de Sacy a exactement résumé cette période historique dans les premières pages de ses Extraits du *Barq yèmèni*. « On y voit, dit l'illustre savant, ce royaume enlevé d'abord à une famille arabe qui régnait à Sanaa, devenir la proie de plusieurs usurpateurs circassiens; conquis ensuite, comme par hasard et en passant, par une armée ottomane envoyée par Selim contre les Portugais, dont les établissements dans l'Inde causaient de vives alarmes aux Musulmans, et mis au nombre des grands gouvernements de l'empire turc, secouer le joug du Grand Seigneur par une insurrection universelle; résister pendant quelques années aux efforts des Turcs à la faveur de la mésintelligence de leurs chefs et enfin rentrer dans l'obéissance et chercher dans la paix un remède aux maux occasionnés par la guerre.»

Cette paix ne fut pas de longue durée. D'incessantes révoltes fomentées par l'antipathie de race et le fanatisme religieux troublèrent le gouvernement des *Walis* que la Porte délégua en Arabie pendant un siècle environ, de 1547 à 1636. L'incapacité politique du dernier de ces gouverneurs Haïder Pacha et les intrigues de Kansou Pacha hâtèrent la fin de la domination ottomane. L'auteur n'essaie pas de dissimuler les fautes commises par les représentants du Sultan, mais l'insuccès final qu'il attribue presque entièrement à leur vénalité, se rattache à des causes plus générales par lesquelles il faut expliquer la décadence rapide de la Turquie depuis deux siècles. Son récit n'en conserve pas moins une valeur historique incontestable et mériterait certainement d'être traduit, ou tout au moins analysé en détail. C'est une tâche qu'il nous sera peut-être donné d'entreprendre plus tard. En attendant signalons au passage ce renseignement peu connu. «Pendant la durée de sa suprématie sur l'Arabie méridionale, la Porte y entretenait une armée de vingt mille hommes, dont quinze mille Turcs et Circassiens et cinq mille Arabes. Le revenu de l'impôt s'élevait à cinq cent mille ducats d'or. Tout prélèvement fait pour la solde et l'entretien des troupes, le matériel de guerre et la réparation des places fortes, il restait environ cent cinquante mille ducats qu'on envoyait tous les ans à Constantinople.»

L'historique ou plus exactement le journal de l'expédition militaire ne peut entrer dans notre brève analyse du travail de l'officier ottoman. Il est écrit par un homme du métier et se recommande sans doute par des qualités qui échappent à notre compétence. C'est un document dont l'histoire militaire de la Turquie fera son profit et qui fournit aussi au lecteur un véridique et tout récent témoignage de ce mélange de vertus militaires et d'incapacité administrative qui caractérisent la race ottomane.

C'est dans le dernier chapitre de son livre que nous avons cru trouver les renseignements les plus dignes d'être traduits. Ahmed Râchid s'est proposé dans cet Appendice de donner la division géographique, la description du climat et des principales productions, les mœurs, la population, etc. Sans négliger les sources imprimées et même les relations des voyageurs européens (que d'ailleurs il ne cite pas directement), il nous fait connaître surtout ses propres observations, les particularités qu'il a lui même relevées au cours de l'expédition. Le pays qu'il décrit comprend, dans l'Arabie méridionale, tout le territoire qui s'étend entre Abou 'Arîch au nord-ouest, le Djouf au nord-est, et la région d'Aden au sud.

On n'ignore pas combien l'exploration de ces contrées offrait de dangers aux Européens jusqu'à ces dernières années. La belle expédition danoise, dirigée au siècle dernier par Niebuhr, dont la relation restera un modèle du genre, semblait avoir frayé une voie qui malheureusement s'est refermée presque aussitôt. Ali Bey, Burckhardt, Seetzen, malgré leur profession de foi musulmane ont à peine soulevé un coin du rideau. Mais l'influence irrésistible quoique lente de l'Europe a fini par triompher des obstacles que le courage individuel de ces vaillants explorateurs n'avait pu renverser. Ce n'est plus seulement la côte occidentale de l'Arabie, mais l'intérieur du pays, l'Açîr, la chaîne des *Serat* qui se livrent à la curiosité scientifique de nos compatriotes. Cruttenden pénètre de Mokha à Sanaa par la route du nord; Welsted s'aventure dans l'Omân; Haynes traverse le Mahra et une partie du Hadramaut. Botta étudie la flore du Yémen entre Mokha et Hodeïda ; Fresnel et Arnaud interrogent les ruines de l'Antique Marieba. J. Halévy enfin, au lendemain de l'expédition turque, seul et presque sans ressources, pénètre malgré les maraudeurs et la fièvre, jusque dans le Djouf et y recueille les précieux débris de la civilisation sabéenne.

A côté de ces grandes enquêtes scientifiques, le témoignage d'un colonel turc paraîtra bien modeste et de peu de portée. Comme historien de l'Arabie anté-islamique il ne pouvait qu'être récusé, son érudition ne dépasse pas celle d'Ibn-Khaldoun auquel il fait de nombreux emprunts. Mais comme observateur il mérite d'être écouté : car il a vu avec attention et il raconte avec sincérité. Momentané ou durable, nous n'avons pas à trancher cette question, le succès des armes ottomanes a partout facilité sa marche, même dans la région des *Serat* qui était restée jusqu'à présent inaccessible aux Européens. Nous avons donc pensé que ses notes seraient lues avec quelque intérêt après les relations européennes qu'elles confirment dans l'ensemble et qu'elles complètent sur certains détails. Le style de l'auteur ne se recommande ni par l'élégance ni par la précision; aussi la traduction des fragments que nous lui empruntons ne vise-t-elle nullement à une fidélité scrupuleuse. D'ailleurs le terrain nous était strictement mesuré et nous avons dû, sans rien négliger d'essentiel, faire de nombreuses coupures même dans la partie géographique la plus riche en renseignements nouveaux. Peut-être trouveront-ils place plus tard dans un autre recueil à côté de certains aperçus puisés à la même source et qui intéressent plus particulièrement la diplomatie et l'histoire contemporaine.

§ II.

Aperçu géographique.

Les trois provinces, le Yémen, l'Açîr et le Hédjaz ont été réunies en deux groupes : le *Sera* et le *Tihama*[1]. On donne le nom de *Sera* à la chaîne de montagnes qui part du territoire des Beni-Médjîd, Zihân et Maafir sur la fron-

1. L'auteur écrit toujours سرا *Sera* au lieu de سراة *Serat* (pluriel سراوات *Seraouat*). D'après les géographes arabes, ce mot signifie «ce qui est proéminent, comme le garrot du cheval, le dos d'une route, etc.» Quelques voyageurs musulmans, Istakhri, Ibn Hauqal et Mouqaddessi emploient comme synonyme le mot نجد «plateau élevé», et ils distinguent trois *Nedjd* indépendamment du territoire particulièrement connu sous ce nom. Par la même raison ils connaissent trois *Serat*. — Le sens littéral de *Tihama* est «grande chaleur et atmosphère pesante». Botta *(Relation d'un voyage dans le Yémen)* appelle ainsi la bande de terrain plat située entre les montagnes et la mer. Les parties salées et incultes de cette zone reçoivent la dénomination spéciale de خبت *Khabt.* D'après cette définition on ne devra pas s'étonner de trouver le mot *tihama* appliqué ici à une portion du Yémen, du Hédjaz et de l'Açîr. — M. Jomard avait déjà fait cette distinction; voir *Études géographiques et historiques sur l'Arabie,* Paris, 1839, in-8°, p. 91 et 123.

tière du pays d'Aden, et se dirige du Sud au Nord pour aboutir à Taïef où le dernier contrefort de cette chaîne prend le nom de *Djebel Fatq* جبل فتق[1].

Le groupe de plateaux élevés qui s'étendent d'Aden à Djedda en longeant la côte sablonneuse de la Mer rouge, porte le nom particulier de *Tihama.* On trouvera plus loin les principales subdivisions géographiques du Sera. Quant au Tihama, il se subdivise aussi en plusieurs sections. On donne le nom de *Tihama du Yémen*, *Tihama d'Açîr* et *Tihama du Hédjaz* aux portions de ces trois provinces qui correspondent à la chaîne principale.

La longueur totale du Tihama, du Sud au Nord jusqu'à Djedda, est de 400 lieues environ et sa largeur comprise entre la côte et les premiers contreforts du Sera varie entre 40 et 25 lieues. La longueur totale de tout le groupe réuni sous le nom de *Sera,* du Sud au Nord jusqu'à Taïef dépasse 370 lieues. Les plaines et vallées situées sur les hauts plateaux de cette chaîne se dirigent de l'est et du nord-est à l'ouest, sur une étendue de 38 lieues au maximum, et de 10 à 25 lieues dans leur plus étroit parcours.

L'évaluation donnée ci-dessus n'est qu'approximative. Nous n'avons eu à notre disposition que des cartes imparfaites, la plupart européennes et rédigées plutôt d'après des informations indirectes que sur des relevés faits dans le pays. Ce que nous appelons «lieue» *(saat)* doit s'entendre ici de la marche moyenne d'un cheval de route *(guidich)* pendant une heure. Il en résulte que cette mesure itinéraire varie en raison de la configuration du pays et les acci-

1. Prononciation indiquée par Yaqout, *Mo'djem el-bouldan,* t. III, p. 851.

dents de terrain. D'après notre évaluation, la superficie totale du Yémen serait à peu près de 17,000 lieues carrées, tandis que d'après les cartographes, elle ne dépasserait pas 12,040 lieues carrées, de 25 au degré.

La hauteur de la chaîne du Sera au dessus du niveau de la mer varie entre 2,500 et 3,000 mètres.

Division géographique de la chaîne du Sera.

1° Le premier point en partant d'Aden est le Sera du Belad Ma'afir ainsi nommé parcequ'il est habité par la tribu de Ma'afir ben Ya'far. On y trouve aussi les tribus des Beni Hamdân, des Seksek et des Beni Waqed. Le Beled Açoura بلد عسورة, entre Wadi Milh et Tabache'a تباشعة fait partie de ce district et il est occupé en totalité par la tribu du même nom.

2. S. de Kela' سراة كلاع. — 3. S. des Beni Seïf سراة بنى سيف. — 4. S. de Reïma nommé aussi «S. des deux montagnes» جبلان ريمة. — 5. S. d'Elhân سراة الهان; ce district est divisé en sept cantons réunis sous le nom collectif de Djebel Harâz جبل حراز. — 6. S. de Maçani' سراة مصانع. — 7. S. Qadem سراة قدم. — 8. S. de Adhr et Honoum سراة عذر وهنوم. — 9. S. de Khawlân سراة خولان. — 10. S. de Djanb[1] et Beled 'Ar'ar سراة جنب وبلد عرعر. — 11. S. de Hidjr et 'Anz[2] سراة حجر وعنز. — 12. S. de Bah سراة باه. — 13. S. de Hal[3] سراة

1. Mikhlaf du Yémen d'après Yaqout. Sur l'origine du nom *Djanb* et les tribus qui habitaient ce district, voir *Mo'djem,* t. II, p. 125.

2. *Mo'djem,* t. III, p. 735.

3. «District du Yémen sur le territoire d'el-Azd; il était habité par la tribu des Beni Yachkor qui fut une des premières à embrasser l'islamisme.» *Ibid.* t. II, p. 187.

حال. — 14. S. de Zahrân سراة زهران. — 15. S. de Badjila سراة بجيلة. — 16. S. des Beni Chebabah et 'Adwân سراة بنى شبابة وعدوان. — 17. S. de Taïef سراة طايف; c'est là que finit la chaîne comprise sous le nom collectif de *Sera*.

Nomenclature des Wadis qui se dirigent du versant ouest du Sera sur le Tihama.

1. Le premier de ces Wadis est le W. Mawza'[1] et Chaqaq وادى موزع وشقاق, qui se jette dans le mer après avoir décrit une foule de sinuosités et donné naissance à plusieurs ramifications.

2. W. Rima' وادى رمع[2]. Ce torrent très étroit à Djoumrân qui est son point de départ passe par Elhân et Anès, arrose les terrains labourés de Reïma, etc. et tombe dans le Tihama près de la mer. Dans son cours inférieur il reçoit le nom de Ghassân غسان. — W. Siham[3] وادى سهام qui suit la même direction et coule presque parallèlement au W. précédent. — 4. W. Ma'riq وادى معريق; ce cours d'eau sort du Djebel Reïma et se joint au W. Bar' وادى برع. — 5. W.

1. « *Mawza'* localité du Yémen, sixième station des pèlerins qui viennent d'Aden; au-dessous est la localité nommée *Toren* ترن. » *Mo'djem*, t. IV, p. 680.

2. On lit dans le *Mo'djem* t. II, p. 817 : « Selon Ibn Domeïnah, après Wadi Zebîd vient W. Rima', vallée très chaude et étroite. Ce cours d'eau part des hauteurs de Djoumrân à l'ouest de Dhou Khichrân, se dirige sur le W. Chidjna laissant à sa droite la partie sud du W. Elhân et Anès et à sa gauche le Beled Djem' et Seryeh, continue sa route sur Sihnân, passe entre les deux montagnes 'Arka et Reïma, arrose les champs de Fadhoual et se jette en suite dans la mer. Dans la partie inférieure de W. Rima' est un cours d'eau, nommé Ghassân. » On voit que le nom de ces localités est resté à peu près le même depuis le commencement du XIIIe siècle.

3. Le cours de ce Wadi est minutieusement décrit par Yaqout, *Ibid.* t. III, p. 202.

Serded[1] وادى سردد; il passe au sud du Djebel Haraz et se jette dans la mer. — 6. W. Mawr[2] وادى مور. C'est un des principaux cours d'eau du Tihama; il se divise en deux bras; l'un sort vers le sud des territoires de Hamdân, Khawlân et Himyar, puis il se dirige sur Zebîd. L'autre bras prend naissance à Chab'at el-Halèh شعبة الهلة, se partage en plusieurs cours d'eau secondaires et son cours principal passe près de Khawlân où il prend le nom de W. Mîr وادى مير. — 7. W. des Beni 'Abs, Djazân et Khizlân, وادى بنى عبس جزان وخذلان, qui se divise en deux branches. — 8. W. Khoulb وادى خلب se ramifie en nombreux cours d'eau avant de se jeter dans la mer.

Tels sont les principaux Wadis, sans compter un assez grand nombre de cours d'eau inférieurs qui sillonnent l'est et le nord-est du Yémen.

Nature et formation des Wadis.

Il y a deux sortes de Wadis provenant de la chaîne du Sera. Les uns sont formés par les sources naturelles ou par les infiltrations qui prennent naissance dans la partie supérieure de cette chaîne. Ils se répandent dans les vallées où ils forment soit de véritables rivières, soit de simples ruisseaux. En débouchant dans le Tihama, ils disparaissent sous l'argile et la sable dont se compose le sol de cette région et se fraient un cours souterrain. Plusieurs de ces Wadis réunissent ensuite leurs eaux dans de vastes réser-

1. *Sourdoud* d'après le géographe arabe; voir la description de ce Wadi, *Mo'djem*, t. III, p. 73.

2. *Ibid.* t. IV, p. 678.

voirs d'où ils se déversent dans la mer par infiltration. Plusieurs faits faciles à constater prouvent l'existence des gisements d'eau dont nous parlons. Ainsi nous avons remarqué, pendant la durée de l'occupation militaire, que les points situés aux environs de Hodeïda, malgré leur peu de profondeur (ils n'ont guère plus de deux à trois brasses), ont toujours fourni de l'eau en quantité suffisante non-seulement pour les besoins de nos troupes campées dans ces parages, mais aussi pour la population de Hodeïda, laquelle n'est pas inférieure à 30,000 âmes. Une preuve du même genre se tire de l'existence des puits échelonnés dans les plantations de palmier à Djabana, à trois heures de Hodeïda, ainsi que dans les plantations de Beït-el-Faqih et de Zebîd. C'est même à ces réservoirs en quelque sorte intarissables qu'il faut attribuer la réunion de toutes ces plantations dans le voisinage de la côte, et la fertilité qu'ils y entretiennent. Nous avons fait la même observation au campement de Oumm el-Djarm أمّ الجرم près de Qounfouda, et nous devons ajouter que, tout le long du littoral, on rencontre des puits qui ne tarissent pas et dont l'existence ne se peut expliquer que par les nappes d'eau souterraines que nous signalons.

L'autre système de Wadis est formé par les torrents qui s'écoulent des montagnes pendant la saison des pluies, sillonnent les vallées des versants et se répandent ensuite dans le Tihama où ils se maintiennent à la surface du sol. Quelques-uns sont même assez larges et profonds pour qu'il soit très difficile de les traverser à gué.

Saison des pluies.

La saison des pluies est juin, juillet et août et dure même jusqu'en octobre pour le nord du Yémen[1], et de novembre à février pour la partie orientale de cette province. Le retour de la pluie et sa durée s'accomplissent avec une grande régularité selon les différentes localités. Dans les unes, la pluie tombe depuis le lever du soleil jusqu'à midi; dans les autres, de midi jusqu'à l'*asr* (trois heures de l'après-midi) et ainsi de suite pendant vingt-quatre heures.

Comme nous l'avons dit, les Wadis formés par la pluie à l'époque de la mousson se réunissent dans le Tihama et le sillonnent en tous sens. Ils remplacent ainsi pour cette contrée l'eau du ciel qui n'y tombe que fort rarement et qui quelquefois même ne s'y montre pas pendant deux années consécutives. Grâce au nombre de ces Wadis et au système très ingénieux d'irrigation dû à l'industrie des habitants, le Tihama est d'une fertilité admirable et il n'est pas rare qu'on y fasse jusqu'à quatre récoltes par an. La campagne autour de Zebîd n'a même pas besoin de ce drainage artificiel : l'eau des Wadis s'y répand avec une telle abondance qu'elle monte quelquefois le long des remparts de la ville, à la hauteur de cinquante centimètres[2].

Les champs de culture dans le Tihama ont ordinairement la forme d'un carré long; ils sont entourés d'un large

1. Cf. *Voyages d'Ibn Batoutah*, édition publiée pour la Société asiatique, par M. M. Defrémery et Sanguinetti, t. II, p. 176.

2. L'auteur répète le même renseignement dans la partie historique de son livre (p. 68 et 69).

fossé d'environ trois mètres de profondeur[1]. C'est dans ces réservoirs que viennent se déverser l'eau des torrents, celle qui provient des canaux artificiels et enfin, quoique plus rarement, l'eau du ciel. Pendant l'été, dans la période de chaleur et de sécheresse, ces fossés conservent encore une certaine quantité d'eau que la terre absorbe lentement, et le sol toujours maintenu dans un état d'humidité satisfaisante produit jusqu'à quatre rendements annuels. En outre, les cultivateurs utilisent les puits très nombreux répandus dans le pays et qui sont d'une profondeur très inégale, les uns à fleur d'eau, les autres descendant jusqu'à trente brasses.

Climat et productions du Sera.

On sait que dans le Yémen les saisons ne correspondent pas à celles de nos climats. Le printemps s'y montre en décembre jusqu'à la fin de février; l'été du mois de mars à la fin du mois de mai; l'automne y règne pendant les trois mois suivants et l'hiver commence en septembre pour finir dans les derniers jours de novembre. Il faut ajouter toutefois que le cours des saisons y est soumis, comme en Europe, à certaines irrégularités et qu'il arrive que le printemps, l'automne, etc. y soient en avance ou en retard. Dans les hautes régions du Sera, pendant la saison chaude, le thermomètre varie, à l'ombre et dans l'intérieur des habitations construites en pierres de taille, entre 16° et 22° Réaumur et pendant l'hiver, entre 10° et 16°. L'hiver y amène quelquefois d'assez fortes gelées et de la grêle. Cette grêle couvre

1. C'est ce que Niebuhr appelle des chaussées; voir sa *Description de l'Arabie*, édition de 1773, in 4°, p. 137.

le sol à une épaisseur de plusieurs doigts et elle y séjourne comme la neige sur le sommet des montagnes[1]. Quant à la neige, elle y est absolument inconnue. L'air de ces hauts plateaux est pur et salubre et on y jouit, même pendant l'été, d'une agréable fraîcheur.

Plusieurs plantes d'Europe poussent naturellement dans les vallées de cette région montagneuse. Tels sont le jasmin, le chèvrefeuille, le framboisier, le rosier, le genêt, le tamarix, l'ambrette *(amber tchitcheyi)* et le genévrier. On y trouve aussi la laitue sauvage, la chicorée, la mauve, la menthe, le céleri, l'asperge et la truffe. On peut juger, par la variété de ces plantes, de la température modérée et de la fertilité du terroir. — Les montagnes du Sera sont riches en céréales. On y cultive le froment, l'orge et une espèce particulière de blé que les habitants nomment *'alas* علس, et dont chaque grume renferme deux grains de petite dimension. Cette espèce de blé, produit spécial des campagnes de Sanaa, donne une farine très blanche et de premier choix. D'ailleurs toutes les céréales de ce pays sont de belle qualité et fournissent un pain excellent.

Parmi les légumineuses, il faut citer les faséoles, les lentilles, les haricots, la petite fève, la fève de marais, et une autre variété connue dans le pays sous le nom de *'atar* عتر, ayant une gousse verte et longue et une graine plus petite

1. Les chroniques locales, citées par l'auteur p. 8, ont conservé le souvenir d'une véritable tourmente de grêle qui tomba sur le canton de Wassab le mercredi 26 de cha'bân 903 de l'hégire = 19 avril 1498. Le pays de Wassab وصاب nommé par Niebuhr, p. 197, *Haut Osâb*, est situé dans la région des montagnes qui dominent Zebîd. Yaqout parle de l'humeur belliqueuse et intraitable des tribus qui l'habitent, *Mo'djem*, t. IV, p. 931.

que celle de la faséole ordinaire. Mentionnons aussi la *dourra* ou grand millet, le sénevé et le maïs ou blé de Turquie.

CAFEYER.

L'arbre qui produit le café, ayant besoin d'humidité et de chaleur tempérée, ne réussit pas dans tous les districts du Yémen. Les terrains les plus favorables à sa culture sont les contre-forts des montagnes qui dominent le Tihama et les vallées d'une altitude moyenne et bien arrosées[1]. Grâce à leur situation, ces parages sont préservés à la fois du froid qui règne sur les sommets et de la température chaude et lourde du Tihama. Sans parler des sources et cours d'eau si abondants sur ces versants, il s'y forme de petits nuages blancs provenant de l'évaporation des eaux des régions basses. Ces vapeurs se condensent en brouillards épais et se répandent ensuite en une pluie abondante très favorable au cafeyer. Pour protéger les plantations de l'ardeur du soleil et aussi des ravages causés par les sauterelles, on les entoure d'un rideau d'arbres à feuillage touffu, tels que le caroubier et autres essences du même genre qui garantissent la plante d'un excès de chaleur et entretiennent l'humidité du sol. Les avantages de cette clôture sont incontestables: les plantations de café entourées de la sorte n'ont besoin d'être arrosées que tous les deux ou trois jours, tandis qu'il faut un arrosage quotidien à celles qui sont exposées aux rayons du soleil et au vent. D'ailleurs la qualité de l'arbre dépend beaucoup de la nature du sol

1. «On le cultive particulièrement à l'ouest des grandes montagnes qui traversent le Yémen.» Niebuhr, p. 127. Cf. S. de Sacy, *Chrestom. arabe*, 2e édition, t. I, p. 480.

et de sa situation. — Le cafeyer atteint trois à quatre mètres de haut, sur cinq ou six centimètres de diamètre. Le tronc et l'écorce ressemblent au cournouiller. L'arbre est droit et lisse ; ses branches poussent horizontalement ; elles sont minces et d'une longeur d'un mètre environ ; les feuilles sont pareilles à celles du cornouiller, mais plus grandes. Le cafeyer est très vivace ; il vient soit par noyau soit par bouture. La coque du café est d'abord verte, puis elle jaunit et tourne au rouge ; quand elle commence à sécher, elle devient brune. Elle renferme deux grains qui sortent alors de cette coque, c'est ce qu'on appelle proprement *qahvè* (café) tandis que le vrai nom de l'arbre est *bûnn* بن. La récolte du café varie selon les différentes zones. On trouve des plantations de cafeyer dans presque toute la région des montagnes, mais les plus estimées sont celles du Djebel Reïma, du Djebel Harâz et du Djebel Nadhîr. On obtient aussi de bons produits dans la partie orientale du Djebel Ânès et dans quelques localités du district d'Outoma. Les autres districts donnent des cafés de qualité inférieure. Au dire de certains voyageurs cités par les géographes d'Europe, Beït-el-Faqîh produirait un des meilleurs cafés du Yémen, mais c'est une opinion sans fondement, puisque cette localité est située au centre du Tihama, c'est-à-dire dans une zone où le cafeyer ne pousse pas. Comme cette denrée est recherchée dans le monde entier, la culture en a toujours été considérée comme une des principales sources de la richesse du Yémen. Malheureusement les guerres de tribu

1. Savary, *Lettres sur l'Égypte*, t. I, p. 289. S. de Sacy, *Chrestom. arabe*, t. I, p. 442.

à tribu et les événements politiques qui ont si souvent troublé la sécurité du pays ont fermé les voies et moyens de transport à l'exportation de ce produit précieux. Aujourd'hui grâce à la tranquillité dont jouit le Yémen sous l'égide du gouvernement ottoman[1], les habitants ont repris paisiblement leurs travaux, et il n'est pas douteux que cette branche importante du commerce de la péninsule ne prenne bientôt un développement considérable. On peut en dire autant des autres produits agricoles, céréales, fruits, etc. qui viennent dans ce pays avec une merveilleuse abondance. Nous allons les passer rapidement en revue.

Gomme; Indigo; Coton.

La gomme arabique connue dans le monde entier est originaire du Yémen, et principalement de la province d'Açîr. L'arbre qui la produit *(accacia mimosa)* vient naturellement et sans avoir besoin d'aucun soin. La gomme qu'il fournit en abondance au commerce, se vend au prix moyen de cinq piastres l'ocque[2]. Il y aurait là un objet d'exportation aussi lucratif que le café et qui donnerait même de plus grands bénéfices, si la culture en était plus développée.

L'indigotier croît facilement dans le Tihama; mais les habitants étant fort inexpérimentés dans l'art de préparer l'indigo, ils n'en fabriquent pas pour l'exportation et se contentent de l'employer à leur propre usage[3]. Nul doute qu'ils

1. Il ne faut pas oublier que l'auteur de cette relation est fonctionnaire ottoman et que son ouvrage est une sorte de rapport officiel.

2. Soit un franc 15 c. pour 1 kilogr. 284 centigr.

3. « Cette plante est très commune et croît très bien dans le Yémen, mais l'indigo qu'on en extrait étant mal préparé n'a aucune valeur commerciale. » Botta, *Relation*, p. 16. — Cf. Forskal, *Flor. Aegypt. ar.*, p. 138 et passim.

n'y trouvent une exploitation des plus avantageuses, dès qu'on aura propagé chez eux des moyens plus pratiques de culture et de fabrication industrielle.

On cultive le cotonnier dans plusieurs localités du Tihama dont le sol est particulièrement favorable à cet arbre. Cependant on croit généralement qu'il donne un produit sans consistance et impropre au tissage. C'est une erreur : la vérité est que les indigènes ont la fâcheuse habitude de faire produire au cotonnier pendant trois années de suite, ce qui épuise l'arbre et donne à la fin un coton de qualité médiocre. S'ils avaient soin de replanter chaque année et de faire un choix parmi les graines, afin de n'employer que les meilleures pour la culture, le Yémen fournirait certainement autant et d'aussi bon coton que les provinces de l'Empire ottoman les plus favorisées sous ce rapport.

Arbres fruitiers et autres végétaux.

Le Yémen produit la pêche[1], l'abricot ordinaire et à noyau amer, la prune, la pomme, le coing qui atteint quelquefois des proportions colossales, la grenade, l'amande, la figue, le mûrier noir et blanc, le limon, le citron doux, l'orange dont la meilleure qualité vient du Djebel Bar', la mandarine, l'orange amère et le cédrat qui devient gros comme nos melons de Magnesia. Ces fruits aussi doux et savoureux que ceux d'Europe se récoltent partout excepté dans le Tihama. Les vergers de Sanaa et des environs se dis-

1. Dans le Yémen ce fruit n'est pas connu sous son nom usité en Égypte *khaukh* خوخ ; on le nomme فرسك *fersek,* mot que Botta rapproche de *persicum ; Relation*, p. 96.

tinguent par leur merveilleuse richesse. Il n'y a guère que la cerise et la griotte qui n'ont jamais pu s'acclimater en Arabie. Il ne faut pas oublier non plus dans la flore du pays le caroubier.

On trouvait jadis dans le Yémen douze espèces de raisin. Mais l'oïdium s'y est déclaré depuis quelques années et, comme les habitants ignorent l'art de le combattre, il s'est propagé et a détruit un grand nombre de vignes et de treilles. Il ne reste plus aujourd'hui que trois ou quatre espèces de raisins qui sont, il est vrai, très parfumés et très doux[1].

Parmi les fruits indigènes, il faut citer en première ligne le *'anba* عنبا (manguier) dont la chair est facilement digestible et d'un goût savoureux. Ce fruit qui a le volume et la forme d'un gros œuf est coloré de teintes jaunes, orangées et verdâtres. La meilleure qualité vient du Djebel Reïma. Une autre espèce nommée *manguier d'Inde ('anbaï hindi)* y réussit aussi, mais la première espèce, celle du Yémen, est de beaucoup préférable. On trouve également dans le pays trois ou quatre sortes de bananes plus délicates les unes que les autres, des melons et des pastèques.

Le palmier dattier *(phœnix dactylifera)* ne se rencontre que dans certaines localités du Tihama. Les meilleures dattes proviennent de Zebîd, de Beït-el-Faqih et de Djabana.

1. La culture de la vigne est fort ancienne en Arabie. On sait qu'une colonie militaire établie dans le Yémen avait fondé la ville d'Ampelone ou «le vignoble» ἀμπελὼν. M. J. Halévy fait l'éloge des vignes de ce pays et ajoute que les juifs en tirent un très bon vin réservé à leur propre usage, car les prohibitions du Koran y sont observées plus rigoureusement qu'en tout autre contrée musulmane. *Journal asiatique*, juin 1872, p. 528.

L'ARBRE QÂT (CELASTUS EDULIS)[1].

L'arbre dé ce nom, inconnu ailleurs, vit dans la région montagneuse du Yémen et principalement dans le Djebel Reïma. Il croît volontiers dans les terroirs qui conviennent au cafeyer et il a besoin d'humidité. A l'état sauvage, il pousse des branches minces qui atteignent un développement de quatre mètres. C'est un arbre qui ne demande ni soin particulier ni culture spéciale. Par le tronc et la couleur du feuillage, il rappelle l'olivier, mais ses feuilles sont plus grandes; jeune et bien émondé, il ressemble beaucoup à l'arbousier. On sait quel usage les Yéménites font de ses bourgeons qu'ils mâchent presque toute la journée. Nous parlerons plus loin de cette singulière coutume[2], mais occupons-nous d'abord de ses propriétés. Les amateurs prétendent distinguer trois espèces de qât selon la nature du sol qui le produit. L'une exerce sur le cerveau une action plus énergique que celle de l'opium ou du hachich, et peut déterminer la folie; une seconde espèce moins violente produit seulement l'effet des spiritueux comme le *raki;* enfin la troisième encore moins forte provoque seulement l'insomnie. La mastication du bourgeon de qât excite la soif et dessèche les lèvres, on prétend que l'eau prend ensuite un goût particulièrement agréable. Quoi qu'il en soit, ce végétal est l'objet d'une prédilection marquée dans tout

1. Sur la culture de cet arbre et l'effet exhilarant produit par ses bourgeons, voir Botta, p. 45 et 98. Fresnel confirme cette description, dans l'intéressante relation qu'il a donnée de l'Arabie en 1837. Cf. *Journal asiatique,* 1871, p. 13 et suiv.

2. Voir ci-après, p. 112.

le Yémen. Il n'y a pas d'habitant, si pauvre qu'il soit, qui ne ramasse quelque argent pour sa provision de qât. Un ouvrier qui se fait péniblement une journée de 5 piastres (1 fr. 15 c.), en dépensera quatre pour cette emplette[1]. Enfin quoique les droits du fisc sur cet objet de consommation soient des plus minimes, ils donnent cependant au trésor un revenu considérable dans certaines localités et tout particulièrement à Hodeïda.

Le tabac se consomme en grande quantité sur place; aussi tout ce qui se récolte de tabac dans le Yémen passe dans la consommation locale et il ne s'en exporte pas.

Climat du Tihama; productions naturelles, etc.

On sait que les villes principales du Tihama, telles que Zebîd et Hodeïda, sont situées entre treize et quatorze degrés et demi de latitude; aussi n'y a-t-il dans ce pays, pour ainsi dire, que deux saisons. Pendant l'été, la chaleur est de 30° à 36° Réaumur dans l'intérieur des maisons; pendant l'hiver, elle varie entre 20° et 30°. Toutefois, malgré cette température élevée, le climat est sain et exempt d'épidémies[2].

Bien que le Tihama soit impropre à la culture des céréales, cependant on récolte du maïs dans la région voisine du Yémen et des faséoles dans les vallées situées au pied du Sera et près de l'Açîr. La principale production

1. «Dans le Yaman, un amateur aisé en consomme pour cinq ou six francs par jour.» Fresnel, *loc. laud.*, p. 14.

2. Ceci ne doit certainement s'entendre que du climat des hauts plateaux. Au contraire, dans la région basse qui avoisine le littoral de la Mer rouge la chaleur étouffante et humide qui y règne pendant la plus grande partie de l'année, en rend le séjour dangereux pour les étrangers.

du pays est la *dourra*[1]. La tige et la feuille de ce végétal ressemblent à celles du maïs, mais l'épi en diffère beaucoup. Le grain est une sorte de millet un peu plus gros que le grain de l'orge d'Europe. On connaît quatre espèces de *dourra,* deux espèces blanches, une rouge et une autre tirant sur le jaune. L'une d'elles, si elle est convenablement irriguée, peut donner trois rendements par an. Le seul pain qui se mange dans le Tihama est fait avec la farine de dourra[2]. Le chaume et les feuilles se donnent aux bêtes de somme. Cependant les montagnards, au lieu de pétrir cette farine, comme le font les Albanais et les Lazes avec la farine de millet, l'ajoutent à leurs aliments et la donnent telle quelle aux animaux. — Le sésame vient bien dans le Tihama. On y emploie l'huile de sésame à l'éclairage et parfois aussi à l'alimentation. Dans la région des montagnes, on tire de la graine de moutarde une huile combustible. Quand la récolte est abondante, on exporte aussi l'huile de sésame au Hédjaz et sur la côte d'Afrique.

Dans les pages suivantes l'auteur turc donne quelques renseignements sommaires sur la division géographique de l'Açîr, ses productions, etc. Il dit un mot des salines de la côte du Yémen, puis il mentionne toujours très succinctement les races bovines, chevalines, etc. du pays, ses pâturages et ses richesses minérales. Dans le dernier paragraphe, il a soin d'avertir le lecteur qu'il ne parle que d'après des informations peu certaines. Les produits manufacturés dont il donne la nomenclature, sont de peu d'impor-

1. *Holcus* ou *Sorgho,* nommé aussi *grand millet;* voilà pourquoi certains voyageurs lui donnent le nom turc *daru.* Sur la culture et la consommation de la dourra, voir Niebuhr, p. 45 et 135. Abd-el-Latif, *Relation de l'Égypte,* p. 120.

2. C'est pour cette raison qu'on le nomme طعام *ta'am*, c'est-à-dire «l'aliment, la nourriture», à l'exemple des Kabyles qui appellent ainsi leur couscoussou. Cf. Daumas, *Vie arabe,* p. 254; Cherbonneau, *Journ. asiat.,* décembre 1852, p. 503.

tance et se limitent aux plus strictes exigences du vêtement et du logement. Il cite comme la meilleure toile du Yémen celle qui se fabrique à Beït-el-Faqîh où l'on compte plus de cent métiers. Il s'en fabrique aussi à Zebîd, Hodeïda, Sanaa et parmi quelques tribus nomades, mais de qualité moins belle. A propos du commerce de l'Arabie méridionale, il donne les détails que voici:

Dans les ports de la côte on trouve d'importantes maisons de commerce qui doivent leur fortune à l'échange des produits du pays. Les habitants de Loheïa exportent des perles[1], de la nacre et de l'écaille qu'ils tirent de la mer. De la province d'Açîr on expédie au Hédjaz du blé, de la dourra, de l'huile de sésame et de la gomme. Le Yémen fournit aussi les mêmes articles auxquels il faut joindre le café. Cependant on ne doit pas perdre de vue que la plupart des produits indigènes, naturels ou industriels, étant absorbés sur place par la population, le commerce d'exportation est nécessairement très limité[2]. En un mot, on ne saurait mieux faire pour donner une idée exacte de la situation des Yéménites, sous le rapport de la richesse et de la civilisation, que de les mettre au même rang que les populations d'Asie mineure les plus éloignées de la côte.

Le chapitre de la Chronique du Yémen relatif à la description des villes ne renferme rien de saillant et qui ne soit déjà connu. Après avoir rappelé les légendes locales sur le château de Ghoumdân et «le puits abandonné», légendes que les compilateurs arabes ont répétées à satiété, l'auteur constate que nulle trace des monuments antiques (*adites,* comme il les appelle) ne se retrouve à Sanaa ou ailleurs. Notons toutefois un renseignement curieux. Les habitants de cette ville sont unanimes à dire que les pierres d'assise de leur marché au fourrage proviennent du fameux palais de Ghoumdân. C'est là une indication qui, sans être prise à la lettre, mérite cependant d'être

1. Cf. Botta, *Relation*, p. 14.

2. Dans un autre passage, Ahmed Râchid nous apprend que la seule monnaie ayant cours au Yémen est le risdale à l'aigle ou thaler royal d'Autriche.

retenue. De la description même de Sanaa et de ses monuments, œuvres successives des pachas turcs qui s'y sont succédé, nous ne trouvons rien à citer ici. L'histoire de la domination turque au Yémen aurait seule à tirer parti de ces détails d'ailleurs nouveaux et absolument inédits.

Les observations ethnographiques qui viennent ensuite sont peu approfondies et rédigées en termes trop vagues. En voici le résumé. Les montagnards du Yémen et de l'Açîr ont le teint presque noir, surtout les populations rurales. Les femmes sont belles, grandes et ont des yeux admirables. Dans la zone basse et torride *(tihama)* de ces deux provinces, on constate une assez grande différence de teint, le noir, le brun et l'olivâtre, toujours avec une nuance plus claire chez les tribus qui habitent le versant des montagnes. Deux tribus, les *Beni Chihâr* et les *Moukaber* sont célèbres pour la beauté de leurs femmes; aussi le territoire qu'ils occupent et qui est à trois heures de Mohaïl[1] sur le versant occidental de l'Açîr, est-il nommé *la Géorgie du Yémen.*

Mœurs et Coutumes.

On constate dans les usages et les mœurs de l'Arabie méridionale une assez grande diversité qu'il faut attribuer surtout aux différences de sectes religieuses. Ainsi les habitants de l'Açîr, quoique chaféytes, ont conservé de l'ancien rigorisme des Wahabis une profonde aversion pour le tabac; cependant ils se permettent le café. Dans les montagnes ainsi que dans le Tihama, l'usage du tabac est très répandu.

Mais rien ne peut rivaliser avec le qât dont il se fait par tout le pays une immense consommation, surtout dans les villes où les ressources pécuniaires sont plus grandes. A Hodeïda, par exemple, il y a des locaux affectés à la dégustation de ce végétal, c'est ce qu'on nomme *mebrez* مبرز. Les uns sont des propriétés privées *(khoussoussi)* réservées à de notables habitants, à de riches commerçants qui s'y

1. Yaqout écrit *Moukhaïl* مخايل, mais il s'agit peut-être, dans ce passage du *Mo'djem,* d'une localité plus voisine de la Mecque.

donnent rendez-vous pour y mâcher le qât de compagnie. Ils y font apporter par leurs valets le narguilé, le tombak, la provision de qât, d'eau ou de sorbets qui leur sont nécessaires et ils passent là, entre amis, plusieurs heures chaque jour. Dans les *mebrez* publics *('oumoumi)*, espèces de cafés ouverts à tout-venant, on trouve des narguilés, de l'eau et des sorbets, mais chacun doit apporter sa ration personnelle du précieux bourgeon. Pareils centres de réunion se trouvent à Beït-el-Faqîh, à Zebîd, et jusque dans les bourgs et villages.

C'est surtout du Djebel Reïma qu'on tire ce végétal si recherché. Chaque jour, à la première heure, les chameaux chargés de la provision quotidienne arrivent à Hodeïda. La caravane n'entre pas en ville; la cargaison est déballée, exposée et vendue en un clin d'œil, sous les murs de la ville. Pour préserver la plante du soleil et de la poussière, on l'attache par bottes recouvertes de feuilles et d'herbe fraîche et enveloppées d'une couche extérieure de feuilles de bananier. Les paquets sont liés avec soin afin de ne pas se froisser; chaque chameau en porte plusieurs cents. Le prix varie de 60 paras à 6 piastres (de 33 centimes à 1 fr. 35), selon la grosseur de la botte.

Dès que la provision est apportée au bazar, la foule s'y précipite comme les habitants d'une ville assiégée se ruent aux boutiques des boulangers. Tout est enlevé en un instant. La privation de qât est considérée comme une calamité publique, ainsi que je l'ai constaté à Hodeïda, lorsque les mouvements de notre corps d'armée retardaient les arrivages quotidiens. La consommation du végétal en question a lieu deux fois par jour. La matinée est consacrée aux affaires; mais dès que midi arrive, les boutiques se ferment. Les marchands se retirent derrière les volets de leurs magasins ou abaissent simplement un store, les habitants courent aux *mebrez* et tous se livrent à leur dégustation favorite jusqu'à trois heures de l'après-midi. Les affaires reprennent ensuite jusqu'à l'*acha*, c'est-à-dire deux heures environ après le coucher du soleil. Puis commence la seconde séance qui se prolonge quelquefois jusqu'au lever de l'aurore. C'est dans ces *mebrez* étroits, et rigoureusement abrités contre tout courant d'air, que les amateurs s'entassent, mâchent leurs bourgeons, boivent de grandes lampées d'eau et suent à grosses gouttes. C'est là enfin que se réunissent, le soir, les chanteurs et musiciens nomades, comme dans nos cafés d'Europe. L'usage du qât existe aussi, quoique moins répandu, dans les montagnes du Yémen. A Sanaa, il n'y a pas de *mebrez,* mais dès que midi sonne, les habitants, pauvres et riches rentrent chez eux et dégustent leurs bourgeons qu'ils accompagnent d'une rasade de *queuchr*. On nomme ainsi la coque du café que l'on a fait bouillir comme les feuilles de thé; car il est à remarquer que les grains de café ne servent jamais à la consommation. La passion des Yéménites pour le qât et le breuvage de *queuchr* ne peut se comparer qu'à celle des Chinois pour l'opium[1].

1. « Le *Kisher* est la pulpe qui entoure la graine du café et qui, dans l'état frais, ressemble à celle de la cerise anglaise. On la dessèche et on en fait une décoction que les habitants boivent chaude à tous les instants de la journée. Elle est douce, sucrée, a un peu le parfum du café et participe de ses propriétés excitantes. » Botta, *Relation,* p. 18. Voir aussi Burton, *Personal narrative,* t. II, p. 249. S. de Sacy, *Chrest. arabe,* t. I. p. 462.

Les tribus établies dans les montagnes de l'Açîr et du Yémen sont d'humeur belliqueuse et presque toujours en guerre les unes contre les autres, ce qui rend le gouvernement du pays particulièrement difficile. Ces habitudes guerrières sont aussi celles du Tihama. On cite environ quinze tribus qui se trouvent en état d'hostilité permanente; parmi celles qui se distinguent par leur caractère indomptable et perfide, il faut mettre au premier rang les tribus qui habitent les territoires nommés Dou Hoçeïn, Dou Mohammed, Arhab, Hâchid, Khawlân, Nehm, Yâm, les Beni Merwân et El-Hâdja[1].

Tous ces Arabes y compris les enfants sont armés de l'arme nationale, le poignard dit *djanbya*[2]. Ils ont aussi une sorte de lance courte ou javelot, terminée par une pointe acérée et que, dans le Tihama, on tient à la main comme un bâton. Les armes, les mousquets à mèche, dont ils font usage encore à présent, et la poudre se fabriquent dans le pays. On y coule aussi des balles grossières qui consistent en une feuille de plomb fondu autour d'une pierre. Les balles ordinaires leur viennent de l'étranger et coûtent fort cher. Aussi lorsqu'un Yéménite en possède une cinquantaine a-t-il la réputation d'un *Karoun* (d'un Crésus).

Dans les villes et les bourgades importantes, le costume des hommes, surtout des ouléma et des gens riches, se com-

1. ذوحسين ذو محمد ارحب حاشد خولان نهم يام بنى مروان والحاجة.

2. جنبية littéralement «l'arme du côté» parce qu'elle se porte à la ceinture. Il en est fait déjà mention dans *Ibn Batouta,* t. I, p. 353. Pour la description, voir Niebuhr, p. 56; Buckingham, t. II, p. 195. — M. Defrémery a rapproché du mot arabe le français *jambette* qui désigne un couteau de poche; mais cette étymologie est incertaine. Voir aussi Dozy, *Glossaire des mots dérivés de l'arabe,* p. 190.

pose d'une chemise bleue, d'une veste *(antari)* en drap, d'une pelisse *(djubbè)* à manches courtes et d'un turban. Ils chaussent des pantoufles en cuir jaune ou des sandales. D'autres portent simplement une chemise blanche et noire, serrée autour des reins par une ceinture de laquelle pend l'inévitable *djanbya.* Le vêtement des paysans et des nomades se compose d'une espèce de pagne en coton et d'un lambeau de même étoffe autour des reins où est attaché le poignard en question, tout cela gras et sordide. Dans les montagnes, pendant l'hiver, ils jettent sur leurs épaules un surtout de peau de mouton sans manches ni doublure, qui ressemble à l'*haïderi* des Turcs. D'autres se contentent, pendant l'été, de rouler autour de leurs reins un lambeau de toile de coton.

Les montagnards ont l'habitude de moudre eux-mêmes leur farine à l'aide de moulins à la main, puis ils font cuire la farine sur un réchaud en forme de *tandour.* Les citadins mangent de la viande, des pâtes, du *pilav* et certains mets particuliers à la cuisine yéménite. La nourriture ordinaire des paysans consiste en une espèce de bouillie *(boulamadj)* faite de pâte, de beurre et de miel. C'est pour eux un véritable régal, aussi l'expression proverbiale « froment beurre et miel » البر السمن والعسل désigne-t-elle chez eux le repas en général et le plus délicat des repas. Comme nous l'avons déjà dit, c'est la farine de dourra réduite en pâte qui fait le fond de l'alimentation des paysans et des nomades du Tihama.

La polygamie est en usage dans le Yémen et particulièrement dans le Tihama de l'Açîr où, s'il faut en croire un dicton populaire, on change de femme chaque jour. Chez les tribus nomades, les filles sont mariées avant même d'être nubiles et de grandes réjouissances accompagnent la cérémonie nuptiale.

Toutes ces peuplades, aussi bien celles du Tihama que celles des montagnes sont très laborieuses. Les femmes travaillent aux champs comme les hommes et, dès l'âge de cinq ans, les enfants gardent les troupeaux.

L'instruction n'est nullement négligée dans l'Arabie méridionale et l'on trouve une école même dans les villages. On y enseigne le Koran et l'écriture arabe avec des caractères dont la forme diffère un peu des nôtres[1]. Beaucoup de paysans savent lire et écrire, mais tous ignorent le calcul et se servent, pour faire leurs comptes, de signes conventionnels dans le genre de la taille des boulangers *(tchètèlè)*.

Une coutume qui mérite d'être signalée c'est la circoncision telle qu'elle se pratique dans les tribus de l'Açîr. Elle consiste en une incision d'une nature telle[2] que les enfants ne pourraient la supporter; aussi cette obligation religieuse n'est-elle exigible qu'à partir de quinze ans. Il

1. Botta, *ibid*, p. 66, explique très bien en quoi consistent ces différences graphiques. « Jamais, dit-il, ils ne marquent les points diacritiques; ils lient ensemble des lettres qui devraient être séparées et groupent le tout ensemble ou le raccourcissent par des abréviations qui font ressembler en quelque sorte les mots à ceux de l'écriture cursive des Chinois. » La planche XIV de l'ouvrage de Niebuhr donne un fac-similé assez exact de cette écriture dont l'aspect général rappelle le *divani* des Ottomans; sa plus grande difficulté consiste en l'absence des points qui distinguent entre elles plusieurs lettres de l'alphabet arabe.

2. La traduction ne peut reproduire les détails par trop techniques du texte turc.

n'est pas rare même que les jeunes gens meurent dès suites de cette dangereuse opération et que d'autres quittent le pays plutôt que de s'y exposer. La cérémonie a lieu en public devant un grand concours de parents et d'amis. Les néophytes couchés par terre subissent tour à tour la cruelle entaille de la main du barbier chirurgien qui jette, après l'avoir montré aux assistants, le lambeau de chair qu'il vient d'arracher. Non seulement la douleur n'arrache pas un cri aux patients, mais ils ont encore assez d'énergie pour chanter des vers en l'honneur de la tribu et des ancêtres. D'ailleurs presque tous sont fiancés : leurs promises sont là qui les observent; le moindre gémissement serait considéré comme un acte de lâcheté et entraînerait la rupture du mariage projeté. Aussi tous les patients font-ils bonne contenance tant qu'ils sont en public; mais dès qu'on les a ramenés au logis, la nature reprend ses droits et on n'entend de tout côté que des cris lamentables pendant deux ou trois jours. En outre, le mode de pansement ne peut que raviver la douleur de ces malheureux, puisqu'il consiste ordinairement en huile versée presque bouillante sur la plaie.

Statistique religieuse[1].

Tous les habitants de la côte du Yémen depuis le Tihama jusqu'à Abou 'Arich, sur la frontière de l'Açîr, et tous

1. Ce paragraphe est un de ceux qui laissent le plus à désirer dans la relation turque. On voit que l'auteur se refuse, en bon musulman sunni, à croire, que la majeure partie de l'Arabie méridionale est acquise à l'hérésie. Il va même jusqu'à affirmer que celle-ci ne compte qu'un tiers de la population, tandis que le rite orthodoxe de l'imam Chafeyi comprend les deux autres tiers. C'est une assertion de complaisance. On sait par les relations des voyageurs modernes que les Zeïdis sont en grande majorité dans

ceux qui sont domiciliés entre Abou 'Arich et La Mecque, aussi bien sur le littoral que dans les montagnes, sont orthodoxes et du rite chaféite. — Dans le Djebel Harâz, près de Sanaa, il y a aussi quelques Chaféites, mais la majorité appartient à la secte des Ismaéliens. Presque toute la grande tribu de Hamdân professe aussi les doctrines de cette secte; on y trouve cependant un certain nombre de Zeïdites.

Au Yémen, dans la province de Hodeïda, le rite chaféite règne sans conteste sur toutes les localités dont les noms suivent : Djebel Reïma, Djebel Ber', Djebel Haffâch, Djebel Milhân, Djebel des deux Wassab le supérieur et l'inférieur, 'Outoma, Taaz, Hedjryè, 'Oudeïn, Âb, Djabola, Çahbân, Makhâdir, Beni 'Awad et Hobeïch. — L'hérésie des Zeïdites s'étend sur les localités suivantes : Yarîm, Dhimâr, Rida', Ânès, 'Amrân, Sa'da, Bart et Sanaa, ville et banlieue. — Dans le district de Yam, entre le Yémen et l'Açîr, on ne trouve que des Ismaéliens, et l'on peut affirmer que ce pays est le foyer de cette doctrine schismatique. On trouve encore quelques Wahabites, au moins de nom, dans la tribu de Mohammed ben 'Ayiz, qui habite l'Açîr. A Lahdj et Aden, les deux tiers de la population sont du rite hanéfite et l'autre tiers du rite chaféite. En résumé, les doctrines

le sud de la Péninsule. Cette secte dont les dogmes participent du Schiisme et de la doctrine ismaëlienne a été introduite dans le Yémen vers l'an 284 de l'hégire (897 de J.-C.), par l'imam Yahya fils de Huçeïn, huitième descendant d'Ali, qui réussit à soustraire ce pays à la domination des Khalifes Abbassides. Sur les dogmes zeïdites, on peut consulter le traité des religions de Chahristani, texte arabe, t. Ier, p. 115; Sacy, dans les *Notices et extraits*, t. IV, p. 438 et suiv.; les *Prolégomènes d'Ibn Khaldoun*, traduction de M. de Slane, t. I, p. 402 à 407, et Niebuhr, *Description*, p. 16.

religieuses dominantes dans le Yémen sont, parmi les orthodoxes, le rite de Chafey et, parmi les schismatiques, les sectes des Zeïdites et des Ismaéliens.

POPULATION DE L'ARABIE. — REVENUS ET DÉPENSES DE LA PROVINCE DE YÉMEN. — AMÉLIORATIONS A INTRODUIRE DANS CETTE CONTRÉE.

Les chiffres que nous donnons ci-après de la population totale de la Péninsule arabique sont le résultat soit de nos observations personnelles et des relevés que nous avons faits au cours des opérations militaires, soit d'informations que nous avons soigneusement contrôlées. Cette double source de renseignements nous a permis d'évaluer entre dix et onze millions l'ensemble de la population en Arabie. En admettant même qu'il y ait quelque exagération dans les rapports que nous avons recueillis, il est bien certain que ce chiffre ne peut, en aucun cas, être porté au dessous de neuf millions.

	âmes
Yémen et 'Açîr	2,252,150
Hadramaut	1,550,000
'Omân et Mascate	1,350,000
Bahreïn, Katîf, El-Ahsa, Dareï'a, le Nedjd	2,350,000
Le Hédjaz, 'Ansa, Beled-Qaçem, Djebel-Chamir, etc.	3,250,000
total	10,752,150.

Le revenu du Yémen comprenant l'impôt personnel, l'impôt foncier, les dîmes et les contributions indirectes s'élève à cinquante mille bourses[1] (5,500,000 francs).

1. La bourse *kèçè* est de cinq cents piastres; nous évaluons ici la piastre au cours moyen de 22 centimes.

Les dépenses principales c'est-à-dire l'entretien des fonctionnaires de la Porte, de l'armée d'occupation, plus un corps de gendarmerie, s'élèvent à quatre-vingt-cinq mille bourses (soit 9,350,000 fr.); ce qui établit un écart annuel de trente-cinq mille bourses (3,850,000 fr.) entre les recettes et les dépenses.

En présence d'un déficit aussi considérable, le premier devoir du gouvernement ottoman est d'aviser aux moyens de le combler et d'accroître la prospérité matérielle du pays, afin d'arriver progressivement à un excédent des recettes sur les dépenses. Voici les mesures qui nous paraissent le plus urgentes.

Régulariser les opérations de recensement et de cadastre qui, jusqu'à présent, ne se font dans le Yémen qu'à des époques indéterminées et avec une grande négligence.

En second lieu, prodiguer les encouragements et les subsides aux travaux agricoles. Favoriser spécialement la culture du café, du murier, de l'arbre à gomme et du cotonnier. La fécondité naturelle du sol se prête admirablement à ces perfectionnements, et l'État sera bientôt dédommagé des sacrifices momentanés qu'il devra s'imposer pour atteindre ce résultat.

Les salines de Djezân جزان sont d'une richesse inépuisable et telle qu'on ne trouve rien qui puisse leur être comparé en aucun lieu du monde. Exploitées régulièrement, elles donneront donc un rendement magnifique.

On a vu plus haut que le Tihama est sillonné par des cours d'eau qui pourraient y répandre partout la fécondité. En y établissant un réseau de canaux et de barrages, il sera facile de maintenir à la surface du sol ceux de ces cours d'eau qui se perdent maintenant sous le sable. On décuplerait ainsi les ressources naturelles du pays et on le rendrait aussi productif que l'Égypte.

Il serait non moins urgent et utile de procurer à la population agricole les instruments de travail. Jusqu'à ce jour, le fer employé à la fabrication des outils de labour est tiré de l'étranger. On trouve cependant dans le district de Taaz des mines de fer et de houille dont l'exploitation ne présente aucune difficulté et dont le rendement dépasserait certainement les besoins du pays.

Il y aurait aussi à ouvrir au commerce les voies de communication qui lui manquent, en créant des routes entre le littoral et l'intérieur du pays. La côte du Yémen est, comme on le sait, d'un accès dangereux pour les bâtiments de haut bord et même pour ceux qui font le service des Messageries. Le point le plus accessible dans ces parages, Hodeïda avec ses trois hâvres naturels, présente encore de grandes difficultés à l'entrée comme à la sortie des navires. Il y aurait lieu de commencer dès à présent les études nécessaires pour déterminer dans lequel de ces trois hâvres on entreprendrait des travaux de nature à le convertir en un port vaste, bien abrité et d'un accès toujours facile pour le commerce étranger.

Enfin la sécurité du pays, le développement de ses richesses naturelles et industrielles, la soumission complète des tribus qui l'habitent, tous ces avantages et d'autres encore dépendent du talent, de l'énergie et de l'honnêteté des gouverneurs à qui la Porte en confiera l'administration.

Si elle continue, comme par le passé, à laisser les destinées des ces belles contrées aux mains d'agents incapables et peu scrupuleux, non seulement il faudra renoncer à y réaliser la moindre amélioration, mais l'œuvre de pacification obtenue au prix de sacrifices si onéreux, sera elle-même sérieusement compromise. Car il ne faut par perdre de vue qu'il n'y a pas de peuple plus facile que les Arabes à maintenir dans le devoir, s'ils sont bien gouvernés, ni plus prompt à se soulever contre l'arbitraire et l'oppression. Baghdad, le Hédjaz et la Syrie sont là pour prouver combien cette assertion est fondée et quelle influence la nature du gouvernement a toujours exercée sur les destinées de la race arabe.

L'INCENDIE DE SINGAPOUR

EN 1828

POÈME MALAIS DE ABDULLAH BEN ABD-EL-KADER

TRADUIT PAR

L'ABBÉ P. FAVRE

PROFESSEUR DE MALAIS ET DE JAVANAIS.

L'INCENDIE DE SINGAPOUR

EN 1828.

POÈME MALAIS

DE

ABDULLAH BEN ABD-EL-KADER.

Les productions de la littérature malaise sont encore peu connues en Europe, malgré les savants travaux et les traductions publiés principalement en Hollande et à Batavia. En Angleterre, Leyden et Marsden nous ont donné, le premier une traduction incomplète et défectueuse du سجارة ملايو *Sejarat malayu*, le second une traduction des *Mémoires d'une famille malaise*. En France, nous devons à M. Aristide Marre, outre des fragments importants du *Sejarat malayu*, la traduction de حكاية راج ٢ قاسي *Hikayat raja-raja pasey*, et du مكوت سگل راج ٢ *Makota segala raja-raja*, ouvrages malais dont la composition remonte à plusieurs siècles.

Parmi les auteurs malais de notre temps, le plus remarquable sans contredit, est le professeur Abdullah de Malacca. Il a écrit sous le titre de ڤلايارن عبدالله *Pe-layar-an abdullah,* le récit de son voyage de Singapour à Kalantan qui a été traduit par M. E. Dulaurier; et sous le titre de حکاية عبدالله بن عبدالقادر *Hikayat abdullah ben abdelkader,* des mémoires autobiographiques curieux, qui ont été traduits en anglais, en 1874, par M. J. T. Thompson. Il convient de faire observer tout d'abord que le volume de M. Thompson ne contient pas intégralement l'autobiographie d'Abdullah, le traducteur s'est contenté de mettre sous nos yeux les passages qui lui ont paru particulièrement dignes d'attention, et de résumer les autres pour lesquels il renvoie le lecteur à différentes publications.

Quoi qu'il en soit, le livre de M. Thompson nous offre une représentation vivante et vigoureuse des idées et des opinions d'un écrivain malais sur les événements qu'il raconte et dont il a été le témoin. C'est sous ce rapport surtout que l'ouvrage de M. Thompson présente un grand intérêt.

Nous aimons à espérer que ce même genre d'intérêt s'attachera à notre traduction d'un petit poème qui a pour titre سڠاڤور تربakar *Singapura ter-bakar,* composé par le même auteur malais Abdullah ben Abdelkader, à l'occasion du terrible incendie qui dévora la plus grande partie de la ville de Singapour en l'année 1828. Le *Singapura ter-bakar* ne fut imprimé qu'en 1843; il est suivi de deux autres poésies qui roulent sur le même sujet, mais que nous ne pouvons donner ici à cause de la place fort limitée qui nous est concédée dans ce volume.

Outre le grand incendie de 1828, Singapour eut encore à souffrir, en 1847, d'un autre incendie moins considérable, il est vrai, mais qui détruisit pourtant tout un quartier de la ville. Notre auteur composa encore un autre petit poème sur cette seconde catastrophe. La bibliothèque nationale de Paris en possède un exemplaire lithographié sur un rouleau de plusieurs mètres de longueur.

Quant au premier poème, celui dont nous donnons ici la traduction, nous avons vainement cherché à nous procurer une copie du texte en caractères arabico-malais; celle que nous publions est prise sur une transcription en caractères latins, imprimée à la mission protestante de Singapour, d'après un système d'orthographe adapté à la valeur des lettres de l'alphabet anglais.

Nous avons dû rétablir les caractères arabes, d'après le système orthographique indiqué dans notre grammaire malaise, et suivi dans nos dictionnaires malais-français et français-malais. Les personnes qui possèdent le poème du *Singapura ter-bakar* en caractères arabico-malais, tel qu'il a été écrit primitivement par l'auteur, ne devront donc pas être étonnées de rencontrer dans un certain nombre de mots une orthographe un peu différente.

Abdullah était natif de Malacca, son père avait enseigné le malais au célèbre W. Marsden. Il l'enseigna à son tour à plusieurs Européens, dont quelques-uns se sont fait remarquer par une connaissance approfondie de cette langue.

Pendant bien des années, il avait accompagné Stamford Raffles, et il avait été témoin des circonstances de la fondation de la ville de Singapour. Au moment de l'incendie, il se trouvait encore dans cette ville, attendant l'occasion d'un navire pour retourner à Malacca, et y vendre des marchandises qu'il venait d'acheter d'une jonque chinoise.

Bien que dans cette terrible catastrophe, Abdullah eût perdu tout ce qu'il possédait, il en fait néanmoins une description humoristique et plaisante, qui peint bien le fond de son caractère et cette résignation absolue aux décrets immuables de Dieu que doit professer tout bon musulman.

Dans son autobiographie, il dit ingénument qu'il a composé son récit poétique de l'incendie de Singapour, pour que la mémoire de cet événement parvienne à la connaissance des générations futures, qu'il y a travaillé avec un vrai plaisir jusqu'au dernier vers, et qu'il l'a terminé par la grâce de Dieu, dont la providence s'étend sur tous ses serviteurs, et dont l'infinie bonté lui a conservé la vie au milieu de ce grand désastre.

شعر

سيڠاڤور ترباکر

دڠرکن تون سواتو رنچان ۞ کراڠن فقير اورڠ يڠ هين
سجقڽ جڠڬل باڽق تکن ۞ درڤد عقل بلم سمڤورن

دڠرکن تون دڠن برسوک ۞ دکارڠکن اوله سأورڠ انق ملاک
سأوله٢ ممبوت جناک ۞ جاڠنله تون منجادي مرک

کراڠن فقير الله تعالى ۞ سأورڠ مسکين برنام عبد الله
هارڤکن امڤون درڤد الله ۞ کلو٢ اد ترسبت يڠ بساله

امڤونله تون٢ يڠ منڠرکن ۞ سبارڠ بهاس سهاي تولسکن
ڤرکتاءن لنجت سهاي رڠکسکن ۞ سڤاي سدڤ تون دڠرکن

دکارڠکن شعر اين برڤري٢ ۞ سبب ترکنڠکن انتڠ سنديري
ساکيتڽ منڠڬلکن کمڤڠ دان نڬري ۞ دودقله برداڬڠ سأورڠ ديري

تتکال سهاي دودق دسلت ☼ باڤقله حيران سده دليهت
لالو دامبل قلم دان دواة ☼ دلڠکن دودق لالو مپورت

ترکنڠکن نصيب انتڠك داتڠ ☼ لاکي ڤون دودق ڤول منمڤڠ
درومه ڬي هو دتڤي سمڤڠ ☼ برتنتاڠن دڠن لورڠ کسبرڠ

جکلو تون هندق منڠرکن ☼ تيکر يڠ هالس تون همڤرکن
داون تيه يڠ بايق تون توڠکن ☼ کوه ٢ ڤون تون سدياکن

کلواد ڤول سيره کاي ☼ الڠکه بايقث کلور سوار
اورڠ يڠ منڠر ڤون بوله ترتاو ☼ اورڠ ممباچ ڤون بوله سڬرا

اورڠ يڠ منڠرکن شعرك اين ☼ سڤرت دليهت دڠن مات سنديري
حال ماسڠ ٢ دالم ڤکري ☼ بولهله مڠمبل انصاف کنديري

ملاث چريت درتاهن بهاروچين ☼ کمڤرث ڤکري ترلولوه بهين
دهيسيث رومه ترلالو سمڤرن ☼ ماسڠ ٢ اورڠ دڠن قدرث

ميج دان منومن سڬنڤ رومه ☼ کوه ٢ دان منيسن اد برسام ٢
دتوکرث ڤول سورت ٢ يڠ لام ☼ دان ممبله ايم ايتق سڬنڤ رومه

دباکرث بيراڤ بايق قرطاس ☼ دان دڤاسڠث ڤول بيراڤ ڤتس
بڤيث ريوه ترلالو کرس ☼ بلنجاث ڤون ترلالو درس

سکاله ساعت ماسڠ ٢ ☼ ممالو بوڤي بڤين ترلالو بيسڠ
اد يڠ ستڠه ڤول دودق مروسڠ ☼ تياد بردويت اي مڠکريسڠ

ڤرکيله منت اذن هندق ماين جودي ☼ کتاڽ ستاهن سکالي برسوك ٢ هاتي
داڤتله ڤرنته اورڠ بسر بري ☼ بوله برماين سمڤي ليم بلس هاري

سکاله اورڠ چين تياد ترڤري ☼ مکاڽ ڤوته برسري ٢
اد يڠ برجالن کسان کماري ☼ اد يڠ برماين کلور نکري

اد يڠ مابق سڤنجڠ جالن ☼ اد يڠ برکلاهي سماڽ کاون
اد بارڠ ٢ ڽ هابس برچچيرن ☼ اد يڠ برڤاڤي سهاج سمبل برجالن

جنس ٢ جودي اد سکنڤ تمڤت ☼ اورڠ ڤون برکرومنله ترلالو راڤت
اورڠ يڠ منڠ ڤون لريله چڤت ☼ اورڠ يڠ اله ڤون دودقله مڠمڤت

تيداله سهاي ڤنجڠکن خبرڽ ☼ مالمله سکل تون ٢ منڠکرڽ
ماسڠ ٢ بڠس دڠن عادتڽ ☼ اي منورتکن هوا نفسوڽ

سمڤيله دلاڤن هاري بولن چين ☼ ترڠڽ ترللوله امت سمڤرن
ڤرمينن ڤون باڽقله سربڠ ورن ☼ سکل ببڤين ڤون اداله دسان

دو ڤسوکن اورڠ برماين سيڠ ☼ ماسڠ ٢ منجقکن کڤنداينڽ
اد ڤول يڠ برماين کنتونڽ ☼ کمدين ڤول برکلاهي کدواڽ

اورڠ تن تى وى سواتو ڤسوكن ❊ باڽق كاونڽ بوكن بواتن
داتڠڽ در سكنڤ هوتن ❊ ممكڠ سنجات برلمڤاتن

كون تق هيا هوسواتو ڤسوكن ❊ اورڠڽ تياد باڽق يڠ كلهاتن
تتاڤى انق ملاك اد مڠرسكن ❊ برسمسام اد مڽورهكن

برتمول كدواڽ دسمڤڠ امڤت ❊ سام براني ترلمڤت ٢
اورڠ ڤون بركرومنله هندق مليهت ❊ كمدين برلرينله ڤد سكنڤ تمڤت

بركلاهى ايت بوكنڽ بارڠ ٢ ❊ كلكؤنڽ سڤرت اورڠ برڤرڠ
انق ملاك ترلالو امت ݢارڠ ❊ دڤوكلڽ چيو هو لريله كسبرڠ

ݢنتڠ بابا چق دبوتڽ ڤڠهوبن ❊ اد يڠ ڤچه كڤال اد يڠ كن تاڠن
اورڠ ڤون لريله تياد بركهوؤن ❊ اد ڤول يڠ برتريق ٢ كن كاون

داتڠله متمات كلڠ دان اڠݢرس ❊ دتڠكڤڽ چين دباواڽ كڤولس
سكلين سنجات درمڤسڽ هابس ❊ كڤد سمبيلن هاري يولن مالمڽ خميس

اد ڤول سواتو حيران ❊ اورڠ ٢ چين سمبهيڠ دتڠه جالن
دڤاسڠڽ ڤتس بربريبو ڤاڤن ❊ بڤيڽ ريوه بوكن بواتن

نام سمبهيڠ ايت تى كڠ سى ❊ مكانن سمواڽ دبوبهڽ ڤرسه
داترڽ ميج دبوبهڽ لڠسيه ❊ دتوڠكڽ ڤول اير داون تيه

سمڤيله امڤت بلس هاري بولن چين ☼ ترڠث ڤون ترلالو امت سمڤرن
ڤرمينن ڤون باپقله سرب ورن ☼ تبثيب ڤول داتڠله بنچان

دڠركنله كسه يڠ سهاي دڤاتي ☼ تتكال سڠاڤورا دماكن اڤي
اصلث در رومه توكڠ بسي ☼ دماكنث بركليليڠ هابسله برسه

اورڠ ڤون تڠه ماكن مينم درومهث ☼ اد يڠ برپاپي دان ممالو ربان
اد يڠ مڠوكڤ كاين بجوث ☼ دڠن ستڠكي دان بڠبوڠ

تڠه بودق ٢ برماين كود اڤي ☼ اورڠ ڤون برتريق ٢ مڠتاكن اڤي
تربتث در رومه توكڠ بسي ☼ تركجتله لمه تاڠن دان كاكي

اڤيث برڤال هيتم ورن ☼ رساث جيو هيلڠ كمنمان
تياد تننو بارڠ يڠ دجامه ☼ ماسڠ٢ ڤون برلاري منداڤتكن رومه

تيداله داڤت دتولڠ لاڬي اڤيث ☼ دماكنث رومه برسوك هتيث
اورڠ ڤون برلولاري ترلالو راميث ☼ تتاڤي ماسڠ ٢ مملهراكن هرتاث

دماكنث سمڤي رومه تواهايا ☼ اڠن ڤون برڬيلر ڤول اوتار
اورڠ ڤون هابس برلاري سربار ☼ برتريق ٢ سمڤي تياد لاڬي برسوار

باپقله اورڠ يڠ تڤرداي ☼ دسڠكاث اڤي تياد سمڤي كرومه دي
سبب اتوله اي تياد برسدي ☼ اخرث اي منداڤت ڤايه

بوڤي اڤي ايت ڤون مندرو ❊ دجيلتث ڤول دڤاجق چندو
باڤقله اورڠ مناڠس دان برسرو ❊ اد يڠ مراتڤ بر تريقكن ايو

بر كمڤڠله اورڠ بر بربيو ❊ تيداله بركالن صحابة دان مادو
ماسڠ۲ منڠكلكن كاين باجو ❊ سكلين برلولاري داتڠ منوجو

بوڤي اڤي ايت سڤرت ريبت يڠ بسر ❊ دماكنث ڤول دسبله ڤاسر
برلولاري اورڠ كچيل دان بسر ❊ برتريق۲ سڤرت اورڠ تياد سدر

اورڠ ڤون برلولاري تڠكڠ لڠكڠ ❊ سكلينث بهارو منچاري تڠكڠ
بهروله اي سمڤي كتڠه سمڤڠ ❊ ككيث لمڤه جاتهله ترككڠ

بڠكتله باب هوسڠ سمبل مناڠس ❊ كتاث بارڠ۲ سمواث سدهله هابس
اڤاكه هندق دباير كن كڤد اڠكرس ❊ لاكي ڤون ادبرهوتڠ كڤد اورڠ بوكس

هابسله ڤنه سكنڤ سمڤڠ ❊ دكاڠن برتمبن بوكن كڤالڠ
سكل جنس۲ چيت دان سلندڠ ❊ برتبورن سهاج دتڠه سمڤڠ

بارس ڤون داتڠ ترلالو باڽق ❊ ممباو مريم دان سناڤڠ سده دلنتق
دڤوكلث اورڠ بارڠ يڠ تمڤق ❊ تيداله بركتهوٴن اورڠ ترچمڤق

دكڤڠث جالن كانن دان كيري ❊ سبب تاكت ماسق ڤنچوري
سكل سوداݢر ڤون داتڠله برلاري ❊ مليهتكن كلكوٴنث ترللوله ڠري

اد يڠ ممباو ڤدڠ ڤدتاڠنڽ ✻ بارڠ يڠ دکت هندق دچنچڠڽ
تيداله برکتهوٴن اورڠ دڤوکلڽ ✻ ماسڠ ٢ لاري ممباو ديريڽ

ڤنچوري ڤون باڽق تياد ترکرکير ✻ اياله کونن داتڠ منولڠ ڤرڤور
کتاڽ اڠکتله بارڠ ٢ اين سکرا ✻ جکلو لمبت نتي کچيو

دسڠکاکن اورڠ بنرله دي ✻ اتوله باڽق اورڠ تڤرداي
سهاي ڤون کنل جوݢ اکن دي ✻ تتاڤي تاکت دوس ممبکاکن رهسي

باڽق اورڠ داتڠ مڽامر ✻ اياله ترلالو ساڠت ڤمبر
دتمبق اورڠ سمڤي ترکاڤر ✻ بارڠ يڠ دتاڠنڽ ايت ڤون دسمبر

اد يڠ هابس دبواڽ لاري ✻ اد يڠ دبوڠکنڽ دالم ڤريݢي
اد ڤول يڠ ماسق ممچهکن ڤتي ✻ اد يڠ کن ڤوکل ڤارس ٢ ماتي

اڤي ايت ڤون بسرله بهيناڽ ✻ بڽيڽ کدڠارنله سمڤي کمنان
سؤرڠ ڤون تياد براني همڤرکسان ✻ سبب تاکت کن بنچان

ڤتي افيون ڤون هابسله برلمڤارن ✻ اد يڠ دڤچهکن اورڠ دتڠه جالن
اد يڠ دلريکنڽ کدالم هوتن ✻ اد يڠ دکجر اورڠ برهمبت همباتن

اوبت بدل ڤون ملتڤ سڤرت ڤتر ✻ باتو دان ڬنتڠ بترباڠن سڤرت ڤاسر
سؤرڠ ڤون تياد براني همڤر ✻ هابسله برتبورن دودق برفيکر

بڤيث سڤرت لاڠت رنتـــه ❊ ترکجتله اورڠ اورڠ باڤق يڠ جاته
اد يڠ برلاري باڤق يڠ لمڤـــه ❊ تيداله کتهوٴن اورڠ تمڤه منمڤـــه

مـاسڠ ٢ دودقله مناڠـــس ❊ سبب مليهت هرتاث هـابــس
دڬاڠن کاين ٢ ببراڤ جنـــس ❊ چلوڤن بلاچو ڬرس دان کاين بوڬس

داتڠله ڤول بارس ممباو مريم تمباڬ ❊ اورڠ بسرث ميوره تمبقله سهاج
دبوبهث ڤلورو دتمبقـــث رات ❊ اڤي ڤون بسرتياد بوله ممبوڬ مات

دتجوث رومه تمڤـــت روتن ❊ اسڤث ڬلڤ سواتو تياد کلهاتن
بڤيث کـــرس بوکـــن بواتن ❊ کدڠارنله سمڤي کتڠه لـــووتن

دبواث ڤول مريم يڠ لبه بـــس ❊ دتجوث دڤاسڠ دسبله ڤـــاسر
اي هندق مروبه کن رومه ترباکر ❊ جاڠنکن روبه اڤيث برتمبــه بسر

دبڠکرث هـــابس سکلين روتن ❊ اورڠ ڤون هابس لاري برلمڤاتن
اداله يڠ هـــابس لاري برجريتن ❊ ريوه رنده بڤيث بوکـــن بواتن

اد کوبن اورڠ دسمبر ڤلـــورو ❊ انته ڤون ساله ڤون بڬيـــت
کارن سهـــاي تياد تاهو تنتـــو ❊ تياد سهـــاي وقتو ايـــت

اڤي ايت ڤون داتڠله مـــنرڤ ❊ دماکنث کدي کلڠ منجول رمڤـــه
بهروله همب کڤاني داتڠ ممباو بمب ❊ يڠ سڤاره مڠڠکت اير دالم تمـــب

همڤ كڤاني داتڠ باڤق بوكن بواتن ❊ دكجر اوله مندرث دڠن روتن
اي برلولاري بر لمڤاتن ❊ منارق بمب در جمباتن

بمب ايت ڤون ساڠتله بوچر ❊ سڤنجڠ جالن هابسله ملنچر
دتڠه جالن سمواث هابسله كوتر ❊ دتمڤلث بمب ايت دڠن كافر

اڤي ايت ڤون سدهله ترلنجر ❊ دماكنث كدي بڠكالي نماث منسر
بارڠث سمواث هابسله لبر ❊ ڤڠكن مڠكق دان ڤيسو ڤپوكر

اي ڤون مناڠسله ترلالو ساڠت ❊ سڤرت اورڠ يڠ تياد بر سماڠت
مليهتكن بارڠ٢ث هابسله لومت ❊ هندق دربت تاكتكن هاڠت

تون سيم برلولاري ترلالو ڬارڠ ❊ كتاث لكس٢ كلوركن بارڠ٢
اڤي ايت سده مپبرڠ ❊ لو اورڠ اداكه تيدر سمڤي سكارڠ

ماسڠ٢ برلاري ترلله٢ ❊ اد يڠ ستڠه مڠكولق بنديل
اد ستڠه سڤرت لاكو اورڠ ڬيل ❊ اد يڠ ممبوڠكن بارڠ٢ در جنيل

تون ڤروس برلاري ترلالو چڤت ❊ كتاث بارڠ٢ اين لكسله اڠكت
اڤي ايت سده داتڠ دكت ❊ بوڠ اڤيث جاته درومه ڤلكت

كتيك ايت ساڠتله ڬاده ❊ اد يڠ ترلڠڬر كدواث جاته
سام بربڠكت ترڬوڤه٢ ❊ برلاريله جوڠ تمڤه منمڤه

تون سکت برلرلاري ممباوتمبب ❋ دسيرمڽ اڤي ايت تراب ٢
ترڠکلنچر ککيڽ للوله ربه ❋ برلريله کاونڽ داتڠ منرڤ

دمکينله حال نکري کوبر ❋ راج سڠاڤور تيداله کلور
ڤچهله کمنمان ايت خبر ❋ اورڠ يڠ منڠر ڤون تيداله کمر

تون ديڠکلس ڤون داتڠله دڠت کريت ❋ در جاوه کلهاتن سبله مات
سکراله اي داتڠ منرڤ ❋ منولڠ اورڠ منارق بمب

تون ارمسترڠ داتڠ دڠن سلور بولت ❋ دسيرمڽ اڤي ايت بارڠ يڠ داڤت
سبب کتکوتن رومهڽ دکت ❋ دتولڠڽ اڤي ايت ترلالو چڤت

اڤي ايت ملمڤت درومه کلڠ ❋ دچيدقڽ لڠکڠ دسيرمڽ کليلڠ
دڤوکلڽ سکل اورڠ ٢ کلڠ ❋ اد يڠ جاته اد يڠ ترکولڠ

بوکنڽ سديکت کمڤرڽ نکري ❋ بارڠ ٢ ڤون باڽق دامبل ڤنچوري
اورڠ ڤون تيداله برکتهوٴن برلاري ❋ سڤرت اورڠ يڠ تياد سدر کنديري

اوفيسر برلرلاري دڠن کود ❋ ممرنتهکن سوڤي دسوروهڽ برجاڬ
ڤنچوري ڤون باڽق بوکنڽ کرج ❋ بارڠ يڠ داڤت دسمبرڽ سهاج

سوڤي منڠکڤ برڤوله ٢ ڤنچوري ❋ دکجرڽ يڠ لاين يڠ دتاڠنڽ لاري
مڠجر سهاج کسان کماري ❋ سهاج مليهت ڤون ترلالو ڠري

اد ڤول اڠکرس داتڠ برلولاري ☼ دتاڠنث اد دبوات تالي
هندق دايکتث رومه بڠکالي ☼ تتاڤي تالي ايت بورق سکالي

دباو ڤول اوفيسر تالي برلڠکر٢ ☼ دسورهث ايکت رومه يڠ بلم ترباکر
دتڠکڤث اورڠ دسورهث مموتر ☼ رومه تروبه تيڠث سهاج برڬکر

ايت ڤون منجادي ترماس ☼ باڽقله اورڠ مراس شقس
بارڠ يڠ برتمو سکل بڠس ☼ دتڠکڤث سهاج تياد لاڬي ڤرقس

دڬاڠن کاين٢ سقلات دان بلودو ☼ سکلينث هابسله منجادي هابو
انته ببراڤاکه راتس ريبو ☼ تيداله سهاي داڤت هتوڠن ايت

هرت يڠ هيلڠ تيداله داڤت ترکرکير ☼ سڤارو دسمبر اوله ڤنجار
تيداله دالم بودي بچار ☼ سديکت يڠ سلامة باڽق يڠ چدرا

کلودرحال ڤرمڤون٢ بايق دان جاهت ☼ سکلينث برلولاري کبوکت تون سکت
ممباو بارڠ٢ يڠ سده برايکت ☼ دودقله مناڠس سبارڠ تمڤت

اد يڠ برتريقکن انقث ☼ اد يڠ مناڠس ترکنڠکن مقث
اد ڤول يڠ ممڤه لکيث ☼ تڠکاڤن سنڠله اي درومه کندقث

اورڠ يڠ منڠر ايت ڤون ترتاو ☼ تتاڤي تياد اي مڠلورکن سوار
سبب تاکت نتي کتار ☼ ڤرڤور ممبوت بوت ماره

ببراڤ باڤق بارغ ٢ يغ بر چيچر ۞ تيداله برهنتي مولتث درڤد بليتر
سبب ماسغ ٢ دالم كـــــواتر ۞ تيداله تنتولاڬي اي برفيكــــر

اد يغ بركات بارغ ٢ اورغ رمڤس ۞ دجواب كاونث بيرله تمڤــــس
اصل جيوكيت سهاج لڤـــس ۞ هرت ايت بوله داڤت لكـــس

باڤقله ڤول يغ مراتڤ سڤنجغ جالن ۞ سبب هرت بندات باڤق كتڠڬالن
اتوله منجادي ببراڤ ســــالن ۞ تيداله هيلغ سمڤى ببراڤ بولـــن

كتيك ايت اڠن ڤون كنچغ ۞ اڤيث سمڤيله كرومهڬى چـــغ
رساث بومي اين سڤرت بركنچـغ ۞ كيلتث ڤون ترغ منجولـغ ٢

كات اورغ كون باڤق اورغ ماتى ۞ تاتق جاڠن بوهغ سهاي تياد منداڤتى
انته ڤون بوهغ انته ڤون ڤستى ۞ اد امڤت ليم اورغ ترباكر دالم اڤى

كارن وقت ايت سهاي دمم كڤيالو ۞ تيدر ڤون تيدق ماكن تماهـــو
سجڤت سهاج داتغ برتلتالـــو ۞ دودڤله مڠرغ هيلغ مالــــو

سبنتر ٢ ڤانس سڤرت اڤـــي ۞ رساث بوله دمينم اير سڤريكــي
ببير ڤون كرغ باڬي كركـاجي ۞ مات ڤون رساث باڬي اڤـــي

مولت ڤون ڤاهت بوكــن بواتن ۞ سديكت تياد راس هندق ماكن
تيداله بوله منچيوم باهو ايكـــن ۞ كڤال ڤون تياد بوله داڠكتكـــن

مك دغن تولغ توهن يغ اس ❊ دمم ڤون هيلڠله تياد براس
سبب ترݢجت تيداله مراس ❊ لاکی ڤون مليهت بارغ٢ها بسله بناس

اسڤ ڤون قنه کلڤ کليت ❊ رومه ڤون روبهله برتمڤ٢
اڤي ايت ڤون برکولق سڤرت کريت ❊ سهاي سنديري مليهت دغن مات

سکل بارغ٢ يغ سهاي بلي در وڠکڠ ❊ اد ليمو مانس ببراڤ کرنجڠ
ڤڠکن مڠکق چاون دان دولڠ ❊ سکلينث ايت هابسله هيلڠ

نية هاتي هندق دباو ڤولڠ ❊ تاڤي نصيب سنديري جوك يغ مالڠ
بسرث جوك انتڠ جيو تياد هيلڠ ❊ دتولڠ الله جوك سمڤي سکارڠ

ڤنتن

بسرث کونڠ اندرا کيري ❊ تمڤت اورڠ برماين راڠ
بسرث انتڠ بدنك سنديري ❊ هندق ڤولڠ جوك لاکی کملاك

تمڤت اورڠ برماين راڠ ❊ سايڠ کتوڤت داتس بالي
هندق ڤولڠ جوك لاکی کملاك ❊ برتمو دغن صحابة هندی

سايڠ كتوڤت داتس بالى ☼ رمرام دڤادڠ تمو
هندق برتمو دڠن صحابة هندى ☼ سبب لماله سده تيدق برتمو

رمرام دڤادڠ تمو ☼ تلر بالم دالم ڬراڬو
لماله سهاى تيدق برتمو ☼ تيدر مالم تراڠكو ٢

SINGAPURA TER-BAKAR

INCENDIE DE LA VILLE DE SINGAPOUR.

Écoutez, Messieurs, ce récit,
Raconté par un humble fakir;
Les vers en sont défectueux et laissent beaucoup à désirer,
Car leur auteur n'est pas un poète accompli.

Toutefois, écoutez avec plaisir,
Ce poème composé par un enfant de Malacca;
Il désire, autant que possible, vous divertir,
S'il n'y réussit pas, veuillez ne pas vous en fâcher.

C'est, dis-je, la composition d'un fakir du Dieu très-haut,
Personne pauvre du nom d'Abdullah,
Qui espère que Dieu voudra bien lui pardonner
Les erreurs qui pourraient s'y trouver.

Excusez donc aussi, vous Messieurs qui écoutez,
Les défauts que vous y trouverez,
Ce récit serait long, aussi je l'abrège,
Afin qu'il vous soit plus agréable de l'entendre.

Ces vers composés d'une manière variée,
Me rappellent le malheureux sort qui m'a frappé,
La maladie qui me fit quitter kampong et pays,
Où je me trouvais isolé comme marchand étranger.

Lorsque je me trouvais au détroit[1],
Je fus émerveillé de tout ce que j'y voyais;
Puis, je pris kalam et encre,
Et retiré dans ma chambre haute, je me mis à écrire.

En pensant aux chances de mon commerce,
J'avais pris mon logement,
Dans la maison de Gi Ho sur le bord du chemin,
En face de la rue qui conduit à Sabrang[2].

Maintenant, si vous voulez entendre ce récit,
Étendez une fine natte sur le plancher[3],
Versez le bienfaisant thé,
Accompagné d'excellents gâteaux.

Et s'il y a aussi le délicieux sirih[4],
Ne sera-t-il pas bon de commencer?
Ceux qui écouteront pourront rire,
Et celui qui lira devra continuer.

1. *Au détroit,* c'est-à-dire à Singapour, expression usitée parmi les habitants de la péninsule malaise.

2. *Sabrang,* mot qui signifie : de l'autre côté, au delà.

3. Quand les Malais veulent s'entretenir ou s'amuser, ils étendent une natte et s'y assoient à l'orientale.

4. *Sirih,* masticatoire dont les feuilles de bétel sont le principal ingrédient.

Ceux qui auront entendu la lecture de mon poème,
Sauront, comme s'ils l'avaient vu de leurs propres yeux,
Tout ce qui s'est passé dans la ville,
Car ils pourront accepter ce récit avec toute confiance.

Je commence en parlant du nouvel an chinois;
Un grand mouvement se faisait dans toute la ville,
Partout on ornait magnifiquement les maisons,
Chacun faisant de son mieux et selon ses moyens.

Dans toutes les maisons se dressaient des tables,
Sur lesquelles étaient entremêlés gâteaux et confitures;
On échangeait les lettres selon l'ancien usage,
Et de tous côtés on immolait poules et canards.

On brûlait quantité de petits papiers[1],
On faisait partir d'innombrables pétards
Dont le bruit s'entendait de toutes parts,
Tout se faisait en profusion et on n'épargnait pas la dépense.

Chacun s'amusait et était rempli de joie,
De tous côtés on entendait le bruit des instruments de musique;
Ceux-là seulement se taisaient et boudaient,
Qui n'avaient pas d'argent dans la bourse.

1. Brûler des petits papiers, usage superstitieux des Chinois : ces petits papiers se roulent d'une certaine façon, on en fait des tas par les rues et on y met le feu.

On alla demander la permission de jouer[1],
Disant qu'une fois chaque année, à cette époque, l'usage le voulait;
Et l'on obtint du gouverneur l'autorisation
De jouer pendant quinze jours.

La joie des Chinois était indicible,
Leurs visages respiraient le bonheur;
Les uns se pavanaient en se promenant,
Tandis que d'autres allaient s'amuser hors de la ville.

On en voyait qui étaient ivres le long du chemin,
D'autres cherchaient querelle à leurs camarades,
Pendant que leurs effets se trouvaient épars çà et là;
Enfin il y en avait qui se promenaient en chantant.

Partout on voyait des jeux de hasard,
On se pressait en foule compacte autour des joueurs;
Ceux qui avaient gagné s'enfuyaient prestement,
Tandis que ceux qui avaient perdu se tenaient cois.

Je ne prolongerai pas davantage ces détails,
De peur, Messieurs, de vous ennuyer;
Car chaque nation et chaque famille, selon ses traditions,
S'en donnait librement à cœur joie.

1. Les jeux sont défendus par le gouvernement anglais, à cause des abus dont ils sont l'occasion chez les Chinois, qui s'y passionnent : mais l'usage est de les autoriser pour quelques jours au moment du nouvel an.

On était arrivé au huitième jour du mois,
Par un temps beau et parfaitement clair;
On se livrait à toutes sortes de jeux,
Et les instruments de musique résonnaient de toutes parts.

Deux troupes jouaient le *singa*[1],
Où chacun faisait parade de son habileté;
Il y en avait aussi qui jouaient au jeu nommé *kun tau*[2],
Et qui ensuite se prenaient de querelle et se boxaient sérieusement.

Une troupe de *tan ti wei*[3],
Dont le nombre était incalculable,
Venait de tous les points de la forêt[4],
Portant des armes avec lesquelles ils jouaient en dansant.

Une autre troupe était composée de *kwan tek hya hue*[5],
Ceux-ci ne paraissaient pas aussi nombreux;
Mais des gens de Malacca les renforçaient,
Et mêlés avec eux, ils les commandaient.

Les deux troupes se rencontrèrent aux quatre chemins,
Également braves et habiles à manier les armes :

1. *Singa*, signifie lion.

2. *Kun tau*, selon Klinkert, ce serait un jeu de boxe.

3. Pour *tien ti hoey*, nom d'une société secrète; en chinois ces mots signifient : la société du ciel et de la terre.

4. Forêt signifie ici l'intérieur du pays.

5. *Kwan tek hya hue*, nom d'une autre société secrète.

Pour les voir, se rassemblèrent un grand nombre de curieux,
Qui furent bientôt obligés de se sauver à toutes jambes.

Le combat fut sérieux,
Les deux troupes ressemblaient à deux armées qui se livrent bataille;
Les gens de Malacca semblables à des lions furieux,
Frappèrent Chio Hu qui prit aussitôt la fuite.

Baba Chek se mit à lancer des tuiles avec sa fronde,
Il y eut des têtes cassées, et quelques-uns furent blessés aux bras;
Grand nombre de personnes effrayées se sauvèrent,
Tandis que d'autres criaient à tue-tête après leurs camarades.

A ce moment arrivent des agents de police Klings[1] et Anglais,
Ils saisissent les Chinois et les conduisent au poste,
Après leur avoir arraché des mains toutes leurs armes.
C'était un jeudi soir, neuvième jour du mois.

On voyait encore une autre chose très curieuse :
Les Chinois faisant leurs actes religieux au milieu de la rue;
Ils faisaient partir des milliers de pétards,
Ce qui faisait un bruit effroyable.

1. *Kling*, ou *orang kling*, Indien de la côte de Coromandel, et par suite Indien en général.

Cet acte religieux se nomme *ti kong se*[1];
On voyait partout des vivres soigneusement préparés,
Et des tables sur lesquelles des nappes étaient placées;
Et dans des tasses on versait le thé.

On était arrivé au quatorzième jour du mois chinois;
Par un temps parfaitement clair et serein;
On se livrait partout à toutes sortes de jeux,
Tout à coup un désastre se trouve avoir lieu.

Des cris lamentables se font entendre et arrivent jusqu'à moi,
En ce moment Singapour était dévoré par le feu;
L'incendie commencé dans la boutique d'un forgeron,
Avait déjà réduit en cendres sa maison.

Pendant que les gens festoyaient et buvaient chez eux,
Les uns chantaient et jouaient du tambourin,
D'autre parfumaient leurs habits
Avec des parfums et des fleurs.

Les enfants s'amusaient à jouer avec des chevaux de papier,
Tout à coup on entendit des gens crier au feu;
Le forgeron sorti de sa maison et terrifié
Se trouvait avoir bras et jambes comme paralysés.

Les flammes s'élevaient au milieu de noirs tourbillons,
Les sensations de l'âme étaient comme suspendues,

1. *Ti kong se*, semble être une offrande faite à la terre.

Et rien ne paraissait plus certain,
Chacun fuyait regagnant sa maison.

On ne trouvait aucun moyen d'arrêter l'incendie,
Qui dévorait tout sans obstacle;
Les gens couraient de tous côtés,
Chacun cherchant à sauver ce qu'il possédait.

Le feu était arrivé à la maison de *Twa Ha ya*,
Lorsque le vent sauta soudainement au nord;
Les gens qui fuyaient errant çà et là,
Criaient jusqu'à perdre la voix.

Beaucoup de personnes se croyaient en sûreté,
Pensant que le feu n'irait pas jusqu'à leur maison.
Elles se tenaient tranquilles sans se préparer,
Ce qui à la fin les mit en grand danger.

Le feu avec un bruit de tonnerre,
Léchait déjà les murs de la ferme d'opium;
Beaucoup de gens pleuraient et criaient,
D'autres se lamentaient et appelaient leur mère à grands cris.

Des milliers de personnes se trouvaient rassemblées,
On ne reconnaissait plus ni amis ni alliés;
Chacun quittait son baju[1],
Et tous fuyaient dans différentes directions.

1. *Baju*, habit de dessus.

Le feu, avec un bruit ressemblant à celui de la tempête,
Arrivait jusqu'à côté du marché,
Alors tous grands et petits se mirent à courir,
Poussant des cris comme des insensés.

Tous ces gens couraient pêle-mêle,
Quelques-uns cherchaient à gagner les chaloupes,
Mais à peine arrivés à mi-chemin,
Le pied leur manquait et ils tombaient à plat ventre.

Baba Ho Sing se releva en pleurant,
Et disant : «Mes marchandises sont perdues,
«Comment pourrai-je payer les Anglais,
«Et mes dettes envers les Bouguis?»

Les rues étaient encombrées
Des marchandises qu'on y avait entassées,
Toutes sortes d'indiennes et d'étoffes
Se trouvaient parsemées le long du chemin.

Les soldats arrivèrent en très grand nombre,
Avec des canons et des fusils,
Frappant et poussant tous ceux qu'ils rencontraient,
Sans faire attention aux gens qu'ils bousculaient.

Ils cernèrent les rues à droite et à gauche,
Dans la crainte que les voleurs n'entrassent;
Les marchands alors vinrent en courant,
Montrant l'état d'épouvante dans lequel ils étaient.

Il y en avait (des soldats) qui tenaient le sabre à la main,
On aurait dit qu'ils voulaient hacher tous ceux qui approchaient;
Ils frappaient indistinctement sans connaître,
Aussi chacun se sauva courant à toutes jambes.

Il y avait là un nombre incroyable de voleurs,
Qui venaient sous prétexte de porter secours,
Ils disaient : «Emportez vite ces effets,
«Si l'on tarde ils seront perdus.»

Les assistants pensaient qu'ils disaient vrai,
C'est pourquoi bon nombre de gens furent trompés;
Pour moi, je connaissais leur ruse,
Mais la peur m'empêchait de découvrir le mystère.

Ils étaient nombreux les gens venus sous cette fausse apparence,
Et en réalité c'étaient d'affreux pillards;
On les frappait jusqu'à les renverser,
Et on s'emparait des objets qu'ils avaient entre les mains.

Quelques-uns de ces effets étaient emportés en courant,
D'autres étaient jetés dans les puits;
Il y avait des voleurs qui brisaient les caisses.
Et d'autres furent chargés de coups et laissés pour morts.

L'incendie avait pris une grande extension,
Le bruit s'en entendait de toutes parts;

Personne n'osait s'en approcher,
Tant on redoutait d'être atteint par le feu.

Des caisses d'opium avaient été jetées,
Il y en avait que l'on brisait au milieu de la rue :
D'autres furent emportées dans la forêt,
Et d'autres enlevées par des gens qui se poursuivaient.

La poudre à canon faisait explosion, on aurait dit le tonnerre,
Les pierres et les tuiles volaient comme du sable :
Personne n'osait approcher,
Les gens se tenaient à l'écart et plongés dans leurs réflexions.

Le bruit de l'incendie était tel que l'on aurait dit que le ciel allait s'écrouler,
Les gens étaient épouvantés et beaucoup tombaient;
Il y en avait qui fuyaient et d'autres qui étaient comme paralysés,
Et sans se connaître on se bousculait.

Beaucoup se tenaient à l'écart et pleuraient,
En voyant leurs biens perdus :
Marchandises et étoffes de toutes sortes,
Toiles teintes, tissus croisés, étoffes écarlates et Bouguis.

Alors arrivèrent de nouveaux soldats avec des canons de cuivre,
Les officiers ordonnèrent de tirer,

On chargea à boulets et l'on fit une décharge générale,
Et le feu devint tellement grand qu'on ne pouvait ouvrir les yeux.

On braqua les canons sur une maison où était emmagasiné du rotin,
Et il se fit une fumée si épaisse qu'on ne voyait plus rien,
Et un bruit tellement formidable,
Qu'on l'entendit jusqu'en pleine mer.

On approcha des canons d'un plus fort calibre,
Ils furent braqués et déchargés du côté du bazar;
On voulait abattre une maison incendiée,
Loin de l'abattre on ne fit qu'augmenter le feu.

Tout le rotin ayant été enlevé,
Les gens s'étaient enfuis en sautant;
Quelques-uns s'étaient sauvés en criant,
De sorte que le bruit et le vacarme étaient au comble.

Il y eut certainement des gens qui s'emparèrent des boulets,
Le faisaient-ils avec une intention coupable?
C'est ce que je ne pourrais pas dire,
Car je n'étais pas présent à ce moment.

La violence du feu augmentait toujours,
Dévorant les boutiques des Indiens marchands de parfums;

Alors seulement arrivèrent les hommes du gouvernement
avec une pompe,
Une partie d'entre eux puisaient l'eau avec des seaux.

Ces hommes du gouvernement étaient venus en très-grand
nombre,
Pourchassés par leurs chefs le rotin à la main;
Ils couraient à toutes jambes,
Tirant la pompe depuis le pont.

La pompe en mauvais état perdait beaucoup d'eau,
Qui se répandait tout le long du chemin;
Le milieu de la rue devint sale et boueux,
La pompe fut réparée avec du mastic et du plâtre.

Le feu progressant sans relâche,
Dévorait la boutique d'un Bengali nommé Mansour;
Tout ce qui s'y trouvait était en fusion,
Plats, coupes et rasoirs.

Il se mit à pleurer et à sangloter,
Comme un homme qui n'a plus ses sens;
En voyant ses marchandises réduites en cendres,
Il aurait voulu les enlever, mais il craignait d'être brûlé.

Monsieur Syme accourut avec grand fracas,
Disant : «Vite, vite, sortez ces marchandises!
«Le feu a traversé de l'autre côté,
«Vous autres, vous dormez donc?»

Chacun se fatiguait à courir,
Quelques-uns roulaient des ballots,
D'autres paraissaient avoir perdu la tête,
Tandis que d'autres jetaient les meubles par les fenêtres.

Monsieur Pervis courait de toutes ses forces,
Disant : «Vite, enlevez ces objets,
«Car le feu est arrivé tout près,
«Les étincelles tombent sur la maison voisine.»

A cet instant il y eut un grand tumulte,
Les gens couraient l'un heurtant l'autre et tombaient ensemble,
Et se relevant précipitamment,
Ils se remettaient à courir en se bousculant.

Monsieur Scott courait en portant un seau,
Il jetait l'eau sur le feu çà et là;
Mais son pied ayant glissé, il tomba,
Ses amis accoururent précipitamment à son secours.

Tel était l'état de la ville, tout le monde était dans l'anxiété,
Toutefois le chef de la ville ne parut pas dehors,
Cette nouvelle s'étant propagée partout,
Les gens qui l'entendirent furent très mécontents.

Monsieur Diggles fut aperçu de loin,
Il venait à grande vitesse en voiture,

En arrivant, il se précipita
Pour aider à manœuvrer la pompe.

Monsieur Armstrong arriva n'ayant que son pantalon,
De toutes ses forces il jetait de l'eau sur le feu,
Il craignait pour sa maison qui était proche,
Mais, malgré son aide, l'incendie gagnait toujours.

Le feu arriva aux maisons des Indiens,
On puisait de l'eau, on en jetait tout autour.
Les Indiens qui se trouvaient là furent bousculés,
Il y en eut qui tombèrent et d'autres qui roulèrent.

Il se fit alors un grand tumulte dans la ville,
Un grand nombre d'effets furent emportés par les voleurs;
Les gens se sauvaient sans savoir où ils allaient,
On aurait dit un peuple d'insensés.

Les officiers couraient à cheval,
Ordonnant aux cipayes de veiller,
Car beaucoup de gens qui ne travaillaient pas,
Étaient des pillards qui emportaient tout ce qu'ils pouvaient.

Les cipayes attrapèrent des voleurs par dizaines,
Mais comme ils cherchaient à en prendre d'autres, ceux qu'ils avaient pris se sauvaient;
Les poursuivant ainsi de côté et d'autre,
Ils les voyaient et les effrayaient seulement.

Les Anglais accoururent à leur tour,
Tenant des cordes dans leurs mains,
Ils voulaient les fixer aux maisons des Bengalis,
Mais elles étaient mauvaises et se rompirent tout à coup.

Les Anglais apportèrent encore des cordes roulées,
Ils ordonnèrent de les attacher à une maison qui n'était pas
encore incendiée,
Puis se saisirent d'hommes qu'ils obligèrent à tirer;
La maison ne fut pas renversée, les piliers seulement furent
ébranlés.

C'était un singulier spectacle,
Beaucoup de personnes furent maltraitées;
Car les gens de toutes castes,
Sans examen étaient arrêtés.

Quant aux marchandises, toiles, draps et velours,
Tout fut perdu et réduit en cendres;
Combien de centaines de mille?
Je ne saurais en faire le compte.

Les richesses qui furent perdues sont incalculables,
Une partie avait été enlevée par les pillards,
On ne pourrait évaluer avec précision les pertes,
Car peu d'objets furent sauvés et beaucoup furent perdus.

Quant aux femmes de toutes conditions, pendant ce temps,
Elles se sauvèrent sur la colline de Monsieur Scott,

Emportant leurs effets qu'elles avaient mis en paquets,
Elles se tenaient en ce lieu et pleuraient.

Il y en avait qui appelaient à grands cris leurs enfants,
D'autres pleuraient en se rappelant leur mère;
Quelques-unes prononçaient des imprécations contre leurs maris,
«Le misérable!» disaient-elles, «il est tranquille, lui, chez sa concubine!»

Ceux qui les entendaient se mettaient à rire,
Mais ils le faisaient tout bas,
De peur qu'on s'en aperçût,
Ils feignaient même d'être irrités.

Un grand nombre d'effets se trouvaient éparpillés,
Les bouches ne cessaient de bavarder;
Et tous étaient dans un tel état,
Qu'il n'était pas sûr qu'ils eussent encore leur jugement.

Les uns disaient : «Nos biens ont été volés.»
D'autres répondaient : «Eh bien, qu'ils soient perdus,
«L'essentiel est que notre vie soit sauve,
«La perte des biens peut promptement se réparer.»

Beaucoup de gens encore se lamentaient le long du chemin,
Parce qu'ils avaient été obligés d'abandonner leurs effets et leurs biens;

Ce fut la cause de bien des regrets,
Qui ne se dissipèrent qu'après bien des mois.

A ce moment le vent fraîchit,
L'incendie gagna la maison de Gi Chang,
On eût dit que la terre tremblait,
Et les flammes du feu çà et là s'agitaient.

On dit positivement que beaucoup de personnes ont péri,
Pour ne pas mentir, je dois dire que je n'en ai pas vu;
N'en étant pas certain, je ne saurais assurer
Qu'il y eut quatre ou cinq personnes brûlées.

Car en ce temps là j'avais la fièvre chaude,
Je ne pouvais ni dormir ni manger,
Seulement de temps en temps j'avais le frisson;
Accablé par la souffrance, j'avais perdu le sentiment.

Tout à coup je devenais chaud comme le feu,
Il me semblait que j'aurais bu toute l'eau d'un puits,
Mes lèvres étaient comme une scie,
Et mes yeux étaient comme en feu.

Ma bouche était d'une amertume indicible,
Je n'avais pas le moindre appétit;
L'odeur du poisson[1] me faisait soulever le cœur,
Il m'était impossible de soulever ma tête.

1. Les Malais ont pour nourriture habituelle le riz et le poisson : avoir horreur de l'odeur du poisson, c'est être dégoûté de toute nourriture.

Mais avec l'aide du Dieu unique,
La fièvre disparut tout-à-fait,
A cause de mon effroi je ne la sentais plus,
Et aussi par la vue de mes effets entièrement perdus.

Remplie d'une fumée obscure et lugubre,
La maison s'écroula et s'effondra,
Le feu tournoyant semblait rouler comme les roues d'une voiture;
Voilà ce que j'ai vu de mes propres yeux.

Toutes les marchandises que j'avais achetées d'une jonque chinoise,
Comprenant plusieurs caisses d'oranges,
Des plats, des assiettes, des tasses et des plateaux,
Tout était absolument perdu.

J'avais résolu de m'en retourner (à Malacca),
Mais un sort malheureux venait de me frapper,
Toutefois, je m'estimais encore heureux d'avoir la vie sauve,
Par la grâce de Dieu qui me l'a conservée jusqu'à présent.

PANTOUN.

A son récit de l'incendie de Singapour, Abdullah ajoute un pantoun.

Le pantoun est une sorte de poésie malaise que l'on pourrait appeler nationale. Le pantoun est composé de quatre vers en rimes croisées. D'après les grammairiens qui ont écrit sur la langue malaise, les deux premiers vers sont supposés être symboliques, et contiennent une ou deux images détachées, tandis que les deux autres qui renferment un sens moral ou sentimental, sont supposés devoir servir d'application à la partie symbolique.

Toutefois, Abdullah dans la relation de son voyage de Singapour à Kalantan (édition de Leyde, 1855, p. 119), donne du pantoun une autre définition : d'après lui, les deux premiers vers n'ont pas de sens (au moins de sens ayant rapport aux autres vers), et ne servent qu'à poser la rime et la mesure, et les deux autres vers seulement ont un sens. Nous donnons le texte de celui-ci en caractères latins, afin que le lecteur qui ne connaîtrait pas les caractères arabes, puisse en juger ainsi que des rimes.

TEXTE.

Besar-nya gunung[1] *Indragiri,*
Tampat orang ber-main raga :
Besar-nya untung badan-ku sendiri,
Hendak pulang juga lagi ka-Malaka.

Tampat orang ber-main raga,
Sayang katupat[2] *di-atas baley :*

1. *u* se prononce *ou*.
2. *Katupat*, riz préparé dans des feuilles de cocotier ou de bananier.

Hendak pulang juga lagi ka-Malaka,
Ber-temu dengan sohabat handey.

Sayang katupat di-atas baley,
Rama-rama di Padang temu :
Hendak ber-temu dengan sohabat handey,
Sebab lama-lah sudah tidak ber-temu.

Rama-rama di Padang temu,
Telor balam dalam gragau :
Lama-lah sahaya tidak ber-temu,
Tidor malam ter-igau-igau.

TRADUCTION.

Haute est la montagne Indragiri,
C'est le lieu où l'on joue le raga[1];
Heureux d'avoir conservé ma vie,
Je veux encore retourner à Malacca.

C'est le lieu où l'on joue le raga,
Le riz est préparé dans la salle;
Je veux encore retourner à Malacca,
Pour revoir mes amis et camarades.

Le riz est préparé dans la salle,
Les papillons sont à Padang Temu;

1. *Raga,* signifie : ouvrage en osier; *buah raga,* boule d'osier servant à jouer; *ber-main raga,* jouer avec une boule en osier qu'on lance avec le pied.

Pour revoir mes amis et camarades,
Parce que je ne les ai pas vus depuis longtemps.

Les papillons sont à Padang Temu,
Les œufs du pigeon sont dans le nid;
Parce que je ne les ai pas vus depuis longtemps,
J'y rêve en dormant pendant la nuit.

INSCRIPTIONS

D'UN

RELIQUAIRE ARMÉNIEN

DE LA COLLECTION BASILEWSKI

PUBLIÉES ET TRADUITES

PAR

A. CARRIÈRE.

INSCRIPTIONS

D'UN

RELIQUAIRE ARMÉNIEN

DE LA

COLLECTION BASILEWSKI.

Le connétable Sempad nous raconte dans sa *Chronique*, à l'année 652 de l'ère arménienne (1203), comment l'évêque de Sis Jean, promu à la dignité de catholicos, détruisit, pour se procurer de l'argent et fortifier sa résidence, une partie des vases sacrés qui composaient le trésor de Hromkla. La liste de ces objets[1] est intéressante et montre quelles richesses pouvaient alors se trouver entassées dans les églises arméniennes de la Cilicie, grâce à la piété des fidèles et à la munificence des souverains et des membres du haut clergé. Tout cela disparut au milieu des ruines et des désastres qui accompagnèrent la conquête musulmane. A peine en reste-t-il quelques rares épaves, et le trésor du couvent de Sis, aujourd'hui métropole d'une fraction de l'église ar-

1. *Recueil des historiens des Croisades.* — Documents arméniens, t. I, p. 640.

ménienne, ne possède plus qu'un bien petit nombre d'objets remontant à l'époque des rois chrétiens de la Cilicie[1]. On en trouverait probablement quelques autres dans les collections européennes tant publiques que privées, mais, à ma connaissance du moins, aucun archéologue n'a dirigé ses recherches de ce côté.

Le monument qui va nous occuper mérite certainement d'être classé au premier rang parmi les débris de l'art chrétien du moyen âge dans la Petite Arménie. Il semble être unique, et je n'ai rien pu découvrir qu'il fût possible d'en rapprocher.

C'est un reliquaire en forme de triptyque, composé d'un bloc rectangulaire en bois revêtu de lames d'argent doré, avec des figures et de nombreuses inscriptions exécutées au repoussé. Les dimensions en sont relativement considérables, puisqu'il a 0,635 m. de hauteur, 0,355 m. de largeur et 0,075 m. d'épaisseur; les volets ouverts, il présente un développement de 0,695 m. La reproduction phototypique jointe au présent mémoire permettra de s'en faire une idée fort exacte, et suppléera aux lacunes d'une description naturellement très abrégée.

Dans l'état actuel du monument, les volets ouverts découvrent un fond encadré dans une arcature ogivale et composé de deux autres volets de même dimension que les premiers; un verrou semble les tenir fermés (pl. I); cependant il n'y a point de charnières et ces volets intérieurs ne s'ouvrent pas. Chacun des quatre volets porte trois personnages, une figure en pied encadrée de deux médaillons;

1. Langlois, *Voyage dans la Cilicie*, Paris, 1861, p. 399 sv.

outre les noms des personnages, des inscriptions courent en bordure autour des volets.

En refermant les volets extérieurs, on voit que leur revêtement externe a été enlevé et est remplacé aujourd'hui par une simple feuille de papier doré.

Les tranches latérales portent chacune neuf médaillons avec le nom des personnages figurés, le tout exécuté au repoussé comme le reste du monument.

Enfin la face postérieure du reliquaire présente une longue inscription de *quarante-trois lignes* comprenant *cent quatre vers* de huit syllabes.

Nous aurons donc à étudier successivement les inscriptions qui se trouvent :

A. Au revers des deux volets extérieurs du triptyque;

B. Sur les deux faux-volets intérieurs;

C. Sur les tranches latérales;

D. Sur la face postérieure.

Avant d'aborder cette étude, il ne sera peut-être pas inutile de dire en quelques mots comment j'ai été amené à l'entreprendre, et dans quelles conditions je l'ai achevée.

J'eus l'occasion de voir pour la première fois le reliquaire arménien de la collection Basilewski il y a environ trois ans. Il avait été apporté et déposé dans une salle de la Bibliothèque de l'École des langues orientales pour y être examiné et expliqué par le regrettable M. Dulaurier. Malheureusement d'autres occupations plus pressantes, et les soins que nécessitait une santé déjà ébranlée, empêchèrent le savant professeur de donner suite au projet qu'il avait formé de traduire les inscriptions du monument. Je crois même qu'il n'avait encore rien écrit quand le reliquaire fut rendu à M. de Basilewski.

Quelques mois après, en dépouillant une liasse de vieux papiers et fragments d'ouvrages orientaux achetée dans une vente publique, je trouvai plusieurs feuillets in-4° qui semblaient avoir fait partie d'un volume plus important et contenaient un texte arménien assez étendu, imprimé en caractères majuscules. Dès les premiers mots, je reconnus les inscriptions du reliquaire, qui par conséquent avait déjà été vu et étudié. Mais par qui? où? dans quel ouvrage? Autant de questions qui n'ont été éclaircies pour moi que tout récemment.

L'automne dernier j'entrepris l'explication de ces inscriptions sur le texte, assez fautif du reste, que je possédais, et bientôt je pus aller en présenter la traduction complète à M. de Basilewski, lui demandant de vouloir bien m'autoriser à revoir mon travail sur le monument original. M. de Basilewski accéda à mon désir avec une complaisance dont je dois lui exprimer ici ma plus vive gratitude. Mais en me confiant le reliquaire, que je gardai chez moi plusieurs semaines, il ne put me donner d'autre renseignement sur sa provenance et ses destinées antérieures, sinon qu'il l'avait acquis en Italie. Il ne savait pas que le texte arménien des inscriptions eût été imprimé et le croyait au contraire tout-à-fait inédit.

Sur ces entrefaites, j'eus l'occasion d'entrer en relations avec le R. P. Léonce M. Alishan, de la congrégation des Mekhitaristes de S. Lazare, bien connu de tous ceux qui s'occupent d'études arméniennes. Questionné par moi au sujet du reliquaire, le savant religieux mit la plus grande obligeance à me communiquer tous les renseignements qu'il possédait sur un monument national dont il avait perdu la trace, mais qui l'intéressait à un haut degré. J'appris ainsi :

1° Que le reliquaire en question était encore conservé vers 1830 dans un couvent de Cordeliers (?) à Alexandrie en Piémont ;

2° Qu'il avait été étudié à cette date par le baron Adeodato Papasiants, interprète de la légation sarde à Constantinople ; que celui-ci avait livré à l'impression le texte qu'un heureux hasard avait fait tomber entre mes mains, mais qu'il en avait supprimé si rigoureusement les exemplaires[1] que le P. Alishan lui-même en possédait seulement une copie manuscrite ;

3° Enfin, que Papasiants avait fait graver au trait quelques-uns des détails du reliquaire, et avait remis lui-même des épreuves de ses planches au P. Alishan à Turin vers 1850.

Voilà tout ce que pouvait m'apprendre mon illustre correspondant ; il ignorait si Papasiants avait laissé une explication manuscrite du reliquaire et de ses inscriptions.

Pendant ce temps j'avais arrêté ma traduction, fait photographier le monument, et je m'occupais de préparer l'im-

1. Le baron Papasiants avait certainement en vue la publication d'un recueil de pièces et documents originaux relatifs à l'histoire d'Arménie. Seize pages seulement ont été imprimées vers 1830. Elles contiennent, avec l'inscription du reliquaire, le texte arménien du privilège accordé aux Génois par le roi Léon III en 1288. Depuis les premières communications du R. P. Alishan, quelques exemplaires de ce fragment ont été retrouvés à S. Lazare, et l'un d'eux m'a été envoyé.

pression du présent travail, lorsque je reçus de M. de Basilewski un extrait des Mémoires de l'Académie royale des sciences de Turin portant le titre suivant : *Reliquiario armeno già esistente nel convento del Bosco presso Alessandria in Piemonte. Brevi cenni di* Vincenzo Promis. Torino, Ermanno Loescher, 1883, 4°, 8 p. et 5 pl. L'origine de ce mémoire était expliquée de la manière la plus nette. Le savant bibliothécaire de la Bibliothèque royale de Turin, M. V. Promis, avait trouvé dans cette bibliothèque le manuscrit et les cuivres de Papasiants et mettait au jour avec un empressement très justifiable, étant donnée l'importance du monument, la traduction des inscriptions du reliquaire accompagnée de quelques notes sommaires et de cinq planches. Du texte arménien il n'était nullement question, et l'éditeur semblait n'avoir pas eu connaissance de la première publication de Papasiants.

Quoi qu'il en soit, mon travail était terminé, et ceux qui liront le mémoire de M. Promis verront qu'il ne pouvait m'être d'aucun secours pour l'interprétation du monument. Mais il n'en était pas de même quant à son histoire, sur laquelle je n'avais encore obtenu que de maigres renseignements. J'ai appris ainsi d'une manière positive, par M. Promis, que le reliquaire était conservé en 1828, époque où il fut étudié par le baron Papasiants, dans un couvent de Dominicains du village de Bosco, près Alexandrie; de plus, que ce couvent avait été doté par le pape Pie V (1566—1572), son fondateur, d'une riche bibliothèque et d'un grand nombre d'objets précieux, parmi lesquels selon toute vraisemblance notre triptyque. Si la conjecture est fondée, on peut supposer que le monument aura été rapporté d'Orient, comme butin de guerre, par quelqu'un des nombreux corsaires chrétiens qui dévastaient alors les côtes musulmanes, ou bien qu'il provenait de Chypre et aurait été envoyé à Rome pour le mettre à l'abri des Turcs qui sous Pie V firent la conquête de l'île.

J'ai pu constater également, d'après les notes et les planches de Papasiants, que le reliquaire tel que je l'avais examiné n'était plus dans son état primitif. Pendant le temps qui s'est écoulé entre son séjour dans le couvent de Bosco et son entrée dans la collection Basilewski, il a été l'objet d'une restauration barbare qui en a modifié l'aspect et dont je dois dire maintenant quelques mots.

La Pl. I nous représente le triptyque ouvert, dans son état actuel, avec le revers des deux volets extérieurs et les deux faux-volets qui forment un fonds encadré dans l'arcature médiane. En 1828, l'apparence eût été tout autre : le fond était alors une plaque d'argent doré portant un crucifix[1] travaillé au repoussé; aux pieds du Christ, une tête, qui doit être celle d'Adam; dans le champ resté libre, des inscriptions devenues illisibles, au dire de Papasiants, et la trace des chatons qui avaient servi à enchâsser des pierres précieuses[2]. Cette partie du reliquaire devait être la moins bien conservée. Elle fut donc enlevée à un moment donné et remplacée par les lames de métal qui recouvraient la

1. Avec l'inscription Յս̃ նազովրեցին թգ̃ր Հր[էից], *Jésus de Nazareth, roi des Juifs* (Jean, XIX, 19).

2. Promis, *l. c.* pl. V. Un fragment de cette plaque existe encore et sert à dissimuler une déchirure du métal dans les faux-volets. On y peut lire les trois caractères *տկո*.

face externe des volets extérieurs. De là les faux-volets qui se découvrent aujourd'hui lorsque les volets extérieurs sont ouverts, et qui formaient primitivement la face antérieure du triptyque lorsqu'il était fermé.

Mais les restaurateurs peu scrupuleux, qui ont ainsi mutilé un des monuments les plus précieux de l'antiquité arménienne, étaient de bons marchands. Pour ne pas perdre entièrement la partie qu'ils venaient de faire disparaître, ils en ont détaché le crucifix, l'ont appliqué sur une croix en bois, et vendu comme tout-à-fait distinct du reliquaire. Ce précieux débris se trouve également aujourd'hui dans la collection Basilewski.

Nous allons maintenant étudier l'une après l'autre les inscriptions du triptyque, en prenant le monument dans son état actuel. Nous les reproduirons avec une scrupuleuse fidélité, en respectant toutes les particularités orthographiques[1]. Là où notre lecture diffèrera de celle de Papasiants, nous donnerons cette dernière en note, précédée de la lettre P.

A. Volets extérieurs.

Le revers du volet gauche présente trois personnages qui sont, en commençant par le haut : 1° Սբ Յովհաննես, *S. Jean (-Baptiste)*; 2° Գաբրիէլ, *Gabriel*; 3° Սբ Դաւիթ, *S. David.*

Trois inscriptions sont disposées en bordure, de telle manière que chacun des personnages se trouve en regard des paroles qu'il est censé prononcer :

1. Il y a surtout à signaler l'emploi très rare de la lettre է remplacée presque toujours par ե.

Ահայ գառն **Ա**յ որ բառնա զմեղս աշխարհի, *Voici l'agneau de Dieu qui ôte les péchés du monde* (Paroles de S. Jean-Baptiste, Jean, I, 29[1]).

Ուրախ լեր բերկրեալդ **Տ**ր ընդ քեզ աւրհնեալ ես դու 'ի կանայս հոգի որ եկեսցէ 'ի քեզ, *Salut, toi qui es comblée de grâces, le Seigneur est avec toi; tu es bénie entre les femmes*[2]*; l'esprit saint descendra sur toi* (Paroles de Gabriel à la Vierge, Luc. I, 29, 35).

Լուր դուստր և տես խոնարհեցո զուկն[3] քո, *Ecoute, ma fille, et vois; prête l'oreille* (Psaumes de David, XLIV, 11 [hébreu XLV, 11]).

Les trois personnages que présente le volet droit sont, en les prenant dans le même ordre : 1° **Ս**բ **Ս**տեփանոս, *S. Etienne;* 2° **Մ**այր **Ա**յ, *la Mère de Dieu;* 3° **Հ**եթում թագաւոր **Հ**այոց, *Héthoum*[4]*, roi des Arméniens.*

Les inscriptions sont disposées comme sur le volet gauche correspondant.

Ահա տեսանեմ զերկինս բացեալ և զորդի մարդոյ զի կայ ընդ աջմէ **Ա**յ, *Voici je vois les cieux ouverts et le fils de l'homme se tenant à la droite de Dieu* (Paroles de S. Etienne, Actes VII, 55).

Ահավասիկ կամ աղախին **Տ**ն. եղեց[5] ինձ ըստ բանի քում, *Voici, je*

1. Les indications de chapitres et versets sont données d'après la Bible arménienne de Venise, 1805, 4° (édition de Zohrab).

2. Les mots աւրհնեալ ես դու 'ի կանայս manquent dans la version arménienne, dans les versions coptes et dans quelques manuscrits grecs importants du Nouveau Testament. Il est assez curieux de les trouver ici. La Bible arménienne de S. Pétersbourg, 1817, les ajoute en marge du texte.

3. Lire ունկն; le premier ն est omis, non pas effacé, dans l'inscription.

4. Héthoum II, fils et successeur de Léon III, qui monta sur le trône en 1289. Voir la note sur le vers 25 de l'inscription *D*, p. 203.

5. Leçon de l'inscription; la forme correcte serait եղիցի; au lieu de եղեց ինձ, Papasiants avait lu եղիցին, et n'avait pas tenu compte du ձ.

suis la servante du Seigneur; qu'il m'arrive selon ta parole (Réponse de Marie à Gabriel, Luc. I, 38).

La troisième inscription, correspondant au médaillon du roi Héthoum représenté dans l'attitude de la prière, a ceci de particulier qu'elle commence en dehors de la bordure par un mot écrit de droite à gauche et sortant de la bouche du roi. Elle se compose de quatre vers de huit syllabes :

Բարեհաւանեայ[1] մայր Այ
Անճառ ծնելոյն 'ի քեն որդւ
Վասն կամաց իւր հաշտելո :.
Ընդ ծառաիս իւրոյ Հեթմո :.

Intercède, Mère de Dieu,
auprès de ton fils ineffable,
pour qu'il veuille bien être propice
à son serviteur Héthoum.

J'ai à peine besoin de faire remarquer que les personnages figurés sur les deux volets se correspondent parfaitement. S. Jean-Baptiste, le Précurseur, est affronté à S. Etienne, le premier martyr (comp. inscription *B*, vers 2 et 3). Gabriel, avec la lance surmontée d'un lys, adresse les paroles de l'Annonciation à la Vierge Marie, assise et occupée à filer, suivant la tradition de l'iconographie byzantine[2]. Enfin le roi David, dans la bouche duquel est mis

1. P. բարեխաւսեա. Au vers 4 ծառաիս est pour ծառայս.
2. Didron, *Manuel d'iconographie chrétienne*, p. 155.

un texte appliqué à l'Annonciation[1], fait face au roi Héthoum qui adresse une prière à la Vierge.

B. Volets intérieurs.

Le volet de gauche porte les figures de : 1° Սբ Պետրոս, *S. Pierre;* 2° Սբ Գրիգոր Լուսաւորիչ, *S. Grégoire l'Illuminateur;* 3° Սբ Ստրատիոս, *S. Stratios*[2].

Celui de droite présente celles de : Սբ Պաւղոս, *S. Paul;* Սբ Թադէոս, *S. Thaddée;* Սբ Վարդան, *S. Vardan*[3].

La symétrie constatée à propos des volets extérieurs existe encore ici. Nous voyons placés en regard les deux grands apôtres du Christianisme (S. Pierre et S. Paul), les deux apôtres particuliers de l'Arménie (S. Thaddée et S. Grégoire l'Illuminateur), et deux saints guerriers arméniens (S. Eustratios et S. Vardan).

La bordure des deux volets contient une inscription en seize vers de douze syllabes, divisée en deux strophes acrostiches de huit vers chacune[4]. La première strophe est écrite perpendiculairement, les lettres superposées deux par deux, sur le bord droit du volet gauche et le bord gauche du volet droit; la seconde forme l'encadrement des deux volets ré-

1. Didron, *Manuel d'iconographie chrétienne,* p. 147.

2. S. Stratios, plus généralement appelé S. Eustratios, Եւստրատիոս, est un des saints militaires de l'Arménie. Cf. Aucher, *Vies des saints* (en arménien), t. IX, p. 481 sv. Le bras d'un S. Stradius était vénéré dans l'Eglise des Apôtres à Constantinople. Cf. *Exuviæ sacræ Constantinopolitanæ,* t. II, p. 212.

3. S. Vardan est le héros de la grande lutte que les Arméniens soutinrent contre les Perses au Ve siècle pour défendre leur religion et leur indépendance, et dont les péripéties ont été racontées par l'historien Elisée.

4. Les noms produits par les lettres initiales sont, pour la première strophe, Հեթում թգ, *le roi Héthoum,* et, pour la seconde, Կոստանդին, *Constantin,* le donateur du reliquaire; cf. p. 196 [Communication du R. P. Alishan].

unis. Le contenu de cette inscription est une invocation aux saints dont les reliques ont été déposées dans le reliquaire: les huit premiers vers s'adressent à la Mère de Dieu, à S. Jean-Baptiste et à S. Etienne, et implorent la protection divine pour le monastère de Skévra et le roi Héthoum; les huit derniers demandent l'intercession de S. Pierre et de S. Paul, de S. Thaddée et de S. Grégoire l'Illuminateur, en faveur du personnage qui a fait exécuter le reliquaire et de toute la nation arménienne. On remarquera facilement que l'inscription présente, quant au rapprochement des personnages, la même symétrie que nous venons de signaler au sujet des figurations.

En voici le texte et la traduction:

+ Հաւրն անեղէւ[1] անեղակից բանին ծնաւղ։
Եւ բոլորից սրբարարի [սբ̃ մկրտ]աւղ[2]։
Թագաւորին երկնաւորին նախ վկայաւղ։
Որք առ Ք̃ս էք համարձակ բարեխաւսաւղ։
Նիւթոյ[3] հայցման լերուք նմայ ձիր նվիրաւղ[4]։

1. P. անեղի. Le texte devrait porter անեղին.

2. Les six lettres entre crochets ne figurent plus sur le monument, le métal même ayant été enlevé pour une réparation moderne de la fermeture. La restitution proposée dans le texte est à peu près certaine. Il fallait trouver un vers s'appliquant à S. Jean-Baptiste, et la lacune n'offrait de place que pour six lettres : Papasiants avait lu սբ̃ . . . . աւղ ; les lettres սբ ont disparu, mais le trait indicatif de l'abréviation est resté. En examinant de près la déchirure du métal, on voit (mieux sur la reproduction que sur l'original) les restes des deux dernières lettres qui paraissent être րտ. La lecture մկրտաւղ s'offrait donc d'autant plus naturellement qu'elle donnait un sens très satisfaisant.

3. P. նիւթոյ, qui a la même signification.

4. Pour նուիրաւղ, comme, au v. 11 ավէալ pour աուէալ, et, au v. 15, պատվյ pour պատուոյ.

Մինչ Սկեւռային խնամաւք լինել անշարժ պահաւղ:
Թախանձելով առ նոյն լերաւք կրկին մաղթաւղ:
Գող ըղեթում[1] յերկար կենաւք Հայոց տի[ր]աւղ[2]:.

Կայուն վերին արքայութեն ունաւղ փականց:
Ով[3] և անաւթ կրեալ զՅն 'ի մեջ ազանց:
Սէ Թադեոս ավեալ բժիշկ ամնն Աբգարանց:
Տէ ոէ Գրիգոր նոր[4] [տուաքեալ[5] հայաստանեանց:
Նուիրեմ[6] մաղթնաւք[7] ձեղ ո որոց] տատ[8] ոէ նշխարաց:
Գրողխ ըղձեղ տատ 'ի հանգիստ պատկյ փառաց:
Ի ՎՌէ խնդրել ջնջումն իմյս մեղաց[9]:
Նոյն[10] և բոլոր Հայոց փրկիլ 'ի փորձութեանց:.

1. P. ըղեթում; il faut évidemment suppléer un հ et lire ըղհեթում.

2. Le ր a disparu par suite d'une déchirure du métal.

3. P. որ.

4. P. Գրիգորն որ.

5. Les mots placés entre crochets, depuis տուաքեալ jusqu'à որոց, sont écrits de droite à gauche, les lettres retournées. Il en résulte des difficultés de lecture, augmentées peut-être encore par quelques fautes de l'artiste qui n'était point accoutumé à figurer les lettres à l'envers.

6. P. նուիրեն.

7. Մաղթնաւք, lecture douteuse à cause de l'enchevêtrement des lettres. P. մաղթանք, qui peut se lire également, mais ne permet pas de donner à la phrase une construction grammaticale.

8. ո որոց տատ; Papasiants avait renoncé à déchiffrer et à traduire ces trois mots.

9. La lecture des derniers mots du vers est rendue difficile par l'enchevêtrement des lettres. Papasiants avait lu ջնջել իմաւցս մեղաց. Le texte que nous proposons : ջնջումն իմյս (pour իմոցս) մեղաց, semble mieux répondre aux caractères de l'inscription. Le sens du reste est le même.

10. Նոյն, omis par P.

TRADUCTION.

Mère du Verbe incréé du Père également incréé,
et toi qui as baptisé le sanctificateur de tous les hommes[1],
premier confesseur du roi céleste[2],
vous qui intercédez librement auprès du Christ,
adressez-lui vos plus instantes prières
pour qu'il garde Skévra[3] *inébranlable sous sa constante protection,*
et demandez-lui, dans vos supplications redoublées,
que Héthoum règne pendant une longue vie sur les Arméniens.

Possesseur des clefs du royaume immuable d'en-haut[4],
et toi, vase d'élection, qui as porté Jésus au milieu des peuples[5],
S. Thaddée, médecin donné à la maison d'Abgare[6],
Seigneur S. Grégoire, nouvel apôtre de l'Arménie,
je vous en conjure, ô vous dont les reliques sont ici réunies,

1. S. Jean-Baptiste.

2. S. Étienne.

3. Voir la note sur le vers 28 de l'inscription *D*, p. 205.

4. S. Pierre.

5. S. Paul.

6. Les légendes de la correspondance de Jésus et d'Abgare et de la guérison de ce dernier par l'apôtre Thaddée ou Addée qui convertit en même temps les Édessiens, n'étaient pas moins populaires chez les Arméniens que chez les Syriens. Le récit syriaque de Laboubnia fut traduit de très bonne heure en arménien. Outre les publications de Cureton, du P. Alishan, de Phillips, etc., voir à ce sujet le remarquable travail de Lepsius, *Die edessenische Abgar-Sage*, Braunschweig, 1880.

pour moi qui vous ai ici placés dans un repos honorable
et glorieux,
demandez au Christ la rémission de mes péchés,
et pour tous les Arméniens la délivrance de leurs épreuves.

C. Tranches latérales.

Les deux tranches, à droite et à gauche du monument, portent chacune neuf médaillons où sont figurés, avec leurs noms, quatre saints du Nouveau Testament, deux personnages de l'Ancienne Alliance, et trois évêques portant le pallium. Les deux côtés présentent la même disposition.

TRANCHE DE GAUCHE.

1. Ս՟ր Յակոբոս, S. Jacques.
2. Ս՟ր Յուդայ, S. Jude.
3. Ս՟ր Թովմաս, S. Thomas.
4. Ս՟ր Սիմուն[1], S. Simon.
5. Ս՟ր Եսայ, S. Esaïe.
6. Ս՟ր Եղիայ, S. Elie.
7. Ս՟ր Դիոնեսիոս, S. Denis.
8. Ա՟ծաբան[2], le Théologien (= S. Grégoire de Nazianze).
9. Ս՟ր Ոսկեբերան[3], S. Bouche d'Or (= S. Jean Chrysostome).

1. Սիմուն et Շմաւոն (forme d'origine syriaque) correspondent tous deux au nom de Simon. Comme plusieurs personnages de ce nom figurent dans le Nouveau Testament, il est difficile de préciser ceux de qui il est question. La forme Շմաւովն est employée dans la Bible arménienne pour désigner un des prophètes et docteurs de l'église d'Antioche (Actes XIII, 1).

2. Aucher, *Vies des saints,* t. I, p. 289.

3. *Ibid.* t. VIII, p. 356.

TRANCHE DE DROITE.

1. Սբ Անդրէաս, S. André.
2. Սբ Փիլիպպոս, S. Philippe.
3. Սբ Բարթաղի[1], S. Barthélemy.
4. Սբ Շմաւոն[2], S. Simon.
5. Սբ Մովսէս, S. Moïse.
6. Սբ Սիմէոն[3], S. Siméon.
7. Սբ Նիկաւղաոս, S. Nicolas.
8. Սբ Իգնատիոս, S. Ignace.
9. Սբ Բարսեղ, S. Basile.

Sauf quelques exceptions, ces personnages sont représentés d'après les types recommandés aux iconographes byzantins.

D. Face postérieure.

La grande inscription en quarante-trois lignes de belle écriture majuscule qui couvre la face postérieure du monument[4], lui assure une valeur historique de premier ordre. C'est un véritable poème en cent quatre vers[5], tous rimés

1. Բարթաղի (peut-être faut-il lire Բարթաւղի) est évidemment une forme populaire abrégée pour Բարթողիմէոս. Sur le rapprochement de S. Philippe et de S. Barthélemy, cf. Matth. X, 3.

2. Voyez la note 1 de la page précédente.

3. Il s'agit ici du vieillard Siméon (Սիմէոն ծերունի) qui ne devait pas mourir avant d'avoir vu le Christ et qui prophétisa en le voyant dans le Temple (Luc. II, 25 sv.). Il figure ici, à côté de Moïse, comme le dernier représentant de l'ancienne Loi.

4. Voyez la pl. II.

5. Les vers sont alternativement séparés dans l'original par deux et par trois points superposés (: et ⁝). Ce dernier signe, qui marque la fin du distique, a dû être remplacé dans le texte imprimé par un point unique.

en *ան*, où l'auteur, après avoir donné la date de la fabrication du reliquaire (v. 1—4) et esquissé l'histoire de sa propre vie (v. 5—30), nous raconte la prise de Hromkla par les Musulmans et déplore ce fait désastreux pour le peuple arménien (v. 31—52). Il nous expose ensuite comment il a été amené par ce malheur national à faire exécuter un splendide reliquaire (53—72), qu'il consacre à l'Incarnation du Sauveur et dépose dans une église du couvent de Skévra (73—92); ceux qui le verront sont invités en termes pressants à prier pour le roi Héthoum (v. 93—104).

Tel est le contenu de cette inscription, qui nous fournira l'occasion de traiter dans une série de notes les diverses questions relatives à l'histoire du monument, mais sans entrer dans de trop grands détails, et en nous bornant, vu le peu de place dont nous pouvons disposer, aux observations les plus indispensables.

✝ Յեւթ[1] հարիւր Հայոց թուական։
ընդ քառասուն ամաց լրման.
Եւս և երկուց 'ի այն պայման։
որչափութիւ[2] լցեալ այսքան.
Ես Կոստանդին անձն տարաամ։
որ եմ ծառայ Տն անարժան.
Անեալ եմ 'ի Կլայն հռոմայական։
որ մեծ աթոռն էր Հայկազնեան.
Յորում գլուխն պատուական։
նստիւր 'ի գահն պետական.
Հայրն հանուր Հայոց լրման։
որ Յի գոլով փոխան.
Յաջորդ գնդին սբ գրիգորեան։
լուսաւորչին ըղՀայաստան.
Յորոց սխեալք ըզմեզ հասան։
կաթողիկոսքն որքաղն.
Որք և եղեն ինձ պաշտպան։
խնամեալ զթով զիս հայրական.
Որ և 'ի վեր քան զիմն արժան։
հատուցայ ինձ աստիճան.
Նորին յաթոռ այցելութեն։
գաւազանաւս հովական[3].
Երդ բան մծեանն[4] յաջողման։
'ի դեպ ժամու և պատահման.

1. եւթ, forme vulgaire pour եւթն; aujourd'hui եօթը.
2. P. որ կացութիւ.

L'an sept cents de l'ère arménienne,
avec un complément de quarante années
et de deux autres encore,
ce qui parfait le nombre.
Moi Constantin, humble personnage,
qui suis un serviteur indigne du Seigneur,
j'ai été élevé au Château romain [Hromkla],
où était le grand siége arménien;
c'est là que le chef vénérable
siégeait sur le trône patriarcal;
père de tous les Arméniens,
comme vicaire de Jésus;
il succédait à la famille de S. Grégoire,
l'Illuminateur de l'Arménie,
depuis laquelle se sont succédé jusqu'à nous
les saints Catholicos
qui furent mes protecteurs,
ayant pris soin de moi avec une tendresse paternelle.
C'est là aussi que, malgré mon indignité,
me fut confié l'honneur
de m'asseoir sur le siége épiscopal
avec le bâton du pasteur.
Puis, par une dispensation divine,
quand le moment propice a été venu,

3. Հովական, pour Հովուական, comme au v. 28 Հովութեան pour Հովուութեան.
4. P. ՃՏՆեան.

Բարոյն Հեթմյ[1] արքայութեն։
որ գիտնական է որբազան[2].
Նշէ յաթոռ վսեմական [։]
Սկեւռաւանայս ՚ի հովութեն[3].
Եդայ տեսուչ այն մեծի տանն[4]։
և վիճակին իւր սեպհական.
Այլ երանի թե սուտ վախճան։
առնոյր զոյգս պատմութեն.
Աւաղ մեծի թշուառութեն։
բոր[5] ազինս հայկական.
Ա[մու յ]առաջ[6] քան զԹուականն։
առեալ եղև Հոռոմկլայն.
Նստեալքն եր[բեմն][6] անդ բնական։
եղեն վարեալք ՚ի գերութեն.
Եկեղեցիքն երկնանման։
յանհաւատից կոխեցան.
Եւ սրբութիքն ամծական։
ձեռաւք պղծոց շաւշափեցան[7].
Եւ ոչ մատեանքն ամծաբան։
՚ի նախատինս ցրուեցան.
Աէ հայրապետաւքն[8] և որք նորայն[9]։

1. Pour Հեթմյ; բարոյ (cf. v. 83) est une forme vulgaire pour բարւոյ. Cirbied, *Gramm. armén.*, p. 746.

2. P. որ գիտնական եմ բազման, texte incompréhensible, qui amène la singulière traduction de Papasiants : *[nel tempo del virtuoso re Hetum], che lo ho molto conosciuto.*

3. P. որ հովութե, au lieu de ՚ի հովութեն.

4. P. տան.

5. P. բոլոր.

6. Les lettres entre crochets, aux vers 35 et 37, ne sont plus lisibles sur le monument. Un violent coup de marteau a enfoncé en cet endroit la plaque d'argent et poli le métal. Le mal était certainement moins grand

sous le règne du bon Héthoum
qui est savant et saint,
j'ai été mis sur le siége éminent
comme abbé du monastère de Skévra;
j'ai été préposé à l'administration de cette grande maison
et des biens qui lui appartiennent.
Mais plût à Dieu qu'ici
se terminât mon récit!
Hélas! quel immense désastre
pour tout notre peuple arménien!
L'année qui a précédé la date [ci-dessus],
Hromkla a été prise;
les habitants qui jadis y résidaient
ont été conduits en captivité;
ses églises, qui s'élèvent jusqu'au ciel,
ont été foulées aux pieds par les infidèles;
les vases sacrés
ont été touchés par des mains impures;
et les saints livres inspirés de Dieu
ont été ignominieusement dispersés;
le saint patriarche et les siens

en 1828 quand Papasiants étudia le reliquaire; mais au lieu de sa lecture : ամաւք առաջ, qu'il déclare du reste douteuse et dont le sens est peu satisfaisant *(anni prima dell' êra!)*, je propose comme correction ամաւ յառաջ, qui permet une traduction conforme à la vérité historique, Hromkla ayant été prise un an avant la date du reliquaire.

7. P. շաւշաւփեցան.

8. Le pluriel me semble être une faute amenée par la série de pluriels qui précède. L'auteur de l'inscription avait dû écrire le mot au singulier. J'essayerai plus loin de justifier cette manière de voir.

9. P. և որ 'ի նոր, qui n'offre aucun sens; la traduction n'est pas plus

գերեալք յաշխարհն Տաճկաստան.
Վայ և աւաղ հազար բերան։
ընդ մեծ չարեացս[1] որ մեզ դիպան.
Փղձկիմ յիշմամբ այնց որբութէն։
յորս եմ անեալ ՚ի մանկութէն.
Զոր յար ՚ի միտս իմ նկատմամբ։
նստիմ ՚ի սուգ նջսեմական[2].
Այլ զեթեղէլ[3] իմ ՚ի Սկեւռայն։
ստիպէց փախաք զիս ցանկութէն.
Գնել զայս մտաւնս ՚ի հանգըստեան[4]։
՚ի յոյս մեծի խնձ բարութէն.
Եւ ՚ի սփոփանս այս տրտմութէն։
որ միշտ խոցէ զիմ խոհականս.
Ուստի շքեղ զայս խմբարան[5]։
ոչ նշխարաց պահարան.
Կազմել ետու յոյժ հրաշագան։
ըստ որբութէնց ճահողական.
Փորձ արծաթով և պատուական[6]։
խառնեալ ոսկով բոցանման.
Պճնեալ ՚ի զարդ զարմանազան։
յաւրինուածովք վայելչական.
Ականակապ ընդելուզմամբ։
իբր զատալակն[7] ահարոնեան.
Սրբոցս որ աստ հաւաքեցան։

satisfaisante : *i santi padri in quelli ed i nuovi condotti in schiavitù nel paese dei Saraceni.*

1. P. կարեացս; trad. : *per questo alto lutto . . .*

2. նջսեմական; le ջ est évidemment une faute et doit avoir été écrit pour un ը; donc նըսեմական. Papasiants avait lu avec raison նսեմական, sans tenir compte du ջ.

3. զեթեղէլ, pour զետեղել.

ont été emmenés prisonniers au pays des Arabes.
Hélas! Hélas! cri poussé mille fois
au sujet des malheurs qui ont fondu sur nous.
Je pleure au souvenir de ces objets sacrés
au milieu desquels s'est écoulée mon enfance;
ne cessant de les contempler dans mon esprit,
je reste plongé dans un deuil sombre.
Mais, comme je demeurais à Skévra,
un vif désir m'a porté
à placer ces reliques dans un reliquaire,
dans l'espoir d'en retirer un grand bien
et pour alléger cette tristesse
qui toujours déchire mon âme.
C'est pourquoi cette belle châsse,
destinée à garder de saintes reliques,
je l'ai fait faire splendidement,
comme il convient aux objets sacrés,
avec de l'argent éprouvé et fin
mêlé d'or éclatant;
parée d'ornements merveilleux
par un travail remarquable;
ornée de pierreries enchâssées
comme le pectoral d'Aaron;
lieu de repos pour les ossements

4. *Հանգիստ, տապան մարմնոյ սրբոց.* Ciakciak.

5. **Խմբարան** signifie proprement *lieu de réunion, église, chapelle;* il ne peut vouloir dire ici autre chose que *reliquaire, châsse,* et a peut-être été employé à cause de la forme du monument.

6. L'ordre des vers 61, 62 et 63 est interverti dans le texte de Papasiants.

7. *տաղտակ,* pour *տախտակ.*

սէ ոսկերաց հանգստարան[1].
Որպէս արձ[ան ի]նչ[2] բանական:
Հռչակ սէոյն յաղթութեն[3].
Նշխարքս սէ որ աստ եդան:
զորս ոչ արժէ նիւթք ամենայն.
Գեղ են ցաւոց բժշկական:
մեծ աւգնականք[4] ազգի մարդկան.
Սաստաւղք այսոյն չարութեն:
կոչաւղք[5] զհրշտակս[6] մեզ պահարան.
Յորում և ես յայս ապաստան:
շինեալ պարկեշտ զայս սրբարան.
Սրբոյն ընձայ հաճոյական:
և ինձ նշան բարոյ յիշման.
Նայեւ[7] իմոյն որ զիս ծնան:
և բնաւ ազգին[8] իմ լուութեն
Զոր տամ ընձայ[9] նուիրական:
փառաց փրկչին տնաւրենութեն.
Ի տաճարին իւր սրբութեն:
'ի Սէ Փրկիչն որ 'ի Սկեւռայն.
Զոր պահեսցէ տէր ընդ երկայն:
աւուր յայնշարժ[10] հաստատութեն.
Եւ զբոլոր զ՟այստան:
առցէ 'ի գութն ծնողական.
Երգ ես ձայնեմ ձայն ըղձական:

1. P. հանգստաման.
2. Les lettres entre crochets sont presque entièrement effacées.
3. P. ցմաղթութեն; trad. : *l'intercessione*.
4. P. մեծադնական.
5. P. կոչեաւք.

des saints qui sont ici recueillis;
comme un monument rationnel
en l'honneur de la victoire des saints.
Les saintes reliques ici déposées,
dont rien au monde n'égale la valeur,
sont des remèdes qui guérissent les maux,
et un puissant secours pour la race humaine;
elles menacent les mauvais esprits
et appellent nos anges gardiens.
En elles aussi mettant mon espérance,
ayant construit ce modeste sanctuaire,
aux saints présent agréable,
pour moi signe de bon souvenir,
ainsi que pour les miens qui m'ont engendré,
et pour tout le reste de ma race,
je le donne et le consacre
à la gloire de l'Incarnation du Sauveur,
dans son temple saint,
le Saint-Sauveur de Skévra.
Que le Seigneur garde longtemps ce [monastère]
dans une sécurité inébranlable,
et qu'il recueille toute l'Arménie
dans son sein paternel.
Maintenant, je fais entendre un vœu,

6. P. զհրեշտակս.
7. P. նա և.
8. P. ընտապգէին.
9. P. ընծայ.
10. Il faut certainement lire յանշարժ. Cf. l'inscription des volets intérieurs, v. 6.

և բաւբաւեմ բան մախթական[1].
Ի յնթանուրս[2] կարդամ զայս բան։
ափուեմ զհայցուածս աղերսական.
Որք տեսանէք զայս պահարան։
հըպկէք 'ի սէս որ սատ եղան.
Զի հայցուածովք ձեր մախթական։
խնդրուածաւքն աղերսական.
ԶՀեթում արքայն[3] Հայոց ազնեան[4]։
թագել ընդ սէ[5] յարքայութեան.
Եւ երախտեցն[6] որ յիս հասան։
առնուլ զվարձս հատուցման։.

Ամէն։

1. մախթական pour մաղթական.

2. յնթանուր, pour ընթանուր, qui à son tour est une variante orthographique pour ընթհանուր.

3. P. արքայ.

4. ազնեան ne se trouve pas dans les dictionnaires; je lui ai donné le

j'exprime une prière,
je m'adresse à tous
et leur expose mon instante requête :
Vous qui voyez ce reliquaire
et approchez des saints qui y ont été placés,
que grâce à vos prières
et à vos supplications,
Héthoum, le noble souverain d'Arménie,
soit couronné avec les saints dans le Paradis,
et reçoive la juste récompense
des bienfaits qu'il m'a accordés.

Amen.

sens de ազնիւ. Le R. P. Alishan aimerait mieux prendre Հայոց ազնեան comme synonyme de Հայկազնեան et traduirait : *roi de la race arménienne.*

5. ընդ ոք, pour présenter ici un sens satisfaisant, semble devoir être corrigé en ընդ սուրբս.

6. P. երախտիցն.

Notes.

Vers 1—4. Il ne paraît pas douteux, malgré l'opinion contraire de Papasiants[1], que la date exprimée dans ces quatre vers ne soit celle de la fabrication et de la consécration du reliquaire. L'ère arménienne dont il est ici question et qui fut instituée dans un concile tenu à Tevin, commence le 11 Juillet 552. L'année arménienne étant l'année solaire de 365 jours, sans fraction, anticipe par conséquent d'un quart de jour environ sur l'année julienne qui tient compte plus exactement de la durée de la révolution du soleil dans l'écliptique; de sorte que 1460 années juliennes = 1461 années arméniennes. Lorsque la fraction est ainsi négligée, l'année solaire est dite *vague*, parce que les mois doivent alternativement passer dans chaque saison. L'année arménienne 742 correspond à l'année 1293 de l'ère chrétienne (7 Janvier 1293 — 6 Janvier 1294)[2]. Quant à la manière dont cette date est rendue par notre inscription, on peut comparer les vers suivants du poème de Héthoum II :

Մինչ մեր ամացըս թիւ լըցաւ
Եօթն հարիւր ընդ քառասնի,
Եւ այլ չորից Հայոց թըւի.

ce qui veut dire : en 744 (= 1295).

Vers 5—30. Le donateur du reliquaire, nommé Constantin, nous offre d'abord quelques renseignements sur sa per-

1. *Mém. cité*, p. 8.
2. E. Dulaurier, *Recherches sur la chronologie arménienne*, Paris, 1859, t. I, p. 1, 54, 386 et *passim*.

sonne : il a été élevé à Hromkla (voir la note sur les vers 7—10), dans la maison patriarcale et sous la protection des catholicos ; puis il a obtenu les honneurs de l'épiscopat, mais il ne dit pas quel siége il a occupé ; plus tard, sous le règne du roi Héthoum (1289—1305), à la suite de circonstances qu'il semble ne vouloir pas préciser (vers 23, 24), il a été mis à la tête du monastère de Skévra (voir la note sur le vers 28). C'est dans ce couvent qu'il conçoit le projet de faire exécuter un reliquaire (v. 53), à l'occasion des désastres récents qui viennent de fondre sur l'Arménie (prise de Hromkla, 1292).

Trouvons-nous dans l'histoire de ce temps un personnage auquel ces divers traits puissent s'appliquer ? Le baron Papasiants ne le pense pas ; il voit dans notre Constantin un simple évêque, sur lequel nous ne savons rien d'ailleurs, et déclare[1] qu'il faut se garder de le confondre avec le catholicos Constantin II, nommé en 1287, déposé par le roi Héthoum en 1289, et rétabli en 1307 sur le siége patriarcal qu'il occupa jusqu'à sa mort (1322). Cette conclusion nous semble beaucoup trop absolue, et le résultat de nos recherches nous a conduit au contraire à regarder ce rapprochement sinon comme tout-à-fait certain, du moins comme fort probable. Voyons les faits.

Constantin II fut élevé à la dignité de catholicos dans un concile tenu à Sis et consacré la veille de Pâques de l'année 1287, sous le règne de Léon III, père de Héthoum II. Le lendemain, c'est-à-dire le jour de Pâques, le nouveau patriarche sacra Stéphannos Orbélian métropolitain de l'E-

1. *Mém. cité*, p. 4 et 8.

glise de Siounie[1]. Ce dernier, au témoignage duquel nous devons attacher une grande valeur, déclare que Constantin était auparavant supérieur du monastère de Khorin, en Cilicie. Tchamitch nous apprend[2] qu'il était originaire du bourg de Katouk (d'où son surnom de Կատուկեցի), et qu'il avait été élevé dans l'église de Sis (d'où son surnom de Սսեցի); quant aux deux autres surnoms de Constantin II, Pronagordz (Պրոնագործ, fileur de poil de chèvre) et Késaratsi (Կեսարացի, de Césarée), le premier n'a pas d'explication connue[3], le second ne put lui être donné qu'assez tard, lorsqu'il fut évêque de Césarée, avant son rétablissement sur le siége patriarcal. J'ignore sur quelle autorité Tchamitch se fonde pour dire que Constantin a été élevé dans l'église de Sis, mais il n'y a pas contradiction entre cette donnée et l'affirmation de notre inscription sur l'éducation à Hromkla du donateur du reliquaire : les jeunes gens élevés dans l'entourage des Catholicos vivaient probablement comme eux tantôt à Sis et tantôt à Hromkla.

Les chroniqueurs arméniens ne nous apprennent rien sur la vie de Constantin II avant son élévation au patriarchat, sinon qu'il fut supérieur du monastère de Khorin. L'inscription est encore moins explicite; elle se borne à rapporter qu'il eut l'honneur de s'asseoir sur le siége épiscopal, avec le bâton du pasteur, ce qui était au-dessus de

1. S. Orbélian, *Histoire de la Siounie,* trad. Brosset, Ire livr., p. 238, 243, 265.

2. *Histoire d'Arménie* (en armén.), t. III, p. 284; cf. la *Chronographie* de Samuel d'Ani, à l'année 737.

3. Peut-être ce surnom lui fut-il donné après sa déposition, parce que, s'étant dépouillé des ornements sacerdotaux, « il se fit apporter un cilice noir, très grossier, dont il se couvrit, ainsi qu'un capuchon de crin, qu'il mit sur sa tête. » S. Orbélian, *l. c.* p. 244.

ses mérites (v. 19—23); si nous pressions le sens de ուր (v. 19), nous pourrions en conclure que c'est à Hromkla que Constantin aurait exercé les fonctions pastorales. Serait-ce une manière modeste de dire qu'il a occupé dans cette ville le siége patriarcal? Cela n'est pas impossible.

Dans tous les cas, Constantin II, après trois ans de patriarcat, « accusé par de faux témoins que l'on produisit contre lui[1] », fut déposé par le roi Héthoum dans un synode tenu à Sis. D'après Stéphannos Orbélian, la conduite de Constantin à cette occasion resta empreinte d'une véritable grandeur. Se soumettant au roi et à l'assemblée qui demandaient sa démission, il se dépouilla de ses ornements sacerdotaux, se revêtit d'un cilice et sortit sans mot dire du palais épiscopal[2]. Mais la haine de ses ennemis ne le laissa point en repos; il fut arrêté, chargé de chaînes et enfermé dans la forteresse de Lambron. Peu de temps après, on lui donna comme successeur au siége patriarcal Etienne IV, originaire de Khakht dans la Haute Arménie, et surnommé *Hromklaietsi,* sans doute parce qu'il avait été élevé, comme l'auteur de notre inscription, dans la maison patriarcale de Hromkla[3]. Il fut le dernier catholicos qui résida dans cette forteresse.

1. *Chronique* de Sempad, à l'année 738 (1289).

2. S. Orbélian, *l. c.,* p. 243 sv.

3. Tchamitch, *Hist. d'Arménie,* t. III, p. 286. Etienne IV, qui mourut en captivité (1293) après la prise de Hromkla (cf. p. 208 sv.), eut pour successeur Grégoire VII d'Anazarbe (1293—1307), qui transporta à Sis la résidence des catholicos, et après la mort duquel Constantin II fut rétabli. Le P. Chahkhatounian, dans sa *Description d'Edschmiadzin* (en armén.), t. I, p. 207, ne fait figurer ni Etienne IV ni Grégoire VII dans la liste des catholicos légitimes, mais relègue en note la courte notice qu'il leur consacre. Pour cet auteur, Constantin II, qu'il fait mourir en 1323, aurait été le seul véritable patriarche pendant 37 ans.

Si, comme nous le pensons, l'auteur de l'inscription et le catholicos déposé sont un seul et même personnage, Constantin, après être resté prisonnier quelque temps dans la forteresse de Lambron, aurait été élargi et nommé supérieur du monastère de Skévra, qui n'était pour ainsi dire qu'une dépendance de Lambron (voyez la note sur le v. 28). Dans cette hypothèse, les vers 23 et sv., qui sont conçus en termes si vagues, prennent un sens assez clair. Les souffrances qu'a endurées Constantin ne sont plus que l'effet d'une «dispensation divine», tout ressentiment a disparu, et l'ancien Catholicos est devenu le plus reconnaissant, le plus dévoué des sujets du roi Héthoum[1]. Les malheurs qui viennent de fondre sur l'Arménie au moment où l'inscription a été rédigée ont pu amener ce changement, et il est également possible que Stéph. Orbélian, évidemment prévenu en faveur de Constantin, n'ait pas montré toute l'impartialité désirable dans son exposé des rapports du souverain avec le patriarche calomnié. Le même historien ne va-t-il pas jusqu'à nous représenter la prise de Hromkla et les désastres qui l'accompagnèrent comme un acte de la justice divine, vengeant Constantin de ses ennemis et affirmant son bon droit[2]!

Il semble résulter de ce qui précède, sinon la certitude, du moins la probabilité que l'auteur du reliquaire et de l'inscription est l'ancien catholicos Constantin, devenu abbé de Skévra avant d'arriver au siége épiscopal de Césarée et d'être enfin rétabli dans la dignité patriarcale.

1. Inscript. *B*, v. 8; inscr. *D*, v. 97 sv.

2. *L. c.*, p. 246, 247; cf. la *Chronique* de Sempad, à l'année 741.

Vers 7—10. La ville ou plutôt la forteresse de Hromkla, Կլայն Հռոմայական et Հռոմկլայն (vers 36), en syriaque ܩܠܥܗ ܪܗܘܡܝܬܐ et ܩܠܥܐ ܪܗܘܡܝܐ, en arabe قلعة الروم, est plus connue aujourd'hui sous son nom turc de روم قلعه, *Roum Qalèh*. Ces diverses appellations ont toutes la signification de «Château romain», *Castellum romanum;* on serait volontiers porté à y retrouver la traduction du grec Ρωμανόπολις, mais aucune des Romanopolis à nous connues n'a occupé l'emplacement de la célèbre citadelle arménienne, dont l'origine reste jusqu'à présent obscure et le nom inexpliqué[1].

Les ruines de Roum Qalèh, sur la rive droite de l'Euphrate, à l'O. d'Edesse, entre Biredjik et Samosate, sont toujours imposantes et justifient la réputation de place inexpugnable que Hromkla avait au moyen âge chez les chrétiens et chez les musulmans[2]. M. de Moltke, qui les visita en 1838, déclare qu'à cette date, et malgré le délabrement des fortifications, Roum Qalèh était encore complètement à l'abri d'une attaque de vive force. Il ajoute : «Il est difficile de dire où finit le roc, où commence le travail de l'homme. Le tout ressemble à un rocher façonné d'une manière particulière, à un morceau de craie découpé[3].» Ce rocher forme un promontoire escarpé qui surplombe à l'E. le cours de l'Euphrate, au N. et à l'O. la vallée d'un de ses affluents, le Marsifax, autrement appelé le Marzban. «Le quatrième

1. M. le capitaine du génie Marmier, qui a récemment exploré les ruines de Hromkla et en a levé le plan, communiquera dans un prochain travail le résultat de ses recherches. Il croit retrouver à Hromkla le site et même le nom de l'Οὔρημα de Ptolémée. Cf. Ritter, *Erdkunde,* X. Theil, p. 940.

2. Abulfedæ *Tabula Syriæ,* ed. Köhler, p. 126.

3. *Lettres du maréchal de Moltke sur l'Orient,* trad. par A. Marchand; 2e éd. Paris, s. d., p. 174, 175.

côté du château, dit M. de Moltke, est le côté dangereux; ici le rocher se rattache [vers le S.] à un plateau qui le domine, et dont on l'a séparé par un fossé de 80 pieds de profondeur, taillé dans le roc[1].» Cette gigantesque coupure, pratiquée sans doute par les croisés du comté d'Edesse à l'imitation de celle du château de Sahioun[2], en Syrie, excitait l'admiration de R. Pococke, auquel on raconta que le dessein primitif avait été de l'approfondir encore davantage pour y faire passer la rivière et transformer en île l'éperon sur lequel est assise la forteresse; «chose moins difficile, dit-il, que ce qui a déjà été fait[3].» Le château n'avait qu'une seule entrée défendue par six portes successives.

Hromkla était donc la plus forte place de la région. Or, depuis la prise et la destruction d'Ani par le sultan Alp-Arslan, en 1064, les patriarches de l'Eglise arménienne étaient sans demeure fixe et séjournaient là où ils croyaient trouver le plus de sécurité. Ce fut avec un réel empressement que le Catholicos Grégoire III Bahlavouni (1113 à 1167) accepta l'offre de la veuve du dernier comte d'Edesse, Josselin II le Jeune, qui lui proposait de lui remettre Hromkla pour y établir la résidence patriarcale et lui céda bientôt la forteresse en toute propriété. Grégoire III y résida depuis 1147. Les onze patriarches qui lui succédèrent consacrèrent leurs soins à embellir et à fortifier encore le château, et le «grand siége arménien» (v. 8) resta fixé à Hromkla jusqu'à la prise de la ville en 1292 par le sultan d'Egypte

1. *Ibid.*, p. 175. Il existe un plan de Hromkla dressé par M. de Moltke.
2. Rey, *Les colonies franques de Syrie*, p. 17.
3. *A description of the East.* London, 1743—45; vol. II, part I, p. 156.

el-Melik el-Aschraf Khalil[1] (v. 35 et sv.). En disant qu'il a été élevé à Hromkla (v. 7), Constantin nous apprend donc qu'il a passé sa jeunesse dans la maison patriarcale et dans l'entourage des Catholicos (cf. les v. 6—18, 50 et *passim*).

Vers 13—16. Les patriarches de l'Eglise arménienne furent d'abord pris dans la famille de S. Grégoire l'Illuminateur, et cela jusqu'à S. Sahak (Isaac), qui mourut vers le milieu du Ve siècle[2]. Mais peut-être aussi l'auteur de l'inscription regarde-t-il encore comme des descendants de S. Grégoire les catholicos d'Arménie depuis Grégoire II Vahram (1065—1105) jusqu'à Grégoire VI, dit Apirat, mort en 1203. Voir ce que dit à ce sujet M. Dulaurier dans le *Recueil des Historiens des Croisades,* Docum. armén., t. I, p. LXIII.

Vers 25. Héthoum II, fils et successeur de Léon III, commença à régner en 1289 (738 de l'ère arménienne), c'est-à-dire quatre ans avant la date du reliquaire. La situation du royaume de Cilicie était alors des plus critiques, et le nouveau roi, qui ne voulut d'abord prendre que le titre de baron, sentit le besoin de s'appuyer sur les Latins d'Occident pour être en mesure de résister aux progrès toujours plus menaçants des musulmans. Mais ce fut en vain qu'il s'adressa au pape Nicolas IV et fit des concessions au catholicisme. La première ferveur du temps des Croisades était passée, et aucun secours ne vint des pays d'outre-mer. Pendant ce temps le sultan d'Egypte el-Melik el-Aschraf,

1. Cf. Weil, *Gesch. der Khalifen,* t. IV, p. 174—190.
2. Cf. Moïse de Khorèn, III, p. 68.

fils de Kélaoun, s'emparait d'Acre et des côtes de la Syrie (1291); l'année suivante il prenait Hromkla, siége des patriarches arméniens, et en 1293 Héthoum se voyait forcé de céder aux Egyptiens un certain nombre de places et de payer tribut.

La composition de notre inscription est contemporaine de cette période d'abaissement et d'humiliation de la puissance arménienne. Héthoum, fatigué de la lutte, se retira dans une cloître, puis reprit les rênes du pouvoir deux ans plus tard (1295). La suite du règne de Héthoum II, jusqu'à son assassinat en 1307 par un chef mongol, présente une série lamentable d'événements funestes pour le roi et le peuple arménien. Voir la notice détaillée de M. E. Dulaurier sur le roi Héthoum II, dans le *Recueil des Historiens des Croisades,* Documents arméniens, t. I, p. 541—549. — Le roi Héthoum écrivit en 744 de l'ère arménienne (1295), c'est-à-dire deux ans après notre inscription, étant encore probablement dans un cloître, un poème en 226 vers, où il raconte sommairement l'histoire des rois de la Petite Arménie et déplore les récents malheurs de ce pays, en particulier la prise de Hromkla[1].

Vers 26. La science et les sentiments religieux du roi Héthoum II sont généralement reconnus. « Les témoignages contemporains, dit M. Dulaurier, nous apprennent que ce prince, élevé dans la piété et la pratique de l'humilité chrétienne, faisait ses délices de la prière, de la lecture de l'Ecriture sainte et de la société des moines et des ecclé-

1. *Recueil des Historiens des Croisades,* Documents arméniens, t. I, p. 550 sv.

siastiques[1].» La *Chronique rimée* de Vahram d'Edesse, écrite avant la mort de Léon III (1289), signale déjà le fils aîné de ce roi, Héthoum, comme un prince «versé dans l'intelligence des Saintes Ecritures et exercé à tous les travaux scientifiques» (vers 1369—1372):

Որ և երիս որդիս ծընեալ,
Նախ ըզՀեթում անդրանկացեալ,
Զայն որ յիմաստ գրոց կըրթեալ,
Եւ յիմաստից գործըս վարժեալ:

Vers 28. Skévra est un monastère dont le nom se rencontre souvent dans l'histoire de la Petite Arménie, mais dont la situation n'est pas encore exactement connue. On sait seulement qu'il était dans les environs de Lambron (aujourd'hui *Nemroun*), sur les pentes du Taurus, à deux lieues à peu près, vers le N. E., du château patrimonial des Héthoumiens. Aucun voyageur n'en a découvert jusqu'à présent les ruines, qui sont vraisemblablement cachées au fond des bois. Le R. P. Alishan a réuni tous les renseignements qu'il a pu trouver sur ce célèbre monastère dans une *Description générale de la Cilicie* (en arménien), qui doit paraître incessamment. Grâce à une bienveillante communication de sa part, nous sommes en mesure de donner sur Skévra les détails suivants : C'était dans le monastère de Skévra que se faisaient enterrer les princes Héthoumiens de Lambron, comme les rois de France dans l'abbaye de S. Denis. Le monastère comprenait deux bâtiments principaux : l'un était le *couvent* proprement dit, l'autre un

1. *Recueil des Historiens des Croisades,* Documents arméniens, t. I, p. 541.

ermitage. L'église principale était celle du couvent, appelée *Notre-Dame* : elle avait été fondée par les premiers princes de Lambron, rebâtie par Ochin, père de S. Nersès, et richement dotée par Héthoum, frère du même saint. L'église de l'ermitage portait le nom de *S. Sauveur* : d'après le vers 88 de l'inscription, c'est au *S. Sauveur de Skévra* que notre reliquaire a été offert par le donateur. Deux autres églises ou chapelles faisaient encore partie du monastère, la *Sainte-Croix miraculeuse* et une église sous l'invocation d'un saint guerrier que le R. P. Alishan croit être S. Georges. La bibliothèque de la congrégation des Mekhitaristes de S. Lazare, à Venise, possède deux manuscrits copiés au XIIe siècle dans le couvent de Skévra.

Vers 35, 36. Il y a un an que Hromkla (voir la note sur les vers 7—10) a été prise. En effet, notre inscription est de l'année 742 (1293), et les Égyptiens de el-Melik el-Aschraf s'emparèrent en 741 (1292) de la célèbre forteresse qui servait de résidence aux Catholicos arméniens. Cet événement, qui jeta la désolation dans l'Orient chrétien (v. 33, 34, 47, 48, etc.), remplit au contraire de joie le monde musulman[1]. «Lorsque l'on reçut à Damas, dit Maqrizi, les nouvelles de la prise de Kalat-arroum, la ville fut décorée comme dans une fête.» Le siége avait duré trente-trois jours; el-Melik el-Aschraf était arrivé le huitième jour de Djoumada second devant la place qui fut emportée de vive force le onzième jour de Redjeb 691 de l'hégire[2]

1. *Hist. des sultans mamlouks,* trad. Quatremère, t. II, I, p. 141.
2. *Ibid.* Cf. Weil, *Gesch. der Khalifen,* t. IV, p. 183 sv.

(29 juin 1292). Aboulféda, présent au siége où il commandait les contingents de Hamah, nous donne quelques détails intéressants sur la résistance du château et la marche des opérations militaires[1]. Mais les chroniqueurs arméniens se bornent à enregistrer l'événement, sans signaler d'autres particularités que l'enlèvement des reliques (entre autres le bras de S. Grégoire) et la captivité du catholicos Etienne. Stéphannos Orbélian est le seul qui mentionne au moins les diverses phases de la lutte : «Après un mois de siége, dit-il, la ville fut prise, puis la citadelle inférieure, enfin le réduit le plus haut, où le catholicos Grégoire avait fait construire une splendide église et une maison de plaisance pour les pontifes. Pris avec douze évêques, avec plusieurs prêtres et diacres, le catholicos Etienne fut présenté au sultan, la forteresse ravagée, les églises pillées et dévalisées, dépouillées d'immenses richesses consacrées à Dieu et de toutes leur propriétés[2].» Ce récit cadre parfaitement avec les renseignements fournis par Aboulféda et avec ce que nous savons de la disposition des lieux; il ne s'accorde pas moins bien avec les données de notre inscription.

Vers 39. Il y avait à Hromkla trois églises qui étaient

1. *Annales muslemici,* éd. Reiske, t. V, p. 104 sv. Aboulféda cite comme ayant alors commandé la forteresse de Hromkla كيناغيكوس خليفة الارمن, ce que Reiske traduit par *Kinagicus, legatus Armeni.* Il faut lire كيتاغيكوس; c'est le mot *Catholicos* transcrit d'après la prononciation arménienne. Aboulféda en faisait évidemment le nom propre d'un vice-roi d'Arménie. Dans l'édition de Constantinople des *Annales* d'Aboulféda (1286 = 1870), la faute est encore aggravée; on y lit كيناغيلوس et كيناغيلو (t. IV, page ٢٨). E. Quatremère a fait une correction analogue dans sa traduction de l'*Hist. des sultans mamlouks* de Maqrizi, t. II, I, p. 209.

2. *L. c.*, p. 246.

encore debout, mais abandonnées, à la fin du siècle dernier, S. Serge, S. Georges et S. Nersès Chnorhali[1]. La plus grande, celle qui était consacrée à S. Nersès, couronnait le point culminant du rocher, dans le réduit qui se trouvait à l'extrémité sud de la forteresse, à côté du palais des patriarches. Elle avait été bâtie en 1174, par le catholicos Grégoire T'gha, sur le modèle des églises de la Grande Arménie[2]. Il n'en reste plus aujourd'hui que deux magnifiques piliers. Vue du fond de la vallée, cette partie du château de Hromkla devait présenter un aspect véritablement imposant. Après la prise de la ville, les églises furent profanées et pillées, mais les édifices eux-mêmes restèrent intacts[3]; ils offraient encore de fort belles ruines en 1839 lorsque Ibrahim Pacha, en canonnant la place pour en déloger les Turcs, vint achever l'œuvre de destruction commencée au XIIIe siècle par un autre Egyptien, le sultan el-Melik el-Aschraf.

Vers 45—46. Comme nous l'avons déjà fait remarquer, le pluriel հայրապետուք doit être une faute du graveur; les mots և որք նորայն, qui terminent le vers, demandent հայրապետն au singulier, car le possessif նորայն ne peut se rapporter qu'au patriarche, non pas à la ville de Hromkla dont il désignerait les habitants : la captivité de ces derniers a été en effet déjà mentionnée aux vers 37 et 38. Il est ici question du catholicos arménien Etienne IV (p. 199), qui fut emmené pri-

1. Indjidjian, *Géographie moderne de l'Arménie* (en arménien); Venise, 1806, p. 340.

2. *Chronographie de Samuel d'Ani,* à l'année 1174, dans le *Recueil des Historiens des Croisades,* Documents arméniens, t. I, p. 455. — Stéphannos Orbélian, *Histoire de la Siounie,* trad. Brosset, Ire livr., p. 246.

3. Stéphannos Orbélian, *loc. c.*

sonnier avec tout son clergé[1] et, après avoir figuré à Damas dans le cortège du vainqueur[2], fut conduit en Egypte où il mourut l'année suivante[3]. L'auteur de l'inscription, qui écrit sous l'impression encore fraîche des tristes nouvelles arrivées de Hromkla, ignore les événements survenus quelques mois plus tard. Il ne connaît pas la mort d'Etienne, qu'il aurait à coup sûr mentionnée. Il ne sait pas davantage que le vainqueur de Hromkla, el-Melik-el-Aschraf, a été assassiné en décembre 1293, par l'émir Lâdjin[4]; il n'eût pas manqué autrement de signaler ce fait comme un acte de la vengeance divine et de dire avec le roi Héthoum II, qui écrivait en 1295, que le sultan d'Égypte «reçut le châtiment dont il était digne, comme ceux qui firent l'arche captive[5].»

«Զանզի ըզփոխն էառ յանձին,
Որպէս գերողք տապանակին.

Il y a là une confirmation évidente de la manière dont nous avons entendu les vers 1—4 et le vers 35.

Il est certain que les Arméniens et les autres chrétiens orientaux restèrent pendant plusieurs mois dans l'ignorance relativement au sort du Catholicos de Hromkla. Le passage suivant, extrait de la continuation de la *Chronique syriaque* de Bar-Hebræus et écrit par un contemporain des événements, est très instructif à cet égard : «Les Égyptiens. . .

1. *Chronique du royaume de la Petite Arménie,* dans le *Recueil des Historiens des Croisades;* Doc. arméniens, t. I, p. 654.

2. Maqrizi, *Hist. des sultans mamlouks,* trad. Quatremère, t. II, I, p. 142.

3. *Chronographie de Samuel d'Ani,* dans le *Recueil,* etc., p. 463. Stéphannos Orbélian, *Histoire de la Siounie,* trad. Brosset; 1re livr., p. 247.

4. Maqrizi, *ibid.* t. II, I, p. 152 sv.

5. *Poème de Héthoum,* vers 129—130, dans le *Recueil,* etc., t. I, p. 553.

prirent le Catholicos arménien avec tous les religieux[1] qui se trouvèrent auprès de lui; ils le conduisirent avec honneur à Jérusalem, où il arriva le samedi 28 du mois de Hezirân de la même année (1603 de l'ère des Séleucides; A. D. 1292). C'est là qu'il serait aujourd'hui; mais d'autres disent le contraire, affirmant qu'il a été crucifié et que ses compagnons, après avoir été chargés de chaînes, ont été menés en Égypte. On ne sait encore rien de certain sur son sort; ce qu'il y a de plus probable, c'est qu'il est mort dans la misère étant prisonnier à Damas[2].» L'opinion unanime des historiens arméniens est qu'Etienne mourut en Égypte.

Vers 68, 69. Comme nous l'avons déjà dit, le reliquaire est en argent doré. La dorure s'est parfaitement maintenue, sauf sur la face postérieure où se trouve la grande inscription. Un de mes amis, ingénieur à l'Hôtel des Monnaies, a bien voulu soumettre une parcelle du métal à une analyse qui a donné les résultats suivants :

Argent	924 $^{m}/_{m}$
Or	11 $^{m}/_{m}$
Titre de l'alliage .	935.

1. Quelques prêtres et religieux syriens étaient sans doute venus chercher un refuge dans la forteresse de Hromkla à côté des Arméniens. Le manuscrit syriaque CCXCV du Musée Britannique a appartenu à un certain Romanos, fils de Rabban Barsauma, chef des prêtres de Ra'ban [ville peu éloignée], de Hromkla (ܡܕܝܢܬܗ ܪܘܡܩܠܐ), qui relate dans une note la dure captivité subie par lui chez les Égyptiens. Cf. Wright, *Catal. of syriac manuscripts in the British Museum*, t. I, p. 231.

2. Bar-Hebræus, *Chronicon syriacum*, p. 596 : ܘܫܒܘܗܝ ܠܩܬܘܠܝܩܐ ܐܪܡܢܝܐ . ܥܡ ܟܠܗܘܢ ܕܝܪ̈ܝܐ ܕܐܫܬܟܚܘ ܠܘܬܗ . ܘܐܘܒܠܘܗܝ ܒܐܝܩܪܐ ܠܐܘܪܫܠܡ ܒܫܒܬܐ ܒܟ̈ܚ ܒܚܙܝܪܢ ܕܗܕܐ ܫܢܬܐ (ܐܚܓ) . ܘܗܐ ܬܡܢ ܗܘ . ܘܐܚܪ̈ܢܐ

Vers 67, 68. D'après le témoignage de Papasiants, les pierreries enchâssées se trouvaient sur la pièce centrale du reliquaire qui portait le crucifix et a maintenant disparu. Voir plus haut, page 175.

Vers 88. Comme nous l'avons vu plus haut, p. 206, une des églises du monastère de Skévra portait le nom de *Saint-Sauveur.* C'est à cette église spécialement que Constantin offre le reliquaire dont il vient de décrire la fabrication.

Vers 89, 90. Comparez le vers 6 de l'inscription *B.*

ܕܠܐ ܐܠܐ ܐܦܩܘܗܝ ܘܟܠܗܘܢ ܕܒܢܘܗܝ ܢܟܠܗ ܡܦܪܢܐ. ܘܐܘܟܠܗ ܠܡܠܟܘܬܗ. ܘܡܬܦܪܫܝܢ ܠܐ
ܐܬܕܘܪ ܫܪܒܗ. ܗܘܐ ܕܫܡܫܐ ܕܡܪܕܘܬܐ ܡܢ ܐܝܡܟܐ ܡܠܟܐ ܡܫܝܚܐ.

Nous n'aurions pas relevé toutes les inscriptions du triptyque si nous ne signalions, en terminant, quatre noms qui ont été gravés en creux et à la pointe sous les deux boîtes fermées par les médaillons de S. Paul et de S. Pierre, aux deux coins supérieurs du reliquaire, et sur les bords de l'arcature au-dessous de deux niches grillées. Ces noms, que je lis Հիպերքոս, սարգիս, պագոս et վա . . . ., n'appartiennent certainement pas au dessein primitif du monument, et sont d'une autre facture et d'une autre main que le reste des inscriptions. Après bien des hésitations, je me suis rangé à l'avis du R. P. Léonce M. Alishan, qui, consulté par moi à ce sujet, ne doute pas que ce ne soient les noms des saints arméniens Հիպերիքոս, *Hypéricos*[1], Սարգիս, *Serge*, et son compagnon (Բ)ագոս, *Bagos*[2]; il n'est guère possible de compléter le quatrième nom, les dernières lettres étant cachées sous la fenêtre de droite qui remplace aujourd'hui un grillage primitivement plus petit[3]. Il est vraisemblable que ces noms ont été ajoutés au reliquaire en même temps que de nouvelles reliques, qui auront été déposées dans les niches ci-dessus indiquées.

Avant de connaître la publication de M. Promis, j'avais aussi cherché et cru trouver, comme M. Papasiants, la signature de l'artiste dans le nom de Հիպերքոս[4]. La présence des autres noms, qui avaient échappé à l'attention de M. Papasiants, m'a forcé d'abandonner cette manière de voir.

1. Aucher, *Fleurs de la vie des saints* (en armén.), p. 258.
2. Aucher, *ibid.*, p. 145.
3. Comparer la fenêtre de gauche correspondante.
4. Promis, *mém. cit.*, p. 7.

P. S. L'impression de ce travail étant terminée, j'apprends, par une lettre du R. P. Léonce M. Alishan, qu'un des Péres de la Congrégation de S. Lazare a transcrit, il y a bientôt vingt ans, à la Bibliothèque du Vatican, une ancienne copie, fort défectueuse du reste, des inscriptions du reliquaire, sans traduction, mais avec l'indication en latin de la place occupée par les diverses inscriptions. Ce manuscrit, qui permet de lire Վարոս, *Varus*[1], le nom resté ci-dessus incomplet, pourra être d'un certain secours, sinon pour l'interprétation, du moins pour l'histoire du monument.

1. Aucher, *Fleurs de la vie des saints*, p. 279.

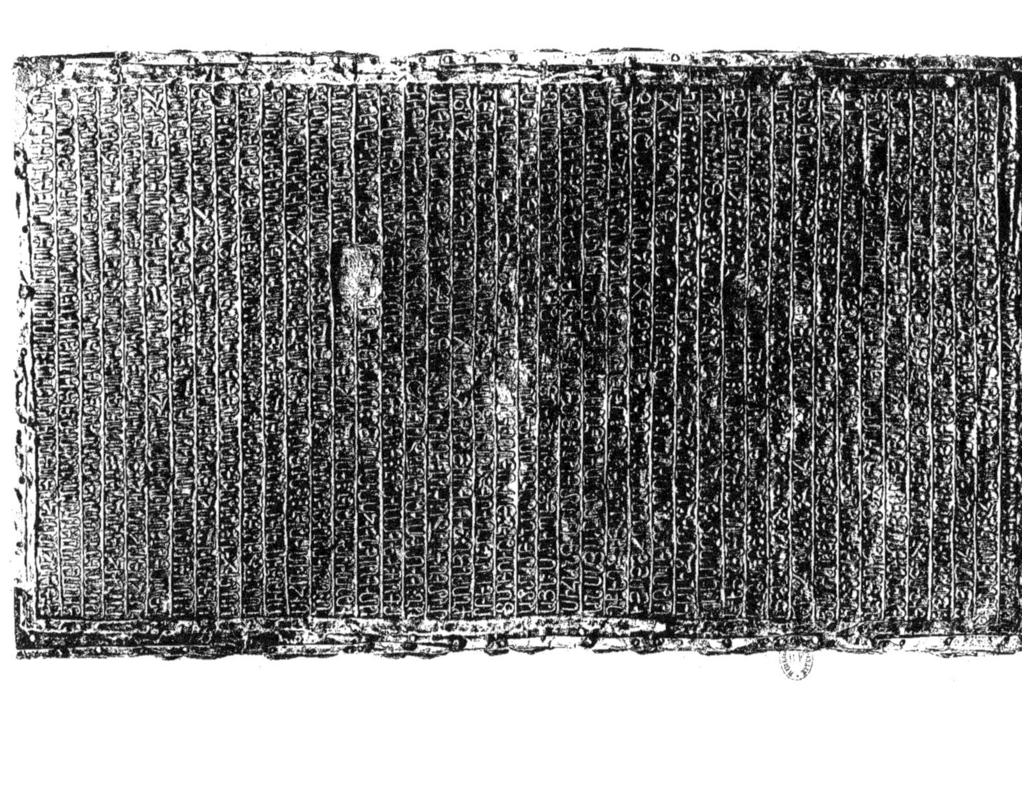

FRAGMENTS INÉDITS

DE

LITTÉRATURE GRECQUE

PAR

E. MILLER

MEMBRE DE L'INSTITUT.

FRAGMENTS INÉDITS
DE
LITTÉRATURE GRECQUE.

I.

Apophthegmes anciens.

On sait que l'ouvrage d'Élien, intitulé Ποικίλη ἱστορία, *Histoires variées*, ne nous est pas arrivé en entier. Tel que nous le possédons il contient quatorze livres, mais on en connaît d'autres fragments cités pas divers écrivains. Cet ouvrage n'est qu'une compilation souvent curieuse, et il serait bien plus important si Élien avait indiqué les sources où il puisait. C'est le plus ancien des *ana* connus et peut-être le meilleur. Il a surtout cela d'intéressant qu'il nous fournit des renseignements précieux sur les personnages les plus célèbres de l'antiquité.

J'ai découvert dans un manuscrit, il y a déjà un grand nombre d'années, des extraits de cet ouvrage, provenant de la collection alors qu'elle était complète, extraits parmi lesquels plusieurs sont inédits et très curieux. Le recueil que j'ai trouvé n'est pas dû seulement à Élien. Beaucoup d'autres collectionneurs y ont contribué. J'ai dû faire de longues et nombreuses recherches pour découvrir les extraits déjà donnés par Stobée, S. Maxime, Antonius Mélissa, Arsénius et par d'autres écrivains tels que Plutarque et Dion Chrysostome. Ce qui rend ces recherches très difficiles, c'est que les mêmes faits sont attribués souvent à des personnages différents. Aussi il pourra bien arriver que quelques-uns des extraits que je publie ici comme inédits aient déjà paru ailleurs. Le mal ne serait pas grand et on voudra bien me pardonner si le cas se présente; une reproduction a moins d'inconvénients qu'une omission. Je crois me rappeler en effet certaines réponses plus ou moins spirituelles qui figurent dans notre recueil, mais je n'ai pu retrouver les ouvrages où je crois les avoir lues autrefois. D'autres peut-être seront plus heureux que moi. Dans tous les cas on trouvera ici des extraits curieux et tout à fait nouveaux. Plusieurs de ceux qui forment le recueil complet présentent des différences de rédaction avec les textes connus; j'ai cru devoir les omettre lorsque ces différences ne modifient en rien le sens général de l'histoire. Ceux qui tiennent compte de tout, pourront recourir au manuscrit lui-même.

A cette première collection vient s'en joindre une seconde qui provient d'un autre manuscrit. Je l'ai soumise au même travail de vérification et j'en ai tiré tout ce qui m'a semblé nouveau, en faisant bien entendu les mêmes réserves au point de vue des fragments qui auraient paru ailleurs.

Quoi qu'il en soit voici ces extraits. Je leur ai donné à chacun un numéro d'ordre et j'ai ajouté à la suite du texte grec la traduction française avec la correspondance des mêmes numéros.

---

1. Δημώναξ [1], ἀξιούντων τινῶν προτιμᾶσθαι διὰ τὴν τῶν προγόνων εὐγένειαν, «Γελοῖον, ἔφη, ἀλεκτρυόνας μὲν οὐκ ἀπὸ τῶν προγόνων δοκιμάζεσθαι εἰ εὐγενεῖς, εἰ γενναῖοι, ἀλλ' ἀφ' ἑαυτῶν, τοὺς δ'ἀνθρώπους ἀπὸ τῶν προγόνων κρίνεσθαι.»

2. Διογένης καλὴν γυναῖκα μικρὰν ἰδὼν, «Τοῦτό ἐστιν, ἔφη, τὸ καλούμενον ἡμίκακον.»

3. Δείξαντός ποτε αὐτῷ γυναῖκά τινος ὑπὸ ποταμοῦ φερομένην καὶ εἰπόντος, «Σώσωμεν αὐτὴν», φησὶν, «Ἔα τὸ κακὸν ἐκεῖνο τὸ πολυθρύλλητον [2] φέρεσθαι ὑπὸ κακοῦ κακῶς.»

4. Ὁ αὐτὸς ἰδὼν παρθένον γράμματα μανθάνουσαν, «Ὁρῶ, ἔφη, ξίφος ἀκονούμενον [3].»

5. Δειπνίζοντος αὐτόν τινος καὶ μετὰ τὴν αὐτάρκη τροφὴν ἐσθίειν [4] αὐτὸν ἐπιτρεπομένου, «Οὐκ ἔχω, φησίν · ἣν γὰρ εἶχον πεῖναν, ἐπιλέλοιπέ με.»

6. Φαύλου δὲ μειρακίου εἰπόντος αὐτῷ, «Χαῖρε, πάτερ,» «Ὅσον, εἶπεν, ἐλελήθειν ἐμαυτὸν χρόνον μοχθηροῦ παιδὸς ὢν πατήρ!»

1. Ces extraits sont tirés du *Man. de Paris, Suppl. grec*, n° 134, fol. 232, v.

2. On pourrait ajouter au *Thesaurus* la forme nouvelle πολύθρυλλος employée par un anonyme. *Cod. Ven. ap. Nanian.* fol. 154, r°: Ἡ πολύθρυλλος φωνὴ τῆς ἀγαλλιάσεως ἔτι περιχορεύει μοι τὴν καρδίαν.

3. Comparez un fragment de Sapho en sens inverse. *Lyric. éd.* Bergk, fr. 68, p. 808.

4. Peut-être ἔτι ἐσθίειν. Le premier de ces mots aura été absorbé par le second.

7. Ἀστρολόγου[1] ἐν ἀγορᾷ καταγράψαντος ἀστέρας καὶ λέγοντος, «Οἵδε εἰσὶν οἱ πλανῆται,» «Οὐ μὲν οὖν, εἶπεν, ὦ κακοῦργε, ἀλλ'οἱ περιεστῶτές σε καὶ τεθηπότες ὡς παρ' οὐρανοῦ καταβεβηκότα.»

8. Οὗτος[2] δειπνῶν παρὰ Ἀντιγόνῳ τῷ βασιλεῖ μύρου ἐνεχθέντος, ἠλείψατο τὰ γόνατα. Εἰπόντος δὲ τοῦ βασιλέως, «Τί τοῦτο;» εἶπεν, «Ὅτι καθεύδων πρὸς τοῖς μυκτῆρσιν ἔχω τὰ γόνατα.»

9. Εἰπόντος τοῦ Ἀντιγόνου, «Εἰ καὶ ζῶν, Διόγενες, πολυτελείας κατεφρόνησας, οὐ[3] φροντίζεις μὴ ἀποθανὼν ἕλκυσμα γένῃ;» «Σὺ δὲ, ᾤου με τὴν βακτηρίαν, εἶπε, μάτην περιφέρειν; παρακείσεται γάρ μοι ἀποθανόντι, καὶ τοὺς ἐπιόντας τῶν κυνῶν πλήξω.» Τοῦ δ'εἰπόντος «Ποῦ γὰρ αἰσθήσῃ;» «Τοίνυν, ἔφη, εἰ μὴ αἰσθήσομαι, τί μοι μέλει;»

10. Φίλιππος[4] Μεθώνην[5] πολεμῶν τὴν ἐπὶ Θράκῃ, ἐπηρώθη τὸν δεξιὸν ὀφθαλμὸν βέλει βληθεὶς ὑπὸ τινὸς τῶν Μεθωναίων, Ἀστέρος ὀνομαζομένου, ἐπιγράψαντός τι τῷ βέλει τοιοῦτον,

«Ἀστὴρ Φιλίππῳ θανάσιμον πέμπει βέλος.»

Ὁ δὲ Φίλιππος ἀντέγραψε τῷ βέλει,

«Ἀστέρα Φίλιππος ἢν λάβῃ κρεμήσεται.»

11. Παίξας[6] δὲ μετά τινος νεανίσκου ἐδωρήσατο αὐτῷ τάλαντον. Τῶν

1. Dans Stobée 80, 6, mais avec une rédaction entièrement différente.
2. *Suppl. gr.* 134, fol. 233, r°.
3. Voy. plus loin à la suite de la traduction française la manière dont cette anecdote est racontée dans Cicéron.
4. Plutarque (ed. Reisk. t. VII, p. 224) raconte le fait dans des termes différents. Voy. aussi Stob. 7, 65 et Suidas, v. Κάρανος, où l'anecdote est racontée à peu près dans les mêmes termes, mieux cependant.
5. Cod. Μοθώνην.
6. Il s'agit d'Alexandre. Un autre manuscrit, où j'ai trouvé ce fragment, porte σφαιρίσας.

δὲ φίλων λεγόντων ὅτι πλέον τοῦ δέοντος ἔδωκεν[1], «Οὐχ ὅσον ἐκεῖνος ἄξιός ἐστι λαβεῖν δεῖ σκοπεῖν, ἀλλ' ὅσον ἐγὼ δοῦναι.»

12. [Ὁ] αὐτὸς[2] (Σωκράτης) τοῦ ῥήτορος Λυσίου γράψαντος αὐτῷ ἀπολογίαν ἀναγνοὺς ἔφη, «Καλὸς ὁ λόγος, ὦ Λυσία, οὐ μὴν ἁρμόττων ἐμοί·» ἦν γὰρ δηλαδὴ δικανικὸς, οὐ φιλόσοφος. Τοῦ δ' εἰπόντος, «Πῶς, εἰ καλὸς ὁ λόγος, οὐκ ἄν σοι ἁρμόττῃ;» ἔφη, «Καὶ ἱμάτια καλὰ καὶ ὑποδήματα εἴη ἂν ἐμοὶ ἀνάρμοστα.»

13. Ἐν[3] Κύπρῳ Δημάνασσα γενομένη γυνὴ πολιτική τε ὁμοῦ καὶ νομοθετικὴ, τρεῖς τοῖς Κυπρίοις νόμους ἔθηκε· τὴν μοιχευθεῖσαν κειρομένην πορνεύεσθαι· θυγάτηρ αὐτῆς ἐμοιχεύθη, καὶ τὴν κόμην ἀπεκείρατο καὶ ἐπορνεύετο· τὸν ἀποκτείναντα ἑαυτὸν, ἄταφον ῥίπτεσθαι· τρίτον τὸν ἀποκτείναντα βοῦν ἀλλότριον, ἀποθανεῖν. Δυοῖν δ' αὐτῇ παίδων ἀρρένων ὄντων, ὁ μὲν, ἐπὶ τῷ βοῦν ἀποκτεῖναι, ἀπέθανε, τὸν δ' ἑαυτὸν[4] ἀποκτείναντα οὐκ ἔθαψαν. Ἡ δὲ τέως μὲν ἐκαρτέρει, καὶ ἄπαις οὖσα καὶ νομοθετοῦσα· ἰδοῦσα δὲ βοῦν ἐπὶ μόσχῳ ἀπολλυμένῳ μυκωμένην, καὶ τὴν ἑαυτῆς ἐν ἄλλῳ συμφορὰν γνωρίσασα, τήξασα (f. θήξασα) χαλκὸν εἰς αὐτὸν ἥλατο· γενομένου δ' ἀνδριάντος ἐπὶ τῷ συμβάντι ἐπεγράφη,

Σοφὴ[5] μὲν ἤμην, ἀλλ' οὐ πάντα εὐτυχής.

1. Dans un autre manuscrit : ἔδωκας, «Οὐ τοῦτό με δεῖ, ἔφη, σκοπεῖν ὅσον ἐκεῖνος ἄξιος ἦν λαβεῖν, ἀλλ' ὁπόσον ἐμὲ παρασχεῖν.

2. *Suppl. gr.* 134, fol. 234, v. Cette anecdote n'est pas nouvelle, mais je n'ai pas pu la retrouver.

3. Voy. Élien, livre XIII, le chapitre qui est intitulé : «De quelques législateurs, pour qui les lois qu'ils avaient eux-mêmes établies, ont été funestes.»

4. Cod. τὸν δὲ αὐτὸν — ἔθαψεν.

5. C'est un vers qu'il faut sans doute restituer ainsi : Σοφὴ μὲν ἤμην, οὐ τὰ πάντα δ' εὐτυχής.

14. Παρίας[1] τις πορθμεὺς λῃσταῖς διεπόρθμευσε πρεσβύτην αἰχμάλωτον καὶ πίτταν. Ὠνεῖται δὴ ταύτην παρὰ τῶν λῃστῶν δεηθέντος τοῦ πρεσβύτου· ἦν δ' ἐν τῇ πίττῃ κεκρυμμένον χρυσίον. Πλουτήσας οὖν ἔθυσε βοῦν τῷ πρεσβύτῃ. Ὅθεν ἡ παροιμία,

Οὐδείς ποτε βοῦν ἔθυσεν ἀλλ' ἢ Παρίας.

15. Ἀγεσίλαος[2] ὁ Λακεδαιμονίων στρατηγὸς προσελθόντος αὐτῷ τινος ἀσπάσασθαι καλλίστου ἐξέκλινεν εἰρηκώς, «Ἄμεινον εἶναι τῶν τοιούτων ἐπάνω γίνεσθαι ἢ πολυανδροῦσαν πόλιν κατὰ κράτος ἑλεῖν· κρεῖττον γὰρ ἑαυτῷ φυλάττειν τὴν ἐλευθερίαν τοῦ ἑτέρων ἀφαιρεῖσθαι.»

16. Δημώνακτα[3] αἰτιωμένου τινὸς τῶν ἑταίρων καὶ φήσαντος, «Οὐκ ἐχρῆν σε τῷ ἐχθρῷ μου φίλον εἶναι», «Ἀλλ' οὐδέ σε, ἔφη, τῷ φίλῳ μου ἐχθρὸν γενέσθαι.»

17. Δημοσθένης[4] εὐχερῶς αὐτῷ τινος ἀργύριον χρήσαντος, ἐπεὶ ἑώρα πολλοῖς τὸ αὐτὸ ποιοῦντα, «Οὐκέτι σοι, ἔφη, χάριν ἔχω, νόσῳ γὰρ καὶ οὐ κρίσει τοῦτο ποιεῖς.»

18. Ἔλεγε[5] δ' ὁ αὐτὸς (Χρύσιππος) τῶν ἡδυσμάτων τὸ πῦρ εἶναι κράτιστον.

19. Εὐριπίδης ὁ τραγῳδός, ἐπεὶ ὀψωνοῦντος αὐτοῦ ἐπελάβετό τις λέξας ὅτι Σοφοκλῆς διὰ δούλου τοῦτο ποιεῖ, εἶπε· «Τοιγαροῦν ὁ Σοφοκλῆς ἐσθίει ὄψον, ὁποῖον ἂν τῷ οἰκέτῃ ἀρέσῃ, ἐγὼ δὲ, ὁποῖον ἂν ἐμοί.»

1. *Suppl. gr.* 134, fol. 240, v. Le nom propre et le proverbe sont inconnus. Peut-être faut-il lire Οὐδεὶς ἔθυσε πρέσβεσιν ἀλλ' ἢ Π.
2. *Ibid.*, fol. 244, r.
3. *Ibid.*, fol. 246, r.
4. *Ibid.*, fol. 247, v.
5. *Ibid.*, fol. 249, r.

20. Ἐσθίων ποτὲ Ἰσοκράτης παρὰ Νικοκράτει[1] τῷ Κυπρίων τυράννῳ, προτρεπομένων αὐτῷ τῶν παρόντων διαλεχθῆναι, ἔφη · «Ἐν οἷς μὲν ἐγὼ δεινὸς, οὐχ ὁ νῦν καιρὸς, ἐν οἷς δέ γε ὁ νῦν καιρὸς, οὐκ ἐγὼ δεινός.»

21. Ἀντισθένης[2] «τοῖς μέλλουσιν σώζεσθαι ἔφη φίλων δεῖν γνησίων ἢ διαπύρων ἐχθρῶν · οἱ μὲν γὰρ νουθετοῦντες τοὺς ἁμαρτάνοντας, οἱ δὲ λοιδοροῦντες ἀποτρέπουσιν.»

22. Ἱέρων[3] ἐρωτηθεὶς τίς εὐδαίμων, ἔφη · «Ὁ τὸ μὲν σῶμα ὑγιὴς, τὴν δ'οὐσίαν εὔπορος, τὴν δὲ φύσιν οὐκ ἀπαίδευτος.»

23. Σωκράτης[4] καθήψατό τινος τῶν συνήθων σφοδρότερον ἐν ταῖς τραπέζαις διαλεγόμενος, καὶ ὁ Πλάτων, «Οὐκ ἄμεινον ἦν, ἔφη, ἰδίᾳ ταῦτα λελέχθαι;» Καὶ ὁ Σωκράτης, «Σὺ δ', εἶπεν, οὐκ ἄμεινον ἂν ἐποίησας ἰδίᾳ πρὸς ἐμὲ ταῦτα εἰπών;»

24. Μειρακίου τινὸς πολλὰ παρὰ πότον ληροῦντος καὶ μὴ δυναμένου σιωπᾶν, εἶπεν ὁ Δημοσθένης, «Πῶς παρ'οὗ ἔμαθες λαλεῖν, παρ'αὐτοῦ σιωπᾶν οὐκ ἔμαθες;»

25. Ὁ αὐτὸς (Σωκράτης) ἔλεγε «Τοὺς υἱοὺς δοκοῦσι μᾶλλον ἀγαπᾶν αἱ μητέρες ὡς δυναμένους αὐταῖς βοηθεῖν, οἱ δὲ πατέρες τὰς θυγατέρας, ὡς δεομένας αὐτῶν βοηθεῖν.»

1. Ce prince s'appelait Nicoclès. Le manuscrit donne αὐτῷ τῶν π. — μὴν εγώ.

2. *Suppl. gr.* 134, fol. 250, v. Rédaction différente dans Plutarque (*Opp. Mor.* p. 82, ed. Paris, in fol.) qui applique cette pensée à Diogène. Voy. Orelli, *Opusc. gr. vet. sent.* t. 2, p. 259.

3. *Ibid.*, fol. 252, r.

4. *Ibid.*, fol. 252, v. Plus loin le manuscrit donne Εἰπὲ σὺ δ', εἶπεν.

26. Ἀλέξανδρος ὁ βασιλεὺς βαρύ τι ἐπιταττούσης αὐτῷ τῆς μητρὸς Ὀλυμπιάδος, ἔφη· «Ὦ μῆτερ, πικρόν με ἐνοίκιον τῆς ἐννεαμήνου μονῆς ἀπαιτεῖς.»

27. Νασικᾶς[1], οἰομένων τινῶν καὶ λεγόντων ἐν ἀσφαλεῖ ἔσεσθαι τὰ Ῥωμαίων πράγματα, Καρχηδονίων μὲν ἀνῃρημένων, Ἀχαιῶν δὲ δεδουλωμένων, εἶπεν· «Ἐπισφαλῶς ἔχοιμεν [ἂν] μήτε οὓς φοβηθῶμεν, μήτε οὓς αἰσχυνθῶμεν ἑαυτοῖς ἀπολελοιπότες.»

28. Ὁ βασιλεὺς[2] Φίλιππος ἤρα Θετταλῆς γυναικός· αἰτίαν δ'ἐχούσης καταφαρμακεύειν αὐτὸν, ἐσπούδασεν ἡ Ὀλυμπιὰς λαβεῖν αὐτὴν ὑποχείριον. Ὡς δ'εἰς ὄψιν ἐλθοῦσα, τό τε εἶδος εὐπρεπὴς κατεφάνη καὶ διελέχθη πρὸς αὐτὴν οὐκ ἀγεννῶς, οὐδ'ἀσυνέτως, «Χαιρέτωσαν, εἶπεν ἡ Ὀλυμπιὰς, αἱ διαβολαί· σὺ γὰρ ἐν σεαυτῇ τὸ φάρμακον ἔχεις.»

29. Πτολεμαῖος[3] γραμματικὸν ἐπισκώπτων εἰς ἀμαθίαν ἠρώτησε, «Τίς ὁ τοῦ Πηλέως πατήρ;» Κἀκεῖνος, «Ἂν σὺ πρότερος, ἔφη, τίς ὁ τοῦ Λάγου.» Τὸ δὲ σκῶμμα τῆς δυσγενείας ἥπτετο τοῦ βασιλέως. Καὶ οἱ περὶ τὸν βασιλέα ἠγανάκτησαν, ὡς οὐκ ἐπιτήδειον ὄντα χαίρειν (?), καὶ ὁ Πτολεμαῖος εἶπεν· «Εἰ μὴ τὸ φέρειν σκωπτόμενον, οὐδὲ τὸ σκώπτειν βασιλικόν ἐστιν.»

30. Ἐπίκουρος[4] ἔλεγε, «Πρὸς μὲν τἄλλα δυνατὸν ἀσφάλειαν πορίσασθαι, χάριν (?) δὲ θανάτου πάντες πόλιν ἀτείχιστον οἰκοῦμεν.»

31. Φαβίῳ[5] τοῦ υἱοῦ εἰπόντος, «Συμμίξωμεν Ἀννίβᾳ, καὶ ἑκατὸν πάντως οὐκ ἀποβαλοῦμεν,» ἔφη· «Βούλει δὲ τῶν ἑκατὸν εἶναι σύ;»

1. *Ibid.*, 254, r. Ναυσικᾶς. Plus loin dans le ms. ἔχομεν μήτε.
2. *Ibid.*, fol. 257, r.
3. Cod. Πτολομαῖος.
4. *Ibid.*, fol. 259, v.
5. *Ibid.*, fol. 260, r.

32. Λυκοῦργος[1] πηρωθεὶς ὑπὸ τινὸς τῶν πολιτῶν τὸν ἕτερον τῶν ὀφθαλμῶν, καὶ παραλαβὼν τὸν νέον[2] ὑπὸ τοῦ δήμου ἵνα τιμωρήσηται ὡς βούλεται, τούτου μὲν ἀπέσχετο, παιδεύσας δὲ αὐτὸν καὶ ἀποφήνας ἄνδρα ἀγαθὸν, παρήγαγεν εἰς τὸ θέατρον. Θαυμαζόντων δὲ τῶν Λακεδαιμονίων, «Τοῦτον μέντοι λαβὼν, ἔφη, παρ'ὑμῶν ὑβριστὴν καὶ βίαιον, ἀποδίδωμι ὑμῖν ἐπιεικῆ καὶ πολιτικόν.»

33. Φωκίων τῆς γυναικὸς αὐτοῦ προπηλακισθείσης τοσοῦτον ἐδέησεν ἐγκαλεῖν τῷ προπηλακίσαντι, ὥστε ἐπειδὴ δείσας ἐκεῖνος προσῆλθέ τε καὶ συγγνώμην ἔχειν ἠξίου τὸν Φωκίωνα, φάσκων ἠγνοηκέναι ὅτι ἦν ἐκείνου γυνὴ εἰς ἣν ἐπλημμέλει, «Ἀλλ' ἥ γε ἐμὴ γυνὴ, Φωκίων εἶπεν, οὐδὲν ὑπὸ σοῦ πέπονθεν, ἑτέρα δέ τις ἴσως, ὥστε οὐδ'ἐμοὶ καλόν ἐστι σε ἀπάγειν εἰς τὸ δικαστήριον.»

34. Σωκράτης[3] δημοσίᾳ λοιδορηθεὶς ὑπ' Ἀριστοφάνους, οὐχ ὅπως οὐκ ἠγανάκτησεν, ἀλλὰ καὶ ἐντυχὼν αὐτῷ, ἠξίου εἰ καὶ πρὸς ἄλλο τι βούλοιτο τοιοῦτον χρῆσθαι αὐτῷ.

35. Ἀνὴρ[4] ἄνδρα ἰδὼν ἀργύριον ἀναιρούμενον πολὺ, ἐδεῖτο δανεῖσαί οἱ ἐπὶ τόκῳ, ὁ δὲ οὐκ ἐπείθετο, φέρων δὲ κατορύξας ἀπέθετο. Καί τις ἰδὼν, ὑφείλετο · ὁ δὲ καταθέμενος ὡς οὐχ εὕρηκε τὰ χρήματα, ἀνωλοφύρετο ἐπὶ τῇ συμφορᾷ, καὶ ὅτι οὐκ ἔχρησεν αὐτὰ ἐπὶ τόκῳ · ἐντυχὼν δὲ τῷ ζητοῦντι, «Ἀπώλετο, ἔφη, τὸ ἀργύριον.» Ὁ δὲ αὐτὸν ἐκέλευσε μὴ φροντίζειν, ἀλλὰ νομίζειν ἑαυτῷ εἶναι καὶ μὴ ἀπολωλέναι καταθέμενον λίθον ἐς τὸ αὐτὸ χωρίον, «Πάντως οὐδ'ὅτε ἦν σοι ἐχρῶ αὐτῷ, μηδὲ νῦν ἀπολέσας νόμιζε στέρεσθαι μηδενὸς,» εἰπών.

1. *Ibid.*, fol. 262, v.
2. Ce jeune homme s'appelait Alcandre. Voy. Plutarque qui cite le fait, I, p. 182, 2.
3. *Ibid.*, fol. 263, r.
4. *Ibid.*, fol. 263, v. Comparez avec la fable 188 d'Ésope, intitulée Φιλάργυρος, et celle de La Fontaine IV, 20.

36. Σωκράτης[1] μέλλων τελευτᾶν, ὄμματι καὶ σχήματι καὶ βαδίσματι φαιδρὸς ἀπῄει · ὡς [δ'] ᾔσθετο τοὺς παρεπομένους δακρύοντας, «Τί τοῦτο, εἶπεν, δακρύετε; οὐ γὰρ πάλαι ἴστε ὅτι ἐξ ὅτουπερ ἐγενόμην, καταψηφισμένος ἦν μου ὑπὸ τῆς φύσεως ὁ θάνατος;»

37. Διογένης[2] ἔφασκε φωνῆς[3] ἀκηκοέναι κακίας αὐτὴν αἰτιωμένης καὶ λεγούσης, «Οὔ τις ἐμοὶ τῶν κακῶν ἐπαίτιος, ἀλλ' ἐγὼ αὐτῇ.»

38. Τῷ αὐτῷ Διογένει ἐπέθηκέ τις βάρος οὐ φορητόν · ὡς δὲ πιεζόμενος οὐ δυνατῶς εἶχε πορεύεσθαι, δείξας αὐτῷ κίονα, «Βέλτιστε, φησὶ, τοῦτον ὤθει.»

39. Διογένης πολυτελῆ τινος πόλιν εἶναι φαμένου τὰς Ἀθήνας, λαβὼν αὐτὸν ἤγαγεν εἰς τὸ μυροπώλιον, καὶ ἐπυνθάνετο, «Πόσου τοῦ μύρου ὤνιος ἡ κοτύλη;» — «Μνᾶς,» ἔφη ὁ μυροπώλης. Καὶ Διογένης ἀνέκραγε, «Πολυτελής γε ἡ πόλις.» Ἀπῆγεν αὐτὸν πάλιν εἰς τὸ μαγειρεῖον καὶ ἐπυνθάνετο, «Πόσου τὸ ἀκροκώλιον[4];» — «Τριῶν δραχμῶν», εἶπεν ὁ μάγειρος. Καὶ ὁ Διογένης ἔφη, «Πολυτελής γε ἡ πόλις.» Ἀπήγαγε πάλιν εἰς τὰ μαλακὰ ἔρια, καὶ ἤρετο[5], «Πόσου τὸ πρόβατον;» — «Μνᾶς,» εἶπεν ὁ πιπράσκων. Καὶ ὁ Διογένης αὖθις, «Πολυτελής γε ἡ πόλις,» ἐβόησεν. Εἶτα, «Δεῦρο,» φησὶ τῷ τὴν Ἀθηνῶν πολυτέλειαν θαυμάζοντι, «ἐνταῦθα», καὶ ἄγει αὐτὸν εἰς τοὺς θερμοὺς, καὶ, «Πόσου,» φησὶν, «ἡ χοῖνιξ;» — «Χαλκοῦ,» ἀκούει, «ὤνιος,» καὶ ἐκέκραγεν εὐθὺς, «Εὐτελὴς ἡ πόλις». Πάλιν εἰς τὰς ἰσχάδας, «Δύο χαλκῶν,» — «Εὐτελὴς ἡ πόλις,» εἶπε, καὶ πρὸς τὸν θαυ-

1. *Ibid.*, fol. 265, v. Cod. ἐξότου παρεγενόμην.
2. *Ibid.*, fol. 269, r.
3. Peut-être faut-il lire κορώνης au lieu de φωνῆς.
4. Ce que nous appelons les *abatis*, les pieds, la tête, le cou etc. des volailles. Voy. les *Œuvres de Coray*, Athènes, 1881, p. 3.
5. Cod. ἥρετο.

μάζοντα ἔφη · »Ὁρᾷς, ὦ τᾶν, ἐφ'ἡμῖν ἐστι τὴν πόλιν εὐτελῆ καὶ πολυτελῆ εὑρίσκειν. Εἰ μὲν γὰρ βουλοίμεθα τοῖς πολυτελέσι χρῆσθαι, καὶ αὐτὴ ἡμῖν μετὰ πολυτελείας ἀπαντήσει, ἢν δ'εὐτελέσι, καὶ αὐτὴ πάντως εὐτελὴς ἔσται.»

40. Σωκράτης[1] Ξανθίππης τῆς γυναικὸς τὴν χαλεπότητα πράως ἔφερε, κἀκείνης βοώσης οὐκ ἐφρόντιζε. Κριτοβούλου δὲ εἰπόντος, «Πῶς ἀνέχῃ, Σώκρατες, ταύτης συμβιούσης;» — «Πῶς δὲ οὔ, ἔφη, Κριτόβουλε, τῶν παρὰ σοὶ χηνῶν;» «Τί δέ μοι μέλει, φησὶν, ἐκείνων;» Κριτόβουλος. — «Οὐδ' ἐμοὶ ταύτης,» ὁ Σωκράτης εἶπεν, «ἀλλ' ἀκούω ὥσπερ χηνός.»

41. Σωκράτους[2] παρειληφότος Ἀλκιβιάδην ἐπ' ἄριστον, ὡς ἐκείνη παρελθοῦσα τὴν τράπεζαν ἀνέτρεψεν, οὐδὲν δεινοπαθήσας ἀνελέσθαι τὸν Ἀλκιβιάδην τὰ πεσόντα ἐκέλευσε καὶ ἐπιθέσθαι τῇ τραπέζῃ · ὡς δ'ἐκεῖνος οὐ προσεῖχεν, ἀλλ' ἐγκαλυψάμενος ἐκάθητο, «Προάγωμεν δὴ, φησὶν, ἔξω · φαίνεται γὰρ ἡ Ξανθίππη ὀξυρεγμίᾳ[3] σπαράσσειν ἡμᾶς.» Ὁ αὐτὸς μετ' ὀλίγας ἡμέρας ἀριστῶν παρ' Ἀλκιβιάδῃ, ὡς ἡ ὄρνις ἐπιπτᾶσα ἀνέτρεψε τὸν πίνακα, συγκαλυψάμενος ἐκάθητο καὶ οὐκ ἠρίστα. Ὡς δ' ὁ Ἀλκιβιάδης ἐγέλα καὶ ἐπυνθάνετο εἰ διὰ τοῦτο οὐκ ἠρίστα ὅτε ὄρνις καθιπτᾶσα τὸν πίνακα κατέβαλεν, «Ὅτι, φησὶ Σωκράτης, σὺ μὲν πρώην Ξανθίππης ἀνατρεψάσης οὐκ ἐβούλου ἀριστᾶν, ἐμὲ δὲ οἴει ἀριστᾶν τῆς ὄρνιθος ἀνατρεψάσης, ἢ διαφέρειν τι ἐκείνην ὄρνιθος κορυζώσης ἡγῇ · ἀλλὰ εἰ μὲν ὗς, φησὶν, ἀνέτρεψεν, οὐκ ἂν ὠργίζου, εἰ δὲ γυνὴ ὑώδης, ὠργίζου.»

42. Ὁ[4] αὐτὸς Σωκράτης ἄριστον οὐ καταλαβὼν ἤρετο τὴν Ξανθίππην

1. *Ibid.*, fol. 269, v. Voy. le recueil d'Arsénius, p. 438, ed. Walz, où il y a une anecdote du même genre avec Alcibiade.

2. *Ibid.*, p. 270, r. Une anecdote du même genre dans Plutarque entre Socrate et Euthydème. Notre manuscrit la donne également ailleurs fol. 29, v. en citant Ménédème au lieu d'Euthydème.

3. Cod. ὀξυερεγμία.

4. *Ibid.*, fol. 270, v.

εἴ τι ἔχοι· ἡ δὲ φησὶ, «Λάχανα καὶ ταῦτα ὠμὰ, ἃ ἡ γείτων ἔπεμψέ μοι.» — «Δεῖξόν μοι ταῦτα,» φησὶν ὁ Σωκράτης, ἃ καταφαγὼν καὶ ὕδωρ ἐπιπιὼν προῄει θᾶττον ἔξω.

43. Αἴσωπος ἔλεγε, «Τὸν πηλὸν ὁ Προμηθεὺς ἀφ' οὗ τὸν ἄνθρωπον διεπλάσατο, οὐκ ἐφύρατο ὕδατι ἀλλὰ δάκρυσιν[1].»

44. Παρὰ Λακεδαιμονίοις παραγέγονέ τις κιθαρῳδὸς σφόδρα εὐδόκιμος· οἱ δὲ αὐτὸν οὐκ ἐτίμησαν, ἀλλ' ἀφείλοντο τὴν κιθάραν καὶ τὰς χορδὰς ἐξέτεμον, ἀπεῖναι προσειπόντες ἐκ τῆς πόλεως, ὡς ἂν μὴ διαφθαρῶσιν αὐτῶν μηδὲ θηλυνθῶσιν ὑπὸ τῆς ᾠδῆς αἱ ἀκοαί.

45. Τραγῳδὸς Ἠλιεῦσιν ἐπεδήμευσεν, ὃν καὶ ἐπιδείξασθαι ἐκέλευσαν, ὁ δὲ ἐᾶν αὐτοὺς ἠξίου καὶ τὴν[2] ἡσυχίαν ἄγειν· «Ὅσον γὰρ ἄν, ἔφη, κρεῖττον ἀγωνίσομαι, τοσοῦτον ὑμεῖς ἀτυχέστεροι φανήσεσθε.»

46. Ἀθηναῖοι[3] χαλεπήναντες Φιλίππῳ τῆς αὐτοῦ εἰκόνος κατέχεαν ἀμίδας. Καὶ ἐκεῖνος ἀκούσας, ἔφη· «Ἀλλ' ἔγωγε τῆς αὐτῶν πόλεως κατασκεδάσω τέφραν καὶ κόνιν.»

47. Ἐπαμεινώνδας[4] φιλόπατρις ὢν καὶ μέγιστα τὴν πατρίδα ὠφελήσας, πρός τινα προδότην λοιδορούμενον αὐτῷ καὶ μηδὲν κατ' αὐτοῦ ἀληθὲς λέγοντα βοιωτίζων, «Ἀλλά τοι Δαμάτηρ, ἔφη, κεχολωμένα γένοιτο.»

1. Hom. *Il.* Ω, 16 r.: Δάκρυσιν εἵματ' ἔφυρον.

2. Peut-être καὶ αὐτὸν ᾖσ.

3. *Suppl. gr.* 134, fol. 271, r. Voy. Dion Chrysostome (t. II, p. 122). Ce qui prouve qu'il faut lire κατασκεδάσαι au lieu de κατασκευάσαι.

4. Cod. ἐπαμινώνδας. Voy. Dion Chrysostome (t. II, p. 190) qui fait allusion à ce fait et cite cette parole d'Épaminondas.

48. Ἀνάχαρσις τὰ γυμνάσια τῶν Ἑλλήνων ὁρῶν ἔλεγεν ὡς ἔστιν ἐν ἑκάστῃ πόλει τῶν Ἑλλήνων ἀποδεδειγμένον χωρίον, ἐν ᾧ μαίνονται καθημέραν, καὶ φάρμακον ᾧ χριόμενοι τὴν μανίαν κίνειν[1].

49. Ὁ[2] αὐτὸς (Ἀλέξανδρος) εἰπόντος αὐτῷ τινὸς, ὅτι δύνανται αἱ πόλεις σου πλείονας σοι παρέχειν προσόδους, ἔφη, «Καὶ κηπουρὸν μισῶ, τὸν ἐκ ῥιζῶν τέμνοντα τὰ λάχανα.»

50. Ὁ αὐτὸς εἰπόντος Ἀναξιμένους, «Ἐὰν πᾶσι πολλὰ δίδῳς οὐκ ἕξεις τοῦτο ποιῆσαι διαπαντὸς,» ἔφη· «Οὐδέ γε, ἐὰν παύωμαι, μόνος πάντα ἔχειν δυνήσομαι πολὺν χρόνον.»

51. Ὁ αὐτὸς παρακαλούμενος ὑπὸ τῶν φίλων χρήματα συνάγειν, ἔφη, «Οὐδὲν ὠφέλησεν οὐδὲ Κροῖσον πολύχρυσον γεγονότα καὶ δέσμιον ἀπαχθέντα.»

52. Ἀναξαγόρας[3] πρὸς τὸν δυσφοροῦντα καὶ ἀνιώμενον ὅτι ἐπὶ ξένης ἔμελλε τελευτᾶν, «Πανταχόθεν,» ἔφη, «ὁμοία εἰς Ἅδου κάθοδος.»

53. . . . . κρατοῦντα[4] · τοῦτο δὲ αὐτὸς καὶ ἐν ὕπνῳ ἐδίδαξεν · ἑστιαθεὶς γάρ ποτε παρὰ Σόλωνι καὶ καθεύδων, ὤφθη τὴν δεξιὰν χεῖρα ἔχων ἐπὶ τοῦ στόματος, τὴν δὲ ἀριστερὰν ἐπὶ τῶν ὑπὸ γαστέρα.

54. Ὁ αὐτὸς (Ἀριστοτέλης) τὰς εὐειδεῖς ἑταίρας θανάσιμον ἔλεγε μελίκρατον εἶναι.

1. Probablement κινοῦσιν.
2. Cet extrait et les suivants sont tirés du manuscrit grec de Paris, *Supplém.* 690, fol. 5, v.
3. Attribué à Diogène dans Arsénius, ed. Walz, p. 209, avec une rédaction différente.
4. Le commencement manque.

55. Ὁ αὐτὸς εἶπεν ὅμοιον εἶναι τὸν τῶν ἀνθρώπων βίον σύκῳ, ἑκάτερα γὰρ αὐτοῦ τὰ ἄκρα πικρὰ τυγχάνει[1].

56. Ὁ αὐτὸς θεασάμενός τινα ταῖς τοῦ πατρὸς ἀπειλαῖς ἀχθόμενον, εἶπε, «Μὴ εἰς τοὺς λόγους αὐτοῦ ἀπόβλεπε, μειράκιον, ἀλλ' εἰς τὰ σπλάγχνα.»

57. Ὁ[2] αὐτὸς (Ἀλέξανδρος) μέλλων εἰς τὴν Ἀσίαν διαβαίνειν, πυνθανομένου Φωκίωνος αὐτὸν ποίοις χρήμασι πεπιστευκὼς ἐπὶ μέγαν καὶ πλούσιον βασιλέα Δαρεῖον μέλλει στρατεύειν, ὑποδείξας τοὺς φίλους ἔφη, «Ἐν τούτοις.»

58. Ὁ αὐτὸς ἐν παρατάξει Πισίδας ζωγρήσας τρισχιλίους, [ὡς] ἠξίουν οἱ Μακεδόνες ἀποκτεῖναι πάντας διὰ τὸ πολλὰ κακὰ πεπονθέναι ὑπ' αὐτῶν πολλάκις · «Οὐ ποιήσω τοῦτο, ἔφη, οὐ γὰρ βούλομαι δήμιος ἀντὶ βασιλέως καλεῖσθαι.»

59. Ὁ αὐτὸς παρακαλούμενος ὑπὸ τῶν φίλων συνάγειν χρήματα, εἶπεν, «Οὐδὲν ὀνήσω (f. ὀνήσομαι s. ὀνήσει?).»

60. Ἀλέξανδρος ὁ βασιλεὺς παρακαλούμενος ἐπὶ τὰς Ἀμαζόνας ἀπελθεῖν καὶ στρατεύσασθαι, «Νικᾶν με γυναῖκας αἰσχρὸν, [ἔφη], νικᾶσθαι δὲ ὑπὸ γυναικῶν αἰσχρότερον.»

61. Ἀλέξανδρος ὁ βασιλεὺς ἰδὼν Δαρεῖον ἐπὶ παρατάξεως πεσόντα καὶ τὸ σῶμα γυμνωθέντα, ἄρας τὴν ἑαυτοῦ χλαμύδα ἐσκέπασεν αὐτὸν, ἐρωτώμενος δὲ ὑπὸ τῶν φίλων, «Τί τοῦτο ἐποίησας,» εἶπεν, «Ἄνδρες φίλοι, οὐ τὸν νεκρὸν καλύπτω, ἀλλὰ τὴν ψυχὴν περιστέλλω.»

1. Peut-être τυγχάνειν.
2. *Suppl. gr.* 690, fol. 28, v. Dans Arsénius p. 74, mais plus court.

62. Ἀλέξανδρος ὁ βασιλεὺς, τοῦ κατασκόπου λέγοντος αὐτῷ πλείους εἶναι τοὺς τοῦ Δαρείου, εἶπε, «Καὶ τὰ πρόβατα πλείονα ὄντα ὑφ' ἑνὸς ἢ δευτέρου λύκου χειροῦνται.»

63. Ὁ[1] αὐτὸς ἐρωτηθεὶς ὅτι «Πῶς τοσούτων ἐθνῶν ἐν ὀλίγοις ἔτεσιν ἐκράτησας;» ἔφη, «Μηδὲν εἰς τὴν αὔριον ἀναβαλλόμενος.»

64. Πρωταγόρας[2] ποιμὴν ἀρνίον ἀπολέσας ηὔχετο Διΐ, «Ἐὰν τὸν κλέπτην εὕρω, θύσω σοι κριόν.» Καὶ ὃς ἐλθὼν ἐν σπηλαίῳ εὗρε λέοντα τὸν ἀρνὸν κατεσθίοντα, καὶ εἶπεν, «Ὦ ζεῦ, πρωὶ μὲν κριόν σοι ὑπεσχόμην ἐὰν τὸν κλέπτην εὕρω, νῦν δὲ ἐὰν τὰς χεῖρας τοῦ κλέπτου ἐκφύγω, ἀντὶ κριοῦ ταῦρόν σοι προσενέγκω (f. προσενεγκεῖν).»

65. Ταὼν εἰς δεῖπνον εὐτρεπίζεσθαι μέλλων ἁπλώσας τὰς πτέρυγας εἶπεν, «Εἰ μὲν πολὺ κρέας ὁρᾷς με ἔχουσαν, θῦσον, εἰ δὲ τῇ τῶν ἀστέρων ποικιλίᾳ κεκόσμημαι, φεῖσον σαρκὸς ὀλίγης κεκοσμημένης.»

66. Ἀρχίδαμος ὁ Λακεδαιμονίων βασιλεὺς θεασάμενος τὸν ἴδιον παῖδα προπετῶς μαχόμενον τοῖς Ἀθηναίοις εἶπεν, «Ἢ τὴν δύναμιν πρόσθες ἢ τοῦ θράσους ἄφελε.»

67. Ἀλέξανδρος Δαρείου προπέμψαντος αὐτῷ τόξον καὶ βέλη καὶ χρυσοῦν στέφανον ἔφη, «Δέδεγμαι τὸν πόλεμον καὶ τὴν ἀπὸ τοῦ πολέμου νίκην.»

68. Ἀλέξανδρος Δαρείου πρεσβευσαμένου πρὸς αὐτὸν δώσειν αὐτῷ τὴν θυγατέρα αὐτοῦ πρὸς γάμον, καὶ ἵνα δῷ (f. ἐπιδώσειν) χίλια τάλαντα, ἔφη· «Παυσάσθω Δαρεῖος τὰ ἐμὰ ἐμοὶ χαριζόμενος.»

1. *Ibid.*, fol. 28, v.
2. *Ibid.*, fol. 29, r. Cod. ἀρνεῖον et σπιλαίῳ. Comparez avec les fables d'Ésope, éd. Coray, 2, 131 et 175, et avec celle de La Fontaine, VI, 1 et 2.

69. Ἀλέξανδρος[1] εἰς Περσίδα παραγενόμενος παρεκαλεῖτο εἰς τὰ βασίλεια εἰσελθεῖν, ὅπως τῆς γυναικὸς Δαρείου παράψηται καὶ τῆς θυγατρὸς Ῥωξάνης, καὶ εἶπε · «Παύσασθε, ἄνδρες Μακεδόνες, μὴ ἄνδρας νικήσαντες ὑπὸ γυναικὸς ἡττηθῆτε.»

70. Μηδέποτε δόξῃς φίλον ἔχειν πράττων καλῶς,
Πεσὼν δὲ[2] ἐὰν ἔχῃς, τότε νόμιζε ἔχειν φίλον.

71. Ὄνομα φίλων ἔχουσιν οἱ μὴ χρηστοὶ φίλοι, τῇ δὲ ἀληθείᾳ ἐχθρῶν εἰσὶ πολεμιώτεροι.

72. Διαγίνωσκε τοὺς ἀγαθοὺς φίλους ταῖς δυστυχίαις[3], καὶ τοὺς πονηροὺς ἐν ταῖς ἀτυχίαις.

73. Δημοσθένης ἔφη τὴν παιδείαν ὁμοίαν εἶναι χρυσῷ στεφάνῳ · αὕτη γὰρ τιμὴν καὶ δόξαν ἔχει.

74. Ὁ[4] αὐτὸς (Αἴσωπος) ἀγόμενος ὑπὸ τοῦ δεσπότου εἰς μύλωνα ἠρώτα, «Τί με ἄγεις;» Ὁ δὲ εἶπεν, «Ἵνα χρήσιμος γένῃ». «Τί οὖν, φησὶν, οὐχὶ καὶ τοὺς υἱούς σου ὧδε ἄγεις;»

75. . . . . . [ἐκπεσ]ὼν[5] τῆς πατρίδος παραγενόμενος εἰς Ῥόδον ἐσοφίστευσε καὶ ἀσπασαμένου αὐτὸν καὶ δραχμαῖς χιλίαις τιμήσαντος, δεξάμενος τὰ χρήματα ἐδάκρυσε · τοῦ δὲ παρακαλοῦντος αὐτὸν θαρρεῖν, ἴσως καὶ κάθοδον

1. Quelque chose du même genre dans St Maxime, p. 539, et un peu plus court dans Stobée, 5, 36.

2. Lisez δ' ἐὰν — νόμιζ' ἔχειν.

3. Peut-être faut-il retrancher ταῖς δυστυχίαις, comme glose.

4. Cod. gr. *Suppl.* 690, fol. 19, r.

5. Il s'agit d'Eschine. Cf. Pseud-Plut. X Or. p. 845, E.

αὐτῷ διὰ τῆς σπουδῆς πέμπειν(?), «Οὐ μέλλω, ἔφη, δακρύειν τοιαύτης πατρίδος ἐστερημένος, ἐν ᾗ οἱ ἐχθραίνοντες εἰσὶ τοιοῦτοι, ὥστε καὶ βοηθεῖν βούλεσθαι;»

76. Ἀρίστιππος ὁ Κυρηναῖος λαμβάνειν ἔλεγε μισθὸν ὑπὲρ τῶν μαθημάτων, οὐχ ὅπως τὸν βίον ἐπανορθώσῃ, ἀλλ' ὅπως ἐκεῖνοι μάθωσιν εἰς τὰ καλὰ δαπανᾶν.

77. Ὁ αὐτὸς ἀνθρώπου τινὸς αὐτὸν ἀδικήσαντος καὶ περιφεύγοντος καὶ ἀπαντᾶν διατρεπομένου συντυχὼν ἅπαξ εἶπεν, «Οὐ σὲ χρὴ ἐμὲ φεύγειν, ἀλλ' ἐμὲ σὲ ὄντα φαῦλον.»

78. Ὁ αὐτὸς Πλάτωνος εἰσελθόντος πρὸς αὐτὸν ἀσθενοῦντα καὶ πυθομένου πῶς διάγοι, ἔφη, τὸν μὲν σπουδαῖον καὶ πυρέττοντα καλῶς ἔχειν, τὸν δὲ φαῦλον καὶ ὑγιαίνοντα κακῶς.

79. Ὁ αὐτὸς εἰπόντος αὐτῷ τινὸς, «Λαλεῖς σὺ ἀπὸ τοιούτων γονέων γεγονὼς,» «Ἀπ' ἐμοῦ με, εἶπεν, ἀρίθμει.»

80. Διογένης καταμαθὼν τινα τῶν γνωρίμων μοχθηροῖς ἀνθρώποις ὁμιλοῦντα, «Ἄτοπόν γε, εἶπεν, εἰ πλεῖν μὲν βουλόμενοι, σύμπλουν (f. συμπλεῖν) βελτίστοις ἐπιλεξώμεθα, βιοῦν δὲ ὀρθῶς προαιρούμενοι, κοινωνοὺς τοῦ βίου τοὺς τυχόντας αἱρησόμεθα.»

81. Ὁ αὐτὸς θεασάμενος ἑταιρίδος υἱὸν λίθους εἰς ὄχλον βάλλοντα, «Οὐκ εὐλαβῇ, ἔφη, μή σου τὸν πατέρα πλήξῃς.»

82. Ὁ αὐτὸς ἔφασκεν ἡδονὴν ἀληθινὴν εἶναι, τὸ τὴν ψυχὴν ἐν [1] ἀτυχίᾳ

1. Je lirais καὶ ἐν ἀτυχίᾳ ἐν ἱλαρότητι.

καὶ ἱλαρότητι ἔχειν· ἄνευ γὰρ τούτου, οὐδὲ τὰ Μίδου, οὐδὲ τὰ Κροίσου χρήματα ὠφέλημά εἰσι.

83. Διογένης ἐπί τινος ἐκφορᾶς θεασάμενος τὴν τοῦ μετηλλαχότος μητέρα τιλλομένην τὰς τρίχας καὶ βοῶσαν, «Ἀπώλεσα τὸν τροφέα καὶ γηροβοσκόν μου», «Ὁρᾶτε, ἔφη, τὸ γύναιον, πῶς οὐ τὸν υἱὸν ἀλλὰ τὸ βουκόλιον θρηνεῖ.»

84. Δημοσθένης[1] πρός τινα φιλογεωργὸν εἶπεν, «Ἐὰν μὴ σὺ τὸν ἀγρὸν ἀπολέσῃς, αὐτός σε ἀπολέσει· ἀπώλεια γὰρ ἀνθρώπων στέρησις παιδείας.»

85. Ὁ αὐτὸς ἔλεγε πάντων εἶναι δυσχερέστατον τὸ ἀρέσαι πᾶσιν.

86. Ὁ αὐτὸς ἔλεγε τὸ μὲν κακὰ ὑπομεῖναι ἀνδραπόδων εἶναι, τὸ δὲ ἀγαθὸν[2] ἀνδρῶν.

87. Ὁ[3] αὐτὸς (Δημόκριτος) ἐρωτηθεὶς διατί ὀλίγους ἔχει φίλους, εἶπεν, ὅτι οὐ λίαν πλουτῶν.

88. Ὁ αὐτὸς ἔφη, ὅστις φίλον λυπούμενον ἔφυγεν, οὗτος οὐδὲ τοῦ χαίροντος ἀπολαύειν ἄξιος.

89. Ὁ αὐτὸς τοὺς τοῦ σώματος ἐπιμελουμένους τῆς δὲ ψυχῆς ἀμελοῦντας ὁμοίους εἶναι ἔφη τοῖς ζητοῦσιν ἐσθῆτα μὲν καθαρὰν φορεῖν, ῥυπῶσι δὲ καὶ αὐχμῶσιν.

1. Voy. Stob. 57, 12, où une réponse du même genre, mais d'une rédaction plus courte, est attribuée à Zénon. Cod. ἂν ἀπολέσῃ.
2. Peut-être ἀγαθά.
3. *Suppl. gr.* 690, fol. 19, v.

90. Ὁ αὐτὸς ἰδὼν ἀκόλουθον τινὸς τῶν γνωρίμων μεμαστιγωμένον, «Ὁρῶ σου, ἔφη, τοῦ θυμοῦ τὰ ἴχνη.»

91. Ὁ αὐτὸς ἐρωτηθεὶς πῶς ἂν ἐλάχιστα ἁμαρτάνοι ὁ νέος, εἶπεν, «Εἰ πρὸ ὀφθαλμῶν ἔχοι οὓς μάλιστα τιμᾷ καὶ αἰσχύνεται.»

92. Σέλευκος ἐρωτηθεὶς πῶς ἀναμάρτητος γένοιτό τις, ἔφη, «Εἰ ἐχθροὺς ἔχει πολλούς· φοβούμενος γὰρ αὐτῶν τὰς παραστάσεις καὶ τὸν ἔλεγχον, σπανίως ἂν πειρῷτο τὸ καλῶς ἔχον ὑπερβαίνειν.»

93. Θεόκριτος πρὸς τὸν εἰπόντα αὐτῷ διατί οὐκ ἄγεται γυναῖκα, ἔφη· «Ὅτι ἐὰν μὲν καλὴν γήμω, κοινὴν ἕξω, εἰ δὲ κακὴν, ποινήν.»

94. Θεόφραστος ἔφη δεῖν μᾶλλον μνημονεύειν ὑφ' ὧν κακῶς . . . . . . καὶ γὰρ τὸ εὐχαριστεῖν τοῦ τιμωρεῖσθαι βελτίονος ἤθους ἐστίν.

95. Ὁ αὐτὸς πρὸς τὸν δακνόμενον ἐπὶ ταῖς ἑαυτοῦ ἁμαρτίαις καὶ μεταμελόμενον, ἔφη, «Εἰ οὕτω μέλλων πράττειν τὰ φαῦλα ἐδάκνου, οὐκ ἂν ὡς πράξας ἥμαρτες(?).»

96. Ὁ[1] αὐτὸς (Κλεάνθης) ἔλεγε τὸν φίλον δεῖν εὐεργετεῖν ἀεὶ, ἵνα μᾶλλον φίλος μένῃ, καὶ τὸν ἐχθρὸν ὁμοίως, ἵνα γένηται φίλος, καὶ φυλάσσεσθαι τῶν μὲν φίλων τὸν ψόγον, τῶν δὲ ἐχθρῶν τὴν ἐπιβουλήν.

97. Κικέρων εἶπε καλῶς ποιεῖν ἁπλῆ εὐεργεσία ἐστὶ, λέγειν δὲ καὶ ποιεῖν διπλῆ.

1. La fin seulement dans Arsénius, éd. Walz, p. 328. Voy. aussi p. 507.

TRADUCTION FRANÇAISE.

1. Quelques individus s'estimaient très haut à cause de la noblesse de leurs ancêtres. «Il est ridicule, dit Démonax, de s'inquiéter de savoir si les coqs sont vaillants et braves, non par leurs ancêtres, mais par eux-mêmes, et de juger les hommes par leurs ancêtres.»

2. Diogène[1] voyant une belle petite femme, dit : «Voilà ce qu'on appelle un demi-mal.»

3. Quelqu'un lui montrant une femme qui était emportée par un fleuve lui disait : «Sauvons la», il répondit : «Laissons cette méchante chose être emportée méchamment par un méchant[2].»

4. Voyant une jeune fille à laquelle on apprenait les lettres, «Je vois, dit-il, une épée que l'on aiguise.»

5. Quelqu'un le traitait et insistait pour qu'il mangeât encore, bien qu'il eût pris assez de nourriture. «Je ne puis, dit-il, car la faim que j'avais m'a quitté.»

1. Peut-être rapprochée de l'anecdote suivante : «Pourquoi, disait-on à Aristote, pourquoi étant grand as tu épousé une petite femme?» — «Parce que, répondit-il, ayant le choix, dans un mal j'ai choisi la moindre partie du mal.» Voy. Arsén. ed. Walz, p. 120 et Boisson, *Anecd. gr.* III, p. 467. On trouve dans un manuscrit cette parole attribuée à Démocrite. Citons encore Aristippe. «Ayant vu une femme belle, mais petite», «Voilà, dit-il, un petit mal, mais une grande beauté.» Dans Ant. Meliss., p. 607.

2. Ceci rappelle le commencement de la fable de Lafontaine III, 16 :

Je ne suis pas de ceux qui disent : Ce n'est rien,
C'est une femme qui se noie.

6. Un méchant garçon lui ayant dit : «Salut, mon père», «Comme il y a longtemps, dit-il, que j'ai oublié que j'étais le père d'un mauvais garnement!»

7. Un astrologue traçait des astres sur la place publique et disait : «Voici les planètes.» — «Non pas, dit-il, effronté menteur[1], mais bien ceux qui t'entourent, et qui te regardent avec stupéfaction, comme si tu étais descendu du ciel.»

8. Il soupait un jour chez le roi Antigone. On apporta du parfum[2]; Diogène en enduisit ses genoux. Le roi lui en ayant demandé la raison, «Parce que, dit-il, en dormant j'ai toujours mes narines sur les genoux.»

9. Antigone lui disait : «Si pendant ta vie, Diogène, tu as méprisé le luxe, ne crains tu pas après ta mort de devenir la proie des chiens?» — «Et toi, répondit-il, est-ce que tu crois que je porte un bâton pour rien? Il sera placé auprès de moi, quand je serai mort, et j'en frapperai les chiens qui s'approcheront.» — «Mais comment le sentiras tu?» — «Si je ne le sens pas, que m'importe»?

9 *bis*. Durior[3] Diogenes, et id quidem sentiens, sed, ut cynicus, asperius, projici se jussit inhumatum. Tum amici, Volucribusne, et feris? Minime vero, inquit; sed bacillum propter me, quo abigam, ponitote. Qui poteris? illi. Non enim senties. Qui igitur mihi ferarum laniatus oberit, nihil sentienti?

1. Dans l'autre rédaction Diogène lui dit simplement : «Ne ments pas, mon ami», μὴ ψεύδου, ἑταῖρε.

2. Sur l'habitude que Diogène avait de s'enduire de parfum, voy. Diogène Laerce, livre VI, § 38.

3. Rédaction entièrement différente dans Cicéron, *Tusc.* I, 43.

9 *bis*. Diogène pensait de même, mais en qualité de cynique, il s'est plus durement expliqué. «Qu'on me jette, dit-il, au milieu des champs.» Pour être dévoré par les vautours, reprirent ses amis. «Point du tout, mettez auprès de moi un bâton pour les chasser.» Et comment les chasser, ajoutèrent-ils, quand vous ne sentirez plus rien? «Si je ne sens plus rien, répond Diogène, quel mal donc me feront-ils en me dévorant?»

10. Philippe, pendant qu'il assiégeait Méthone la ville de Thrace, fut blessé à l'œil droit par une flèche qu'un des habitants de cette ville lui avait lancée et sur laquelle il avait écrit : « Aster envoie ce trait mortel à Philippe. » Celui-ci écrivit sur la même flèche : « Philippe pendra Aster s'il le prend. »

11. Alexandre après avoir joué avec un jeune homme lui donna un talent. Ses amis lui ayant dit qu'il avait été beaucoup trop généreux, «Il ne faut pas considérer, répondit-il, ce que ce jeune homme mérite de recevoir, mais bien ce qu'il est convenable que je donne.»

12. L'orateur Lysias avait composé une apologie pour Socrate. Celui-ci après l'avoir lue lui dit : «C'est un beau discours, ô Lysias, mais il ne me va pas.» En effet il sentait le barreau et n'était point philosophique. — «Comment, dit Lysias, ce discours, s'il est beau, ne te conviendrait-il pas?» — «Comme de beaux vêtements et de belles chaussures qui ne m'iraient pas.»

13. Il exista en Chypre une femme nommée Démanassa qui possédait la science politique et législative. Elle établit trois lois. La femme qui avait commis un adultère était ra-

sée et reléguée parmi les prostituées. Sa fille s'étant rendue coupable de ce crime, subit cette peine. Celui qui se donnait la mort, restait sans sépulture. La troisième loi condamnait à mort celui qui tuait le bœuf d'autrui. Des deux fils qu'elle avait, l'un mourut pour avoir tué un bœuf, l'autre resta sans sépulture pour s'être donné la mort. Quant à Démanassa, étant restée sans enfants, elle continua ses fonctions de législateur. Ayant vu une vache qui gémissait sur la mort de son veau, et reconnaissant là son propre malheur, elle aiguisa une arme tranchante sur laquelle elle s'élança. Une statue fut élevée au sujet de cet événement avec l'inscription suivante : «Je fus sage, mais non pas heureuse en tout.»

14. Un batelier du nom de Parias transportait pour des brigands un vieux prisonnier avec de la poix. A la prière du vieillard il acheta aux brigands cette poix dans laquelle de l'or était caché. Étant devenu riche, il sacrifia un bœuf à ce vieillard. D'où le proverbe : «Personne n'a jamais sacrifié un bœuf à des vieillards, si ce n'est Parias.»

15. Agésilas, général des Lacédémoniens, évita un très bel homme qui s'approchait de lui pour se faire embrasser, et dit : «Il vaut mieux se mettre au-dessus de pareilles choses que d'enlever de vive force une ville très peuplée, car il vaut mieux garder pour soi la liberté que de l'enlever aux autres.»

16. Un des familiers de Démonax lui faisait des repro-

ches en lui disant : « Tu ne devrais pas être l'ami de mon ennemi. » — « Mais toi, répondit-il, tu n'aurais pas dû devenir l'ennemi de mon ami. »

17. Quelqu'un avait prêté facilement à Demosthènes. Celui-ci voyant que son prêteur en faisait de même avec beaucoup d'autres, lui dit : « Je ne t'ai point de reconnaissance, car c'est par manie et non par discernement que tu agis ainsi. »

18. Chrysippe disait que le feu est le meilleur des assaisonnements.

19. Euripide le tragédien était en train d'acheter des vivres lorsqu'un individu le critiqua en lui disant que Sophocle faisait faire cela par son esclave. « Sophocle, dit Euripide, mange les mets qui plaisent à son serviteur, et moi je mange ceux qui me plaisent. »

20. Isocrate mangeait chez Nicoclès tyran des Chypriotes. Les assistants l'ayant prié de faire un discours il répondit : « Ce n'est pas maintenant le moment de s'occuper des choses dans lesquelles je suis habile, quant à celles dont il faudrait s'occuper, je n'y ai aucune habilité. »

21. Antisthène[1] disait : « Pour se garder il faut des amis vrais ou des ennemis ardents, parce qu'ils repoussent ceux qui commettent des fautes, les uns en les avertissant, les autres en les injuriant.

1. Voy. plus haut, p. 223.

22. On demandait à Hiéron en quoi consiste le bonheur. Il répondit : «Être sain de corps, avoir de la fortune et un esprit cultivé.»

23. Socrate, en discutant à table, assaillait un peu vivement un de ses familiers. «Ne vaudrait-il pas mieux, lui dit Platon, que tout cela eût été dit en particulier?» «Et toi, répondit Socrate, dis-moi s'il ne vaudrait pas mieux que tu m'eusses dit cela en particulier?»

24. Un jeune homme en train de boire débitait un tas de sottises et ne pouvait se taire. «Comment, lui dit Démosthènes, celui qui t'a appris à parler ne t'a-t-il pas appris à te taire?»

25. Socrate disait que les mères paraissent aimer mieux leurs fils, parce que ceux-ci peuvent les secourir, et les pères leurs filles parce qu'elles ont besoin de leurs secours.

26. Alexandre, comme sa mère Olympias lui commandait quelque chose de pénible, lui dit : «O ma mère, tu me réclames un dur loyer pour mon séjour de neuf mois.»

27. Plusieurs pensant et disant que les affaires des Romains seraient en sûreté, parce que les Carthaginois avaient été détruits et les Achéens réduits en esclave, Nasicas leur répondit : «Nous sommes en danger en n'ayant laissé l'autonomie ni à ceux que nous aurons à craindre, ni à ceux que nous aurons avilis.»

28. Le roi Philippe aimait une femme de Thessalie. Celle-ci ayant été accusée de l'avoir empoisonné, Olympias voulut l'avoir sous la main. A sa vue la reine la trouva si belle et son langage si noble et si sensé qu'elle s'écria : «Adieu les accusations! car tu portes en toi même le poison.»

29. Ptolémée, voulant se moquer d'un grammairien à cause de son ignorance lui demanda quel était le père de Pélée. Celui-ci : «Et toi, dis moi d'abord quel était le père de Lagus?» Cette plaisanterie faisait allusion à la bassesse de naissance du roi. Ceux qui l'entouraient furent indignés de cette réponse comme n'étant pas de nature à lui plaire. Ptolémée leur dit : «Un roi qui ne peut pas supporter la plaisanterie ne doit pas plaisanter.»

30. Epicure disait : «Pour toutes les autres choses on peut se procurer la sûreté, mais pour la mort nous habitons une ville sans murailles.»

31. Le fils de Fabius lui disait : «Attaquons Annibal; nous ne perdrons pas en tout plus de cent combattants.» «Veux-tu être au nombre des cent?» lui répondit son père.

32. Lycurgue avait eu un œil crevé par un des citoyens. Le peuple lui livra le jeune homme pour qu'il lui infligeât la punition qu'il voudrait. Lycurgue n'en fit rien; mais il lui donna de l'instruction et ayant montré qu'il était devenu un honnête homme il le conduisit au théâtre. Comme les Lacédémoniens s'en étonnaient, il leur dit : «J'ai reçu de

vous un jeune homme insolent et emporté, je vous le rends doux et civilisé.»

33. La femme de Phocion ayant été insultée, il fut sur le point d'appeler en justice l'auteur de cette injure, au point que ce dernier ayant eu peur vint lui faire des excuses en disant qu'il ignorait qu'elle fût sa femme. «Mais, dit Phocion, ma femme n'a rien à te reprocher. Il s'agit probablement d'une autre femme; aussi il n'y a pas de raison pour que je t'appelle en justice.»

34. Socrate injurié publiquement par Aristophane non seulement ne s'indigna pas contre ce dernier, mais l'ayant rencontré il lui demanda s'il jugeait à propos de se servir encore de lui pour une chose du même genre.

35. Un homme en ayant vu un autre qui portait beaucoup d'argent, le pria de le lui prêter à intérêt. Celui-ci n'y consentit pas, mais ayant creusé un trou il y enfouit son trésor. Quelqu'un l'ayant aperçu s'en empara. Notre homme n'ayant pas retrouvé son argent se désola en pensant au malheur qu'il avait eu de ne l'avoir pas prêté à intérêt. Ayant rencontré celui qui le lui avait demandé, il lui dit : «Mon argent est perdu.» Celui-ci lui conseilla de ne pas s'en tourmenter, de se persuader qu'il l'avait encore et qu'il n'était pas perdu. Il n'avait qu'à mettre une pierre dans le même endroit. Puis il ajouta : «Quand il était là, tu ne t'en servais pas; maintenant qu'il est perdu, ne va pas te figurer que tu éprouves la moindre privation.»

36. Socrate sur le point de mourir parlait en montrant un air radieux dans ses regards, dans son maintien et dans sa démarche. S'étant aperçu que ceux qui le suivaient pleuraient, «Qu'est-ce cela, dit-il, vous pleurez? Ne savez vous pas depuis longtemps, que, dès le moment de ma naissance, ma mort avait été décidée par la nature?»

37. Diogène disait qu'il avait entendu une corneille s'accusant elle-même de méchanceté et disant: «Personne autre que moi n'est responsable des maux qui m'arrivent.»

38. Quelqu'un avait mis sur Diogène un fardeau qu'il lui était impossible de porter. Comme celui-ci accablé sous le poids ne pouvait avancer, il dit en montrant une colonne: «Mon bon, pousse cela.»

39. Quelqu'un disait, la vie est bien chère à Athènes. Diogène le prit et le conduisit dans la boutique d'un parfumeur. Là il demanda le prix d'une cotyle de parfum. «Une mine», répondit le parfumeur, et Diogène de s'écrier: «En effet, la vie est bien chère à Athènes.» Il le mena ensuite à la boucherie et demanda : «Combien les abatis[1]?» — «Trois drachmes», dit le cuisinier. Et Diogène : «En effet, la vie est bien chère à Athènes.» Il le conduisit encore chez le marchand de laine douce, et demanda : «Combien le mouton?» — «Une mine», dit le marchand. Diogène s'écria de nouveau : «En effet, la vie est bien chère à Athènes.» Puis il dit à celui qui s'étonnait de la cherté des

1. Voy. la note au texte gr. p. 226.

denrées à Athènes : «Allons là», et le menant aux bains chauds, «Combien la chénice?» demanda-t-il. En entendant, «Cela coûte un chalque», il s'écria aussitôt : «La vie n'est pas chère ici.» Puis chez le marchand de figues, «Deux chalques» — «La vie n'est pas chère à Athènes», dit-il, et, s'adressant à son compagnon qui était étonné, «Tu vois, mon ami, il dépend de nous de trouver ici la vie chère ou à bon marché. Si nous voulons nous servir de choses coûteuses, elle deviendra chère pour nous, si nous nous contentons d'objets peu coûteux, elle sera pour nous tout à fait à bon marché.»

40. Socrate supportait avec douceur le caractère de Xanthippe sa femme et ne s'inquiétait nullement de ses cris. Critobule lui ayant dit : «Comment, Socrate, peux-tu vivre avec cette femme?» — «Et toi, Critobule, comment peux-tu vivre avec tes oies?» — «Mais je m'en inquiète point», dit celui-ci. — «Ni moi de celle-ci», dit Socrate. «Je l'écoute comme j'écouterais une oie.»

41. Socrate avait reçu Alcibiade à déjeuner. Xanthippe en passant près de la table l'ayant renversée, il ne s'en émut pas et dit à Alcibiade de ramasser les objets qui étaient tombés et de les mettre sur la table. Celui-ci n'obéit pas, mais restant assis et se dissimulant, «Allons dehors, dit-il; Xanthippe, dans son humeur irascible, est capable de nous maltraiter.» Peu de jours après Socrate déjeunait chez Alcibiade. Une poule en volant ayant renversé le plat, il resta assis en se cachant et sans manger. Alcibiade se

mit à rire et lui demanda s'il ne déjeunait pas par ce qu'une poule en volant avait renversé le plat. «Dernièrement, dit Socrate, tu ne voulais pas déjeuner parce que Xanthippe avait renversé la table, et tu penses que je dois déjeuner parce qu'il s'agit d'une poule. Quelle différence trouves-tu entre elle et une poule stupide? Si un porc avait renversé la table, tu ne te serais pas fâché, et tu t'es fâché parce que c'était une femme aussi grossière qu'un porc.»

42. Socrate n'ayant pas reçu son déjeuner, demanda à Xanthippe si elle avait quelque chose. Celle-ci lui répondit : «J'ai des légumes et d'autres choses crues. C'est la voisine qui me les a envoyées.» — «Montre moi cela», dit Socrate, qui mangeant le tout et buvant de l'eau sortit au plus vite.

43. Ésope disait : «Promethée a détrempé, non pas avec de l'eau mais avec des larmes, le limon dont il a formé l'homme.»

44. Un très habile joueur de cithare était venu chez les Lacédémoniens. Ceux-ci non seulement ne lui rendirent pas des honneurs, mais ils lui enlevèrent sa cithare en coupèrent les cordes et le renvoyèrent de la ville, dans la crainte qu'ils ne fussent corrompus et efféminés par ses chants.

45. Un tragédien qui résidait chez les habitants de Troie, reçut l'ordre de se produire en public. Il aima mieux les

laisser et garder le silence, «car, dit-il, mieux je jouerai, plus vous paraîtrez malheureux.»

46. Les Athéniens très irrités contre Philippe avaient vidé des vases de nuit sur sa statue. Celui-ci l'ayant appris dit : «Quant à moi, je couvrirai leur ville de cendre et de poussière.»

47. Epaminondas aimait beaucoup sa patrie et lui avait rendu de grands services. Comme un traitre l'injuriait et débitait une foule de mensonges contre lui, il lui répondit en dialecte béotien : «Que Déméter te poursuive de son indignation!»

48. Anacharsis en voyant les gymnases des Grecs disait que dans chaque cité des Grecs on montrait un lieu dans lequel ils s'abandonnaient à la fureur, et un onguent dont ils s'enduisaient pour exciter cette fureur.

49. Quelqu'un disait à Alexandre que ses villes pouvaient lui procurer beaucoup plus de revenus. «Je déteste, répondit-il, un jardinier qui coupe les légumes jusqu'à la racine.»

50. «Si tu donnes beaucoup à tous, disait Anaximène[1], tu ne pourras pas le faire continuellement.» Il répondit : «Si je cesse, je ne continuerai pas longtemps à être seul à tout avoir.

1. Voy. la note au texte grec p. 229.

51. Un de ses amis lui conseillait d'amasser de l'argent. «Il n'a servi à rien à Crésus qui avait beaucoup d'or et qui a été emmené captif.»

52. Quelqu'un s'affligeait et était attristé à l'idée qu'il devait mourir en pays étranger. Anaxagoras lui dit : «De tous les côtés la descente est la même chez Hadès.»

53. . . . . . c'est ce qu'il enseigna lui même pendant son sommeil; car mangeant un jour chez Solon et s'étant endormi il fut vu tenant sa main droite sur la bouche et la gauche sur les parties placées sous le ventre.

54. Aristote en voyant de belles courtisanes disait : «C'est de l'hydromel mortel.»

55. Il disait : «La vie des hommes est pareille à une figue, car les deux extrémités en sont amères.»

56. Voyant quelqu'un qui supportait avec peine les menaces de son père : «Jeune homme, lui dit-il, ne t'inquiète pas de ses paroles, mais de ses entrailles.»

57. Alexandre devait passer en Asie. Phocion lui demanda sur quelles richesses il pourrait compter pour combattre Darius, un roi si puissant et si riche. Alexandre lui montrant ses amis lui dit : «Sur celles-ci.»

58. Dans une bataille rangée il fit prisonniers trois mille

Pisidiens. Les Macédoniens voulaient les massacrer tous, parce qu'ils avaient eu souvent et beaucoup à en souffrir. «Je ne ferai pas cela, dit-il, parce que je ne veux pas être appelé bourreau au lieu de roi.»

59. Ses amis lui conseillaient d'amasser de l'argent. «Je n'en tirerais aucun profit», dit-il.

60. Comme on lui conseillait de marcher contre les Amazones et de les combattre : «Il serait honteux pour moi de vaincre des femmes et encore plus honteux d'être vaincu par des femmes.»

61. Voyant Darius tombé dans le combat et ayant le corps nu, Alexandre ôta son propre manteau et le couvrit. Comme ses amis lui demandaient pourquoi il agissait ainsi, «O mes amis, leur dit-il, je ne cache point un corps, mais j'enveloppe une âme.»

62. L'espion disait à Alexandre que les troupes de Darius étaient plus nombreuses que les siennes, «Les moutons, répondit-il, sont plus nombreux, et cependant ils sont pris par un ou deux loups.»

63. Quelqu'un lui ayant dit, «Comment en si peu d'années as-tu pu te rendre maître de tant de nations», il répondit : «En ne renvoyant rien au lendemain.»

64. Le berger Protagoras ayant perdu un agneau fit

ce vœu à Jupiter : «Si je découvre mon voleur je te sacrifierai un bélier.» Étant entré ensuite dans une caverne il trouva un lion en train de dévorer son agneau. Alors il dit : «O Jupiter, ce matin je t'ai promis un bélier si je trouvais mon voleur, maintenant, si j'échappe aux mains de mon voleur, au lieu d'un bélier je t'offrirai un taureau.»

65. Un paon devait être préparé pour un souper. Il étendit ses ailes et dit : «Si tu vois que j'aie beaucoup de chair, sacrifie moi, mais si je brille par la variété des mes astres, épargne un peu de chair pleine d'ornements.»

66. Archidamus, roi des Lacédémoniens, voyant son propre fils combattre avec témérité contre les Athéniens, lui dit : «Ou réunis toi à l'armée ou réprime ton audace.»

67. Darius avait envoyé un arc, des flèches et une couronne d'or à Alexandre. «Je reçois, dit celui-ci, la guerre et la victoire qui vient de la guerre.»

68. Darius avait envoyé une ambassade à Alexandre pour lui offrir sa fille en mariage avec mille talents. «Que Darius, dit celui-ci, cesse de disposer en ma faveur de ce qui m'appartient.»

69. Pendant qu'Alexandre se trouvait dans le voisinage de la Perse on le pria d'entrer dans ce royaume pour prendre la femme de Darius et sa fille Roxane. «Prenez garde, dit-il,

guerriers macédoniens, qu'après avoir vaincu des hommes, vous ne soyez vaincus par des femmes.»

70. Ne crois jamais avoir un ami quand tu es heureux; si étant tombé dans le malheur tu en as encore, pense alors que tu as réellement un ami.

71. Les amis qui ne sont point honnêtes, portent le nom d'amis, mais en réalité sont plus hostiles que les ennemis.

72. C'est dans le malheur, que tu distingueras les bons et les mauvais amis.

73. Démosthènes a dit que l'instruction ressemble à une couronne d'or, parce qu'elle est précieuse et honorable.

74. Ésope dit à son maître qui le conduisait au moulin, «Pourquoi me conduis-tu là»? — «Pour que tu te rendes utile.» — «Pourquoi alors n'y conduis tu pas tes fils?»

75. . . . . . exilé[1] de sa patrie en arrivant à Rhodes il se fit sophiste . . . . . l'embrassa et lui donna mille drachmes. En recevant cet argent il se mit à pleurer. . . . . cherchait à le consoler lui faisant espérer qu'il lui procurerait son retour dans sa patrie. «Comment ne dois-je pas pleurer, en pensant que je suis privé d'une patrie où les ennemis sont tels qu'ils veulent même nous secourir?»

1. Le commencement manque avec le nom des personnages dont il est question. Voy. la note p. 232.

76. Aristippe de Cyrène disait qu'il se faisait payer ses leçons, non pas pour réformer les gens, mais pour que ses élèves apprissent à dépenser pour le bien.

77. Quelqu'un lui ayant fait du tort le fuyait en cherchant à l'éviter. Il le rencontra une fois par hasard et lui dit : «Ce n'est pas à toi de me fuir, mais bien à moi de te fuir toi qui es un homme méprisable.»

78. Platon étant entré auprès de lui pendant qu'il était malade et lui ayant demandé comment il allait, il répondit : «Celui qui est digne d'estime et qui a la fièvre, va bien, tandis que celui qui est méprisable et en santé, va mal.»

79. Quelqu'un[1] lui ayant dit, «Comment parles-tu ainsi, toi qui as de pareils parents?» «Compte à partir de moi», répondit-il.

80. Diogène ayant appris qu'un citoyen des mieux posés fréquentait des hommes pervers, dit : «Il est étrange, que, lorsque nous voulons nous mettre en mer, nous choisissions les meilleurs gens pour naviguer avec eux et, lorsque nous voulons vivre régulièrement, nous prenions pour compagnons de vie les premiers venus.»

81. Voyant le fils d'une courtisane qui jetait des pierres

1. Celle qui précède dans le manuscrit et qui commence ainsi Βίᾳ τῷ σοφῷ, est attribuée à Ésope dans Arsénius, p. 93, lin. 16, Ὁ αὐτὸς ἀκούσας. D'où dans celle-ci ὁ αὐτὸς s'appliquerait aussi à Ésope et non à Aristippe.

sur la foule, «Tu ne crains donc pas, lui dit-il, de blesser ton père.»

82. Il disait que le vrai bonheur était de maintenir son âme en gaîté même dans l'infortune, car sans cela les richesses de Midas et celles de Crésus sont inutiles.

83. Diogène pendant un ensevelissement vit la mère du mort s'arrachant les cheveux et s'écriant : «J'ai perdu celui qui nourrissait ma vieillesse.» «Voyez cette femme, dit-il; ce n'est pas son fils qu'elle pleure, mais son troupeau de bœufs.»

84. Démosthène disait à un amateur d'agriculture : «Si tu ne perds pas ton champ, c'est lui qui te perdra; car l'absence d'instruction est la ruine des hommes.»

85. Il disait : «Ce qu'il y a de plus difficile est de plaire à tous.»

86. Il disait : «Supporter les maux est le fait des esclaves, supporter le bien appartient aux hommes.»

87. On demandait à Démocrite pourquoi il avait peu d'amis : «Parce que je ne suis pas très riche», répondit-il.

88. Il disait : «Celui qui fuit un ami qui est dans la peine, n'est pas digne d'en jouir quand il est dans la joie.»

89. Il disait : «Ceux qui soignent leur corps et négligent

leur âme, ressemblent à ceux qui tiennent à porter un vêtement propre et qui sont sales et mal soignés.»

90. Voyant le serviteur d'un homme bien posé, que l'on venait de fouetter, «Je vois, dit-il, les traces de ta colère.»

91. On lui demandait comment un jeune homme arriverait à commettre le moins de fautes possible, il répondit : «En ayant devant les yeux ceux qu'il honore et respecte le plus.»

92. On demandait à Séleucus comment on peut devenir infaillible, «En ayant beaucoup d'ennemis, dit-il, parce qu'on craint leurs représentations et leurs reproches, et on essaie rarement d'enfreindre les règles de ce qui est bien.»

93. On demandait à Théocrite pourquoi il ne prenait pas femme : «Parce que, dit-il, si j'en prends une belle, j'en aurai une commune[1], si j'en prends une laide, j'aurai une peine.»

94. Théophraste disait qu'il vaut mieux être reconnaissant envers ceux qui nous ont fait du mal; car la reconnaissance plutôt que la vengeance est le fait d'un bon caractère.

95. Il disait à un individu qui était tourmenté de ses

1. Il joue sur les mots κοινὴν (commune) et ποινὴν (peine) qui ont presque la même assonance.

fautes et qui les regrettait, « Si au moment de les commettre tu t'étais chagriné ainsi, tu ne te serais pas rendu coupable. »

96. Cléanthe disait qu'il faut toujours faire du bien à son ami pour qu'il reste encore plus votre ami, et agir de même envers son ennemi pour qu'il devienne votre ami; il faut aussi éviter le blame des amis et les artifices des ennemis.

97. Cicéron disait : «Faire bien est une simple bienfaisance, mais dire et faire est une double bienfaisance.»

II.

ÉLOGE DU CHIEN PAR L'EMPEREUR NICÉPHORE.

Cette petite pièce est intéressante à plus d'un point de vue. Elle était inédite. Elle est intitulée *Éloge du chien*, ἐγκώμιον κυνός, et a pour auteur un empereur d'Orient nommé Nicéphore. Dans mon *Catalogue des manuscrits grecs de la bibliothèque de l'Escurial*, où elle est conservée[1] je l'ai attribuée à Nicéphore Phocas, mais je dois faire quelques réserves à propos de cette opinion littéraire. Dans le titre l'auteur est simplement désigné par les mots, de l'*empereur Nicéphore*, τοῦ βασιλέως κυροῦ Νικηφόρου. Il y a eu plusieurs empereurs de ce nom. Il n'est pas probable

1. Cod. gr. II. V. 10, fol. 522, v. C'est du même manuscrit que j'ai tiré (fol. 84, r) la description d'une chasse à l'once, publiée dans l'*Annuaire de l'association des Étud. gr.*, t. VII.

qu'il s'agisse ici de Nicéphore Ier, dit *le Logothète* qui régna au commencement du neuvième siècle. Le style trahit une époque postérieure. Vient ensuite Nicéphore II Phocas, auquel on doit des constitutions et des règlements (διατάξεις) militaires, ces derniers rédigés d'après son ordre. Puis Nicéphore Bryenne qui sous le règne de Michel VII s'était fait proclamer empereur. Mais il porta ce titre pendant très peu de temps. On lui creva les yeux et il mourut l'année suivante en 1079. Il serait difficile d'admettre qu'il eût composé l'opuscule en question en y mettant son titre éphémère de βασιλεύς. Un autre Nicéphore Bryenne, mari d'Anne Comnène, était célèbre comme écrivain. Il est (1057—1071) auteur d'une histoire de son temps, mais il n'a jamais porté que le titre de César, et dans le même manuscrit de l'Escurial qui contient son éloge par Eustathe il n'est qualifié que de César. Reste Nicéphore III, dit Botaniate, monté sur le trône en 1078 un an avant la mort de Psellus. Ce dernier a eu une grande influence sur ses contemporains et probablement sur le souverain lui-même, à la cour duquel il remplissait de hautes fonctions. Ses éloges du pou et de la puce[1] ont-ils inspiré la pièce en question, c'est ce que je n'oserais dire. Toujours est-il que ces trois éloges sont placés à la suite l'un de l'autre dans le manuscrit de l'Escurial. Du reste on pourrait peut-être éclaircir la question si on consultait la pièce qui suit l'éloge du chien et qui est due au même empereur. C'est un discours devant

1. Dans mon catalogue, p. 52, une notice en latin donne avant ces deux éloges de Psellus, un troisième intitulé *Encomium tonsoris*, probablement en grec Ἐγκώμιον τοῦ κουρέως. Cette pièce n'est citée nulle part.

servir de préface à ses ouvrages. Je comptais en faire aussi une copie, mais je n'en ai pas eu le temps. Les ouvrages composés par les empereurs d'Orient ne sont pas communs; il y a donc là une question littéraire qui ne manque pas d'intérêt. Je la recommande aux savants qui auront l'occasion de consulter le manuscrit de l'Escurial. Quant à la pièce elle même, elle est assez élégamment écrite. Elle trahit en effet l'époque de Psellus où le style était recherché, un peu obscur et où les écrivains employaient de préférence les mots rares. Celle-ci toutefois est un peu moins entachée des défauts auxquels nous faisons allusion. La mode était alors aux imitations. Lucien avait fait l'éloge de la mouche, Synésius celui de la calvitie, Psellus ceux du pou et de la puce, comme je viens de le dire. Mais dans ces diverses pièces l'éloge est ironique, comme l'avaient été dans le sens philosophique, ceux de la mort, par Alcidamas, et de la pauvreté, par Aristophane. Ici l'éloge du chien est sérieux et sort de la plaisanterie. Quoi qu'il en soit, voici cette pièce avec la traduction française.

Τοῦ βασιλέως κυροῦ Νικηφόρου Ἐγκώμιον κυνός.

Οὐ δειλιάσω τὸν Μῶμον οἷς ἐπαινέσαι τὸν κύνα προῄρημαι · οὐδὲ γὰρ οὕτω κἀγὼ πρὸς τὴν Διονύσου μανίαν ἐκκυλισθήσομαι, ὡς καὶ θεὸν αὐτὸν ἀπεργάσασθαι. Εἰ γάρ τις ἐπαινέσαι τι προαιρούμενος, καὶ τοῖς ἀδυνάτοις ἐγχειροίη κατασεμνύνειν, ἀπίθανα καὶ τὰ προσόντα πάντως ἐργάζεται. Τοὺς τοιούτους ἐπισκώπτων οἶμαι κἀκεῖνος ὁ σοφιστὴς, ὁ Σύρος [1], ὁ γελοιαστὴς,

1. Lucien, p. 761, éd. Didot.

ὁ φιλοπαίγμων, ὁ κωμικὸς, εἰς οὐρανοὺς ἀνάγοντα Διόνυσον τὸν κύνα τῆς ἐρωμένης ἐπλάσατο, καὶ Μῶμον εἰρωνευόμενον ἐπ' αὐτῷ. Ἐγὼ δ' ἀλλ' ὅτι μὲν θεὸς αὐτός ἐστιν οὐκ ἐρῶ, θεοῖς δὲ τοῦτον φίλον ἀποφηνάμενος, συμμαρτυροῦσαν πάντως ἕξω καὶ τὴν ἐνέργειαν. Ἐπιφέρεται μὲν γὰρ καὶ τόξον καὶ φαρέτραν ἡ Ἄρτεμις, ἀλλὰ καὶ κύνας ὀπαδοὺς προσεπάγεται, κἀντεῦθεν τὸ τῆς κυνηγεσίας[1] ὄνομα προσεκτήσατο. Ἐπεὶ δ' ἐκ θεῶν ἀνθρώποις τὰ κάλλιστα, καὶ εἰς αὐτοὺς τὸ πρᾶγμα μεταπεφοίτηκε, κάλλιστον οἶμαι πάντων ὅσα μετὰ τὸν ἄνθρωπον· βασιλεῦσι μὲν ἀκραιφνεστάτην ἀφοσιοῦται τὴν ἡδονὴν, ἵνα μὴ λέγω καὶ τοῖς λοιποῖς ὁπόσοις ἔργον κυνηγεσία· καὶ κατατρέχει μὲν ἐλάφων καὶ λαγωῶν καὶ τῶν λοιπῶν κνωδάλων τῶν ἐπὶ γῆς, ἐξ ὧν ἑτοιμάζει βασιλικῇ τραπέζῃ τὸ ἁβροδίαιτον, τὸ δέ γε κ[αιν]ότατον, ἐνεργοῦσαν ἔχει τὴν ὄσφρησιν, ὁπόσα δὴ καὶ τὴν ὅρασιν. Ἐκρύβη γάρ τι τῶν ὀφθαλμῶν, καὶ περὶ μέσην λόχμην ἐκπέφευγεν, ἀλλ' οὗτος προβάλλεται μὲν ἑτέραν δύναμιν ὀφθαλμῶν, διὰ δρυμὰ πυκνὰ[2] καὶ ὕλην ἐρχόμενος, κἀξιχνοσκοπούμενος καὶ ῥινηλατῶν ὡς εἰπεῖν· ἤδη δέ που καὶ τὸν δραπέτην αὐτοῖς ἐκγόνοις κατέλαβε, καὶ πάνθ' ὁμοῦ ληϊσάμενος μέγα τι κυδιόων πρὸς τὸν δεσπότην ἠγάγετο· Εἶδον ἐγὼ καὶ τὴν φύσιν αὐτὴν αὐτὸν βιαζόμενον, καὶ ταῖς πτηνῶν [εἴ]λαις ἐπιτιθέμενον. Οὐκ οἶδε πόνος ἔχειν τὸν θηρευτὴν ἀνέστιον, εἰληθερούμενον, πανημέριον·

«Τερπωλὴ γὰρ ἕπεται θήρῃ πλέον ἠέπερ ἱδρὼς,»

κατὰ τὸν Κίλικα ποιητήν[3], ὅπου δὲ κέρδος μεθ' ἡδονῆς, ἐκεῖθεν ἐκποδὼν καὶ πόνος καὶ κάματος.

Βούλει καὶ ὡς πίνακι τῷ λόγῳ τὰ τῆς θηρευτικῆς διαγράψω σοι. Φέρεται μὲν ὁ θηρευτὴς ἱππαζόμενος, ἐπιθωΰζων τὰ κυνηγετικὰ, κύκλῳ δ'ἀμφ' αὐτὸν οἱ κύνες παρομαρτοῦσιν, οἷα περὶ στρατηγόν τι στρατόπεδον ἑτοιμαζόμενον εἰς παράταξιν· ὁπηνίκα τὸν μὲν ἴδης περὶ τοὺς πόδας αὐτοῦ κυλιν-

1. Probablement κυνηγέτιδος.
2. Cod. πολλὰ et au dessus πυκνά.
3. Oppien, *De Piscat.* 1, 28, où il y a τερπωλὴ δ' ἕπεται κ. τ. λ.

δούμενον, καί τι θωπευτικὸν προσκνυζώμενον · τὸν δ' αὖθις τοὺς πόδας γυμνάζοντα καὶ πρὸς ἑτέρους περὶ τάχους ἀνθαμιλλᾶσθαι φιλοτιμούμενον · ἕτερον τοῖς περὶ τὸν τράχηλον ἀναδέσμοις ἐπαγαλλόμενον καὶ ταῖς ψηφῖσι γαυρούμενον καὶ τοῖς χρυσοειδέσι ῥυτῆρσι ἐναβρυνόμενον, ἡδεῖαν ὄψιν τοῖς θεωμένοις εἰ μή πού τις ἐξ ἀδάμαντος τὴν καρδίαν κεχάλκευται, γλαυκή[1] τε τοῦτον ἔτεκε θάλασσα. Ἐπὰν δὲ καὶ πρὸς αὐτὸν τὸν τῆς θήρας τόπον ἀφίκωνται, πεδιάδα τινά φημι θηροτρόφον ἤ που τυχὸν καὶ ἀκρώρειαν, ἵστησι μὲν περὶ αὐτὸν τοὺς πάντας ὁ θηρευτὴς μάχης ἀκόρητον ἐνορῶντας · ἔπειθ' ὡς ἐκ βαλβῖδος ἀφείμενοί τινος, ἅπαντες ἀολλέες περὶ τὴν ὕλην ἐμπίπτουσιν · ἀλλὰ γὰρ ὅλοις μοι τοῖς ὀφθαλμοῖς πρὸς τὴν γραφὴν ἐνατένιζε · εἰ δὲ καὶ μὴ Ἀπέλλης τις ἐστὶν ἢ καὶ Πραξιτέλης ὁ ζωγραφῶν, κἀντεῦθεν αὐτὸς μηδέν τι τῶν χρωμάτων καὶ τῆς γραφῆς ὡς ἀτέχνου πρὸς εὐφροσύνην ἀπόναιο; Τὸ γοῦν τῆς ἱστορίας σοι γλαφυρὸν οὐκ ἀμυδρὰν εὑρήσεις τὴν ἡδονὴν προτεινόμενον · ὅρα λοιπὸν τοὺς μὲν ἐλάφοις ἐπεισπεσόντας, καὶ κεραϊζομένους ταύτας οὐκ ἀγεννῶς, ἕτερον ὅλην φάλαγγα λαγωῶν στυφελίζοντα, καὶ τὸν ὀπίστατον αἰὲν ἀποκτείνοντα, ἕτερον κάπρῳ κρυερῷ πρὸς βίαν ἐπιτιθέμενον, καὶ τοῖς ὀδοῦσιν ὡς δόρασιν ἁπαντάχοθεν καταδαρδάπτοντα, ἕτερον ἑτέροις ὡς ἔτυχε συμπλεκόμενον · ἐπὰν δέ ποτε καὶ καταλῦσαι δέοι τὸν μαχησμὸν κεκορημένους δηϊοτῆτος, ὅρα τὸ τηνικαῦτα θέαμα ἥδιστον · οὐδένα κενὸν ἐπανιόντα καὶ ἄπρακτον, ἀλλὰ παντα τὸ θηραθὲν ἐφελκόμενον καὶ πρὸς αὐτὸν τὸν δεσπότην ὡς φορολόγον ἐπάγοντα. Οὕτω πάντα λαμπρὰ καὶ χαρίεντα, κἂν μόνον εἰς ἀκοὴν μὴ καὶ τὴν ὄψιν αὐτὴν γενήσονταί τινι τὰ τοῦ πράγματος · ὅλας ἱμέρου πηγὰς καὶ μόνον ἀναστομοῖ τὸ διήγημα. Καὶ ταῦτα μὲν τὰ δημόσια κἀν τοῖς ὑπαίθροις γινόμενα, τὰ δὲ κατ' οἴκους τίς μὴ θαυμάσεται καὶ ταῦτα μηδὲν τῶν ἔξω πρὸς ἡδονὴν ἀποδέοντα;

Ἤδη μὲν οὖν προφθάσας ἐδήλωσα, [οὐδεν]ὸς ἁπάντων ὅσα μετὰ τὸν ἀν-

1. *Hom. Il.* XVI, 45, où Patrocle dit à Achille : Οὐδὲ Θέτις μήτηρ · γλαυκὴ δέ σε τίκτε θάλασσα.

θρωπον, τὸν κύνα τοῖς προτερήμασιν ἐλαττοῦσθαι· τὸ δέ γε νῦν ῥηθησόμενον οὐ μόνον ἀκριβεστέραν τὴν περὶ τούτου πίστιν ἐργάσεται, ἀλλ' ἤδη τι καὶ θάμβος τοῖς ἀκρωωμένοις προσεπαφήσει· πάντων γὰρ τῶν ἀλόγων ἀξύμβατον πάντη τὴν ἀλογίαν δυστυχησάντων τῇ λογικότητι, μόνος ὁ κύων, ἀλλὰ μὴ ταραχθῇς πρὸς τὴν ἀκοὴν, ἐφεύρηταί τι κἀνταῦθα πλεονεκτῶν· ἵππος μὲν γὰρ χρεμετίσας καὶ μυκησάμενος βοῦς, καὶ βληχησάμενος ἀρνειὸς, ἀλόγως οὑτωσὶ τὸν ἀέρα πλήττειν λογίζονται τῷ τῆς φωνῆς ἀσημάντῳ καὶ περιττῷ· τοῦ δὲ κυνὸς ὑλακτήσαντος προσυπεσήμαινέ τι τὸ φώνημα, καὶ παρουσίαν ξένων ἐδήλωσεν, ὡς εἴ γε καὶ διηρθρωμένα λέγειν ἠδύνατο, τάχα καὶ τίς πόθεν εἰς ἕκαστον προσεπήρετο. Τοιαῦτα δ' ἂν οἶμαι καὶ πρὸς αὐτὸν τὸν δεσπότην ἐφθέγξατο. Τίς ἡ τοσαύτη σοι τῶν πέριξ τουτωνὶ φραγμῶν ἐπιμέλεια, δέσποτα; Τίς ἡ τῶν πυλῶν προσοχὴ, καὶ τῶν κλειδῶν ἡ φροντὶς, καὶ τὸ πρὸς ταῦτα δαπανηρόν; μηδέν σοι τούτων μελέτω· ἐγώ σε καὶ ὡς πυλωρὸς φυλάξω καὶ ὡς δορυφόρος περιφρουρήσω. Τοιαῦτά σοι τὰ τοῦ κυνὸς προτερήματα, ξύμμικτον ἡδονῇ καὶ τὴν ἔκπληξιν τοῖς τέως αἰσθανομένοις ἐπάγοντα. Οὗτος καὶ ποίμνας προβάτων καὶ βοῶν καὶ ἵππων ἀγέλας φυλάττειν οὐκ ἀμαθὴς, καὶ θηριομαχεῖν οὐκ ἀπαίδευτος, τί μὴ λέγω τὸ πάντων καινότερον, ὡς καὶ τυφλοὺς ὁδηγεῖ καὶ ὀφθαλμὸς ἐκείνοις ἕτερος γίνεται, καὶ περιάγει μὲν ἁπανταχόσε περὶ τὰς θύρας ἄρτον αἰτήσοντας, αὖθις δὲ καθοδηγεῖ περὶ τὸ κατάλυμα. Τί ταυτησὶ τῆς εὐνοίας (f. προνοίας)· μεῖζον γένηται, πρὸς θεῶν; ὃ γὰρ μηδὲ πρὸς ἀλλήλους ἄνθρωποι πράττειν ἀνέχονται, τοῦτο δὴ τὸ τὴν ἀλογίαν λαχὸν, πρὸς τοὺς ἀνθρώπους ἐργάζεται· καθυποκλίνει μὲν γὰρ τὸν αὐχένα τοῖς βουλομένοις μετ' εὐλαβείας οἷον (?) καὶ ταπεινότητος, ἐπιτεχνᾶται δέ τι καὶ βάδισμα ξύμμετρον ὡς μὴ πρὸς βίαν ἕλκειν δοκοίη τὸν ὁδηγούμενον, καίτοι τί ποτ' ἂν ἐμποδὼν, εἰ μόνον ἠθέλησε, προσεγένετο καθυλακτῆσαι μὲν τοῦ δεσπότου, τὸν δὲ δεσμὸν διαρρῆξαι καὶ ἀποδρᾶναι· ἀλλ' οὗτος καὶ τυπτόμενος φέρει καὶ διωκόμενος οὐκ ἀποδιδράσκει· θᾶττον γὰρ ἂν ἐκπνεύσαι τυπτόμενος, ἢ τοῦ δεσπότου μικρὸν ἀποστήσεται· πλουτεῖ γὰρ μετὰ τῶν λοιπῶν καὶ τὴν εὔνοιαν οὐκ ἀγεννές τι φύσεως φιλοτίμημα, καὶ τοῦτο κάλλιστα π[οι]ῶν ὁ μυθοποιὸς παρεγύμνωσεν, ἐν οἷς τὴν κύνα μᾶλλον ἢ τὴν κυρίαν εὐνοοῦσαν εἶναι πρὸς τὸν δεσπότην διισχυρίσατο, πολύ τι καὶ τοῦ παιγνίου προσεγχεάμενος τῷ σπουδάσματι · συμμαρτυρεῖ μοι τὸ πρᾶγμα καὶ τὸ περὶ τὸν Νικίαν ἐκεῖνον τὸν κυνηγέτην συμβεβηκός. Ἐπεὶ γὰρ ἐκεῖνος ἀπροόπτως οὕτω φερόμενος εἰς ἀνθρακιὰν πυρὸς αὐτόματος ἔπιπτεν, ὅρα κἀνταῦθα τοῦ ζώου τὸ φιλοδέσποτον · ἐθρήνησε μὲν ὡς ἡ φύσις ἐδίδου τὰ πρῶτα κύκλῳ περὶ τὴν κάμινον διατρέχον καὶ τὸν δεσπότην ἐπιζητοῦν · ἐπεὶ δὲ μηδέν τι καὶ δράσειν ἴσχυσε πρὸς τὴν συμφοράν, ἐπικουρίας ἀνθρωπίνης εἶναι τὸ πάθος ἐνόμισεν ἄξιον καὶ τοὺς παριόντας τῶν ἱματίων [ὀδ]ὰξ ἐφελκόμενος περὶ τὴν κάμινον ἦγε καὶ τὴν συμφορὰν ἀνεδίδασκεν. Οὕτω φιλανθρωποτάτης ψυχῆς τὸ ζῶον καὶ μηδέν τι τῆς [ἀρετῆς] ἀποδεούσης ἐστί. Τὸν δὲ γηραλέον ἐκεῖνον κύνα τὸν Ἰθακήσιον ποῦ θήσομεν, ὃς ἐκ τῆς τοῦ γήρως ταλαιπωρίας πάντη μένων ἀκίνητος, ἀλλ' ὅμως μετὰ τὸν εἰκοσαετῆ χρόνον ἐκτρύνας[1] ἐπανηκόντα τὸν δεσπότην, ἐγνώρισε καὶ τότε μόνως ἀνέστη καὶ τοὺς ἐκείνου πόδας ἠσπάζετο; θάμβους ὄντως τὸ πρᾶγμα καὶ πολλῆς ἐκπλάξεως ἄξιον! Τούτων τὸ τάχος παραγυμνοῦν βουλόμενος Ὅμηρος ἀργοὺς[2] κατονομάζει τούτους εἰρωνικώτερον. Τί δ',οὐχὶ καὶ Τηλέμαχος κύνας περὶ τὴν ἀγορὰν ὡς φύλακας προσεφείλκετο; Εἰκότως ἄρα καὶ Πλάτων στρατιώτας[3] τούτους ἐκάλεσε, τοῖς μὲν οἰκείοις φυλακτικοὺς καὶ μειλιχίους, τοῖς δ'ἀλλοτρίοις ἀναιδεῖς τε καὶ φοβερούς. Εἶτά μοι βόας καὶ ἵππους τολμᾷ τις ἐγκωμιάζειν, τοὺς ὑπὸ κυνὸς ὡς ὑπὸ φρουρίου φυλαττομένους, ὡς μὴ θηρῶν σπαράγματα γένοιντο, καὶ τίς ποτ' ἂν τοῦ φυλάσσοντος κρεῖττον εἶναι φήσῃ τὸ φυλαττόμενον, εἰ μὴ τῶν Μελιτίδου φρενῶν τυγχάνει διάδοχος, καὶ τῆς Κοροίβου μωρίας ἀνάπλεως; Ὡς ἔγωγε θαρρούντως ἀποφηναίμην μηδέν τι τῶν παρ' ἀνθρώποις εἶναι τιμίων ὅσα ψυχῆς εὐγενοῦς τυγχάνει γνωρίσματα, ἐφ' ᾧ μὴ καὶ κύνες φιλοτιμήσονται.

1. Peut-être ἐκρινίσας.
2. *Il.* I, 50.
3. Peut-être le passage a-t-il en vue de Platon, *Rep.* III, p. 416.

TRADUCTION FRANÇAISE.

Éloge du chien par l'empereur Nicéphore.

Je ne craindrai pas Momus, parce que j'ai choisi l'éloge du chien, car je ne me laisserai pas aller à la folie de Dionysos, au point de faire un dieu de cet animal. Quand on se décide pour un sujet d'éloge, il ne faut pas, pour honorer l'objet choisi, avoir recours à des moyens impossibles, autrement on n'arrive pas à la persuasion. C'est, je pense, pour se moquer de ceux qui agissent ainsi que ce sophiste de Syrie, ce bouffon, ce plaisant, ce comique, a représenté Dionysos conduisant dans les cieux le chien de son amante, et Momus le persifflant à cause de cela. Quant à moi, je ne dis pas que cet animal est un dieu, mais montrant qu'il est ami des dieux, j'aurai le courage de témoigner en sa faveur. Artémis en effet porte un arc et un carquois; elle conduit en outre des chiens comme compagnons, d'où elle a reçu le nom de chasseresse. Comme les meilleures choses arrivent aux hommes par les dieux et que le chien est allé ensuite visiter ces derniers, je pense que cet animal est ce qu'il y a de mieux après l'homme. Il procure le plaisir le plus pur aux rois, pour ne pas dire à tous ceux pour qui la chasse est une affaire. Il court après les cerfs et les lièvres, et après les autres fauves qui sont sur terre et au moyen desquels il prépare la sensualité de la table impériale, et, ce qui est très extraordinaire, il a une grande puissance dans l'odorat et, toutes les fois qu'il le faut, dans la vue. Si quelque chose s'est dérobé à ses yeux et s'est sauvé au milieu des buissons, le chien emploie une autre puissance dans les yeux en allant à travers les bois épais et les forêts, quêtant et suivant à la piste pour ainsi dire le gibier. Déjà il a pris le fugitif à ses petits eux mêmes et le saisissant comme une proie il l'a apporté tout fier à son maître. Je l'ai vu, moi, je l'ai vu forçant la nature elle même s'élancer contre les compagnies d'oiseaux. La fatigue n'arrête point ce chasseur sans foyer, se chauffant au soleil, agissant tout le jour; car la chasse procure plus de jouissance que de peine comme dit le poète de Cilicie. Où il y a profit et plaisir, le mal et la fatigue n'existent plus.

Si tu le veux, je te décrirai, comme dans un tableau, les détails de la chasse. Le chasseur part à cheval en criant, en chasse! Placés autour de lui les chiens suivent, comme autour d'un général une armée prête au combat. On voit l'un allant et venant autour de ses pieds et aboyant d'une manière caressante, l'autre sautant également et luttant de vitesse avec ses camarades, cet autre glorieux des attaches qu'il a autour du cou, se pavanant avec ses pierreries et fier de ses liens d'or, spectacle agréable à voir, à moins qu'on n'ait le cœur dur comme du diamant, ou qu'on n'ait reçu la naissance dans la mer verte. Lorsqu'ils sont arrivés sur le lieu de la chasse, je veux dire dans une plaine où on élève des bêtes fauves ou même sur le sommet d'une montagne, le chasseur les range autour de lui, ceux-ci regardant tous avec des yeux insatiables de combat, et ensuite, comme d'une barrière, serrés les uns contre les autres, ils se précipitent dans la forêt. Mais observez très attentivement la peinture que je mets sous vos yeux. On serait Apelle ou Praxitèle[1] le peintre, qu'avec les ressources des couleurs et de la peinture on serait impuissant à reproduire la joie de ces animaux. Le récit est commode pour vous procurer un vif plaisir. Voyez donc les uns se précipitant sur les biches et les renversant courageusement, un autre mettant à la débandade une troupe de lièvres, dont il tue toujours le dernier, celui-ci attaquant avec fureur un terrible sanglier et le déchirant partout avec les dents comme avec des dards, celui-là s'engageant avec d'autres au hasard. Lorsque fatigués de luttes ils doivent renoncer au combat, on voit un spectacle des plus agréables. Aucun d'eux ne revenant à vide et sans avoir rien fait, chacun traîne le résultat de sa chasse et l'amène à son maître comme un collecteur d'impôts. Ainsi tout est brillant et agréable même pour ceux qui n'en jouissent que par l'ouïe et par la vue. Le récit seul suffit pour ouvrir toutes les sources du désir. Et tout cela est public et a lieu en plein air. Quant aux faits qui se passent dans la maison, qui ne les admirera pas, puisqu'ils ne le cèdent en rien pour le plaisir aux choses du dehors?

J'ai montré que le chien pour les qualités n'est inférieur à aucun des êtres qui viennent après l'homme. Ce que je vais dire maintenant non seulement confirmera cette vérité d'une manière plus exacte, mais même causera de l'étonnement à ceux qui l'entendront. De tous les êtres qui ont le malheur d'être privés de raison, seul le chien, par le raisonnement, ne vous en étonnez pas, est capable de quelque invention, et par là il est supérieur aux autres animaux. En effet le cheval en hennissant, le bœuf en mugissant, l'agneau

1. Praxitèle était célèbre comme sculpteur et non comme peintre.

en bêlant calculent ainsi sans raison qu'ils frappent l'air avec les sons insignifiants et inutiles de la voix. Celle du chien qui aboie, a une signification et annonce la présence des étrangers, comme s'il pouvait prononcer des sons articulés et dire à chacun d'eux, «D'où es-tu?» Je pense qu'il dit à son maître quelque chose dans ce genre là : «O mon maître, quel soin prends-tu de toutes ces barrières qui sont à l'entour? Quelle attention prêtes-tu aux portes? Quel souci as-tu des clefs? Quelles dépenses fais-tu dans ce but? T'inquiètes-tu de tout cela? Je te garde comme un portier et je te défendrai comme un soldat armé.»

Telles sont les qualités du chien, qualités qui procurent à ceux qui sont capables de sentir un étonnement mêlé de plaisir. Cet animal habile à garder les troupeaux de moutons, de bœufs et de chevaux, est plein d'adresse pour combattre les bêtes féroces. Pourquoi ne pas dire le plus étrange de tout? il guide même les aveugles et devient pour eux un autre œil; il les conduit partout auprès des portes pour demander du pain et les ramène à leur logis. J'en prends les dieux à témoin, y a-t-il rien de plus grand que cette affection? Ce que les hommes ne supportent pas de faire les uns pour les autres, cet animal, auquel est échu le manque de raison, le fait pour les hommes. Il baisse timidement et humblement le cou sous la main de ceux qui le veulent, et il imagine d'adopter un pas mesuré pour ne pas paraître tirer violemment celui qu'il dirige. Si seulement il le voulait, rien ne l'empêcherait d'aboyer après son maître, de briser ses liens et de s'enfuir; mais il se laisse battre et quand il est poursuivi, il ne se sauve pas. Il aimerait mieux expirer sous les coups que d'être un seul instant séparé de son maître. Avec toutes les autres qualités il possède la bienveillance, noble don de la nature et le fabuliste avec beaucoup de raison a mis en relief cette qualité quand, mêlant à son étude beaucoup de badinage, il a affirmé que la chienne était plus affectionnée à son maître que la maîtresse elle-même. J'en trouve une preuve dans l'accident qui est arrivé à Nicias, ce chasseur si connu. Celui-ci, par hasard, étant tombé à l'improviste dans le feu d'une charbonnière, son chien (admirez l'amour de l'animal pour son maître), son chien se mit à gémir, suivant l'indication première de la nature; il courait circulairement autour du foyer et cherchait son maître. Puis, comme il ne pouvait rien dans ce malheur, il pensa qu'une pareille douleur demandait un secours humain, il tirait avec les dents les passants par leurs vêtements et les conduisait auprès du foyer pour leur apprendre le malheur qui venait d'arriver. Telle est l'âme de cet animal, âme des plus philanthropiques et à laquelle aucune qualité ne manque. Et ce vieux chien d'Itaque, quelle place lui donnerons-nous? Épuisé par les fatigues de la vieillesse il restait toujours sans bouger; et cependant son maître étant revenu au bout de vingt ans, il le reconnut après l'avoir flairé. Alors se levant tout seul, il alla lui lécher les pieds, action vraiment étonnante et digne d'admiration. Homère voulant peindre la vitesse de ces animaux, les appelle ironiquement lents (ἀργούς). Comment donc, Télémaque ne menait-il pas ses chiens dans la place publique, en guise de gardiens? Certes Platon a bien raison de donner le nom de soldats à ces animaux, vigilants et doux pour ceux de la maison, hargneux et terribles pour les étrangers. Qu'on ose me vanter les bœufs et les chevaux gardés par un chien comme dans une forteresse, pour qu'ils ne soient pas déchirés par les bêtes féroces. Qui viendra dire que le gardé est supérieur au gardant, à moins d'être un digne successeur de Melitidès ou d'être rempli de la folie de Corœbus? Aussi je ne crains pas d'affirmer que de toutes les qualités qui chez l'homme montrent une âme généreuse, il n'en est pas une seule dont les chiens ne soient doués.

古 事 記
KO ZI KI

MÉMORIAL DE L'ANTIQUITÉ JAPONAISE

FRAGMENTS RELATIFS A LA THÉOGÉNIE DU NIPPON

TRADUITS DU JAPONAIS ET COMMENTÉS EN CHINOIS

PAR

LÉON DE ROSNY.

MÉMORIAL

DE

L'ANTIQUITÉ JAPONAISE.

I.

Nous possédons, depuis bien des années, des notions plus ou moins succinctes, plus ou moins exactes, sur le système théogonique des Japonais et sur la religion nationale des îles de l'Extrême-Orient dite *Sintauïsme* ou *Kami-no miti;* mais, jusque dans ces derniers temps, nous étions restés dans une ignorance à peu près complète des textes originaux sur lesquels reposent cette théogonie et cette religion. Un des premiers, au XVIIe siècle, le célèbre voyageur Engelbert Kämpfer, nous a donné l'énumération des principales divinités du panthéon japonais et de courtes notices sur les légendes populaires de la mythologie du Nippon. Malheureusement le travail de l'illustre voyageur allemand pullule d'inexactitudes : non seulement la plupart des noms propres sont mal orthographiés et parfois même à peine reconnaissables, mais il s'y est glissé de fâcheuses confusions, et les questions les plus graves, les plus complexes, les plus incertaines y sont considérées comme des problèmes absolument résolus. Pour ne citer que peu d'exemples qu'on pourrait aisément multiplier, la Grande Déesse Solaire, l'une des divinités les plus importantes du sintauïsme, que Kämpfer appelle *Ama teru Oon gami*[1] (au lieu de *Ama-terasŭ oho-kami*), y est mentionnée comme étant un homme; les souverains de la période semi-historique de l'histoire de Chine, tels que *Fouh-hi, Chin-noung* et autres, sont intercalés dans la généalogie divine et impériale des souverains du Japon[2]; les sept premiers dieux sont déclarés des êtres absolument spirituels et libres de toute attache matérielle[3], etc.

A une époque plus récente, Ph. Franz von Siebold[4], en Hollande, et Klaproth[5], en France, nous ont présenté de nouveau un abrégé de la mythologie japonaise. La publication du premier de ces savants ne nous apporte que de maigres

1. *De Beschryving van Japan*, édit. d'Amsterdam, 1733, in-fol., p. 70. — Je suis obligé de citer de préférence l'édition hollandaise à la traduction française, cette dernière étant encore bien autrement défectueuse que la précédente.

2. *De Beschryving van Japan*, p. 104.

3. . . . . eene opvolging van Hemelsche Geesten, van wezens, volstrektelyk vry van allerley soort van vermenging met lichaamelyke zelfstandigheden, etc. (*De Beschryving van Japan*, p. 69).

4. Skizze des Kamidienstes *(Sintoo)* des alten Cultus der Bewohner der japanischen Inseln, dans ses *Archiv zur Beschreibung von Japan*, partie V.

5. Aperçu de l'histoire mythologique des Japonais, placée en tête de la traduction française des *Annales des empereurs du Japon* (Paris, 1834), faite par Isaac Titsingh avec l'aide des interprètes du comptoir hollandais de Désima.

indices sur les idées cosmogoniques des Japonais et ne nous parle guère du sintauïsme que considéré dans sa dégénérescence, tel qu'il l'a rencontré pendant son séjour dans leur pays. L'aperçu rédigé par Klaproth est plus explicite; mais il a le défaut de ne pas répondre d'une façon précise aux ouvrages où le savant sinologue dit avoir puisé ses renseignements et de n'en être qu'une paraphrase plus ou moins altérée au gré du traducteur. En tout cas, il est évident qu'il ignorait l'existence des textes canoniques du sintauïsme, textes qu'il n'eût pu comprendre d'ailleurs, ne s'étant pas familiarisé avec la langue japonaise.

Enfin, dans le courant de l'année 1864, un des fondateurs des études de philologie japonaise en Europe, M. le Dr August Pfizmaier, a donné la reproduction[1] de la plupart des légendes insérées dans l'aperçu de Klaproth, mais en joignant à des traductions faites avec une remarquable connaissance de la langue du Nippon les textes originaux de nature à nous permettre de contrôler l'exactitude de ses interprétations. L'éminent orientaliste ne possédait aucun des anciens ouvrages sur lesquels est fondée la mythologie sintauïste. Les deux seuls dont il rappelle le titre, le *Man-yeô siû* et le *Ko zi ki,* manquaient à la collection de la Bibliothèque Impériale de Vienne, et il a dû se contenter de recourir à un volume qui lui a paru renfermer la substance des premiers chapitres du *Ko zi ki* et qui a été publié en 1811 sous le titre de *Kami yo-no maki-no asikabi.* Malgré l'intérêt des récits cosmogoniques contenus dans la compilation publiée par M. Pfizmaier, elle ne pou-

1. *Die Theogonie der Japaner* (Wien, 1864).

vait tenir lieu pour nous des véritables livres canoniques dont j'ai eu la bonne fortune de réunir une collection qui, bien qu'incomplète, est cependant d'une valeur inappréciable, puisqu'elle nous fournit enfin les plus anciens monuments de la littérature des Japonais et les écrits vénérés sur lesquels est basée leur religion et l'histoire de leurs origines.

Mais ce ne sont pas seulement les textes originaux de ce qu'on peut appeler à juste titre les *Livres sacrés des Japonais* qui sont parvenus en partie dans les mains des orientalistes, ce sont encore de vastes travaux de critique et d'exégèse entrepris par les savants les plus érudits de l'archipel asiatique pour interpréter chaque phrase et même chaque mot de ce qu'ils regardent avec raison comme les sources les plus précieuses de leur littérature et de leurs traditions nationales.

L'examen de ces documents ouvre dès à présent une voie nouvelle aux investigations des japonistes, en ce sens qu'il leur assure les moyens d'étudier la civilisation du Nippon dans ses plus vieilles manifestations écrites, dans les vestiges qui nous restent de ce que cette civilisation a été en dehors de l'influence si prépondérante de la Chine; il nous permet en outre, de pénétrer dans une voie de recherches qui doit aboutir à la restitution d'une foule de faits encore obscurs ou absolument ignorés touchant l'archéologie et l'ethnogénie japonaises.

J'ai signalé, dans diverses occasions, la quantité énorme de matériaux de travail qui nous était ainsi offerte d'une façon d'autant plus digne d'encourager les philologues que jusqu'ici les ouvrages livrés à la curiosité des japonistes ont été pour la plupart d'une valeur médiocre, du moins si on les compare à ceux que nous possédons désormais. Depuis plus de vingt ans que la connaissance du japonais a commencé à se répandre parmi les orientalistes, on s'est étonné qu'il n'ait pas paru de travaux de nature à produire une certaine sensation dans le monde savant. La situation s'est modifiée : les japonistes sont sûrs de trouver à appliquer leur savoir à des traductions d'un intérêt incontestable; et je n'hésite pas à prédire que, d'ici peu d'années, la littérature et l'érudition japonaises seront complétement réhabilitées dans l'esprit des hommes de science par les publications qui ne peuvent manquer d'être entreprises dans la voie que je me permets de signaler en ce moment. Il suffirait, pour se former une conviction à cet égard, de jeter les yeux sur la liste des sources originales de l'histoire du Japon que j'ai publiée et qui est encore bien loin d'être complète, quoiqu'elle nous garantisse déjà la matière d'une vingtaine de forts volumes in-8°.

En présence des documents précieux qui m'ont été envoyés du Japon dans ces derniers temps, je me suis trouvé embarrassé au sujet de l'ordre et de la méthode que j'adopterais pour en aborder l'étude. Jadis, en pareil cas, un érudit n'eut pas hésité à consacrer son existence entière à la lecture de ces documents d'un bout à l'autre, et à ne publier le résultat de ses recherches qu'après avoir passé de longues années à amasser des notes et des traductions dans le silence du cabinet. Les conditions sont différentes aujourd'hui, et le nombre sans cesse plus considérable des travailleurs, exige que chacun apporte le résultat en quelque sorte journalier de ses investigations : le devoir de l'érudit lui impose de ne pas faire attendre outre mesure la divulgation des faits qu'il lui a été donné de recueillir; et son intérêt l'engage à éviter autant que possible de consacrer ses instants à un labeur qui, faute d'être accompli dans un temps assez court, pourra être entrepris de deux côtés à la fois. Le champ à explorer est trop riche et trop étendu, pour qu'il ne soit pas regrettable que plusieurs savants autorisés viennent épuiser leurs forces en se plaçant les uns et les autres sur le même terrain.

Après avoir parcouru rapidement cette vieille et si étonnante anthologie intitulée *Man-yeô siû* ou «Collection des Dix-mille feuilles» et en avoir traduit quelques pièces[1], j'ai commencé la lecture du *Ko zi ki*, l'un des livres canoniques de l'antiquité japonaise. Mais je n'ai pas tardé à reconnaître qu'il était nécessaire de posséder simultanément si non préalablement une version européenne du *Ni-hon Syo-ki* qui n'est autre chose qu'une recension meilleure et à peu près contemporaine d'un même ouvrage religieux et historique.

Invité par M. l'administrateur de l'École spéciale des Langues orientales à faire paraître ma traduction du *Ni-hon Syo-ki* dans le recueil des mémoires de ce grand établissement d'instruction publique, je me suis vu bientôt dans l'obligation de recourir aux vastes commentaires publiés par les savants du Nippon sur le texte antique du *Ko zi ki*, et j'ai été amené à me préoccuper tout particulièrement

1. Dans mon *Anthologie japonaise* (Paris, 1871), pp. 1-24.

de la grammaire et du vocabulaire de la *langue Yamato* dans laquelle sont écrits ces anciens ouvrages.

Je me propose de présenter, dans les quelques pages qui ont été mises ici à ma disposition, un aperçu des recherches que j'ai dû entreprendre pour l'accomplissement de mon travail.

II.

Le nombre des ouvrages anciens que l'on peut considérer comme les sources authentiques de la vieille histoire du Japon, est probablement plus considérable qu'on ne l'a pensé jusqu'à ce jour. J'ai publié[1] une liste de 15 écrits de l'antiquité japonaise dont un savant philologue japonais, M. *Kira Yosi-kaze*, nous a fourni la précieuse énumération. Mais il reste encore beaucoup à faire avant que ces quinze écrits puissent nous apporter un contigent suffisant de lumière sur les périodes primitives des annales yamatéennes. D'abord aucun d'entre eux n'est parvenu jusqu'en Europe, et il est probable que les copies de la plupart sont fort rares sinon absolument introuvables au Japon même. Ensuite, il s'agira d'établir d'une manière définitive leur caractère d'authenticité. Nous savons déjà que plusieurs livres japonais réputés anciens sont seulement des compilations modernes publiées sous le titre d'ouvrages perdus depuis longtemps. Et il ne faut pas oublier que presque tout est à faire pour dresser seulement le

1. Dans les *Comptes-rendus des travaux de l'Académie des Inscriptions et Belles-Lettres,* 1882, t. IX, p. 113.

bilan de la littérature yamato. Je crois, en effet, avoir été le premier[1] à signaler une classe de livres qui peuvent être considérés comme les textes canoniques de la cosmogonie et de l'histoire primordiale des îles de l'Extrême-Orient. Ces textes ne tarderont plus à devenir le principal objet de préoccupation des orientalistes capables d'interpréter des textes japonais; et les savants indigènes eux-mêmes, voyant l'importance que la science occidentale attache à cet ordre de recherches, s'empresseront de nous donner, dans de bien plus vastes proportions que par le passé, le concours de leur zèle et de leur érudition.

En l'état actuel des études japonaises, il n'y a guère que trois ouvrages auxquels on puisse accorder le titre de livres canoniques ou classiques dont je parlais tout à l'heure; ce sont : le 古事記 *Ko zi ki* ou «Mémorial des choses de l'antiquité», le 日本書紀 *Ni-hon Syo-ki* ou «Livre (Bible) du Japon», et le 萬葉集 *Man-yeô siû* ou «Anthologie des Dix-mille feuilles».

Le *Man-yeô siû*[2], dont quelques fragments ont été déjà

1. *Quelques renseignements sur le sintauïsme* (Paris, Imprimerie Nationale, 1881); *Questions d'Archéologie japonaise*. Communications faites à l'Académie des Inscriptions et Belles-Lettres (Paris, Imprimerie Nationale, 1882); *La littérature des Japonais* (Extrait de la *Revue de Linguistique*); etc. — Je dois cependant mentionner une très courte mais fort intéressante communication de M. Addison van Name au *Congrès international des Orientalistes* (1re session, Paris, 1873, t. I, p. 220), qui appelait déjà l'attention des japonistes sur l'important problème exégétique et historique qui nous préoccupe aujourd'hui. — Dans une séance récente de la Société d'Ethnographie de Paris, j'ai donné un exposé du contenu du *Ko zi ki*, que j'ai considéré comme l'un des *Livres sacrés* de l'antiquité japonaise (voy. le compte-rendu de cette séance, dans le *Journal officiel* du 14 janvier 1883, p. 233).

2. Le sens des mots 萬葉 *Man-yeô*, vulg. «dix-mille feuilles», a été interprété de diverses manières. Suivant les uns, ils veulent dire «toutes sortes

l'objet de traductions européennes[1], est certainement une production des plus intéressantes pour l'étude de l'antiquité japonaise. On rapporte qu'un certain 橘諸兄 *Tatibana-no Moroye,* qui était 左大臣 *sa-dai-zin* sous le règne de l'impératrice *Kau-ken* (749-758 de notre ère), avait amassé un grand nombre d'anciennes poésies populaires dans le but de composer une anthologie. Ce lettré mourut avant d'avoir achevé son œuvre, et ce ne fut qu'une quarantaine d'années plus tard qu'elle put être présentée au mikado Hei-zei (806-809).

Ce n'est pas seulement au point de vue de la poésie et du langage que le *Man-yeô siû* est digne de fixer l'attention des orientalistes. C'est encore et surtout parcequ'il nous fournit une source abondante de données sur les anciens temps de l'histoire du Japon, sur la mythologie, sur les

de sujets». Suivant d'autres, le mot 葉 *yeô* correspond à 世, ce qui ferait traduire le titre de la vieille anthologie japonaise par «Recueil de tous les âges». Il en est enfin qui donnent à 葉 *yeô* la valeur de 歌, et il faudrait alors interpréter ce titre par «Collection d'innombrables poésies». Le sens de 萬 *man,* vulg. «dix mille» n'est pas douteux; il signifie «un nombre indéterminé, une grande quantité». — Il est bon d'ajouter que *Man-yeô siû* est un titre chinois probablement donné après coup à la célèbre anthologie. Même en lisant les deux caractères 萬葉 *Man-yeô* en langue yamato, c'est-à-dire ヨロヅノハ *Yorodŭ-no ka,* il faudrait encore y voir une expression empruntée à la littérature chinoise et dont l'origine étrangère serait peu douteuse malgré son travestissement japonais. Le 釋名 dit : «Les sons humains s'appellent 歌 *ka.* Ce mot *ka* = 柯 *ka* «une tige, un tronc». De même que, dans les plantes et les arbres, ils forment des tiges et des feuilles».

1. Dans mon *Anthologie japonaise,* Paris, 1871, partie I. — Cinq pièces ont, en outre, été publiées en français par M. Imamoura Warau, avec le texte original, dans les *Mémoires du Congrès international des Orientalistes,* 1re session, Paris 1873, t. I, p. 273. Voy. également Pfizmaier, *Ueber einige Eigenschaften der japanischen Volkspoesie,* et dans les *Sitzungsberichte der Akademie der Wissenschaften,* Wien, t. VIII, 1852, p. 377.

croyances populaires, sur les mœurs et la civilisation des îles de l'Extrême-Orient. Et lorsque cette vaste collection aura été l'objet d'une traduction européenne in-extenso, il restera encore à accomplir de grands travaux de critique pour qu'on puisse en extraire tout ce qu'elle peut nous apprendre sur les périodes si obscures des vieilles annales du Yamato.

Le *Ko zi ki*, qui m'occupe en ce moment, est, dans l'état actuel de nos connaissances, le plus considérable des monuments de l'antiquité japonaise. C'est, en outre, un de ceux dont l'authenticité est la moins douteuse. Ce livre, néanmoins, eut à subir de terribles vicissitudes, qui rappellent le sort du plus célèbre des livres canoniques des Chinois, le *Choû-king*. Perdu dans un incendie, en l'an 645 de notre ère, il ne put être reconstitué qu'en faisant appel aux souvenirs d'une femme octogénaire, nommée 稗田阿禮 *Are*, de *Hiyeda*, qui l'avait recueilli dans sa jeunesse de la bouche même de l'empereur *Tem-bu*, absolument comme le *Chou-king* avait été rétabli sous la dictée d'un vieillard nommé *Fou-seng*.

Un livre recomposé de la sorte peut certainement provoquer quelques scrupules dans l'esprit des savants, sur la véracité de son contenu. Nul ne doute cependant de la haute antiquité du *Chon-king* dont la destruction avait été poursuivie avec une ardeur implacable par *Tsin-chi Hoang-ti* et par son ministre *Li-sse*. Or les conditions dans lesquelles le *Ko zi ki* est parvenu jusqu'à nous, sont plus favorables que celles qui ont entouré la restauration du grand livre historique coordonné par Confucius. Lorsqu'en Chine, on se préoccupa des moyens de recouvrer les vieux écrits que le célèbre despote de *Tsin* avait espéré anéantir à jamais, la culture des lettres avait été désorganisée dans l'empire chinois, et le vieillard *Fou-seng*, qui avait conservé le souvenir d'une portion importante du *Chou-king*, s'il était capable de la réciter de mémoire, n'était pas en état de la retracer par écrit. Il en est résulté de nombreuses inexactitudes dont on parvient seulement aujourd'hui, grâce aux progrès des sciences philologiques, à reconnaître les traçes d'une façon, je crois, tout-à-fait incontestable.

Au Japon, au contraire, les lettres de la Chine, introduites déjà depuis plusieurs siècles, y étaient cultivées avec ardeur à la cour même des mikados, où pendant longtemps on s'occupa infiniment plus de littérature que de politique[1]. Le *Ko zi ki* avait été perdu dans l'incendie du palais de *So-ga-no Yemisi,* mais les troubles de cette époque n'étaient rien à côté de ceux qui bouleversèrent de fond en comble la Chine sous le règne du fils putatif du prince de Tsin. Enfin, on a pu sauvegarder un autre ouvrage, plus moderne de quelques années que le *Ko zi ki,* qui en reproduit à peu près complétement la substance sous une forme plus parfaite et mieux coordonnée. Je veux parler du *Ni-hon gi,* autrement appelé *Ni-hon Syo-ki* ou *Yamato bumi,* rédigé par *Yasŭ-maro,* avec le concours de deux collaborateurs.

Il est bien évident que les Japonais possédaient à l'é-

1. Voy. à ce sujet mes conférences intitulées : *La Civilisation japonaise* (dans la *Bibliothèque orientale elzévirienne* de Ernest Leroux, ch. IX, p. 255).

poque de la composition du *Ko zi ki* et du *Ni-hon gi* plusieurs recueils dans lesquels on avait réuni les traditions mythologiques, religieuses et historiques conservées à cette époque dans les îles de l'Asie orientale. Un ouvrage, intitulé 舊事紀 *Ku zi ki,* qui, dans sa forme actuelle, est d'une authenticité douteuse, avait été rédigé avec les mêmes documents[1]. Tous ces livres étaient, en somme, des livres contemporains; d'où il résulte que la perte de quelques-uns fut en partie réparée par la conservation des autres. Le texte du *Ni-hon gi* prouve d'ailleurs que son auteur avait tiré parti de tout ce qu'il avait pu se procurer de documents anciens sur le sujet dont il s'occupait; car, en maint endroit, il donne des extraits de ces documents, sans en mentionner le titre, il est vrai, mais d'une façon qui ne peut laisser subsister aucun doute sur la légitimité de leur caractère[2].

Nous rencontrons ainsi, dans le texte du *Ko zi ki* complété, vérifié ou expliqué par celui du *Yamato bumi,* un ouvrage d'une valeur exceptionnelle pour l'étude des origines religieuses et historiques de la monarchie japonaise. Il est donc opportun de l'examiner de près et d'en discuter l'interprétation.

D'abord, en quels caractères et de quelle façon était écrit

1. Le *Ku zi ki* est un ouvrage en dix volumes composé par le célèbre prince *Syau-tokŭ tai-si;* mais plusieurs savants indigènes sont d'accord pour ne pas considérer comme authentique le livre que l'on possède aujourd'hui sous ce titre. (Voy. Moto-ori Nori-naga, *Ko zi ki den,* livr. I, p. 20.)

2. Voy., sur les documents dont s'est servi l'auteur du *Ni-hon gi* pour la composition de son ouvrage, la liste bibliographique que j'ai donnée dans les *Comptes-rendus des travaux de l'Académie des Inscriptions et Belles-Lettres,* de 1882, t. IX, p. 113.

originairement le *Ko zi ki?* Tel qu'il nous est parvenu, c'est un livre rédigé avec des caractères chinois, accompagnés de leur lecture japonaise juxta-linéaire en écriture vulgaire kata-kana. Le corps du texte, bien qu'en caractères chinois, n'est cependant pas composé en langue chinoise. De temps à autre, on fait usage de ces signes syllabiques que les japonistes ont l'habitude d'appeler *Man-yeô kana,* parcequ'ils figurent fréquemment dans la vieille anthologie *Man-yeô siû*, dont j'ai parlé tout à l'heure. Or ces signes ne sont autre chose que des caractères chinois employés pour leur son (字 以 音), abstraction faite de leur valeur comme expression idéographique. On écrit, par exemple, 袁 登 古 *otoko* «un homme» au lieu de 男; 曾 *so* «ce, cet» au lieu de 其ソ *(so, sono)*; 比 登 都 *hitotŭ* «un» au lieu de 一; etc. Malgré cette apparence chinoise du *Ko zi ki*, c'est en pure langue japonaise qu'il est seulement possible d'en faire la lecture, et la notation juxtalinéaire en lettres katakana indique la manière de prononcer les caractères chinois du texte principal.

Il reste toutefois incertain si le *Ko zi ki* a été primitivement écrit en caractères phonétiques, ou s'il a été tout d'abord rendu par les signes chinois de système mixte que nous y trouvons aujourd'hui. Les savants indigènes sont partagés d'opinion à cet égard. Moto-ori Nori-naga est d'avis que les Japonais ne connaissaient pas l'écriture avant le règne d'*Au-zin ten-wau* (270 à 312 de notre ère)[1]; les caractères *sin-zi* lui paraissent des inventions relativement modernes dont il est peu utile de s'occuper. Cependant les

1. Moto-ori Nori-naga, *Ko zi ki den,* livre I, p. 25.

Japonais avaient eu bien longtemps auparavant des relations avec la Corée, et sans parler du voyage hypothétique de Soui-fouh, du pays de Tsi, il n'est guère possible de reléguer dans le domaine de la fable, la mention de l'ambassade du royaume coréen de *Amana*, qui apporta des présents à la cour du mikado Ziouzine, en l'an 33 avant notre ère. Toujours est-il généralement admis, sur l'autorité du *Ni-hon Syo-ki*, que l'héritier présomptif du mikado Auzine, la 15e année du règne de ce prince (284 de notre ère) eut pour précepteur deux personnages, 阿直岐 *A-ti-ki* et 王仁 *Wa-ni*, qui lui apprirent à lire les livres chinois, et qu'à partir de cette époque l'écriture idéographique de la Chine ne cessa plus de se propager dans les îles de l'Extrême-Orient[1].

On peut certainement voir là un argument en faveur de la théorie suivant laquelle les anciens livres japonais auraient été écrits dès l'origine en caractères chinois, tels que nous les possédons de nos jours. L'argument n'est cependant pas décisif, car il est bien probable que l'alphabet coréen avait été introduit au Japon dès l'époque des premières relations établies entre ce pays et la péninsule coréenne. Cette dernière opinion est soutenue par de nombreux savants indigènes qui apportent à l'appui une foule de faits intéressants, mais sur lesquels nous ne pourrons fonder une doctrine scientifique que lorsqu'il sera possible d'en contrôler minutieusement l'exactitude. On a fait observer,

1. *Ko-zi ki den*, Introduction. — Cette doctrine n'est pas partagée par un autre célèbre philologue Arata Atsou-tané qui admet l'authenticité des caractères *sin-zi* et leur emploi au Japon dans les temps très reculés.

il est vrai, que les caractères de l'écriture étaient désignés en japonais par le mot 字ナ *na* qui signifie «le nom» et non «le son», ce qui se rapporterait plus aisément à des caractères idéographiques qu'à des caractères phonétiques; mais le mot *kana*, qui désigne les signes de l'écriture, est également ancien au Japon, et ce mot, que quelques étymologistes expliquent par *kari-na*, pourrait bien avoir été, comme j'ai eu l'occasion de le dire ailleurs, l'équivalent du *nâgarî* indien ou caractère *dêvanâgarî* (神カン字ナ *dêvanâgarî*)[1].

En attendant que la question des caractères *sin-zi* (神字) ait été définitivement résolue par les orientalistes, on peut toutefois reconnaître que ces caractères se prêtent bien mieux que les signes des syllabaires *Man-yeô kana*, *Kata-kana* et *Hira-kana* à la notation des mots de l'ancienne

1. «La preuve que nous avions des lettres dans la haute antiquité, dit un savant japonais, se trouve dans la post-face du *Ni-hon gi :* A l'époque de l'impératrice *Sui-ko ten-wau* (593-628), on a ajouté des lettres *sin-zi* à côté des livres des pays étrangers (c'est-à-dire des livres chinois) pour en faciliter la lecture (我邦の太古に文字ありしことハ。日本紀の跋に。推古天皇の御宇に。異域の典籍の傍に。神代の文字を記て。之を讀しめたりしよしをれるむ。文字ありしことハ明晰なり. Puisque nous trouvons cette phrase, la preuve de l'existence de nos caractères est évidente. Pourtant, ces lettres, conservées dans les bibliothèques des temples de 鹿嶋 *Ka-zima*, de 三輪 *Mi-wa*, de 彌彦 *Ya-hiko*, du miya de *Hati-man* à 鶴岡 *Tŭru-oka*, du monastère 大和法隆寺 *Yamato-no Hau-kau zi*, etc., n'étaient pas à la portée de tout le monde. Les gens qui les comprenaient sont devenus de plus en plus rares. Récemment, après bien des efforts et de comparaisons, on est parvenu à les déchiffrer (*Dai Nippon koku Kai-byakŭ iu-rai ki*, Préliminaires, t. I, p. 8).

langue de Yamato; et l'érudition japonaise, en les employant, aurait tout intérêt à suivre la voie qui a été ouverte dans ces derniers temps par quelques savants distingués du Nippon. L'un d'eux a publié notamment une édition complète du *Ko zi ki* dans ces caractères, les seuls qui soient rigoureusement alphabétiques[1] parmi tous ceux qui existent ou ont existé chez les nations de l'Asie. Cette édition, manquant d'explications sur la méthode qu'a suivie l'auteur pour fixer son texte, perd par cela seul une grande partie de son intérêt. Elle suffit cependant pour montrer le parti qu'on pourrait tirer de l'adaptation de l'alphabet coréen-japonais aux travaux de philologie relatifs à l'ancienne langue yamato.

Après avoir pris connaissance de divers écrits publiés dans ces derniers temps sur les monuments primordiaux de l'histoire du Japon, j'ai été amené à considérer le *Ko zi ki*

1. Les alphabets indiens eux-mêmes n'arrivent que difficilement à noter les consonnes considérées abstractivement, c'est-à-dire sans l'adjonction d'aucune voyelle, et ils ont dû faire usage d'un signe *(virâma)* pour supprimer l'*a* inhérent à chacune de leurs consonnes. Pour écrire la consonne *m* isolée en sanscrit, il n'y a aucune lettre à proprement parler : म est un signe syllabique qui se prononce *ma*, et il faut y ajouter le signe indiquant la suppression de l'*a* (म्) pour parvenir à rendre la consonne *m* isolée de nos alphabets. Dans l'écriture japonaise *sin-zi* au contraire ㅁ = *m*, comme ㄴ = *n*, ㄷ = *t*, etc.; et si l'on veut écrire *ma*, *na*, *ta*, on ajoutera purement et simplement un ㅏ à ces signes de consonnes abstraites, comme dans nos langues européennes : 마 *ma*, 나 *na*, 다 *ta*, etc.).

Le caractère *kamŭ-na*, dont j'ai établi l'origine indienne (*Comptes-rendus de l'Académie des Inscriptions et Belles-Lettres*, t. IX, p. 170, et dans d'autres publications) pourrait être avantageusement l'objet d'une transcription en caractères *dêvanâgarî*, ainsi qu'on le verra par les fragments donnés plus loin. J'aurai voulu fournir ici les motifs qui m'ont fait adopter certains lettres de préférence à d'autres pour rendre des sons japonais qui n'existent pas, ou semblent ne pas exister, en sanscrit; mais j'aurais été entraîné dans une digression qui eût donné à mon travail une étendue qu'il n'était pas possible de lui accorder ici. Je produirai la justification de mon système dans une prochaine occasion.

et le *Ni-hon Syo-ki*, comme deux livres canoniques de l'antiquité japonaise. Convaincu de l'intérêt que pouvaient présenter ces deux livres qui, comme je l'ai dit, ne sont en quelque sorte que deux formes différentes d'un seul et même ouvrage, j'ai entrepris la traduction du second, le plus littéraire, le mieux coordonné, en le complétant par des extraits du premier. J'ai joint à mon travail un commentaire perpétuel, que j'ai en partie composé moi-même en chinois, en partie emprunté aux exégètes indigènes. On trouvera, dans les fragments du *Ko zi ki* reproduits ci-après, un spécimen de la méthode que j'ai adoptée, spécimen que je prends la liberté de soumettre à l'appréciation bienveillante des savants adonnés à l'étude de la langue et des antiquités des îles de l'Extrême-Orient.

TEXTE.

古事記上巻

TRANSCRIPTION DÊVANÂGARÎ.

फुरु कोतो बुमी कामीतु माकी

TRADUCTION.

Le premier livre de l'histoire des choses de l'antiquité.

GLOSE.

羅尼曰。自古以來凡論國之輕重不以其大小廣狹。但以有文傳國者爲最貴。文傳之上有經。國有經。則其名彰顯而功垂久遠。國無經。則其聲名暗昧而其勢如朝露矣○經也者。先世之成法。祖父之陳跡。宗廟之遺響。孝道之綱常也。四海之國有教化者皆有經傳焉。經者。西洋曰約書(ビブル)。

天竺曰韋陀(フエダ)。波斯曰亞非斯他(アフエスタ)。回回曰古蘭(コラン)。中華曰五經(ウキン)。試問日本有之乎。余以諸國之經而證古事記。荅曰有。古事記者。山迹根原之史而大和諸神可載紀之事也。他國之經與此同類。初卷載世界初開。混沌之分。天地造化。先神現世。國家開基。風俗本始。與他國之經無異○守屋作亂之時。大和原史消失。厥後蘇我蝦夷宮不戒于火而朝廷所藏之年紀盡滅然後。復修之昔天。武天皇以古事記教于幼婦稗田阿禮。阿禮八十歲能記誦之。和銅四年太朝臣安万侶以勅命輯集阿禮記誦之事而撰成古事記焉。試問撰記用何文字乎。或曰漢字。或曰神字。神字者。朝鮮俗字也。古昔日本人用神字否。至今未詳。學者之說不一。
然百濟王仁來朝以前三百年。任
那國旣已入貢。任那今代高麗屬
國也。其使駐留之時。必書寫文字
矣。所言日本人不曾見之不曾知
之者。余所不能信也。雖然。論古事
之文者。以用神字爲最良。大和博
士論根原之學以用神字爲最要
而亦有榮焉。日本人之尊崇祖先
而愛國家者。豈可不注意于此哉

Commentaire.

Le *Ko zi ki* débute par un paragraphe qui n'a pas son correspondant au commencement du *Ni-hon Syo-ki.* Ce paragraphe, d'une importance exeptionnelle, place, à l'origine de la théogénie japonaise, une sorte de trinité ou plutôt de triade dont la première manifestation est un dieu nommé 中主 *Naka-nusi.*

Le *Ni-hon Syo-ki*, au contraire, et la plupart des ouvrages dont il reproduit des extraits, citent au commencement du monde un dieu appelé 國常立尊 *Kuni-no toko-tati-no mikoto.* La rédaction du *Ko zi ki* me semble reposer sur les données traditionnelles les plus anciennes de la mythologie japonaise, tandis que celle du *Syo-ki* paraît avoir été altérée avec l'intention de la rapprocher des idées chinoises. La mention du principe mâle et du principe femelle primitivement confondus, puis séparés en même temps que le Ciel et la Terre de la matière informe du chaos, est trop identique aux théories cosmogoniques de la Chine pour qu'on puisse y voir l'expression indépendante du génie des insulaires de l'Extrême-Orient.

Il est évident qu'à l'époque où ont été reconstitués les textes du *Ko zi ki* et du *Syo-ki*, les traditions mythologiques de l'antiquité sintauïste n'existaient déjà plus que d'une manière confuse dans l'esprit des Japonais. C'est ce qui explique les nombreuses données contradictoires que l'on rencontre dans ces deux livres, données sur lesquelles il est bien difficile de se prononcer avec certitude. Le *Ko zi ki* est évidemment resté plus pur que le *Syo-ki* de toute influence étrangère; aucun ouvrage ne peut lui être comparé en tant que canon religieux. Le *Syo-ki*, de son côté, est une véritable œuvre d'érudition, pour laquelle l'auteur a mis à profit, sans se prononcer sur leur valeur relative, tous les vieux documents, tous les récits traditionnels qui existaient encore au Japon à l'époque où il a écrit.

---

1. — Texte.

天地初發之時。於高天原成神名。天之御中主神。次高御産巣日神。次神産巣日神。此三柱神者。並獨神成坐而隱身也。

1. — Transcription dêvanâgarî.

आमे तुती नो हाद़ी मे नो तोकी ताक़ामा नो हारा नी नारी-मासेरु कामी नो मी ना वा आमे नो मी नाका नुसी नो कामी। तुगी नी ताका मी मुसुबी नो कामी। तुगी नी कामी मुसुबी नो कमी॥

कोनो मी बासोरा नो कामी मीना हीतोरी गामी नारीमासी ते मी मीवो काकुसी तामाहीकी ॥

1. — Traduction.

A l'époque primordiale du Ciel et de la Terre, le nom sacré du Génie qui se manifesta sur la voûte du Ciel suprême fut Amé-no mi Naka-nousi-no kami « le Génie maître central du Ciel », puis Taka mi Mousoubi-no kami « le suprême Génie créateur », puis Kami Mousoubi-no kami « le Génie créateur des Génies ». Ces génies étaient des génies solitaires et qui avaient un corps occulte.

1. — Glose.

○天。釋名曰。天坦也坦然高而遠也。至高在上。从一大也。人所仰望之處。也陽氣之輕清上浮爲。天天顚也言其至高無上。爲雲霞萬象之顚也。天字有二義。一曰。仰觀所見者。名蒼蒼。凡虛空之處皆是也。又上不能及之處也。一曰。目所不能極而心所能通者卽常理也。天之所以爲此理。又天也者諸神之鄕。凴虛設想絶頂之處也。漢書有之。太初之始清濁未分。清者爲精。濁者爲形。大素質之始也已有素朴而。未散也二氣相接剖判分離輕清。者爲天混沌初開之事不載于古事記。而載于日本書紀考華史傳悉詳說之○地底也。混沌初開其重濁者。下結而爲地。二氣遂分焉○初發。初始也。發起也。初發。萬物造化未成之時。天地將分離之始也○高天原。高上而遠也。謂天體也。原廣平也。高平曰原。水經注。玉淵水北流逕皇天原。漢世祭天于其上矣○神靈也。天亦曰神。神神也者。陽之精氣。陽氣導物而生。變化之極。無形無方。生之本。生之制也。又人之守也。孟子曰。聖而不可知之謂神也。神靈者。天地之本而爲万物之始也△神和語迦微(カミ)。初立之天神因有隱身謂之迦微(カミ)。論此言語之原者曰。迦微與上字同意也。余曰不然○成盛也。神成者。言不因物而自然生也。古事記所載初立之神非因物而生。乃自生者也然日本書紀則謂其神借葦形而生。夫因物而生者曰變化。不容混同○中主也者。在宇宙間所優於諸神之神也。又名此神曰天一神也○高御産巣日神。高美稱也。御亦尊語也。産巣日三字皆借字也。産巣也者。生也。日者靈也。書紀以靈字變日字焉。神之精明者曰靈。可知日字亦美稱也。是以此神命名之意謂産物之權勢也○神産巣神之意乃掌造化羣神之神也。火産靈(ホムスヒ)。和久産巣日(ワクムスビ)。玉留産日(タマツメムスビ)。生産日(イクムスビ)

云云之牟須毘皆同意也○獨也者。難解釋。俗以老而無子謂之獨。和原始之神不惟無子孫。且無父母伉儷也。此段獨字無有如此之意。和言比登理(ヒトリ)與獨字有同意乎。余不深信。獨單獨也。若如此講法。則此三神者並獨神七字之義。是言此三神者共爲一神。如此則是天地初發之時只有一神。其神有三魄。因有三魄亦有三名。雖然是單獨之神而已○隱身。隱也者心思也。心思無形。身也者躬也。已也。修身者不修六骸。但以理以德修其神而已。人之心神聰慧也無形之魂也。此故、隱身也者。無形之身也。凡無形之身者。則無體。只有神魂。如此方得古事記之正義乎

1. — Commentaire.

天 *ame.* Situé au haut du firmament (虚ソ 空ラ *sora*, c'est-à-dire «le vide») est le royaume où demeurent tous les Dieux du Ciel *(ama-tŭ kami-tati-no masi-masŭ mi kuni nari).* Comme, vu de loin, il paraît bleu, on l'appelle 蒼天 *sau-ten.* La forme du Ciel et de la Terre est semblable à un œuf *(tori-no tamago-no gotoku).* Le Ciel environne la partie extérieure de la Terre, qui en occupe le centre; sa substance est du verre azuré (ビトロ *bidoro*). — Suivant le dictionnaire étymologique *Gon gen tei*, アメ *ame* vient de 青アヲ 間マ *ao-ma* «l'espace bleu», et ソラ *sora* est le mot qui désigne le vide (空ソラ 虚同). — Le grand lexique *Wa-gun sivori* fait observer que le caractère 天 qui est souvant lu *ama*, figure avec la prononciation *ame* dans le *Ko zi ki*, justement dans le passage qui nous occupe; cette forme représenterait le mot primitif (本語 *hon-go*).

地 sert à transcrire le mot japonais 都ツ 知チ *tuti* «la terre». Beaucoup d'auteurs croient que ce mot répond au chinois 土地 *tou-ti* qui désigne également «la terre». Cette étymologie n'est cependant pas adoptée par tous les philologues japonais (Voy. le dictionnaire *Wa-gun sivori*, au mot つち, etc.).

初發之時 *hazime-no toki*, c'est-à-dire «au temps du commencement», est une expression qui se rencontre dans les textes les plus anciens, notamment dans la vieille anthologie *Man-yeô siû* (27, 32), dans le *Ni-hon Syo-ki* (règne de l'empereur Kau-tok), etc. — 本居宣長 *Moto-ori*

Nori-naga, un des commentateurs les plus estimés du *Ko zi ki,* qui fit paraître son œuvre pour la première fois en 1798 sous le titre de *Ko zi ki den* (Voy. *Comptes-rendus des séances de l'Académie des Inscriptions et Belles-Lettres,* 1882, t. IX, p. 108), rappelle que dans les dictionnaires le mot 發 est expliqué par 起 «se produire, surgir», et qu'on appelle, en conséquence, du nom de 起ヲコリ *okori* l'origine des choses *(koto-no hazime* okori *to mo iû).*

高天原 *takama-no hara,* littéralement «la plaine du ciel élevé» désigne simplement «le Ciel» *(takama-no hara-va, sŭnavati ame nari).* Ce serait à tort qu'on croirait, par la présence du mot *taka* «élevé», qu'il s'agit d'un ciel supérieur, situé au-delà du firmament ou du vide ソラ *sora. Taka* est une expression honorifique; il en est de même quand on se sert de cette particule *(makura kotoba)* dans la locution *taka-hikaru* «resplendissant en haut» qui a le même sens que *ama-terasŭ* «qui brille au ciel». — *Hara,* que l'on traduit habituellement par «plaine», est rendu par le signe chinois 原 *youen* «fondation, base, assise». Ce mot *hara* désigne un endroit large et uni, une plaine *(hara va hiroku taïra naru tokorowo iû);* c'est ainsi qu'on a formé les mots *una-vara* «la plaine des mers», *nu-vara* «la plaine des champs», *ka-vara* «la plaine de la rivière», *asi-vara* «la plaine du roseau (c'est-à-dire le Japon)». Dans le *Man-yeô siû,* on trouve de même mentionné le nom de *kuni-vara* «la plaine du pays». C'est ainsi qu'il faut comprendre la formation de l'expression 天ノ原 *ama-no hara.* Dans le chapitre du *Ko zi ki* où l'on raconte l'histoire de la Grande Déesse Sôlaire *Ama-terasŭ oho-kami* se réfugiant dans une grotte par dégoût de la conduite de son frère *Sosa-no ono mikoto*, on se sert également de cette expression : 因吾隱坐而以爲天原自闇 « du moment où je me suis cachée, le Ciel doit être dans l'obscurité». On rencontre aussi les mots *ama-no hara*, dans le passage du serment, lors de l'ascension au ciel du terrible Sosa no o-no mikoto[1].

Un commentateur japonais croit trouver dans ce passage une sorte de contradiction. Du moment où l'on parle du temps où le ciel et la terre furent créés, comment pouvait-il y avoir déjà un Dieu au Ciel?

成 a servi à rendre le japonais *nari-maseru*. Le sens de ce mot qui signifie communément «devenir», paraît difficile à fixer aux exégètes indigènes. En chinois 成 *ching (tching)* signifie « compléter » (就), « achever » (畢), « finir » (終); ce signe entraîne également l'idée de « prospère, arrivé à l'état parfait» (盛), et de «bon, excellent» (善). Quant à ナル *naru*, les étymologistes japonais ne paraissent pas en connaître la valeur originale. L'auteur du *Gon-gen tei*, après l'avoir expliqué par 就ナル *naru* «achever», donne le même mot *naru* rendu par le chinois 生 «naître», et tiré de 現 *aru* «paraître, se manifester» (comp. la forme アラハス *aravasŭ* «se montrer, faire connaître»). *Naru*, de la sorte, aurait trois significations principales : 1° «naître de rien, créé» (無きゝ物の生き出るを云), et c'est cette signification qu'il faudrait attacher à ce mot, quand on parle des dieux (*kami-no nari-masŭ to iû va, sono kokoro*

1. Voy. *Ko zi ki den*, VIII, p. 60, et le commentaire de Moto-ori, III, pp. 5-6.

nari). — 2° «se transformer, se métamorphoser» (變ナ化ル. — 3° «s'accomplir, s'achever» (成ナル終ヲハル).

神 *chin*, employé comme équivalent du mot 가미 *kami*, est communément rendu par «Génie»; quelques orientalistes le traduisent par «Dieu». Suivant l'antique dictionnaire *Choueh-wen* «ce sont les *chin* du Ciel qui ont créé tous les êtres» (天神引出萬物者也). D'après une explication rapportée dans le *I-wen-pi-lan*, les génies pénétrés de l'esprit du principe mâle sont appelés 神 «dieux»; les génies pénétrés de la matière du principe femelle sont appelés 鬼 «démons». — Le philosophe *Meng-tzse* a dit : 聖而不可知之謂神 «celui qui est saint et inpénétrable (incompréhensible) s'appelle *chin*». On trouve encore, de ce mot, les explications suivantes: *chin* veut dire «esprit» 靈 *(Kouang-yun)*; l'esprit des «démons» (c'est-à-dire des *koueï*) s'appelle *chin (Chi-ou-ti-ki-tchu)*; le Ciel s'appelle 神 *chin;* la terre s'appelle 祇 *ki. Chin* désigne parfois «le prince», par exemple dans ce passage des *Koueh-yu :* 禹會羣神于會稽之山 «Yu-le-Grand réunit tous les *chin* sur la montagne de Hoeï-ki», ce qui signifie qu'il réunit les princes des divers royaumes, 各國之君也; on nomme *chin*, un être inscrutable dans les principes femelle et mâle *(Peï-wen-yun-fou)*. Celui qui se nourrit des fruits de la terre est sage, intelligent et habile; celui qui se nourrit de l'air est un génie 神明 et vit longtemps; celui qui ne prend pas de nourriture est un esprit immortel 不死而神 *(Ta-taï-li*, cité par le *Pwf.)*.

Le mot japonais カミ *kami*, カム *kamŭ*, *kam*[1] est d'or-

1. La forme *kamŭ* ou *kam* est une forme très probablement plus ancienne que *kami;* en tout cas, on trouve les deux lectures simultanément dans les

dinaire identifié par les philologues indigènes au mot 上カミ *kami* qui donne l'idée de «élevé, supérieur»; de la même façon 髮 *kami* «cheveux» désignerait des poils 毛 placés à la partie supérieure du corps; il faudrait rattacher à cette racine le mot *kami*, par lequel on désigne «un maître» dans le langage des bonzes (僧 の 辞), ainsi que *kami*, appelation des femmes de samouraï (士 人 の 妻). Le sens de «corps caché» c'est-à-dire «corps subtil, non tangible» (voy. plus loin la remarque au sujet du mot 미 *mi*), 隱カ 身ミ *ka-mi*, serait peut-être plus conforme à l'esprit des anciens mythologistes du Japon.

En tout cas, *kami* est la désignation générale des dieux et des demi-dieux du panthéon japonais. La Grande Déesse Solaire, *Ama-terasŭ oho-kami (Ten-syau dai-zin)* est appelée 神 明 *sin-mei* (voy. *Syo gen-zi kau*, au mot *sin;* édit. lith., p. 179, c. 11).

나 *na* «le nom». On n'a pas d'idée arrêtée sur le sens de ce mot *(na-no kokoro va imada omo'i yezŭ)*.

아마 노 미 나가 누시 *Ama-no mi Naka-nusi*, transcrit en signes chinois par 天 之 御 中 主 et lu communément *ame-no mi naka-nusi*, est le nom du dieu primordial de la mythologie japonaise. — *Mi-naka*, litt. «l'auguste milieu», répond à l'idée «au juste milieu» 眞マ 中ナカ *ma-*

vieux livres japonais (cf. 神カム 風カゼ *kamŭ-kaze)*. Le même mot (カ ム イ *kamui)* est employé, dans la langue des *Aïno*, populations autochthones du Japon, pour désigner «un Dieu», mais on attribue à ce mot une origine japonaise. La langue aïno n'ayant été écrite qu'à une date toute récente par quelques philologues du Japon, et son histoire étant à peu près absolument inconnue, il est bien difficile de dire à quelle source a été emprunté le mot *kami*, à la source aïno ou à la source japonaise. J'incline vers cette dernière hypothèse, bien qu'il me reste des doutes sur sa solidité.

naka, et quelques philologues japonais croient que les mots *mi* et *ma* étaient originairement employés indifféremment, l'un pour l'autre (眞マ能クマ野ヌ = 三ミ能クマ野ヌ, etc.). En tout cas, *mi* ne doit être considéré que comme une particule honorifique communément employée dans la littérature et surtout dans le style ancien. Quant à *naka*, vulg. «milieu», il entraîne, outre le sens de «central», une idée de perfection, d'universalité. C'est avec cette même acception que les Chinois disent *tchoung-koueh* «le Royaume du Milieu», pour «la Chine», c'est-à-dire «le royaume qui comprend l'univers entier» (*tien-hia* «tout qui est sous le Ciel»), le royaume qui n'a pour l'entourer, comme des satellites entourent une planète, que des contrées sans importance et insignifiantes». Le génie qui nous occupe est donc le Génie universel, le Génie central, le Génie foyer du Ciel. J'ai d'ailleurs trouvé une dénomination abrégée de ce dieu, *Naka-gami*, qui est rendue en chinois par les signes 天 一 神 *tien-yih-chin* «le Génie unique», ou plutôt «le Génie parfait, absolu du Ciel». — *Nusi* signifie communément un maître, un chef, un homme de rang supérieur (大人); l'auteur du *Gon-gen-tei* le rapproche de 汝 *nanusi*, ce qui n'explique rien; il est bien préférable d'y voir une contraction de *no-usi*, comme le dit *Moto-ori Nori-naga*[1] (主ヌシ ハ 大ウ人シ

1. 本居宣長 *Moto-ori Nori-naga* est un commentateur très estimé du *Ko zi ki*. Son œuvre a été publiée en 1798, sous le titre de *Ko zi ki den*. (Voy. ce que j'ai dit à l'occasion de cet ouvrage, dans les *Comptes-rendus de l'Académie des Inscriptions et Belles-Lettres*, 1882, t. IX, p. 105.) Dans tout le travail que j'ai entrepris sur le *Ko zi ki*, j'ai fait de nombreux emprunts au livre de ce savant; je regrette de n'avoir pu en faire ici des extraits plus considérables, mais mon commentaire déjà fort long, aurait pris une étendue démesurée si je m'étais donné la tâche de suivre Moto-ori dans toutes ses discussions philologiques et exégétiques.

ト同言ニテ能ノ宇ウ斯シノ切ツヾマレルナリ). *Usi* est d'ailleurs employé dans le sens de «maître», notamment dans le *Ni-hon gi* où le père du 27ᵉ mikado *Keï-tei* est désigné sous le nom de 彦ヒコ主ウ人シ王 *Hiko-usi mi-ko*, etc.; on trouve également des noms de personnages historiques écrits tantôt avec le mot *nusi*, tantôt avec le mot *usi*, et il y a des raisons pour croire que cette dernière forme est au moins aussi ancienne que la première. En conséquence, dans le passage qui nous occupe, on veut dire que le dieu en question, établi au juste milieu du Ciel, est le maître de l'univers (世ノ中ノ宇斯タルカミト申ス).

ㄷㅜㄱㅣㄴㅣ *tŭgi-ni* signifie «ensuite, en suivant, en continuant» (都豆伎テ), comme un fils qui succède à son père, c'est-à-dire «après ce premier dieu». Il y a cependant une difficulté à adopter ce sens, quelques exégètes japonais pensant qu'il s'agit, dans ce premier paragraphe, de Dieux existant simultanément. Dans ce cas, *tŭgi* doit être traduit simplement par la conjonction «et, puis, avec».

ㄷㅏㄱㅏㅁㅣ ㅁㅜㅅㅜㅂㅣ ㄴㅗ ㄱㅏㅁㅣ *Taka-mi Musŭbi-no kami* et ㄱㅏㅁㅣ ㅁㅜㅅㅜㅂㅣ ㄴㅗ ㄱㅏㅁㅣ *Kami Musŭbi-no kami*. On remarque tout d'abord la ressemblance presque complète du nom de ce second et de ce troisième dieu de la trinité primordiale des Japonais. — ㄷㅏㄱㅏ *taka* «haut» doit être considéré comme une expression de rhétorique (美タヽ稱コト). Il en est de même de ㅁㅣ *mi* «auguste». En effet *taka* se trouve employé de la sorte dans plusieurs noms honorifiques; et, en ce qui concerne le mot *mi*, on voit, dans le *Ni-hon Syo-ki* que le caractère 御 qui le représente dans le *Ko zi ki* pour désigner le dieu *Taka-mi Musŭbi-no kami* est remplacé par le caractère 皇 «auguste»(神カム皇ミ產ムス靈ビノ尊). — *Musŭbi*, vulg. «lier» (結) désigne, par exemple, «un fruit qui se noue»; *musŭ* signifie «naître» (生ムス), notamment dans les mots 男ムス子コ *musŭ-ko* «un fils», 女ムス子メ *musŭme* «une fille». Dans la vieille anthologie intitulée *Man-yeô siû*, on emploie de même l'expression 草クサ武ム佐サ受ズ «les plantes ne poussent pas». Il signifie ici «se produire, naître, apparaître» (成 出 *nari-idŭru*). Le caractère chinois 產 «se produire, naître», dont on a fait usage, répond donc d'une manière satisfaisante au sens du nom japonais.

Le caractère 日ビ *bi* du nom *Musŭbi*, comme on vient de le voir, a été remplacé par le caractère 靈, ce qui paraît d'ailleurs une orthographe satisfaisante, ce dernier signe signifiant «merveilleux, miraculeux, extraordinaire», notamment dans l'expression 靈 異 *kusibi*. Le sens de ce nom est donc le «Dieu puissance de la création», expression qui rappelle le rôle essentiel de créateur attribué aux deux *Musŭbi-no kami*. Quelques auteurs prétendent que les deux *Musŭbi* étaient fils du Dieu primordial *Naka-nusi*, et parfois on voit l'un et l'autre confondus dans le culte des anciens Japonais.

하시라 *hasira* «pilier, colonne» est un déterminatif numéral employé lorsqu'on compte des personnes de rang élevé, notamment des dieux; au moyen âge, on employa de la même façon, dans la langue vulgaire, les mots 御オ一ヒト方カタ *o hito-kata* «une personne», 御オ二フタ方カタ *o futa-kata* «deux personnes», etc. L'expression *hasira* viendrait de ce que, dans l'antiquité, les personnages de rang élevé (貴 人) étaient comparés à des arbres (木), tandis que les gens de basse extraction (賤 人) étaient qualifiés d'herbes. (Cf. l'expression chinoise 青 人 草.)

竝 doit être lu, suivant la forme ancienne ㅁㅣㄴㅏ *mina*, et non *narabi-ni*.

ㅎㅣㄷㅗㄹㅣㄱㅣㅁㅣ *hitori-gami*, litt. « dieux uniques, dieux solitaires ». On veut dire par là qu'ils n'avaient pas d'épouse.

ㅁㅣ ㅁㅣㅇㅗ ㄱㅏㄱㅜㅅㅣ *mi miwo kakusi*. Cette expression présente de grandes difficultés, et je ne suis pas convaincu que les exégètes japonais l'aient expliquée d'une façon satisfaisante. Suivant Moto-ori Nori-naga, l'auteur du *Ko zi ki* veut dire que les corps de ces dieux n'étaient pas visibles. Littéralement *miwo kakusi* veut dire « ils ont caché leur corps » ; mais le signe idéographique qui répond à *kakusi*, 隱 *yin*, dont la forme originale était 乚, entraîne en outre l'idée d'une chose obscure, occulte, que l'esprit humain ne peut pénétrer. Il indique aussi l'état de quiétude (= 安 *Gyokŭ-ben*). Je ne crois pas qu'on soit en dehors de la pensée de l'auteur en le rendant par « incorporel » ; en tout cas, je viens de m'expliquer à ce sujet, et chacun pourra juger de l'opportunité de traduire par « dieux au corps occulte », ou « dieux incorporels », ou bien par « ils ont caché leur corps » (c.-à-d. « ils ont disparu »).

2. — Texte.

Le paragraphe suivant forme, en quelque sorte, avec le précédent une section particulière du *Ko zi ki,* dont on ne retrouve point l'équivalent dans le *Ni-hon Syo-ki.* Cette section est spéciale à une série de dieux essentiellement distincts de ceux qui constituent, d'après ce dernier ouvrage et d'après la tradition populaire la plus répandue, le panthéon du sintauïsme japonais.

次國稚如浮脂而。久羅下那
洲多陀用幣琉之時。如葦牙
因萠騰之物而成神名。宇麻
志阿斯訶備比古遲神。次天
之常立神。此二柱神亦獨神
成坐而隱身也。

Tŭgi-ni kuni wakaku uki-abura-no gotoku-ni site, kurage-nasŭ tadayoyeru toki-ni asi-kabi-no gotoku, agaru mono-ni yorite nari-maseru kami-no mi na-va, Umasi asikabi hiko di-no kami.

Tŭgi-ni Ame-no toko tati-no kami.

Kono futa basira-no kami mo hitori gami nari-masite, mi miwo kakusi tama'iki.

2. — Transcription dêvanâgarî.

तुगीनी कुनी वाकाकु ऊकी आबुरानो गोतोकु नी सीते कुरागे नासु तादायो येरु तोकी नी आसीकाबो नो गोतोकु आगारु मोनो नी योरीते नारीमासेरु कामी नो मो ना वा ऊमासी आसीकाबी हीको दो नो कामी। तुगीनी आमे नो तोको ताती नो कामी। कोनो ऊता बासीरा नो कामी मो हीतोरी गामी नारीमासीते ती मीवो काकुसी तामाहीकी ॥

2. — Traduction.

Ensuite le monde, à son premier âge, fut tel qu'un corps gras qui surnage (sur l'eau). Pendant qu'il flottait comme une méduse qui vogue, un génie nommé Umasi-asi-kabi-hiko-di-no kami sortit d'une chose qui s'éleva comme un roseau.

Puis ce fut le génie Amé-no-toko-tati-no kami.

Ces deux génies étaient aussi des génies solitaires et qui avaient un corps occulte.

2. — Glose.

注。國。萬國也。坤爲國。紅塵也○稚。原義幼禾。俗年幼

也。國稚也者。世界之始也○浮脂。浮游也。脂和名阿布良(アブラ)。膏
油也。麻魚肉之油也。此言非眞膏油。只膏油之種類也。書紀
曰。一物在於虛中。狀貌難言。只譬喩也○久羅下。又云海蛇(クラゲ)。
水母。樗蒲魚。海鏡。海月。文選註曰。大如鏡白色正圓○那洲。
如也○如葦牙。葦和名阿之。蘆也。大葭也。初生爲葭。長大爲
蘆。成則爲葦。牙芽也。神代紀亦有葦牙。葦芽也。日本初神自
葦牙化出。故號國葦原中國焉○宇麻志阿斯訶備比古遲(ウマシアシカビヒコヂノ)
神。書紀云。可美葦牙彥舅尊。可美宇麻志。同義也。彥舅。此云
比古尼(ヒコヂ)也。宇麻志又美稱也。書紀可怜(ウマシ)御路(ヨヂ)。可怜小汀(ヲバマ)。可怜
國(クニ)云云。皆人之美稱也。萬葉集亦有人名味稲(ウマシネ)也。本居曰。比

古者。男之美稱也。比者。產巢毘之毘同意。古也者予也。予曾既論此語之原矣。遲也者。老人之貴稱也。父之知智也○天之常立神。書紀之一書云。國底立尊。按登許而曾許義同也○此二柱神亦獨神。若以獨字義爲單獨。此二神爲一神。陰陽之二儀未分在太極爲一也。因古事記第三段又曰獨神。作註解之偏凡曰。獨神者。無妻之神是也

2. — Commemtaire.

くに *kuni*. Ce mot répond au chinois 國 *koueh* que l'on traduit communément par «royaume»; mais il est évident que, lorsqu'il s'agit du moment même de la création, il ne peut être question de «royaume». Bien plus, à la période primordiale que décrit ici le *Ko zi ki,* le Japon lui-même, c'est-à-dire «le monde» n'existe pas encore, car on verra que les îles de la terre furent créées plus tard par la déesse *Iza-nami.* — Le caractère chinois employé dans la transcription du *Ko zi ki* est évidemment impropre :

il n'exprime en réalité qu'un «état» ; expliqué par 邦 dans le *Choueh-wen*, il désigne «la résidence de l'empereur», «les princes feudataires», «le domaine de la civilisation». — Suivant le *Wa kun sivori*, le mot *kuni* vient de く み *kumi*, dans le sens de 相 與 む る *ai-kumi-suru* «réunir, grouper, rassembler» ; et dans le 神 代 紀 *Sin dai ki*, il est synonyme de 六 合 *rik-ka'u* «l'univers» et de 八 島 國 *Ya-sima-no kuni* «le Japon». Le dictionnaire étymologique *Gon-gen-tei* paraît adopter à peu près la même interprétation, lorsqu'il donne comme élément du mot *kuni* les deux mots 組ク et 土ニ, c'est-à-dire «les pays réunis», c'est-à-dire «le monde» (p. 28).

ㅇㅏ ㄱㅏ ㄱㅜ *wakaku*, vulg. «jeune», est rendu par le chinois 稚 *tchi* qui désigne «les pousses des céréales». Les Japonais emploient communément le caractère 若 *joh* dans ce même sens, ou bien le signe 弱 *joh*, qui signifie surtout «tendre, faible, délicat». Il exprime ici l'état du monde (國 *kuni;* voy. ci-dessus) à l'époque de la création. On rencontre ce mot, avec le même sens, dans la partie cosmogonique du *Ni-hon Syo-ki*. (Livr. I, § 1.) Dans la vieille anthologie *Man-yêo siû*, on se sert de l'expression 若 月 *waka-dŭki* pour désigner «la lune du troisième jour» 三ミ 日カ 月ツキ, c'est-à-dire «la nouvelle lune» (Moto-ori, *Ko zi ki den*, livr. III, p. 20).

ㅇㅜㄱㅣ ㅇㅏㅎㅜㄹㅏㄴㅗ ㄱㅗㄷㅗㄱㅜ *Uki-abura-no gotoku*. «L'auteur ne veut pas dire que le monde, à cette époque, était semblable à de la graisse, mais qu'il surnageait comme surnagerait un corps gras, tel que de l'huile». Dans le *Ni-hon Syo-ki*, où l'on se sert de la même image, on compare la substance première du monde successivement à un œuf, à de la graisse ou à des poissons flottant et surnageant (à la surface des flots), à de la neige qui se balance sans appui au-dessus des mers. Et, dans une des citations du *Ni-hon gi* (I, 1 *a*), on dit que cette chose avait une forme difficile à décrire. (Cf. *Ko zi ki den,* III, p. 21.)

久 羅 下 *kurage,* (ㄱㅜ ㄹㅏ ㄱㅔ) est un mot qui sert d'appui à l'idée de «flotter» (多 陀 用 幣 琉). Il désigne un poisson également nommé 海 月 «la lune des mers», et 水 母 «la mère des eaux» (méduse). On lui a donné ce nom parce que ce poisson ressemble à la lune dans la mer. Cette chose flottant dans la mer et ayant une forme qui rappelle l'aspect blanc de la lune pendant la clarté du jour, son nom de «lune des mers» a été bien imaginé. On nomme également ce poisson 海 鏡 «miroir des mers» ou 石 鏡 «miroir de pierre»; il est grand comme un miroir, de couleur blanche et tout à fait rond.

ㄴㅏㅅㅇㅜ *nasu* veut dire «comme» *(gotoku).*

Moto-ori se demande où pouvait flotter cette chose. Dans le vide *(sora),* car, à cette époque primordiale, le ciel et la terre n'existant pas encore, il ne devait pas non plus exister de mer. Cependant un ancien livre cité par le *Ni-hon Syo-ki* dit que «lorsque le ciel et la terre n'existait pas encore, cette chose surnageait sur les mers, comme par exemple des nuages, sans que rien ne leur serve d'appui». Il n'est pas étonnant de rencontrer une pareille contradiction dans un ouvrage de cette époque traitant de questions cosmogoniques. Il y aurait peut-être lieu néanmoins de tenir compte de deux acceptions différentes du mot «ciel» (天),

savoir «le firmament ou voûte céleste» (蓋 天) et le «paradis» (天 堂). Ensuite le «ciel» (天) désigne «le séjour des dieux», c'est-à-dire «le ciel idéal», et «l'espace» ou «le vide» (空ソラ *sora*). 靝, forme particulière du caractère 天, est composé de deux éléments signifiant «air-pur». Avant la naissance des Dieux qui ont donné successivement naissance aux continents et aux îles, les éléments primordiaux de tous les êtres existaient à l'état latent dans l'éther; le ciel 天 *ame*, de même que la terre 地 *tuti*, et les génies 神 *ami* n'ont été créés qu'à la suite de la séparation des éléments confondus dans le tohu-bohu du chaos (渾 沌).

아ᄋᆺᅵ가ᄉᆼᅵ *asi-kabi* (葹). Les commentateurs japonais s'efforcent d'expliquer ce que pouvait être la plante appelée *asi-ga'i* ou *asi-kabi*. Il est évident que la discussion engagée à ce sujet est du plus médiocre intérêt. Les synonymies modernes chinoises et japonaises de végétaux sont embarassantes à établir, et le plus souvent elles sont incertaines, parce que les espèces ont été d'ordinaire mal déterminées par les botanistes de l'Extrême-Orient, et qu'un même nom a maintes fois servi à désigner des plantes différentes. A plus forte raison est-on en présence de difficultés presque toujours inextricables, quand on veut établir la correspondance européenne d'un nom de plante cité dans les livres de la haute antiquité orientale. Voici cependant les synonymies qui nous sont données de la plante *asi-gabi*:

Asi est communément écrit à l'aide des caractères 葦 ou 蘆 qui désignent l'un et l'autre une même espèce de roseau, bien que le second soit plus grand que le premier.

Les deux signes réunis sont le nom de l'*Arundo Indica.* *Mao-chang,* auquel nous devons le texte actuel du *Chi-king* (Livre sacré des Poésies), dit : «Ce roseau, à sa naissance s'appelle 葭 ; quand il n'est pas encore dans sa floraison 芦 et lorsqu'il est arrivé à son état parfait 葦.» (*Ping-tsze-loui-pien,* CLXXXVII, 2; *Syo-gen-zi-kau,* s. voc. *asi*). — En somme, je crois suffisant de traduire *asi* par «roseau» (和名阿之) sans s'attacher à une désignation botanique plus ou moins douteuse, et, en tout cas, assez indifférente pour l'intelligence du passage qui nous occupe.

Le caractère 牙, vulg. «dent», est employé ici pour 芽 «bourgeon, pousse». Cette expression figure dans le 神代紀 *Sin-dai-ki,* où elle signifie «un bourgeon de roseau» *(asi-no mewo i'u) (Wa-kun-sivori,* s. v. *asi-kabi).* C'est du nom de cette plante qu'est venue la dénomination d'*Asi-vara-no kuni* donnée aux îles du Japon.

히 고 *hiko,* mot qui se rencontre dans un grand nombre d'anciens noms japonais, désigne «un mâle». Suivant le dictionnaire étymologique *Gon-gen-tei,* qui l'explique ainsi, il vient de 陽ホ子コ «un enfant du sexe masculin». Ce mot, écrit 彦, paraît avoir été surtout donné aux personnages de rang élevé, aux génies, aux héros et aux princes, comme le mot *hi-me,* écrit 姫, est employé pour «une grande dame, une princesse». A l'origine même de la monarchie japonaise, sous le règne de Zinmou, nous voyons le titre de *hiko* attaché au nom du chef aïno *Naga-sŭne* qui tenta de résister à l'invasion japonaise. Ne faudrait-il pas attacher à *hi-ko* le sens de «fils du Soleil» (日子), et à *hime* celui de «fille du Soleil» (日女)? L'auteur du *Gon-gen-tei* explique le mot 陽ヒ *hi* par 火ヒ *hi* «feu», et l'on sait que le caractère chinois *yang,* qu'on traduit d'ordinaire par «principe mâle», signifie également «le soleil», non seulement isolé, mais en composition (par ex. : 陽祭 ou 日祭 *hi-mati* «le culte du Soleil»; 陽光 *hi-no hikari* «l'éclat du Soleil», 日光, d'après le *Wen-siouen,* cité par *Syo-gen-zi-kau,* s. v. *hi*). Le Ciel 天 se nomme aussi *hi (tenwo va hi to mo i͑u),* et les empereurs du Japon *ame-sŭmeragi* ont pour titre «fils du Soleil» (日ノ御子 *hi-no mi-ko*). Suivant le dictionnaire *Wa kun sivori, hiko* est une appellation honorifique des mâles et se rattache à 日子 *hi-ko* «fils du Soleil». Moto-ori considère également *hiko* comme une appellation honorifique des mâles; *hi* est un mot qui entre dans la composition du nom du génie 產巢靈 et renferme l'idée de «miraculeux, extraordinaire, prodigieux». Mais ce même nom, dans le *Ko zi ki* a été transcrit 產巢日, ce qui montre que *hi* signifie tout à la fois «soleil» et «surnaturel».

디 *di* veut dire «vénérable».

아머노 도고 다디노 미고도 *Ame-no toko-tati-no mikoto* est le même dieu que *Ame-no* SOKO *tati-no mikoto.* Interprété par les caractères chinois qui ont été employés pour le transcrire, le nom de ce Dieu 天常立尊 signifie «le vénérable éternellement debout au Ciel». — Le mot 도고 *toko* est expliqué par le dictionnaire étymologique *Gon-gen tei* comme étant un mot dérivé de 時ト *to* «temps», et de 所コ *ko* «endroit, séjour». Écrit 天底立尊, le nom de ce Dieu signifie «le vénérable debout au fond du Ciel». — 소고 *soko* vient de 退ソ «retraite» et de 所ゴ *ko* «endroit»; c'est-à-dire «lieu de la retraite».

A la fin de ce second paragraphe le rédacteur a ajouté une observation d'une importance considérable pour nos études, mais dont l'intelligence présente quelque difficulté. Cette observation est conçue en ces termes :

아 가 이 가
마 미 두 미
두 하 하 노
가 　 위 구
미。 고 가 다
　 도 도 리

Kami-no kudari itŭ basira-no kami-va koto ama-tŭ kami.

En caractères chinois :

別 柱 上
天 神 件
神 者 五

C'est-à-dire : « Les cinq dieux mentionnés plus haut sont en particulier des Dieux du Ciel ».

구다리 *kudari* signifie « cité, mentionné » ; *kami-no kudari* « mentionnés ci-dessus ». Ce mot *kudari* est encore employé de nos jours sous la forme 件 *kudan*, par exemple dans l'expression 如件 *kudan-no gotosi* (pour *kudari-no gotosi*), qu'on place notamment à la fin des effets de commerce, des traités sous seing privé, et qui signifie « ainsi qu'il est dit plus haut ».

고도 *koto*. Ce mot, rendu en écriture chinoise par 別, a un sens qui a été très discuté par les exégètes japonais.

Je me bornerai à citer le commentaire de Moto-ori qui mérite d'être reproduit :

○別(コト)天(アマツ)神(カミ)。別ハ許(コ)登(ト)と訓べし。其(ノ)由ハ先(ツ)書紀の傳(ツタヘ)々に。多く國之常立(ノ)神を以て最(ハジ)初(メ)の神として。此五柱(ノ)天神を奉ざるハ。多く此(ノ)國(ク)土(ニ)の方に成(リ)坐る神をおき申(シ)傳(ヘ)て。天(ア)上(メ)に成(リ)坐るをば。別(コト)なる神として。畧きたる物なれば。又一書に。先(ツ)國之常立(ノ)神などを奉(アゲ)て。次に又(マタ)曰(イハク)とて。天(ア)上(メ)なる神等(タチ)を奉(アゲ)たるも。天(ア)上(メ)なるをば別(コト)なる神とせるなれ。されバ別(コト)と云るも其(ノ)意にして。天(ア)上(メ)に成(リ)坐るをバ。別(コト)なる神として。分(ワケ)さるものなり

« *Koto amatŭ kami* ». — Le signe 別 doit être lu *koto*. Voici le motif qui a fait employer cette expression : d'abord, d'après les traditions rapportées dans le *Ni-hon Syo-ki*, on considère généralement *Kuni-no toko tati-no mikoto* comme le premier dieu (du monde), et les cinq dieux qui paraissent au début du *Ko zi ki* se trouvent supprimés. L'auteur, ayant seulement songé à citer les dieux de notre monde (le Japon), a omis de mentionner les dieux du Ciel qu'il a considérés comme d'un AUTRE ordre. Ensuite, dans une citation du *Syo-ki*, on présente d'abord le dieu *Kuni-no toko-tati-no mikoto;* et, après avoir ajouté les mots « on dit aussi », on cite les dieux du Ciel, l'auteur de cette citation considérant les dieux du Ciel comme des dieux d'un ordre particulier *(koto)*. Il résulte de là que le mot *koto* n'a été employé que pour distinguer (d'une manière spéciale) « les dieux du Ciel » (Moto-ori Nori-naga, *Ko zi ki den,* livr. II, p. 31[1]).

3. — TEXTE.

次成神名國
之常立神次
豐雲野神此
二柱神亦獨
神成坐而隱
身也

1. Cet article était déjà en épreuves lorsque j'ai obtenu pour quelques jours seulement communication du 先代舊事本記 *Sen-dai Ku-zi hon-ki,* l'un des anciens livres canoniques de l'antiquité japonaise. Bien que je n'aie pu parcourir que très rapidement cet ouvrage, sur l'authenticité duquel

Tŭgi-ni narimaseru kami-no mi na-va Kuni-no toko-tati-no kami. Tŭgi-ni Toyo-kumo-nu-no kami. Kono futa basira-no kami mo hitori-gami nari-masite, mi miwo kakusi tamaʿiki.

3. — Traduction.

Ensuite le nom du génie qui se manifesta, fut Kouni-no toko-tatsi-no kami. Puis Toyo-koumo-nou-no kami. Ces deux génies furent aussi des génies solitaires et qui avaient un corps occulte.

3. — Glose.

○國常立神者。日本俗傳第一神也。原根之神也書紀曰。開闢之初。天地之中生一物。狀如葦牙。便化爲

tant de discussions sont engagées parmi les savants du Nippon, je pense qu'on me permettra quelques observations à son sujet. Au début, l'auteur décrit la création du Ciel et de la Terre à peu près dans les mêmes termes que le *Ni-hon Syo-ki*. Le Ciel fut accompli tout d'abord et la Terre établie ensuite. Puis, sur la voûte céleste (天,原) parut un dieu nommé 天讓日天狹霧國禪月國狹霧尊 *ame-yudŭru hi-ame-no sa-giri, Kuni-yudŭru tŭki kuni-no sa-giri-no mikoto.* Après ce dieu, arrivent les sept dynasties des Dieux célestes (天神). Dans la première figurent *Ame-no mi* Naka-nusi et *Umasi asi-kabi hiko-di-no mikoto,* et dans la seconde Kuni-no toko-tati-no mikoto et *Toyo-kuni-nusi-no mikoto.* La septième dynastie, celle où paraissent *Iza-nagi* et *Iza-nami* comprend également les dieux *Taka mi* Musubi, *Kamĭ* Musubi, etc. Après une courte énumération des dieux primordiaux que je regrette de ne pouvoir reproduire ici faute de place, l'auteur aborde la légende de *Iza-nagi* et de *Iza-nami.* — Un autre ouvrage, qui m'est également communiqué pour quelques jours, le 神代卷 *kami-yo-no maki,* qui reproduit la genèse du *Ni-hon syo-ki,* nous apprend que le *Ku-zi ki,* le *Ko zi ki* et le *Ni-hon syo-ki* forment ce qu'on appelle les trois livres canoniques du Japon (三部本書).

神號國常立尊也。△注。漢書論天地元原者凡曰。原由有大極。大極者。大一也。常理也。太極之有動靜是天命之流行也。太極生兩儀。動而生陽。靜而生陰。上古之傳述也。混沌初開乾坤始奠。氣之輕清。上浮者爲天。氣之重溼下凝者爲地。中古之傳述也。天地初分之時。盤古生於其中。能知天地之高低。及造化之理。故俗傳曰。盤古分天地。下古之傳述也。一曰。盤古之怪誕出自外國而入華國也。至今未詳。日本書紀之傳述似華國中古及下古之傳述而矣。盤古者與渾沌同也。只曰爲開闢首君生於太荒。莫知其始。又曰渾沌氏也。又有天地人三皇氏矣。後來有巢氏而燧人氏也。

3. — Commentaire.

ㄱㅜㄴㅣ ㄴㅗ ㄷㅗㄱㅗ ㄷㅏㄷㅣㄴㅗ ㄱㅏㅁㅣ *Kuni-no toko-tati-no kami.* — Dans la tradition vulgaire du sintauïsme, fondée sur le texte du *Ni-hon Syo-ki,* ce génie est le dieu primordial du panthéon japonais, et celui qui apparaît tout d'abord au moment où les éléments du chaos commencent à se séparer. Son nom signifie littéralement « le Dieu éternellement debout dans le pays ». Cette interprétation a cependant besoin d'être discutée, d'autant plus que nous retrouvons à peu près les mêmes mots dans le nom d'un dieu cité plus haut dans le *Ko zi ki.* Cet autre dieu est appelé ㅇㅏ ㅁㅓ ㄴㅗ ㄷㅗㄱㅗ ㄷㅏㄷㅣ ㄴㅗ ㅁㅣㄱㅗㄷㅗ *Ame-no toko tati-no mikoto,* et ailleurs *Ame-no soko tati-no mikoto.* Il n'y a pas lieu de s'arrêter à la variante *toko* ou *soko,* que j'ai déjà expliquée, et qui, suivant Moto-ori ne fournit qu'un seul et même sens (御名義登許ハ曾許と通ひて同 (*Ko zi ki den,* III, 29). La différence sur laquelle doit se porter l'attention, est l'emploi, dans le premier, du mot 天 *ame* « ciel », et, dans le second, du mot 國 *kuni* « pays ». Il me semble évident que le premier est un dieu suprême de l'Univers, résident au-delà du séjour des humains, tandis que le second, au contraire, est un dieu purement terrestre, un dieu local des îles du Japon. Cette explication serait, au besoin, justifiée par une phrase que j'ai déjà signalée et qui nous montre que dans la pensée du rédacteur du *Ko zi ki,* les sept premiers dieux sont des dieux supérieurs essentiellement distincts des dieux purement japonais qui seront mentionnés après eux. De la sorte aussi s'explique la suppression de ces sept premiers dieux (au moins en tant que formant une série spéciale), dans le *Ni-hon Syo-ki* et dans les traditions populaires communément répandues chez les Japonais : dans ce dernier livre et dans ces traditions populaires, on ne s'est préoccupé que des dieux absolument nationaux et on a renoncé à parler d'une série qui répond probablement à la plus ancienne expression de l'idée religieuse dans les îles de l'Extrême-Orient, mais qui n'est pas étroitement liée au sentiment national des indigènes et aux intérêts dynastiques des Mikado, considérés comme descendants directs, successeurs et héritiers des *kami* du sintauïsme. Quelques savants ont supposé que *Ame-no toko tati-no mikoto* était le même dieu que *Kuni-no toko tati-no mikoto*; d'autres ont été jusqu'à vouloir identifier *Ame-no mi Naka-nusi-no kami,* premier dieu du *Ko zi ki* avec *Kuni-no toko tati-no mikoto,* premier dieu du *Ni-hon gi*[1]. Moto-ori n'hésite pas à dire que c'est là une grande erreur, et la plus grave de toutes les erreurs.

又此ノ神と。天之御中主神と一ツ神なりなど云ヒなれなどハ。例の牽強(シヒゴト)なる中にも。殊に甚しきものぞ。

(*Ko zi ki den*, III, 33, Comm.) — Tout d'abord, dans le *Syo-ki,* on cite les dieux *Kuni-no toko tati-no mikoto,* puis *Kuni-no sa-dŭti-no mikoto,* puis *Toyo-kumŭ nu-no mikoto,* d'après une tradition qui diffère de celle du *Ko zi ki.* Or,

1. Notamment l'éditeur du *Ku zi ki,* I, 1.

si nous examinons quelle a été l'origine et la succession des dieux depuis *Kuni-no toko tati-no mikoto* jusqu'à *I-za nami-no kami,* nous voyons que deux de ces dieux *Asi-kabi-hiko-di* et *Ame-no toko-tati* sont des dieux « célestes » qui se sont formés, à l'origine du ciel, en sortant d'une chose semblable à un roseau, tandis que les autres dieux qui ont paru depuis *Kuni-no toko-tati-no mikoto,* tirent leur existence d'une chose analogue à de la graisse flottante qui doit constituer la terre. Dans la citation du *Ni-hon gi,* où l'on rapporte que, suivant un ouvrage, il y eut une chose semblable à de la graisse flottante qui nageait au milieu de l'espace, et que cette chose se transforma et devint le dieu *Kuni-no toko-tati-no mikoto,* on a évidemment l'intention de mettre en parallèle les deux dieux *Ame-no toko tati* et *Kuni-no toko tati.* Il subsiste cependant encore quelques doutes sur la manifestation distincte de ces deux dieux (Moto-ori, *Kozi ki den,* III, 33).

Yasŭ-maro, suivant l'usage, joignit au texte du *Furu koto bumi* (le *Ko zi ki*) qu'il présenta en l'an 712 à l'impératrice *Gen-myau,* une sorte de Rapport destiné à servir d'introduction à cet ouvrage. Ce rapport montre combien, à cette époque, les idées cosmogoniques chinoises s'étaient infiltrées dans les traditions du sintauïsme. On y lit ce qui suit :

臣安萬侶言夫混元既凝氣象未效無名無爲誰知其形○然乾坤初分參神作造化之首陰陽斯開二靈爲群品之祖○參神八。

天之御中主
高御産巣日
神産巣日の
三柱ノ神と申
ㇾ。郎チ本文の
始メヨ出ツ○二
靈ハ伊邪那
岐伊邪那美
二柱ノ神と申
ㇾ

« Lorsque le chaos était encore confus, les formes (spéciales des êtres) ne s'étaient pas encore manifestées. Il n'y avait pas de noms, pas d'actions. Qui pourrait dire quel était alors l'état des choses? Mais lorsque le Ciel et la Terre commencèrent à se séparer, trois dieux (參 神) furent le point de départ (littér. « la tête ») de la création. Le principe femelle et le principe mâle se séparèrent (voy. p. 291) et les deux *rei* devinrent les ancêtres de toutes choses. Les trois dieux (primordiaux) furent : *Ame-no mi Naka-nusi, Taka-mi Mŭsubi* et *Kami-Musŭbi*. Or ce sont ces mêmes dieux qui apparaissent au début du *Ko zi ki* . . . . . Les deux *rei* (ancêtres de toutes choses) furent 伊 邪 那 岐 *Iza-nagi* et la déesse 伊 邪 那 美 *Iza-nami*.

4. — Texte.

次成神名宇比地邇神。次妹須比智邇神。次角

杙神。次妹活杙神。次意
富斗能地神。次妹大斗
乃辨神。次淤母陀琉神。
次妹阿夜訶志古泥神。
次伊邪那岐神。次妹伊
邪那美神。

上件自國之常立神以下。伊邪
那美神以前幷稱神世七代。

Tŭgi-ni nari-maseru kami-no mi na-va U-di-ni-no kami; tŭgi-ni imo Su-bi-di-ni-no kami. — Tŭgi-ni Tunu gu'i-no kami; tŭgi-ni imo Iku gu'i-no kami. — Tŭgi-ni Oho to-no di-no kami; tŭgi-ni imo Oho to-no be-no kami. — Tŭgi-ni Omo-daru-no kami; tŭgi-ni imo Aya-kasiko ne-no kami. — Tŭgi-ni Iza-nagi-no kami; tŭgi-ni imo Iza-nami-no kami.

Kami-no kudari Kuni-no toko tati-no kami yori simo, Iza-nami-no kami made, avasete kami yo nana yo to mausu.

4. — Transcription dêvanâgarî.

तुगी नी नारी मासेरु कामी नो मी ना वा ऊद्दीनीनो कामी। तुगी नी इमो सुबीद्दीनी नो कामी ॥ तुगी नी तुनु गुही नो कामी। तुगी नी इमो इकुगुही नो कामी ॥ तुगी नी ओहोतोनोद्दी नो कामी। तुगी नी इमो ओहोतोनो बे नो कामी ॥ तुगी नी ओमोदारु नोकामी। तुगी नी इमो आयाकासीको ने नो कामी ॥ तुगी नी इसानागी नो कामी। तुगी नी इमो इसानामी नो कामी ॥

कामी नो कुदारी कुनी नो तोको ताती नो कामी योरी सीमो इसानामी नो कामी मादि आवासेते कामी यो नाना यो तो मौसु ॥

4. — Traduction.

Ensuite le nom du génie qui se manifesta fut le génie Oudzini-no; puis sa compagne la déesse Sou-bidzi-ni. Puis le génie Tsounou-goui. Puis sa compagne la déesse Ikou-goui. Puis le génie Oho to-no dzi; puis sa sœur la déesse Oho to-no bé. Puis le génie Omo-darou; puis sa compagne la déesse Aya-kasiko-né. Puis le génie Iza-nagi; puis sa compagne la déesse Iza-nami.

Les génies mentionnés ci-dessus, depuis le génie Kouni-no toko-tatsi[1] jusqu'au génie Iza-nagi forment ensem-

1. Dans le texte publié par Arata Atutané, au lieu de *Kuni-no toko tati-no mikoto,* on lit *Kuni-no soko tati-no mikoto* (voy. *Ko si den,* livr. II, p. 2).

ble ce qu'on appelle les sept successions des Génies (célestes).

4. — Glose.

宇(ウ)比(ヒ)地(ヂ)邇(ニノ)神。次妹須(ス)比(ヒ)智(ヂ)邇(ニノ)神。此字皆爲譯以
音。日本書紀解此神名之義用別字。乃埿土煮
尊。沙土煮尊。據以可知宇(ウ)此(ヒ)地(ヂ)三字之意焉。宇
者埿也。埿泥塗也。紅塵之始水土混沌之形狀
是也。後世之歌指泥云宇(ウ)伎(キ)。意同也。須(ス)者水土
將分之時也。世界之始潮水地土混淆之時也。
邇(ニ)者沼也。上古原野多有積水。此故野沼二字
爲同義矣。妹(イモ)者少女之稱也。男子謂女子後生
爲妹。自中主(ノ)神至豐雲野(ノ)神皆無妻。獨神而隱
身也。自比地邇(ノ)神以來始有男女。一曰。妹姊妹

Ce commentateur ajoute au texte : « Les deux premiers dieux étaient des génies solitaires et formaient chacun une génération; les dix dieux qui viennent ensuite se présentent par couples (un dieu et une déesse) qui ne comptent chacun que pour une génération (代); en tout cinq générations ou cinq âges ».

也。一曰。妹妻也。未詳焉○角村神。角者物生之初。頭尾手足未成者是也。杙者物初生芽之意也。活杙者生活而動也○意富斗能地神。大斗乃辨神。意富與大字同義。尊稱也。斗者處也。能者同之字也。乃同能也。地者與比古遲之遲同義。男子也。辨者對地字。女美稱也○游母陀琉神。阿夜訶志古泥神。註曰。淤母陀琉者無闕漏之處也具備之謂也。阿夜者歎也。訶志古者恐懼也。泥者名兄二語湊合之言也。男女之尊稱也。此解少似牽强○伊邪那岐神。伊邪那美神。伊邪者誘也。那岐之意難解焉。一曰。那岐即阿藝與吾君同義也。一曰。那者汝也。那岐者汝君也。那美者汝妹也。一曰。那岐者諾也。

那美者冊也。各書相同。然冊字之意不詳矣。待識者解之耳已

4. — Commentaire.

ㅇㅜ ㅎ̂ㅣ ㄷㅣ ㄴㅣ ㄴㅗ ㄱㅏㅁㅣ *U-ˁidi-ni-no kami*. ㅇ̬ㅜ ㅎ̂ㅣ ㄷㅣ ㄴㅣ ㄴㅗ ㄱㅏㅁㅣ *Sŭ-ˁidi-ni-no kami*. Les noms de ces deux dieux sont identiques à la seule différence près du premier mot qui entre dans leur composition; il est évident qu'il existe entre eux un parallélisme dont il faut tenir compte. Dans le *Ko zi ki*, on ne s'est servi, pour les noter, que de signes chinois phonétiques (宇ウ 比ヒ 地ヂ 邇ニ, 須ス 比ヒ 智ヂ 邇ニ); dans le *Ni-hon Syo-ki*, au contraire, on semble avoir voulu faire comprendre leur signification en employant des caractères chinois idéographiques (埿ウ 土ヒヂ 煮ニ, 沙ス 土ヒヂ 煮ニ). Or ㅇㅜ *u* signifie «boue» (ch. 泥); c'est le même mot qu'on rencontre dans les poésies des âges postérieurs sous la forme ウキ *uki;* le composé *uˁi-di* signifie, de la sorte, «terre limoneuse». ㅇ̬ㅜ *sŭ*, transcrit dans le *Ni-hon gi* par 沙 (vulg. «sable»), indique de la terre et de l'eau de mer qui, à la fin du chaos, commencent à se séparer, *tŭti-no midŭ to wakare-taru-wo iˁu*, dit Moto-ori (*Ko zi ki den*, livr. III, p. 38). Suivant ce dernier commentateur, ㄴㅣ *ni* (邇ニ) répondrait à 野 *nu* (vulg. «champ») du nom du dieu *Toyo-kumo-nu-no kami* (voy. plus haut, § 3), et aurait le sens de «un marais, un étang» (沼ㄴㅜ). Ce même mot se rencontre dans plusieurs noms anciens; et, dans le *Syo-ki*, il est indifféremment écrit 邇ㄴㅣ *ni* ou 根ㄴㅓ *ne*. Moto-ori dit que, d'après son maître, 宇 *u* viendrait de 浮ウキ *uki* (vulg. « flotter »), et 須ス *sŭ* de 沈シヅ *sidŭ* (vulg. « plonger »), par contraction (斯シ 豆ヅ ハ 須スと 約ツヾまる), et exprimerait l'état de la terre qui, au commencement du monde, était d'abord mêlée à l'élément liquide des mers et qui ensuite finit par se dessécher et durcir, de façon à former les continents. Dans ce cas, le mot 邇ニ *ni*, où nous voyions tout à l'heure, un équivalent du mot «marais», devrait être rendu par «terre». Cette étymologie, qui semble peu probable au premier abord, prend quelque vraisemblance par suite des rapprochements philologiques qu'ont fait plusieurs auteurs japonais, et d'où il résulte que le mot *ni* est entré dans la composition de divers mots où il a évidemment la valeur de «terre». (土ハニ *hani*, dans le *Gon-gen tei*, p. 43; «terre rouge ou jaune», *Wa kun sivori*, XXIV, p. 27; *Syo gen-zi kau*, éd. lith., p. 14, l. 10; «la terre à l'état de mortier» 黏子ハ 土ツチ, c'est-à-dire l'argile, dans l'état où il sert pour la fabrication des poteries 埴, *Wa-kan San-sai dŭ-ye*, livr. LV, p. 6; dans le *Wa-myau-seô*, la «boue» est appelée *hidiriko;* on dit également *ko'idi;* en langue vulgaire ドロ *doro.*)

[ㅗㄱ|ㄴ| ㅇ|ㅁㅗ *tŭgi-ni imo.* Suivant Moto-ori, l'auteur du *Ko zi ki* s'est exprimé ainsi parce que dans les cinq générations divines qui suivent, on voit les deux sexes représentés; mais comme les dieux mâles vinrent les premiers, et les dieux femelles ensuite, on a employé le mot 次ツギ *tŭgi.* Cette explication du savant exégète japonais est peut-être un peu forcée, et il suffirait probablement de voir dans le mot *tŭgi* une conjonction indiquant la succession des divinités énoncées au début du *Ko zi ki*, et rien de plus. — *Imo* désigne d'ordinaire « une sœur cadette »; mais le signe 妹 signifie aussi « une jeune femme », et même une épouse (妻). Dans les temps anciens, on se servait indifféremment de *imo* lorsqu'il s'agissait de mari et femme, ou de frère et sœur, ou même vis-à-vis d'étrangers. Lorsqu'une femme, par exemple, se trouvait avec un homme, celui-ci s'appelait *imo*. Plus tard les femmes ont fait usage de la même expression en se parlant entre elles, et chacune, dans la conversation, disait *imo* « moi, votre cadette ». Le rédacteur du *Ko zi ki* a fait usage du caractère 妹 parce qu'il n'avait pas de correspondant plus exact du mot ㅇㅣㅁㅗ *imo*, et comme les dieux, jusqu'à *Omo-daru Kasiko-ne-no kami*, nous sont présentés deux à deux, un dieu mâle et un dieu femelle, on a donné aux dieux femelles le nom de *imo*. On aurait tort de trop s'appuyer sur le sens du caractère chinois 妹 qui pourrait induire en erreur. Enfin il faut hésiter à traduire *imo* par « épouse », car à cette époque le mariage n'existait pas encore; ..... *totŭgi-no koto va imada hadimarazaru toki nareba, yome-no iʿi-ni va arazŭ* (Moto-ori, *Ko zi ki den*, livr. III, p. 41).

ㄷㅜㄴㅜ ㄱㅜㆆㅣ ㄴㅗ ㄱㅏㅁㅣ *Tŭnu guʿi-no kami*. — ㅛㅣㄱㅜ ㄱㅜㆆㅣ ㄴㅗ ㄱㅏㅁㅣ *Iku guʿi-no kami*[1]. — *Tŭnu*, forme ancienne de *tŭno*, répond au chinois 角 qui signifie communément « une corne », et exprime ici quelque chose qui surgit, qui vient à poindre, comme « un bourgeon ». Suivant Arata

1. D'après le *Sen-dai Ku-zi-ki* attribué à *Syau-tokŭ tai-si*, ces deux génies forment la troisième génération des dieux du Ciel, et celle de *Uʿi-di-ni-no kami* est considérée comme la quatrième.

Atutané, ce mot veut dire une chose qui naît, et n'a pas encore de membres, tels que la queue, la tête, la main, le pied (*Ko si den*, livr. II, p. 5, et *Ko zi ki den*, livr. III, p. 41). — *Ku'i* ou *gu'i*, rendu par le chinois 杙クヒ « une borne agraire[1] », doit être traduit, suivant le commentaire de Moto-ori, par « une chose qui commence à pousser ». Le nom de ce dieu signifie donc « le Dieu qui vient de paraître (comme le rejeton d'un roseau) ». — *Iku-gu'i* s'explique, de la même façon, par « prendre la vie et l'activité ».

오 호 도노 디노 가미 *Oho-to-no di-nò kami.* 오호 도노 허 노 가미 *Oho-to-no be-no kami.* Dans le nom de ces deux dieux, 意オ富ホ *oho* est une particule honorifique (稱タヽヘ辭コト あり); c'est une orthographe phonétique du mot 大 *oho* actuellement encore en usage chez les Japonais[2]. 斗 *to* est une notation phonétique de 處ト « lieu, endroit », en japonais moderne トコロ *tokoro*. « L'expression *to*, pour désigner « un endroit » est très fréquente dans la langue ancienne 所とゝいへる事古語に多し (*Wa kun si-vori*, livr. XVIII, p. 1). *To* est également transcrit par 戸ト « une porte » que l'auteur du *Gon-gen tei*, donne comme devant servir à l'étymologie du mot *tokoro*, équivalent de *to* « lieu ». Le nom du dieu qui nous occupe en ce moment est, en effet, écrit quelquefois avec le caractère 戸ト, notamment dans le *Ku zi ki*, livr. I, p. 3-4. — *No* est la particule du génitif (能ハ之ノてに辭テニヲハ あり). — 地ヂ *di* est le même

1. Arata Atutané écrit le mot *gu'i* avec le caractère 橛 qui, d'après le *Choueh-wen*, est synonyme de 杙 (*Ko si den*, livr. II, p. 1).

2. Arata Atutané fait usage du caractère 大 pour écrire le nom du dieu *Oho-to no di-no kami* (voy. *Ko si den*, livr. II, p. 1). — Dans le *Ku-zi ki*, ces dieux s'appellent *Oho-toma-hiko-no mikoto* et *Oho-toma-be-no mikoto*.

mot que nous avons déjà rencontré (§ 3) sous la forme 遅チ *di*, dans le nom du dieu *Hiko-di-no kami;* il exprime l'idée de « mâle », et a pour correspondant le mot *be* qui, dans le nom de la déesse *Oho-to-no be,* est une appellation honorifique de « femme ». Ce mot *di* est probablement la racine de *titi* « père », expliquée par 血チ道ヽ *ti-di* dans le dictionnaire étymologique *Gon-gen tei*, p. 33. Quant au mot *be,* qui pourrait bien n'être qu'une transformation phonétique du mot 女メ *me,* le *b* et le *m* permutant fréquemment en japonais, il est considéré par l'auteur du *Wa kun sivori* comme une contraction de 姫ヒメ *hime* « princesse », dont on trouve beaucoup d'exemples dans le *Ko zi ki* et dans le *Syo-ki.*

오모 다루노 가미 *Omo-daru-no kami.* 아야 가시 고 네노 가미 *Aya-kasiko-ne-no kami*[1]. — *Omo-daru* est rendu, dans le *Syo-ki*, par 面足, et veut dire « ce à quoi il ne manque rien, qui est parfait ». — *Aya* indique « une exclamation », et *kasiko* « la crainte », d'où « une exclamation poussée par frayeur ». — *Ne* est donné comme une contraction de 名ナ 兄エ « un aîné », expression honorifique également applicable aux hommes et aux femmes. Ces interprétations, données par les exégètes japonais, ne nous font guère comprendre d'une façon satisfaisante le sens qu'on a pu attacher à ces deux noms de divinités qui, malgré les efforts de plusieurs savants indigènes, demeurent assez obscurs ou tout au moins fort incertains. L'idée que par *Aya-kasiko,* on

1. Arata Atutané supprime le mot *aya* du nom de ce dieu (*Ko si den*, loc. citat.). — Dans le *Ku zi ki,* ces dieux sont nommés 青橿城根尊 *Awo-kasiki-ne-no kami* et 吾屋橿城根尊 *Aya-kasiki-ne-no kami* (livr. I, p. 3).

a voulu dire qu'à la vue de ce dieu on était saisi de terreur, ne paraît pas satisfaisante.

ㅛㅣ읏ㅏ 나기노가미 *Iza-nagi-no kami*. ㅛㅣ읏ㅏ 나미노가미 *Iza-nami-no kami*[1]. La signification de ces noms est encore plus douteuse que celle des noms précédents. Il serait cependant fort intéressant d'en déterminer la valeur, car il s'agit, en ce moment, de deux des divinités les plus importantes du panthéon japonais, de deux génies que les chrétiens du Nippon appelaient « l'Adam et Ève » de leur pays. *Iza*, suivant les principaux commentateurs, signifierait « conduire, aller avec, tenter »; et, de la sorte, *Iza-nagi* serait une abréviation de *Iza-na'i kimi* « le seigneur qui conduit, qui tente », et *Iza-nami* une abréviation de *Iza-n'ai-me-gimi* « la dame qui conduit, qui tente ». Ces noms se rattacheraient à une légende qui se rencontre également dans le *Ko zi ki* et dans le *Ni-hon Syo-ki*, légende suivant laquelle ces deux divinités, dans le but de donner le jour aux îles du Japon et à une foule des dieux nationaux de ce pays, se seraient provoquées l'une l'autre pour s'unir par les liens du mariage et se connaître. — *Iza*, qu'on écrit en caractères chinois 去來, est une interjection qui se prononce dans le but d'exciter ou d'encourager; on en a formé les verbes *izana'u, izanayeru* (誘) « conduire, en-

1. M. Kira Yosi-kazé présente *Iza-nagi* comme un des souverains primitifs du Japon, et à ce titre le désigne sous le nom de 伊弉諾天皇 *Iza-nagi ten-wau*, dans son édition critique de l'*Uyetŭ fumi*, livr. I, p. 1. — Dans le *Sen-dai Ku zi ki*, on donne également à *Iza-nagi* le nom de 天降陽神 *Ama-kudaru o-gami*, « le génie mâle descendu du Ciel », et à *Iza-nami* celui de 天降陰神 *Ama-kudaru me gami*, « le génie femelle descendu du Ciel ». Ces deux noms sont composés sous l'influence des idées chinoises.

courager, causer une tentation», et aussi «pousser, solliciter, exhorter *(sŭsŭmu, sŭsŭmeru)*[1], sens qui conviennent assez bien aux noms des dieux qui nous occupent (voy. *Kogon tei heô-syu*, p. 8; *Wa kun sivori*, t. III, p. 8). — *Na-gi* est considéré par les uns comme l'équivalent de 吾ア君キ «mon seigneur», autrement écrit en signes phonétiques 阿藝, par les autres comme une contraction 汝 君 *nandi kimi (na-gi)* «toi, seigneur»[2]. — Le mot *mi*, dans le nom de la déesse *Iza-nami*, a été évidemment mis en opposition avec le mot *gi*. On y voit une contraction de 女メ君キ *me-gi* «princesse». Ces deux noms ont été encore interprétés différemment. Dans le *Ni-hon Syo-ki*, on écrit le premier avec le caractère 諾ナギ qui peut se traduire par «accéder, consentir», ce qui ferait allusion au moment où le dieu mâle cède à la provocation tentatrice du dieu femelle; mais comment expliquer le caractère 册ナミ employé pour le second nom? Les *wa-gakŭ-sya* sont généralement d'accord pour considérer ce problème philologique comme très embarassant, pour ne pas dire tout-à-fait insoluble.

Iza-nagi et *Iza-nami* terminent la série des Génies du Ciel *(Ten-zin* ou *Ame-no kami)*, en dehors de laquelle il faut placer la triade primordiale dont le Dieu suprême *Naka-nusi* est la principale expression, et qui a été omise, comme je l'ai dit, dans la rédaction du *Ni-hon Syo-ki*, tandis qu'elle figure, au contraire, en tête de celle du *Ko zi ki*. Les dieux de cette triade sont spécialement désignés, dans

1. Et aussi *sasô* «inviter, persuader» (*Ga-gen siû-ran*, livr. I, p. 52).

2. Le mot *nagi* se rencontre dans plusieurs noms anciens où il est orthographié de diverses manières, 奈木, 奈疑, etc. (*Ga-gen siû-ran*, livr. IX, p. 33.)

le *Rapport* présenté en 712 de notre ère à l'impératrice *Gen-myau*, par *Futo-no Yasŭ-maro*, sous le nom de 參神 *san-zin* «les trois Dieux (par excellence)», et les deux Génies *Iza-nagi* et *Iza-nami* sous le titre de 二靈 *ni-rei* «les deux principes-vitaux (des êtres)».

J'ai dû abréger considérablement le commentaire et l'interprétation que j'avais composés pour accompagner les quatre fragments du *Ko zi ki* reproduits dans cette notice, afin de ne pas trop dépasser les limites fixées pour chacun des mémoires renfermés dans ce volume. Ce court spécimen suffira, je l'espère, pour donner une idée du travail que j'ai entrepris, dans le but de me faciliter l'intelligence du *Ni-hon Syo-ki*, l'un des Livres Sacrés des Japonais, dont la traduction s'imprime en ce moment et qui doit paraître dans le Recueil des publications de l'École spéciale des Langues orientales.

KIM VÂN KIỀU TRUYỆN

POÈME ANNAMITE

ÉPISODE DE TỪ HẢI. — TÚY KIỀU SAUVÉE DU FLEUVE
(VERS 2164—2716)

TRADUCTION

DE

A. DES MICHELS.

KIM VÂN KIỀU TRUYỆN.

INTRODUCTION.

Les épisodes qu'on va lire sont tirés d'un poème dont la traduction intégrale, aujourd'hui entièrement terminée et sous presse, sera bientôt livrée à la publicité. Cette œuvre, qui est regardée comme une des plus remarquables de la littérature annamite, fut composée sous le règne de l'empereur *Gia long* par un haut fonctionnaire du ministère des Rites nommé *Nguyễn Du*. Sans entrer ici dans les détails du sujet, dont la place est plutôt dans l'introduction qui doit précéder ma traduction complète, je dirai seulement pour l'intelligence de ce qui va suivre que *Túy Kiều,* jeune fille belle et accomplie, se trouve condamnée à expier par une vie de honte et de souffrance les fautes d'une existence antérieure. Après s'être vendue elle-même pour obtenir la libération de son père arrêté comme insolvable, elle se trouve, par suite d'un mariage simulé, livrée aux mains d'une mégère qui exploite un lieu infâme. Elle en est tirée par un jeune homme qui s'est épris de ses charmes et de ses talents. Ce dernier la prend pour concubine; mais la femme légitime poursuit *Túy Kiều* de sa jalousie et l'accable de mauvais traitements. La jeune femme n'échappe à sa persécutrice que pour se voir de nouveau condamnée à trafiquer de ses charmes. Elle se trouve une seconde fois rendue à la liberté grâce à la passion qu'elle inspire à *Từ Hải*, guerrier puissant qui a levé contre l'Empereur l'étendard de la révolte. On verra dans les pages qui suivent le parti que le poète cochinchinois a tiré de cette situation.

La moralité de l'œuvre de *Nguyễn Du* est sans doute loin d'être irréprochable, quoiqu'il puisse en sembler aux lettrés de l'Annam, qui paraissent être, sur ce point, beaucoup moins délicats que nous; mais on y trouve une grande originalité de pensée, et parfois des sentiments remarquablement élevés.

La traduction de ce fragment, comme celle du poème tout entier, a été faite sur le texte original en *Chữ nôm* (caractères figuratifs à forme chinoise). J'espère donc y avoir reproduit, autant du moins que j'en étais capable, la pensée de l'auteur dans son intégrité.

. . . .

Peu à peu le temps s'était écoulé,

lorsque tout à coup un étranger, (venu) de la frontière, arriva pour se divertir.

Il avait la barbe épaisse du tigre, la large mâchoire de l'hirondelle; ses sourcils ressemblaient au *Ngài*[1].

Ses épaules étaient larges de deux coudées, et sa taille haute de dix.

C'était un héros imposant!

Au jeu du bâton, à la manœuvre des poings, il surpassait les plus forts; il possédait, dans les *Lược* et les *Thao,* une science renommée.

Il était puissant sur la terre!

Son nom de famille était *Từ*, son petit nom *Hải;* il était originaire de *Việt động.*

Son existence se passait à faire du bruit dans le monde.

Il brandissait son épée d'une main; en s'aidant d'une seule rame, sur les fleuves il naviguait.

1. Insecte dont la forme est très analogue à celle du ver à soie, mais plus ondulée et terminée en pointe.

Venu pour se livrer au plaisir, il entendit parler de *Kiều*,

et, vers le cœur de la jeune fille, celui du héros s'inclina.

Dans le palais de la volupté il fit parvenir son nom inscrit sur un billet.

Après que, du coin de l'œil, ils se furent examinés, leurs deux cœurs se mirent d'accord.

«Entre nous» dit *Từ*, «s'est établie la sympathie,

«et vous n'êtes certes point une personne avec laquelle, »par occasion, l'on se divertit en passant!

«J'avais depuis longtemps entendu parler de votre beauté;

«à l'œil d'un connaisseur personne ne peut échapper!

«Combien, (d'autre part), dans une vie, rencontre-t-on de »héros?

«et qu'importe, pour se divertir, que le poisson soit dans un »vase, ou que l'oiseau soit captif?»

«Seigneur, vous daignez me flatter!» lui répondit la jeune femme.

«Comment une créature de ma sorte oserait-elle regarder »quelqu'un comme un homme du commun?

«(Cependant), si humble que je sois, je sais choisir la »pierre et je sais éprouver l'or!

«Mais, à qui, jusqu'à ce jour, aurais-je pu donner mon »cœur?

«Quant à ce qui est d'agir à ma guise,

«qui m'aurait laissée, à mon gré, choisir l'or et laisser le »cuivre?»

«Vos paroles sont sages!» dit *Từ*;

«elles rappellent à mon souvenir la phrase sur *Bình Nguyên* »*Quân*[1].

«Je suis venu ici pour vous considérer de plus près,

«et voir si je puis avoir quelque part à vos faveurs.»

«Que votre magnanimité se montre indulgente!» dit-elle.

Le Chef de *Tấn Đương* a pu réussir dans ses entreprises[2]!

«Soyez généreux pour l'herbe de la plaine! Ayez compas- »sion d'une humble fleur,

«de ma chétive personne, qui, faible comme le *Bèo* et la »mousse, n'ose s'appuyer sur vous, et tôt ou tard vous »pèsera!»

En l'entendant, par ces paroles, accéder à son désir, *Từ Hãi* secoua la tête.

«Combien», dit-il en riant, «est-il de cœurs d'accord en »tous points?

«Que vous avez des yeux charmants!

1. 平 原 君 *Bình Nguyên Quân* est un personnage célèbre de l'époque dite des *guerres des royaumes* (戰 國 *Chiến quốc*). Il avait une grande réputation d'hospitalité, et traitait magnifiquement ses hôtes.

2. Ceci est une sorte de plaisanterie littéraire singulièrement cherchée. *Túy Kiều* fait entendre à *Từ Hãi* que la fortune le favorisera, dans les rapports galants qu'il veut avoir avec elle, comme elle favorisa jadis *Đường cao tổ*, qui, de simple gouverneur du *Quận* de *Tấn Đường*, devint empereur de la Chine.

«Moi, je suis un héros debout au milieu du monde; nous »sommes faits pour nous entendre!

«Pour que nous nous connaissions, une parole a suffi!

«Je serais riche à dix mille *chung*, je posséderais mille »*tứ*[1], que toujours nous serions réunis!»

Les volontés et les cœurs des deux parts se trouvaient d'accord.

Qu'est-il besoin, quand l'amour est venu, de frais pour se faire aimer?

S'aidant d'un intermédiaire, on fit porter des propositions,

et l'on rendit les centaines d'onces déboursées primitivement.

Une chambre à part fut préparée, asile de leur bonheur,

et l'on y dressa un lit orné des sept objets précieux[2]. On l'entoura de rideaux sur lesquels se voyaient, brodés, les huit Génies.

1. Le 鍾 *Chung* est une ancienne mesure qui équivalait, selon les uns, à quatre, selon les autres, à trente quatre *Đẩu*. On appelle 駟 *Tứ* un attelage de quatre chevaux.

2. Pour ces objets précieux, voir ma traduction du *Lục Vân Tiên*, p. 225. Quant aux huit génies, ce sont des hommes qui, élevés au rang de divinités, sont regardés maintenant comme les protecteurs des arts. Ils sont d'origine *Tao sse*; voici leurs noms :

1° 呂洞賓 *Lữ Đồng Thẩn*, qui porte une épée et accorde son assistance à ceux qui se livrent à la pratique de l'escrime. Il est l'objet d'un culte de la part des malades.

2° 漢鍾離 *Hán Chung Ly* tient un éventail avec lequel, disent quelques-uns, il évente et ranime les âmes des mortels.

3° 藍采荷 *Lam Biện Hà* porte un panier de fleurs et une bêche. Il protège les jardiniers fleuristes.

Ce héros, cette noble fille,

Au gré de leurs désirs, s'abandonnèrent aux transports de l'amour.

Leur feu dura la moitié d'une année;

puis, tout à coup, le guerrier se mit à penser à la gloire.

Les yeux dirigés vers l'espace, avisant le ciel et la mer immense,

Il ceignit son glaive tranchant, il sella son coursier; puis sur le chemin droit devant lui il s'élança.

«Le devoir d'une femme», dit *Kiều,* «est de suivre celui »qu'elle aime.

«Dans mon cœur, puisque vous partez, j'ai résolu de partir »aussi!»

«A présent» lui répondit *Từ,* «qu'intimement nous nous »connaissons,

«comment n'avez-vous pas fui encore? car, ainsi, d'ordi»naire, en agit le cœur de la femme!

4° 鐵枴李 *Thiết Lĩnh Lý* porte une calebasse et une béquille. C'est le patron des magiciens.

5° 曹國舅 *Tào Quốc Cựu,* coiffé d'un bonnet de mandarin, tient à la main des castagnettes. Il est invoqué par les bouffons et les comédiens.

6° 張果老 *Trượng Quã Lão* tient une boîte à pinceaux en bambou. Il forme au beau style les écrivains et les lettrés.

7° 韓湘子 *Hàn Tương tử* est représenté sous la forme d'un jeune homme qui joue de la flûte. C'est le patron des musiciens.

8° Enfin 何仙姑 *Hà Tiên Cố,* génie du sexe féminin, se tient debout sur un pétale de fleur flottant sur l'eau. Elle a dans les mains une fleur de Lotus et un panier. On invoque son secours en matière de ménage. (V. le *Dictionnaire* de S. Wells Williams, au mot *Siēn.*)

«Lorsqu'avec des bataillons innombrables de guerriers,

«Du bruit de mes tambours faisant trembler la terre, de »l'ombre des drapeaux balayant les chemins,

«Je me serai distingué du vulgaire,

«Je viendrai vous chercher afin de nous unir.

«En ce moment, dans le monde entier, je n'ai pas même »une demeure!

«Vous ne feriez, en me suivant, qu'accroître votre détresse; »car où pourriez vous aller?

«Veuillez bien en ce lieu m'attendre quelque temps;

«au plus tard, pendant une année. Nous n'avons rien qui »nous presse!»

Ils conviennent de leurs faits; l'on se sépare, et *Từ* s'éloigne.

Ainsi font le vent et les nuages lorsqu'ils sont arrivés au large.

La jeune femme, isolée, dans sa chambre demeura.

Lentement les jours s'écoulèrent! Sa porte était fermée a tous.

Sur la mousse de la cour aucun pied ne marquait son empreinte.

L'herbe dépassa une coudée, et le saule, quelque peu, maigrit[1].

1. Cette métaphore est très obscure. Elle signifie qu'il se passa un temps assez long. Par ces mots : «*le saule maigrit*», l'auteur veut probablement dire

Kiều était émue en pensant à ses parents, qu'une immensité séparait d'elle,

et au souvenir du pays, à la suite des nuages qui couronnaient le mont *Tân,* son âme au loin s'élançait!

Combien elle souffrait de ne point voir son vieux père et sa vieille mère!

Où pouvait-elle à ses regrets trouver un adoucissement?

«Déjà plus de dix ans se sont écoulés», pensait-elle.

«S'ils sont encore en ce monde, ils doivent porter le sceau »de la vieillesse; la neige a couronné leur tête!

«Je les regrette, ces cœurs aimants que le hasard m'avait »donnés!

«Bien que nous soyons séparés, (à mon ami) toujours reste »attaché mon cœur!

«Si de cette union ma sœur cadette a renoué les fils[1],

«Dans leurs bras ils doivent porter, embrasser un doux »fardeau!»

En son cœur le souvenir du pays et la douleur de l'exil

se trouvaient confondus ensemble.

L'aigle avait tout à coup pris son vol à perte de vue!

que l'arbre, en vieillissant, perd un certain nombre de ses branches; et réciproquement cet éclaircissement des saules indique que le temps a marché.

1. En se vendant pour payer les dettes de son père, *Túy Kiều* avait chargé sa sœur *Túy Vân* d'épouser à sa place son fiancé *Kim Trọng.*

A le suivre, ses yeux s'étaient lassés; le ciel leur paraissait obscur!

Tandis que la pensée de *Từ Hải* nuit et jour hantait son esprit,

tout à coup, dans un coin de l'horizon, éclatèrent les feux d'une armée!

Les vapeurs du massacre obscurcissaient le ciel; aux yeux de *Kiều* tout devint confus!

Les *Kinh*, les *Ngạc*[1] remplissaient les fleuves; les chemins étaient pleins de guerriers cuirassés.

Ses connaissances, ses voisins

la pressaient de chercher quelque part un refuge.

«A attendre en ces lieux j'engageai ma parole!» dit-elle.

«Oserais-je, même au sein du péril, violer le serment d'au-»trefois?»

Elle hésitait encore, indécise,

Quand elle vit au dehors flotter un étendard, et entendit le bruit du gong.

L'armée, s'avançant, entoura la demeure,

et tous, d'une voix, demandèrent : «Où est la femme du »chef?»

De chaque part, dix généraux

1. «*Kinh ngạc, des baleines et des crocodiles*» signifie métaphoriquement «*des guerriers redoutables*».

déposaient leurs armes, dépouillaient leur cuirasse, et se prosternaient à l'entrée de la cour.

Des filles d'honneur arrivèrent ensuite,

qui disaient : «Nous attendons les ordres de Madame pour »la conduire à son époux!»

Tout était prêt; les parasols superbes, les palanquins magnifiques,

Le brillant bonnet qui flottait au vent, les splendides vêtements brodés.

On hissa le drapeau, le tambour résonna, et l'on se mit en marche.

La musique allait, précédant; les palanquins dorés suivaient.

Prenant les devants, un rapide courrier s'élança sur la route avec vélocité,

Tandis qu'au palais du sud, on entendait, dans la cour d'honneur, le tambour battre à l'assemblée.

Sur les murs on hissait les drapeaux; l'on tirait le canon du rempart.

Từ công sortit à cheval et alla recevoir en personne la jeune femme hors des portes.

Son costume brillait, splendide; son bonnet et sa ceinture étonnaient les yeux de leurs riches couleurs;

Mais il avait encore cette large mâchoire, ces sourcils de *Ngài* d'autrefois!

Il riait. «Notre union sera fortunée!» dit-il.

«Vous rappelez-vous les paroles qui jadis furent prononcées?

«Un cœur de héros sait seul discerner un cœur héroïque!

«Voyez maintenant! Pensez-vous que vos désirs soient satisfaits?»

«Pauvre femme simple d'esprit», dit-elle,

«Liane frêle, j'ai le bonheur de m'abriter sous l'ombre d'un arbre!

«En ce jour enfin je vous retrouve ici;

«mais mon cœur n'a point douté depuis le jour de la promesse!»

Ils se regardent l'un l'autre, et tous deux ils rient aux éclats;

puis, se tendant la main, dans une chambre ils vont s'abandonner à leur tendresse.

Un festin fut dressé pour récompenser les chefs, pour fêter les soldats vainqueurs.

Le tambour des batailles harmonieusement résonna,

et la musique militaire entonna ses accords bruyants.

La gloire faisait oublier les moments de fatigue,

et leur affection de jour en jour se resserrait.

Au sein de l'armée, profitant de ces heures joyeuses,

Elle put enfin librement raconter ses jours de malheur;

ce qu'elle souffrit à *Vô tích*, ce qui se passait à *Lâm tri;*

Comment ici on la trompa, comment, là, on eut pitié d'elle!

«Maintenant», dit elle à *Từ công*, «mes peines ont disparu!

«Mais il me reste quelque souci! Quant aux bienfaits, quant »à la vengeance, rien n'a été réglé encore!»

Lorsque *Từ công* fut au courant de tout,

Il s'irrita. Sa fureur éclata comme le tonnerre!

Le prince redoutable choisit des chefs qui devaient se tenir prêts à agir.

Dans le camp un ordre fut donné; puis, tels que des étoiles filantes, ils partirent avec vélocité.

L'armée hissa son brillant étendard.

Un corps marcha sur *Vô tích*, et l'autre entra dans *Lâm tri.*

De ceux qui autrefois avaient agi méchamment

L'on rechercha les noms; on s'enquit d'eux, on les saisit; ils furent amenés, on les interrogea.

Une dépêche fut, en outre, expédiée avec des instructions,

ordonnant de faire garder à vue une famille du nom de *Thúc* sans attenter à sa tranquillité.

Quant à l'intendante et à la bonzesse *Giác duyên*,

Un autre avis leur porta des nouvelles et une invitation à se présenter.

Les troupes, dans une proclamation, furent mises au courant de tout.

Tous les cœurs étaient irrités! Les yeux lançaient des éclairs, les visages étaient sévères!

Les voies du Ciel, quand il se venge, sont vraiment épouvantables,

et c'est merveille de voir comment de toutes parts les coupables par lui sont subitement rassemblés!

Dans l'armée l'on ne voyait que grandes épées, longues lances!

La garde intérieure, debout, assistait; les compagnies du dehors sur deux rangs formaient le cercle.

Tout est prêt, un ordre parfait règne dans ces préparatifs terribles.

Les armes, serrées, hérissent la terre; la cour est pleine de drapeaux.

Au milieu de l'armée s'ouvre l'audience militaire.

Từ công et la princesse prennent place l'un près de l'autre.

Le tambour n'a pas cessé de battre aux champs,

que déjà l'on fait l'appel des personnes convoquées; puis on les fait attendre en dehors de la tente.

Từ dit : «Pour les bienfaits comme pour les injustices,

«C'est à vous, madame, à juger, à prononcer sur la récom»pense ou sur l'expiation!»

«Appuyée», dit *Kiều,* «sur votre autorité puissante,

«permettez qu'avec justice je paie de retour les services »et l'affection;

«puis, après les récompenses, la vengeance aura son tour!»

«Madame», répondit *Từ,* «agissez à votre guise!»

Alors aux gardes armés, elle ordonna d'amener *Thúc lang.*

Le visage de ce dernier était vert de peur! Il tremblait comme un chien près du feu[1]!

«Cet amour immense», dit *Kiều,*

«Et les anciens jours de *Lâm tri,* ne vous en souvient-il »déjà plus?

«Si les étoiles *Sâm* et *Thương* n'ont pu accomplir leur »union[2],

«Une autre en fut cause! mais moi, pourrais-je donc ou- »blier l'ami d'autrefois?

«Cent rouleaux de *gấm,* mille livres d'argent

«Ne sont certes que peu de chose en retour de vos bienfaits!

«Votre femme est douée d'une ruse infernale!

«mais aujourd'hui le filou et la vieille se rencontrent!

1. *Thúc* avait épousé *Kiều* en qualité d'épouse de second rang; mais lorsqu'il la retrouva dans sa propre maison où sa femme légitime, après l'avoir fait enlever, l'avait réduite à la condition d'esclave, il n'avait osé ni la défendre, ni même la reconnaître.

2. Si nous n'avons pu être unis nous même. Les étoiles 參 *Sâm* et 商 *Thương (Orion* et *Lucifer)* ne peuvent jamais être vues ensemble.

«La fourmi qui rampe au bord de la coupe ne s'y maintient »jamais longtemps!

«Si profonde fut son astuce, pour vous profonde est mon »affection!»

Alors *Thúc* regarda son visage,

Et, comme une averse de pluie, la sueur inonda son corps!

La joie et la crainte à la fois remplissaient son âme; il n'y pouvait résister!

Il tremblait certes bien pour lui! mais, au fond de son cœur, il se réjouissait pour une autre!

La vieille dame et la supérieure[1] furent introduites ensuite.

A peine les eût-on amenées que *Kiều*, avec empressement, les pria de monter (prendre place) à ses côtés.

Elle leur saisit la main; et se plaçant bien en face pour s'en faire reconnaître :

«Cette *Hoa nô*, cette *Trạc tuyên*, n'étaient», dit-elle, «au»tres que moi!

«Je me souviens du jour où, égarée dans mon chemin, j'étais »tombée dans l'abîme!

«Une montagne d'or ne saurait payer la pitié que vous me »montrâtes!»

1. La première était une vieille dame de la famille de *Hoạn Tho*, l'épouse principale de *Thúc*. Elle avait témoigné de la compassion et des égards à *Túy Kiều*. La seconde était la supérieure d'un couvent bouddhique, où la jeune femme, fuyant sa persécutrice, s'était réfugiée.

«Mille onces de ce métal sont un présent bien ordinaire!

«mais combien en faudrait-il pour faire contrepoids dans »la balance au cœur sensible de *Phiếu mẫu?*»[1]

Les deux femmes la regardaient, immobiles et stupéfaites,

Suspendues entre la frayeur et la joie!

«Veuillez vous asseoir un instant», dit *Kiều*,

«et regarder pour bien savoir comment j'exerce mes ven»geances!»

Aussitôt elle commanda aux chefs de faire comparaître les coupables,

et d'introduire la cause des criminels qu'elle allait interroger.

Au pied du pavillon se tenait un bourreau, sa lance nue dans la main.

Le nom de la principale coupable fut appelé; c'était *Hoạn Thơ*[2]!

1. Cette 漂母 *Phiếu mẫu* blanchissait, comme le rappelle son nom, du linge au bord d'un ruisseau. Elle y vit arriver un malheureux nommé *Hàn Tín* exténué de fatigue et mourant de faim. Saisie de compassion, elle lui offrit de la nourriture, et le soigna maternellement jusqu'à ce qu'il eût complétement recouvré ses forces. *Hàn Tín* parvint dans la suite à de hautes dignités et commanda les troupes de l'Empereur. Se souvenant alors des soins qu'il avait reçus de la vieille blanchisseuse, il la récompensa magnifiquement en lui donnant mille onces d'or, auxquelles fait allusion le présent vers. *Túy Kiều* veut dire par là que, de même que l'or de *Hàn Tín* ne pouvait équivaloir aux soins maternels que lui avait donnés *Phiếu mẫu*, de même elle aussi ne saurait payer l'affection dont la vieille dame et la supérieure lui ont donné autrefois des preuves.

2. L'épouse légitime de *Thúc*.

La jeune femme la regarda de loin, et lui fit un salut sommaire.

«Me voilà pourtant ici, maintenant, madame!» dit-elle.

«N'existe-t-il donc, vraiment! qu'une femme de mérite?

«Combien y en eut-il dans l'antiquité? Combien en est-il »encore de nos jours?

«L'infortune est le partage de la beauté;

«mais plus on est doucereuse et méchante, et plus on fait »de malheureux!»

Hoạn Thơ, défaillante de terreur,

se prosternait devant le trône, et cherchait ce qu'elle pourrait dire.

«Mon cœur», s'écria-t-elle, «est celui d'une faible femme,

«et toute créature humaine est encline à la jalousie.

«Ayez égard à ce que, lorsque vous écriviez des prières »dans la pagode,

«Après que j'en fus sortie, je résolus de ne point vous pour»suivre!

«C'est qu'aussi bien, au fond de mon cœur, je sentais quelque »tendresse et quelque respect pour vous!

«Mais consent-on jamais à partager son époux avec une »autre?

«Si je m'acharnai (jadis) à vous susciter des ennuis,

«Aujourd'hui je fais appel à votre cœur magnanime! N'au-»rez-vous point quelque pitié pour moi?»

«Je reconnais, dit *Kiều,* combien est vraie cette maxime:

«*La suprême finesse consiste à parler comme il convient!*»

«Si je la laisse aller, cela me vaudra du bonheur en ce »monde;

«si je pousse l'affaire à fond, je montrerai peu de grandeur »d'âme.

«Puisqu'elle reconnaît sa faute, tout est bien!»

Puis elle ordonna aux gardes relâcher *Hoạn Thơ* sur le champ en sa présence,

et la dame se prosterna dans la cour en signe de gratitude.

Par la porte de l'enceinte on introduisit une file de prisonniers.

«Ô Ciel immense! Ciel élevé!» s'écria la jeune femme;

«A qui nuit aux gens, on nuit! Y suis-je, moi, pour quelque »chose?»

C'étaient d'abord *Bạc hanh, Bạc bà;*

D'un côté *Ưng* et *Khuyển,* et de l'autre côté *Sở Khanh;*

Enfin *Tú bà* et *Mã giám sanh*[1].

Qu'allait-il advenir de l'examen de ces coupables?

1. *Giác Duyên,* supérieure du couvent dans lequel s'était réfugiée *Túy Kiều* après s'être enfuie de la pagode où l'avait confinée *Hoạn Thơ,* craignant d'attirer sur sa tête la colère de la grande dame, avait confié la fugitive à une vieille femme nommée *Bạc bà,* qui fréquentait la bonzerie et

Des ordres sont transmis aux bourreaux,

Et leur châtiment est réglé sur les promesses qu'ils violèrent.

Le sang coule sur le sol, et les chairs s'en vont broyées!

Quiconque est témoin de cela, se sent mourir de terreur!

Cela fait voir que par le Ciel toutes choses sont gouvernées.

A qui trahit l'on doit vengeance, et vengeance sans rémission!

Lorsque des créatures douées d'une méchanceté infernale

portent la peine de leurs méfaits, qui serait ému de leurs cris?

L'armée entière se trouvait sur le lieu de l'exécution.

Le ciel était pur, le jour clair, et l'on put tout voir nettement.

Dès que la jeune femme eut rendu à chacun ce qui lui était dû,

Giác duyên, en toute hâte, lui adressa ses adieux.

«Pendant de longues années, nous n'avons eu», dit *Kiều,* »qu'une rencontre!

qu'elle croyait honnête. Cette dernière, qui en réalité pratiquait un commerce infâme, avait livré *Kiều* à son neveu *Bạc hanh,* et ce dernier l'avait vendue dans une maison publique.

Ung et *Khuyển* sont deux vauriens que *Hoạn Thơ* avait chargés d'aller enlever *Túy Kiều* dans sa demeure, et de la lui amener.

Mã giám sanh est le nom du proxénète qui, à l'origine, avait acheté *Kiều* sous prétexte de l'épouser, et l'avait livrée à *Tú bà,* vieille femme qui exploitait une maison de prostitution.

«Ai-je donc, ô ma vieille amie! tant d'occasions de vous »voir?

«Après cette entrevue, des cœurs, (un instant), réunis, vont »se séparer de nouveau!

«Où rencontrer désormais le cygne (errant dans) la plaine, »la nuée qui flotte dans l'espace?

«Cela», lui dit la bonzesse, «ne tardera pas bien longtemps;

«et dans cinq années d'ici, nous nous retrouverons là bas!

«Je me rappelle qu'un jour, étant allée quêter au loin,

«Je rencontrai la bonzesse *Tam hiệp* qui est douée du don »de prophétie.

«Elle me dit les temps de notre réunion.

«Cette année en est un, dans cinq ans doit venir l'autre.

«Nous avons vu, réalisée, la première partie de sa pré»diction.

«Sur le passé, elle est digne de foi; elle aura dit juste aussi »sur l'avenir.

«Des rapports d'affection doivent encore exister entre nous.

«N'aurons-nous pas d'autres occasions? qu'avons-nous »donc qui nous presse?»

«Au sujet du premier terme que fixa la prophétesse,

«Ce que vous me dites», dit *Kiều,* «est exact certainement!

«Si, quelque jour, vous la rencontrez,

«Sollicitez d'elle quelques mots sur la destinée de ma vie »entière!»

Giác duyên le promit, fit à la jeune femme mille recommandations,

prit congé, puis aussitôt vers d'autres régions elle porta ses pas.

Depuis que *Kiều* avait justement réglé ce qui concernait les bienfaits et la haine,

Le chagrin semblait dans son cœur avoir fait place à la joie.

En signe de reconnaissance, elle se prosterna devant *Từ công*.

«Pauvre créature», dit-elle, «comment aurais-je pu prévoir »ce qui se passe aujourd'hui?

«Furtivement, pour agir, je me suis servie de la foudre,

«et mon âme est débarrassée du lourd fardeau qui l'accablait!

«Qui peut dire combien profondément vos bienfaits sont »gravés dans mon cœur,

«et comment, chétive, pourrais-je reconnaître ce service »immense?»

«Depuis l'antiquité les cœurs magnanimes», dit *Từ*,

«Ont-ils toujours pu trouver un cœur qui sût les comprendre?

«Serait-il digne du nom de héros,

«Celui qui rencontrant l'opprimé sur sa route, passerait, le »laissant de côté?

«Alors qu'il s'agit d'une affaire de famille, cela est bien »plus vrai encore!

«Qu'avez-vous donc besoin de tant d'actions de grâces pour »me prouver votre reconnaissance?

«Mon cœur souffre de voir qu'ayant toujours vos parents,

«Vous fûtes, jusqu'à ce jour, séparés les uns des autres!

«Comment, puisqu'ils sont si loin, former ensemble une »seule famille,

«afin qu'ils puissent me voir, chose bien douce à mon cœur?»

Il s'empressa d'ordonner qu'au milieu du camp un festin fût préparé

Pour la multitude des guerriers et les nombreux généraux qui s'étaient assemblés pour venger sa querelle.

Grâce à eux le bambou s'était fendu, la pierre avait été réduite en poudre,

et depuis lors sa terrible armée grondait partout comme le tonnerre!

L'Empereur était isolé, relégué dans un coin du ciel,

et lui, vainqueur des savants et des forts, devenait le maître du monde!

Plusieurs fois, comme le vent qui balaie, comme l'averse qui tombe,

partout, au midi de l'empire, il avait saccagé *huyện* et citadelles.

Sur cette terre il brandissait son glaive;

quel souci avait-il de guerriers sans talent?

Audacieux, au sein d'un pays de frontière,

Qui l'empêchait d'agir en empereur, en roi?

Contre ses étendards qui aurait osé lutter?

Il tenait depuis cinq ans la contrée qui borde la mer.

Le mandarin gouverneur de la province, grand délégué impérial,

Nommé *Hồ tông hiến* était un homme d'un savoir accompli.

Chargé par l'Empereur d'une mission spéciale, il arrivait monté sur son char.

A sa convenance il dirigeait les batailles et commandait les troupes en campagne.

Sachant que *Từ* était un héros,

et que *Kiều,* qui l'accompagnait, avait sa voix au sein du conseil militaire,

il fit camper ses soldats, feignit de proclamer la paix,

et fit partir un envoyé chargé de diamants, d'or et de soieries, pour traiter de la soumission.

Comme présent spécial destiné à la jeune femme,

deux suivantes portaient mille livres d'or et de pierres précieuses.

Lorsqu'il reçut dans son camp l'avis de ce qu'on préparait,

Từ công réfléchit en son cœur. Il était grandement indécis!

Il avait, de sa seule main, constitué son héritage,

et depuis longtemps, partout, impunément en maître il agissait.

Si, se liant les mains lui-même, il se rendait à l'Empereur,

sujet réduit et inactif, que deviendrait sa position?

«Là, tous», disait-il, «se tiennent ensemble comme liés par »leurs vêtements!

«S'il faut se courber en entrant, baisser la tête à la sortie, »que sert d'avoir de grandes dignités?

«Est-il rien de mieux que de régner entre ses propres fron»tières?

«Je suis fort, que feraient-ils tous ensemble contre moi?

«Je puis transpercer le ciel et troubler les eaux à ma guise!

«Je puis agir impunément! Qui donc est au dessus de moi?»

La jeune femme, certaine de posséder sa confiance,

lui opposait bien des raisons. Sa voix était douce; il l'écouta, et facilement se laissa persuader.

«Pensez», dit elle, «que nous sommes, comme le *Bào* flot»tant sur l'eau,

«exposés à de nombreuses vicissitudes, en butte à bien des »malheurs!

«Si vous vous laissez maintenant imposer le nom de vassal,

«sur le grand chemin vous serez au large; dans votre paix »sereine où sera la contrainte?

«L'intérêt du Prince et le nôtre seront tous deux sauve- »gardés;

«puis, peu à peu viendra le temps où nous pourrons aviser »à revenir dans la patrie.

«Votre femme, elle aussi, siégera parée de titres magnifiques!

«Son visage resplendira; elle illustrera ses parents!

«Vous vous donnerez, en haut, au pays; en bas, à votre »famille,

«vous faisant, d'une part, une réputation de piété filiale,

«De l'autre, un renom de loyal sujet.

«Nous ne sommes que des feuilles qui vont flottant au milieu »du courant;

«Craignons que les eaux et le vent n'emportent l'herbe et »les fleurs de la plaine!»

Dans les moments où tous deux ils causaient de choses et d'autres,

La jeune femme, saisissant l'occasion, tentait de le persuader.

Elle disait : «Les bienfaits du Prince se répandent sur tout »le peuple!

«C'est une pluie qui arrose en tous lieux la terre, et la »pénètre profondément.

«Depuis la pacification de l'empire, cette longue série de »vertus, de bienfaits,

«S'est, qui dira combien? épanchée sur la tête de tous!

«Songez y! depuis que vous avez suscité cette guerre,

«les ossements des morts forment un monceau toujours »croissant. Il atteint la hauteur de la tête!

«Pourquoi transmettre aux âges futurs une mauvaise renom»mée?

«Qui a jamais, depuis mille ans, fait l'éloge de *Hoàng* »*Sào?*

«Est-il rien de mieux qu'un bel apanage, qu'une haute di»gnité?

«Quel chemin mène à un but plus haut que l'honneur et »la réputation?»

Les douces paroles de la jeune femme

changèrent les dispositions agressives de *Từ* en sentiments de soumission.

On prépara en toute hâte les cérémonies pour la réception de l'envoyé impérial.

On fixa un terme pour déposer les armes, et l'on traita de la reddition.

Từ crut aux serments échangés au pied du rempart.

Les étendards se balançaient avec nonchalance; le tambour des veilles languissamment battait.

On laissa de côté les allures guerrières, et l'on ne se garda plus.

Du côté de l'armée impériale on était aux aguets. Bientôt l'on fut au courant de tout,

Et *Hồ công* combina un stratagème pour profiter de cette occasion.

Les présents devaient marcher devant, les troupes suivre derrière. A un signal déterminé commencerait l'attaque au dedans.

On hissa un pavillon pour prévenir l'avant-garde.

Les cadeaux de cérémonie furent disposés en avant, et, par derrière, en embuscade, se placèrent les hommes armés.

Từ công ne se défiait de rien. Qu'aurait-il pu soupçonner?

Coiffé du grand bonnet, revêtu du costume de cérémonie, il se présenta devant la porte de l'enceinte.

Hồ công donna secrètement le signal de la bataille.

De trois côtés le canon tonna, partout on hissa les drapeaux!

Pris au dépourvu, lorsqu'il est hors de garde,

Le tigre puissant, tombé dans le piége, doit céder comme tout autre!

Il risqua sa vie au sein de la bataille,

et paya d'audace, voulant faire voir le courage qui anime les grands chefs de guerre.

Quand son âme puissante eût été rejoindre les esprits,

chacun put le voir debout, les pieds plantés au milieu de l'arène!

Immobile comme la pierre, et ferme comme l'airain,

nul ne pouvait l'ébranler ni le faire changer de place!

Mandarins et soldats se livrèrent au massacre, et longtemps poursuivirent ses troupes.

Le vacarme était effroyable, les vapeurs du carnage obscurcissaient le ciel. Qui aurait pu résister?

Dans les fossés, hors des remparts, toute l'armée se dispersa.

Des soldats débandés prirent par les mains la jeune femme et l'amenèrent sur les lieux.

Sur le champ de bataille où pierres et flèches volaient sans interruption,

Elle vit *Từ* qui, statue immobile, se dressait encore dans l'espace.

Elle pleura : «Intelligence et force», dit-elle, «étaient en »lui plus qu'il n'est nécessaire!

«Pour avoir écouté mes conseils, voilà où il en est réduit!

«De quel front oserais-je sur lui lever ici les yeux?

«Du moins je veux donner ma vie! Je veux que le même »jour voie notre trépas à tous deux!»

Sa douleur s'épanche en un torrent de larmes;

elle dit, et, la tête en avant, elle tombe à ses côtés.

Etrange! (même) après la mort, l'âme de ce guerrier à la sienne restait unie!

A peine la jeune femme se fût elle prosternée, que sur le champ il tomba sur le sol.

Mandarins et soldats, gens qui venaient, gens qui passaient,

étaient émus de compassion. On l'entraîna doucement;

on l'amena au milieu de l'armée.

Hồ công, lorsqu'il la vit, la pressa de questions.

«Pauvre et belle fille!» dit-il,

«Tombée au milieu du tumulte des armes, vous avez gran-»dement souffert! Aussi bien j'ai compassion de vous!

«Si j'ai pu accomplir la mission que m'avait confiée la »cour,

«C'est au secours de votre parole que je dois d'avoir réussi.

«Maintenant que mon entreprise est arrivée à bonne fin,

«réfléchissez, et voyez ce qu'il vous plaît de réclamer de «moi!»

Les larmes de la jeune femme coulèrent à flots plus abondants encore,

et, parmi ses lamentations, la pensée de son cœur tout au long se fit jour.

«*Từ*», dit-elle, «était un héros!

«En long, en large il traversait l'espace! Impétueux il sil-»lonnait la vaste étendue des mers!

«Confiant qu'il était en moi, il écouta trop mes paroles!

«Après s'être exposé dans cent combats, il avait fait sa »soumission à l'Empereur,

«et je m'attendrais à devenir la glorieuse compagne d'un »noble et puissant époux!

«Qui eût pensé qu'en un instant ses os, sa chair seraient »mis en morceaux?

«Pendant cinq ans au sein du monde il avait agi en maître,

«et voilà que dans ce combat il est venu chercher une fin »misérable!

«Vous me comptez comme un mérite le mal fait à mon »époux;

«mais plus vous l'estimez haut, plus mon cœur souffre de »tortures!

«En m'examinant moi-même, à côté d'un faible service je »rencontre une grande faute,

«et, bien loin de lui survivre, il convient que je meure »aussi!

«Accordez moi un coin de terre propice pour la sépulture!

«Elle y recouvrira ceux qui furent unis dans la mort »comme dans la vie!»

Hồ công, à ces paroles, fut ému de compassion;

il commanda que, pour l'y enterrer provisoirement, on transportât le corps au bord du fleuve.

Il offrit à ses troupes un festin de félicitations,

et, aux sons harmonieux de la soie et du bambou, officiers et soldats s'assemblèrent.

On amena la jeune femme dans la salle pour qu'elle assistât au repas

où le chef, à moitié ivre, la contraignit à le divertir en lui faisant de la musique.

Elle exécuta un air d'une tristesse lamentable,

Puis quatre autres si lugubres qu'on eût dit que le sang coulait au bout de ses cinq doigts!

Ni le gémissement de la cigale, ni les chameurs du *vượn*[1] n'en égalaient la mélancolie!

Dès qu'ils parvinrent à l'oreille de *Hồ*, il fronça les sourcils et laissa couler ses larmes.

«Quel est donc», dit-il, «ce morceau

«qui me plonge quand je l'entends, dans une tristesse in»dicible?»

«C'est», lui répondit-elle, «le morceau du *Mauvais destin!*

«Dès les jours de mon enfance, je l'adaptai à cet instrument-ci.

«Jadis j'avais choisi cet air;

1. Espèce de Gibbon.

«mais l'exemple de l'infortune, vous l'avez aujourd'hui sous »les yeux!»

Plus *(Hồ)* l'entendait, plus il se passionnait; et sa passion, en croissant, faisait, en lui, croître l'ivresse.

Etrange! l'amour est capable d'amollir même un cœur de fer!

«En ce qui concerne les devoirs des époux», dit-il,

«Je veux enlacer *quelqu'un* dans des liens indissolubles.»

«Pauvre créature abandonnée», répondit-elle,

«Je pense toujours que, par ma faute, un homme a péri d'un »injuste trépas!

«Que reste-t-il de moi? un fragment de pétale flétri!

«Comme celle de l'instrument de *Tiêu lân,* les cordes de »mon cœur sont brisées!

«Soyez généreux, épargnez les restes de ma beauté!

«Si, à mon dernier soupir, je puis y donner quelques soins, »je m'estimerai heureuse!»

Dans ce festin des félicitations pour la victoire, tous étaient parvenus au dernier point de l'ivresse;

mais *Hồ công,* quand vint le point du jour, se souvint de ce qu'il avait fait.

Il réfléchit que, grand personnage de l'État,

il était en butte aux regards des mandarins supérieurs, et que, d'en bas, le peuple avait les yeux sur lui.

Qu'avait-il fait, sinon de se livrer à la débauche?

et comment s'y prendrait-il maintenant pour se tirer de cette affaire?

Au point du jour, lorsque s'ouvrit l'audience du matin,

Công, décidé, se traça une ligne de conduite.

Quand un mandarin donne un ordre, qui oserait y trouver à redire?

Il fit violence aux sentiments de *Kiều,* et l'imposa pour femme à un notable du pays.

Le génie du mariage, vraiment! suit des voies extraordinaires!

Il tord ses fils d'une façon étrange, et prend, pour former des unions, tout ce qu'il trouve sous sa main!

Le palanquin fleuri fut porté tout droit à bord d'un bateau.

Les rideaux de soie jusqu'en bas étaient baissés; la mèche des lampes était maintenue haute.

Kiều, de plus en plus, était triste et découragée,

et son affaissement dépassait toute limite.

Elle était le jouet de malheurs sans nombre!

Elle avait, à ses parents, coûté des peines inutiles! Sa vie était perdue! il n'en fallait point douter!

Flottante sous le ciel, sur la surface de la mer,

savait-elle ce qu'allait devenir sa chétive personne? où elle allait mourir ou vivre?

Quelle était cette union nouvelle? Qui lui fallait-il épouser?

Qui la chargeait encore de cette dette de malheur?

Comment en était-elle arrivée à ce degré d'infortune?

C'en était fait! chaque nouveau jour allait lui apporter une souillure nouvelle!

Elle ne savait point que la vie seule est une joie!

En attentant à ses jours, elle ignorait, pauvre femme, le mal qu'elle se causait!

Isolée en ce monde, abreuvée de misère,

C'en était assez! Elle n'avait plus qu'à briser son existence!

La lune s'était abaissée derrière les cîmes des montagnes,

Et, cependant, dans sa solitude, se levant, puis se rasseyant, elle n'en avait point fini encore.

Mais voici que soudain le grondement des grandes eaux s'élève!

Elle s'informe et apprend que c'est le fleuve *Tiên đường*.

Les paroles de l'esprit qu'elle entendit en songe lui reviennent clairement à la mémoire.

Tout est fini maintenant, et c'est bien ici le terme de sa malheureuse destinée!

«Ô *Đạm tiên!* M'entends tu?» s'écrie-t-elle;

«Tu me fixas ce rendez-vous; attends-moi donc sous ces »ondes, pour m'accueillir!»

Près de la lampe, justement, se trouvait une feuille de papier.

Elle prit son pinceau, renferma dans quelques lignes ses dernières volontés,

et leva d'une main rapide l'écoutille du navire.

On n'apercevait au loin que la vaste mer et le ciel élevé.

« *Từ công* m'avait comblée de ses bienfaits», dit-elle,

«et pour un faible intérêt d'État, je l'ai payé d'ingratitude!

«Si, meurtrière de mon époux, je m'unissais à un autre »homme,

«de quel front oserais-je encore occuper une place en ce »monde?

«C'en est donc fait! je n'ai plus qu'à mourir!

«Au ciel, aux flots je livre mon cœur!»

Elle considéra l'espace et l'immensité des eaux,

puis au sein du grand fleuve, au milieu du courant, elle se précipita!

Le notable l'avait suivie; il s'empressa pour la sauver;

mais c'en était fait! les flots avaient recouvert cette créature accomplie!

Hélas! Hélas! comme tant d'autres,

pourquoi fut-elle victime de son talent et de sa beauté?

En proie à des malheurs sans fin, à des vicissitudes sans nombre,

si elle eût attendu le terme de ses jours, que serait-elle devenue?

Tout ce qui se passa durant les quinze années de sa vie

doit servir aux jeunes filles et d'exemple et d'instruction.

L'existence humaine en arrive à ces extrémités.

Lorsque les malheurs sont finis, le bonheur vient; mais sait-on quand?

Pourquoi, de tout temps, en ce monde, les amis de la justice

furent-ils laissés si longtemps par le Ciel dans une situation toujours plus lamentable?

Depuis le moment où *Giác duyên* avait pris congé de la jeune femme,

Munie de sa gourde, et portant au bout d'un bâton son coffret de voyage, elle avait erré en tous lieux.

Elle avait rencontré la religieuse *Tam hạp*,

Et l'avait, à son aise, interrogée sur tout ce qui concernait la destinée de *Kiều*.

«Pourquoi», lui dit-elle, «cette personne, si grandement »douée de piété filiale et de justice,

«Voit-elle son existence en butte à toutes ces infortunes?»

«Suivant ses lois mystérieuses, le Ciel», dit la bonzesse, »distribue heur et malheur;

«mais c'est dans notre cœur que tout a son origine.

«Les choses dépendent du Ciel, mais elles viennent aussi »de nous!

«La vie religieuse est la source de la félicité; les passions »sont des liens qui nous enchaînent au malheur.

«*Túy Kiều* est belle et sage;

«mais l'infortune est le lot assigné à la beauté!

«Elle a de plus été l'objet de l'amour des autres,

«et cet amour en maître avait envahi son cœur.

«Or ces natures libres et vagabòndes

«ne peuvent en paix séjourner nulle part, ni se fixer en »aucun lieu!

«Par voies et par chemins l'esprit pervers les mène.

«Elles cherchent tous les endroits où les attend leur mau»vais destin.

«Délivrée d'un malheur, elle est tombée dans un autre!

«Elle s'est prostituée deux fois, deux fois elle a été es»clave.

«Au milieu d'un cercle de lances, parmi des épées nues et »levées,

«Sous les dents du tigre et du loup, elle s'est faite ser»vante.

«Au sein d'un courant rapide, au milieu des flots agités,

«Devant la gueule du dragon et des poissons féroces, elle »s'est précipitée dans l'eau!

«Ces malheurs là sont toujours la suite de nos passions!

«Seuls nous nous connaissons; seuls nous savons ce qui »nous concerne.

«C'est pourquoi, maltraitée pendant sa vie, après sa mort »exilée,

«le destin vengeur la poursuivra jusqu'au terme de cette »existence, qui sera aussi celui de ses malheurs.»

A ces mots *Giác duyên* trembla.

«Pauvre femme!» s'écria-t-elle, «que te réserve encore la vie?

«N'en ayez souci, cependant!» lui dit alors la bonzesse.

«Le bonheur de son union future l'emportera de beaucoup »sur son héritage d'infortune.

«En considérant le destin de la malheureuse *Túy Kiều*,

«Je la vois désormais enlacée dans les liens de l'amour »conjugal; mais elle est affranchie de ceux des plaisirs »impurs.

«Sa profonde affection de retour sera payée.

«En se vendant elle a ému le Ciel, et son amour filial jus»qu'à lui s'est élevé.

«En causant la mort d'un homme, elle en a sauvé dix mille!

«Elle sait distinguer l'important du futile, et discerner le »droit de l'injustice.

«Ses mérites, ses vertus, qui pourrait les égaler?

«Elle a lavé jusqu'à la dernière de ses taches antérieures.

«Le Ciel, quand il y a lieu, vient aussi en aide à l'homme!

«Elle a compensé sa dette primitive par l'amour qui l'a »suivie.

«*Ô Giác duyên!* Si tu te souviens de votre affection mu«tuelle,

«Sur le *Tiên đường* abandonne au courant une nacelle pour »la recueillir!

«Tu auras ainsi accompli de point en point ta promesse!

«Notre amitié l'aura fait; mais le Ciel y sera-t-il donc étran»ger?»

A ces mots *Giác duyên* en son cœur se réjouit,

et dirigea peu à peu ses pas vers le fleuve *Tiên đường*.

Avec du chaume elle fit une cabane, où elles s'installèrent

au bord des eaux bleues, sous les osiers jaunes.

Elle loua à l'année deux pêcheurs

qui construisirent un bateau et attendirent près de la rive, après avoir tendu en travers du fleuve leurs deux filets mis bout à bout.

D'un seul cœur, sans s'épargner, ils affrontèrent bien des fatigues!

Si leur habileté leur donna le succès, la cause en fut aussi dans le retour des chances favorables.

Aprèsque *Kiều* se fut précipitée au sein des ondes argentées,

Soudain un courant propice auprès de ce lieu la porta doucement.

Les pêcheurs tirant leurs filets la firent sortir de l'eau,

Et *Giác duyên,* en elle même réfléchit sur l'infaillibilité des prédictions de *Tam hạp.*

. . . .

LA BULGARIE

A LA FIN DU XVIIIE SIÈCLE

MÉMOIRES DE SOFRONI EVÊQUE DE VRATSA

TRADUITS SUR LE TEXTE ORIGINAL BULGARE

PAR

L. LEGER.

LA BULGARIE SOUS PASVAN OGLOU.

Les mémoires de Sofroni évêque de Vratsa en Bulgarie offrent un tableau curieux de l'état de cette province vers la fin du siècle dernier à l'époque où Pasvan Oglou pacha de Viddin tenait en échec les troupes du sultan et se créait entre le Danube et le Balkan une principauté indépendante. L'auteur de ces mémoires joue d'ailleurs un rôle important dans l'histoire de la nationalité bulgare.

Il était né en 1739 à Kotel, (Kazan). Il mourut à Bucarest vers 1815 ou 1816. On n'a sur sa vie d'autres documents que ceux qu'il nous fournit sur lui-même dans son autobiographie. Elle donne des détails inédits non seulement sur les misères que les raïas avaient à souffrir de la part des musulmans, mais aussi sur l'oppression que le clergé fanariote[1] cupide et vénal faisait alors subir aux Bulgares. Elle ajoute en somme une page curieuse à l'histoire de l'empire ottoman et de la Bulgarie.

1. Voir mes articles sur la renaissance littéraire des Bulgares dans la *Bibliothèque Universelle,* livraisons de janvier et mars 1880.

Sofroni fut le premier prêtre bulgare qui osa braver la tyrannie des fanariotes et introduire la langue nationale dans l'église slave. Pendant son exil en Valachie il s'occupa à rédiger ses sermons et les publia en 1806 à Rymnik sous ce titre que je traduis intégralement: «*Kyriakodromion,* c'est-à-dire livre dominical, instruction sur les évangiles lus tous les dimanches dans les églises orthodoxes, avec explication et commentaire et récit édifiant pour les grandes fêtes du Seigneur et les fêtes des Saints. Transcrit du slavon et de la très profonde langue grecque en la simple langue bulgare par l'humble évêque de Vratsa, Sofroni, pour l'intelligence du peuple simple. Avec la permission de Dosithée métropolitain de Hongrie-Valachie, l'assistance des évêques et des chrétiens pieux, publié maintenant, dans la typographie de l'évéché de Rymnik, Nectaire étant évêque (1806)».

Ce volume a eu depuis deux éditions, l'une à Novi-Sad (Neu-Satz), en 1856, l'autre à Bucarest en 1865. (Voir J. C. Jireček, *Bibliographie bulgare,* Книгописъ на Новобългарска-та Книжнина, Vienne 1872, p. 39 et 40.)

M. V. D. Stojanov, président du conseil d'état de la principauté de Bulgarie, vient de faire paraître dans la troisième livraison de la *Revue* (Периодическо списание), éditée à Sofia par la Société de littérature bulgare, la lettre dans laquelle Sofroni sollicite pour l'impression de son livre les souscriptions de ses compatriotes établis en Valachie.

L'autobiographie de l'évêque de Vratsa a été publiée pour la première fois par Rakovski, dans la Revue bulgare *Le cygne du Danube* (Дунавскый Лебедъ) qui parut à Belgrade de 1810 à 1862. Le manuscrit lui avait été communiqué par feu Victor Grigorovič, professeur de langues slaves à Kazan et à Odessa, qui en avait découvert une copie en Russie (въ русски-то архивы, dans les archives russes, dit Rakovski qui ne se piquait pas d'exactitude). Il est possible que Grigorovič ait découvert ce document dans son voyage en Bulgarie. Quoi qu'il en soit, il porte en lui tous les signes de l'authenticité.

Une nouvelle édition de l'autobiographie a été donnée avec introduction et commentaire par un anonyme (M. V. D. Stojanov) dans la Revue (Периодическо списаніе) publiée de 1870 à 1876 à Braïla par la Société littéraire bulgare (livraisons V et VI, année 1872). Une traduction russe a paru à Petersbourg dans le *Славянскій Сборникъ*, (Tome II, année 1877.) Elle est fort négligée.

La langue dans laquelle ce document est écrit est une sorte de compromis entre le slavon de l'église et le bulgare moderne; les mots turcs y sont encore fort nombreux. L'auteur les emploie généralement pour exprimer des idées relatives au commerce, à l'administration, aux choses militaires. Quelques mots grecs se sont également glissés sous sa plume[1].

Je n'ai aucun détail à ajouter à ceux que Sofroni fournit

1. Voici comme échantillon les premières lignes de l'autobiographie. Азъ грѣшний въ человѣцѣхъ родихъ се на село Котелъ отъ отца Владислава и отъ матери Мария и положили първо име мое Стойко. Като съмъ биль три лѣта, приставила се мати моя и отець мой поелъ другу жену, што бѣше люта и завистлива, и родилъ съсъ неѭ мужеское дѣте, и тъкмо свое дѣте гледаше, а мене отритваше; и като бѣхъ деватъ годинп подадохѫ ме на книжное учение; попапрѣди не би възможно да пойдѫ на учение, по што повише боленъ и немоштенъ бѣхъ.

sur sa biographie. Je noterai seulement en terminant que la ville de Kotel, sa patrie, a été un des principaux foyers de la renaissance bulgare. De tout temps elle avait gardé sous la domination turque une certaine indépendance. Les chefs portaient le titre de voïévodes. Les Osmanlis n'avaient point le droit d'y résider. Aussi la nationalité slave y était restée plus vivace que partout ailleurs. Elle fut au siècle dernier la résidence du moine Païsii qui écrivit dans la langue du pays la première histoire de Bulgarie. Elle a vu naître le médecin philosophe Pierre Béron ou Bérovitch, Rakovski l'historien enthousiaste, Etienne Vogoridi, père du gouverneur actuel de la Roumélie Orientale, Aleko Pacha.

MÉMOIRES DE SOFRONI.

Pécheur parmi les hommes, je suis né au village de Kotel de mon père Vladislav et de ma mère Marie, et ils me donnèrent pour premier nom Stoïko. Lorsque j'avais trois ans, ma mère mourut et mon père prit une autre femme. Elle était méchante et jalouse; il eut d'elle un fils. Elle n'avait d'yeux que pour cet enfant et ne pouvait me souffrir. Quand j'eus atteint l'âge de neuf ans, ils m'envoyèrent à l'école, je n'avais pas pu y aller plus tôt à cause de mon état faible et maladif. A l'école je montrai beaucoup d'application et d'intelligence et j'appris en peu de temps la lecture courante. Il n'y a point en Bulgarie d'enseignement philosophique *(sic)* en langue slave. Je commençai donc à étudier en grec et j'appris par cœur l'octoic[1]. Au moment où je commençais le psautier, arriva la nouvelle que mon père était mort à Constantinople de la peste, en 1750. Je restai donc sans père ni mère. J'avait alors onze ans. Mon oncle qui n'avait pas d'enfant, m'adopta pour son fils et me fit apprendre un métier. J'étais dans ma dix-septième année quand mon oncle et ma tante moururent presque en même temps. Un oncle que j'avais à Constantinople mourut aussi; ils étaient tous deux marchands de bétail. Ses débiteurs et ses associés m'obligèrent à aller à Constantinople à la place de son fils, pour recueillir ce qui lui était dû par les bouchers, suivant les habitudes de ce commerce. Mais les bouchers habitent en différents endroits à Constantinople et en Anatolie. Nous voulûmes donc un jour, moi et l'un des associés, aller en Anatolie; nous descendîmes au port pour y prendre une barque. Nous en cherchions près des palais impériaux. Elles étaient près de Scutari, et nous autres gens simples, nous allions y descendre, quand tout à coup nous voyons dans un endroit une grande foule et deux lutteurs qui se battent. Et en haut il y avait des palais élévés. Nous ne savions pas, mais il était possible que le tsar[2] fût là en personne. Quand ils eurent fini de lutter, on les entraîna vers les palais impériaux. Toute cette foule et nous aussi, nous allâmes et nous nous arrétâmes entre la porte impériale et Jali-Kiosk, là où étaient attachées les barques impériales. Nous étions là, nous demandant où

1. Recueil de chants religieux qui se chantent à huit voix. Mot grec.
2. Le sultan.

nous devions aller quand apparut un bostandji. «Pourquoi venez-vous ici?» nous dit-il. «Allez vous en bien vite, ou je vous coupe la tête.» Nous nous excusâmes, disant que nous étions des gens simples et étrangers. Comme nous retournions sur nos pas, nous fûmes saisis par des janissaires qui montaient la garde là et ils cherchèrent à nous tuer pour avoir passé avec cette foule.

Nous réussîmes à leur échapper, allâmes au port public et passâmes à Scutari.

J'étais alors jeune et beau de visage. Les Turcs sodomites dès qu'ils me virent, s'emparèrent de moi sous prétexte de vérifier mon reçu du *haratch*[1], trouvèrent qu'il n'était pas en règle et m'enfermèrent au loin dans un jardin. Les Turcs qui étaient là, jouaient de la flûte, dansaient, et se divertissaient dans une maison qui était près de la route. Je devinai pourquoi ils m'avaient enfermé. Par bonheur, il y avait une clef à l'intérieur et je m'enfermai immédiatement.

Les sodomites venaient à la porte, me priaient d'ouvrir et me passaient par une fenêtre des ducats. Voyant de quoi il s'agissait, je me mis à crier. Il y avait vis-à-vis des maisons juives. Des juifs vinrent aussitôt et me demandèrent «Pourquoi cries-tu?» Je leur dis toute l'affaire. Ils allèrent trouver mon compagnon, donnèrent un peu d'argent au collecteur d'impôts et me délivrèrent de ces sodomites.

Nous recueillîmes tout l'argent que nous pûmes et nous revînmes en bonne santé à Kotel. Quand nous eûmes réglé les comptes, mon défunt oncle se trouva redevable de

1. Capitation.

quatre cents gros[1] (piastres). On les passa à mon compte et je fus chargé de les payer.

Mais pendant que j'étais allé à Constantinople, mes parents avaient pillé les objets qui se trouvaient dans ma maison et les avaient cachés. Les créanciers de mon oncle vinrent avec un juge turc pour dresser l'inventaire de ce qui était dans ma maison. Ils trouvèrent naturellement peu de chose et s'imaginèrent que c'était moi qui avait caché les valeurs. Le juge ordonna de me battre la plante des pieds[2]. Mais le Knez[3] du village ne le permit pas. Car il savait que j'étais innocent. On m'enferma enchaîné et on me retint en prison trois jours. Quand mes parents eurent pris encore quelques objets, on me remit en liberté. On me fit jurer que je n'avais rien caché. J'allai ensuite à Schoumen (Choumla), auprès de l'évêque, pour me justifier; nous faillîmes être tués en route par les haïdouks[4]. Mais avant que ces créanciers ne se fussent mis à réclamer leurs créances, mes parents m'avaient offert de me marier; car il n'y avait personne qui s'occupât de moi. J'avais dix-huit ans; j'étais jeune, naïf; je ne savais pas qu'en fin de compte mon défunt oncle se trouvait endetté et qu'on mettait toutes ses dettes à mon compte; j'avais un peu d'argent; mais j'avais acheté la maison de mon oncle de son vivant; quand je me mariai, je dépensai ce qui me restait. Je comptais sur mon commerce. Mais après ce jugement, quand on eut mis la dette à mon

1. Environ 5000 francs.
2. *Na falaga,* avec l'instrument destiné à maintenir les pieds du patient.
3. Maire, ou ancien du village. Mot slave.
4. Brigands des montagnes. Ce sont les klephtes bulgares. Le mot est d'origine hongroise *hajdu* pl. *hajduk.*

compte, je n'avais plus un para vaillant. Tant que je n'ai pas payé cette dette, quelle misère n'ai-je pas supportée! Quels affronts de la part de ma femme! Elle était un peu orgueilleuse.

Je pensai à quitter ma maison et ma femme, à aller travailler par les villages, pour gagner ma vie. Quelques-uns des premiers tchorbadjis apprirent que je voulais m'en aller, m'appelèrent et me dirent : «Ne va nulle part, reste ici; notre évêque doit venir ces jours-ci et nous le prierons de te faire prêtre.» Le troisième jour le prélat vint et ils lui présentèrent leur requête; il dit qu'il me donnerait la tonsure le dimanche suivant. Ils lui donnèrent soixante-dix piastres; cela se passait le mercredi; et moi, je me préparais pour le dimanche. Le vendredi l'économe vint m'apporter cet argent et me dit : «Sache que l'évêque ne te fera point prêtre; un autre a offert cent cinquante piastres; c'est celui-là qui aura la tonsure.» Quelle humiliation et quel chagrin pour moi qui m'étais confessé au pénitencier, qui avais reçu mon certificat, et qui avais tout préparé. Mais à qui dire ce chagrin? Je courus auprès de ceux qui avaient présenté la requête et offert l'argent; ils allèrent chez l'évêque et donnèrent encore trente piastres. Je reçus l'imposition des mains le 1er septembre 1762. Mais comme je savais un peu lire, la plus grande partie des autres prêtres me portait envie. Car tous en ce temps là étaient de simples laboureurs. Et moi, dans ma jeunesse imprudente, je ne voulais pas me soumettre à eux, tant ils étaient simples et ignorants. Et ils me dénonçaient auprès du prélat. Que de fois ne m'a-t-il pas suspendu! Ils me détestaient tant!

Or l'archiérée avait pour protosyncelle un Grec ignorant, illettré; il me détestait, c'est une chose naturelle. L'homme instruit aime le savant, le simple aime le simple, l'ivrogne, l'ivrogne. Je passai ainsi dans l'agitation quelques années de ma vie.

Pendant l'été de 1768 commença la guerre des Turcs avec les Moscovites. Comment raconterai-je de quelle façon se conduisirent les cruels et farouches Agaréniens[1], quel mal ils firent aux chrétiens! Tout ce qui leur vint à l'esprit, ils le firent. Combien ne tuèrent-ils pas d'hommes! Notre village est situé près d'un carrefour. Ma maison était loin de l'église et d'après nos usages je devais me trouver à l'église chaque jour pour les matines et pour les vêpres. Que de chemin je faisais pour aller à l'église et revenir à la maison! Que de fois ils me saisirent, me battirent, me frappèrent la tête, et cherchèrent à me tuer! Mais Dieu me conserva.

Puis les pachas commencèrent à passer et me chargèrent d'écrire les teskerés pour les logements. Comme j'écrivais vite, et que leurs logements ne leur plaisaient pas toujours, ils revenaient [se plaindre]. Combien de fois n'ont ils pas tiré leurs pistolets sur moi pour me tuer! Un jour l'un d'entre eux se jeta sur moi avec une lance, mais heureusement il ne m'atteignit pas. Je me rappelle notamment l'illustre Hassan pacha d'Alger; il allait à Roustchouk et moi, comme d'habitude, je distribuais des billets de logement; l'un de ses hommes me saisit par la barbe et faillit me l'arracher.

1. Les descendants d'Agar. Ce mot s'emploie fréquemment chez les Serbes et les Bulgares pour désigner les Turcs.

Quand tout le monde fut installé, le pacha appela quatre anciens auprès de lui et moi parmi eux.

Survint un tchaouch qui restait en permanence dans notre village; il était envoyé par le vizir pour protéger le village contre les troupes; nous arrivâmes avec lui à la porte du pacha. Il nous dit : «Asseyez vous ici, je vais aller là haut savoir pourquoi le pacha vous appelle». Il monta, le pacha cria après lui, et on le fit dégringoler jusqu'à la porte et nous, nous nous mîmes à fuir de toutes nos forces. Et moi, je passai en fuyant devant le Konak et je ne pensais pas que le pacha était assis en haut dans un kiosque, et me verrait. Dès qu'il me vit, il cria : «Pourquoi fuis-tu? Saisissez-le et amenez-le près du pacha!» Et moi quelle terreur! Il me demanda : «Pourquoi fuis-tu? Qui te poursuit?» Je lui répondis : «Effendi, nous sommes des raïas, nous avons peur de tout comme des lièvres; quand nous avons vu qu'on enlevait le tchaouch, nous avons eu peur et nous nous sauvons.» Il nous dit : «Quel mal cela vous fait-il? Je vous ai appelés pour vous demander mon chemin.» Ce pacha était terrible, et il s'en alla à Roustchouk et y resta.

En 1775 le Moscovite vainquit les Turcs et passa le Danube. Il prit d'assaut Roustchouk, Silistrie, et Varna. En ce temps-là siégeait dans notre village un pacha arnaute, il gardait le défilé pour empêcher les Turcs de s'enfuir comme c'est leur usage. Les cadis, les tchaouchs, et les soubachas, étaient réunis auprès de lui. Quand ils apprirent que le Moscovite avait pris le vizir assiégé, ils s'enfuirent tous à Sliven. Quelle peur nour avions qu'ils ne nous pillassent dans leur fuite. Les chrétiens veillaient jour et nuit. Ce siége dura vingt-deux jours et on fit la paix; les Moscovites s'en allèrent et abandonnèrent les pays turcs et valaques.

J'allai ensuite à la Sainte montagne[1] et j'y restai six mois. A mon retour, j'apprenais à lire aux enfants et je vivais plus heureux. Mais le diable qui est jaloux de tout bien, excita l'évêque. Il m'offrit de me faire épitrope-économe. Je gâtai mon heureuse vie. Il me fallut voyager au gré de l'évêque d'après la coutume des Grecs, imposer des amendes [à ceux qui se mariaient] sous prétexte de parenté prohibée ou d'autres choses. Je devins juge, mais surtout pour de l'argent, non pas pour moi, mais pour être agréable à l'évêque[2]. Le Dieu saint me traita en raison de mes œuvres. Mais je dirai cela plus tard.

Peu de temps après, il s'éleva une querelle parmi les agas d'Osman Pazar sur la question de savoir qui serait *aïan*[3] et le sultan de Verbitsa[4] établit un aïan, et le vali n'en voulut pas. On fit venir Vekir Pacha de Silistrie pour les mettre d'accord. En arrivant, il tua l'aïan du sultan. Nous vînmes dix hommes de notre village et eux nous imposèrent, comme il leur plut, une contribution de dix bourses (cinq mille piastres) et le pacha mit trois hommes en prison. J'étais l'un d'entre eux. Il envoya les autres

1. Le mont Athos. Il porte déjà ce nom dans les plus anciens textes slaves, par exemple dans la chronique russe de Nestor.

2. La vénalité a été, comme on sait, un des traits dominants du clergé fanariote.

3. Ancien, mot arabe.

4. Il s'agit de quelque prince tartare. Un certain nombre d'entre eux avaient émigré en Turquie dans la seconde moitié du dix-huitième siècle et avaient reçu le titre honorifique de sultans.

chercher l'argent au village; le pacha leur donna un délai de trois jours pour le rapporter. Nous restions enfermés; trois, quatre jours se passent. Ils ne reviennent pas. Nous apprîmes qu'ils étaient allés à Verbitsa pour se plaindre du pacha au sultan. Mes compagnons commencèrent à pleurer à chaudes larmes. «Ah! le pacha nous fera mourir!» Au bout d'une heure à peine, un homme du pacha vint et me dit: «Viens, pope, le pacha te demande.» Je priai Dieu tout bas de me pardonner mes péchés; car je me croyais perdu. Quand j'arrivai auprès du pacha, il me dit: «Où sont vos hommes qui doivent apporter de l'argent?» Je lui répondis: «Effendi, il y a trois jours qu'ils sont partis. Comment auraient-ils pu en si peu de temps rassembler tant d'argent, et l'apporter?» Il me répondit: «Giaour, va bien vite et écris qu'ils ne demandent pas cet argent aux raïas, mais à certains négociants; si dans trois jours l'argent n'est pas venu, je vous ferai couper la tête et je demanderai le double.» J'écrivis cela et nous accompagnâmes l'homme du pacha.

Trois jours se passent; l'argent ne vient pas; nous étions comme des brebis attendant qu'on les égorge. Le troisième jour le pacha m'appela de nouveau. J'allai chez lui tout à fait désespéré. De terreur, je ne pouvais répondre à ce que le pacha me disait. Il vit que je ne pouvais répondre et il me dit avec douceur: «Vos hommes ne sont-il pas venus?» Je lui répondit: «Effendi, vous êtes bon; patientez un peu; ils viendront certainement d'ici à ce soir.» Il ne voulut point patienter, envoya aussitôt un *moubachir* et prit encore mille piastres. Que ne souffris-je point dans cette prison! J'eus la dyssenterie qui me vint de la mauvaise nourriture qu'on me donnait alors. Je demandai à m'en aller, mais ils ne me lâchèrent point; ils m'injuriaient. La terreur et une captivité malsaine firent tomber tous mes cheveux.

Après cet incident, je ne restai pas en repos; mais j'achetai deux maisons près de l'église; je les réparai et j'y dépensai tout ce que j'avais d'argent. Au bout de peu de temps, je tombai malade; mais ce n'était pas une maladie à me faire rester au lit. J'avais une angoisse au cœur; je ne pouvais demeurer en place le temps de compter jusqu'à dix, mais je marchais comme un fou au bord de l'eau et je pleurais. Il me semblait que mon cœur voulait sauter hors de ma bouche. Telle était l'angoisse où j'ai vécu. Dieu me punissait à cause de ma folie, de l'orgueil que m'avait donné ma qualité d'épitrope, de mes exactions commises au détriment des innocents. Et chez nous il n'y avait pas de docteurs; quelques vieilles femmes faisaient des sortilèges et prétendaient me guérir, mais sans résultat. J'allai à Constantinople et j'y dépensai beaucoup d'argent.

Ensuite vint la guerre des Turcs avec les Moscovites et les Allemands[1]. Le vizir Isouf Pacha passa l'hiver à Roustchouk et mon fils alla en Valachie et acheta des porcs; il perdit quatorze cents piastres. Quand il vit que nous étions fort endettés, il alla au camp et devint scribe du Kasab-bachi. Au bout de peu de temps, la popesse [ma femme] fut malade pendant six mois et mourut. Nous eûmes encore d'autres dépenses. D'un côté il passait des troupes

1. Il s'agit de la guerre entre la Turquie d'une part, la Russe et l'Autriche de l'autre, guerre qui se termina par le traité de Jassy (1787—1792).

et nous avions à les loger, d'autre part les créanciers ne nous donnaient pas de repos, réclamaient leur argent et voulaient me faire enfermer. Quand je fus un peu rétabli, le pénitencier, à cause des sortilèges auxquels je m'étais soumis, me suspendit pour trois ans. Après ces trois ans il me permit de reprendre mes fonctions; mais l'évêque ne le permit pas, parce que mon fils lui devait quatre-vingt piastres d'intérêt pour de l'argent prêté. «Donne-moi, disait-il, cet argent pour que je t'accorde la permission de célébrer la liturgie.» Et il me suspendit encore pour trois années. Que n'eussé-je point alors à souffrir des popes! Comme ils m'insultaient et m'humiliaient, me refusaient l'honneur qui m'est dû, et quand ils me payaient ma part de salaire : «Nous te nourrissons, me disaient-ils, comme un aveugle.» Et c'étaient mes élèves! Je subis ces humiliations et cette honte pendant six ans.

Tandis que le camp du visir était à Matchin, le Kasabbachi[1] envoya mon fils avec un de ses hommes pour rassembler des moutons du côté de Philippopoli et ils y allèrent. Cet aga envoya mon fils avec vingt mille moutons au camp; et il en avait mis à part sept cents pour les vendre. Il les vendit en effet plus tard. Ils furent pris par Hadji Vlasiu et Matei et livrés par eux à un homme qui devait aller à Andrinople les vendre pour la fête du Qourban-Beïram. Quand ils furent arrivés à Fondoukleï, les bergers se prirent de querelle et tuèrent l'un d'entre eux. Le sultan de ce pays les fit arrêter, les mit en prison et confisqua ces moutons. En ce temps là le Bostandji-Bachi était parti d'Andrinople

1. Le chef des bouchers, c'est-à-dire des approvisionnements de l'armée.

pour garder les défilés, afin d'empêcher les soldats turcs de s'enfuir. Le sultan livra ces prisonniers au Bostandji-bachi et nous, nous ne savions rien de tout cela. Un jour vingt Bostandjis vinrent dans notre village et demandèrent: «Qui a vendu ces moutons?» Nos anciens répondirent : «Ces moutons ont été vendus près de la maison du pope. Demandez-lui, qui les a vendus et achetés. Il le sait; nous nous l'ignorons.» Ils m'appelèrent et me livrèrent à ces cruels Bostandjis. On nous emmena tous les trois chez le Bostandji-bachi de Sliven. Il se préparait à partir pour Kazanleuk et il nous livra à l'Orta-tchaouch. Il nous emmena dans la direction de Koriten. C'était le 23 juillet; le temps était lourd et brûlant comme du feu. On nous lia les mains par derrière et on nous fit aller à pied. Nous marchâmes environ deux heures; la chaleur nous accablait. Nos guides étaient à cheval et nous à pied. Comment les suivre! Hadji Vlasie, qui était le plus âgé, tomba par terre et s'évanouit. L'Orta-tchaouch alla demander au Bostandji-bachi qui marchait derrière la permission de nous mettre sur nos chevaux. Il répondit: «N'as-tu pas une masse d'armes? Frappe-les pour les faire marcher. S'ils ne peuvent marcher, coupe-leur la tête et laisse-les là.» Quand nous entendîmes ces paroles, notre cœur défaillit. Nous ne savions que faire. Nous parlementâmes et nous promîmes au tchaouch trente piastres. Car les Turcs se laissent facilement gagner par l'argent. Quand nous nous fûmes un peu éloignés, il nous mit sur nos chevaux; nous arrivâmes à Koriten et nous y arrêtâmes. Au bout d'une heure environ on nous amena devant le Bostandji-bachi et il me demanda:

«Qui a vendu ces moutons?» Je lui répondis : «Isliaïm aga et Hadji Vlasie les a achetés.» — Combien de moutons a-t-il vendus? — Sept cents, répondis-je. — N'en a-t-il pas encore vendu? — Je ne sais pas, je ne sais que cela. — Tu ne sais pas, entremetteur! Il donna un ordre; on me jeta face contre terre, trois hommes s'assirent sur moi et frappèrent mes pieds nus. Seigneur Dieu! quelle impitoyable bastonnade que celle du Bostandji. Ils me frappaient et me disaient : «Dis combien il a vendu de moutons?» Je n'en pouvais plus : mon cœur éclatait de douleur. Je leur dis : «Lâchez-moi, je dirai tout.» Ils me lâchèrent : «Je sais, leur dis-je, que le Kasab-bachi a encore vendu des moutons à deux marchands de bétail; mais combien, et à quel prix, je l'ignore.»

Alors il cria : «Allez immédiatement pendre cet entremetteur.» Les Bostandjis me tiraient pour aller me pendre, je tirais de mon côté, eux du leur pour m'emmener. Ils déchirèrent mes vêtements. J'oubliai les coups et ma douleur. A ce moment intervinrent quelques agas qui étaient auprès du Bostandji-bachi, et ils obtinrent qu'on ne me pendît pas. On nous mit aux fers avec les autres prisonniers; ils étaient au nombre de vingt-cinq, Turcs, Chrétiens, Tsiganes, surtout des Arnautes qui avaient déserté l'armée quand elle avait été culbutée par le Moscovite à Matchin. Il y avait aussi des Hadji-Valaques[1], mais en petit nombre. Chaque jour, devant nos yeux, on empalait quelques-uns de ces Arnautes. Les Bostandjis venaient auprès de nous et nous faisaient peur en nous disant qu'ils allaient nous em-

1. Roumains de Macédoine.

paler aussi. Ensuite nous suppliâmes les agas et ils obtinrent notre grâce. Au bout de cinq jours nous payâmes une amende de quinze cents piastres. Le Bostandji-bachi nous mit en liberté, mais non pas les bergers. «Quand j'irai à Andrinople, dit-il, je les relâcherai.» Mais avant son départ pour Andrinople il fut destitué et ces bergers qui étaient de notre pays, restèrent en prison. Que n'eûmes-nous pas à souffrir des femmes des Turcs! Un pacha vint à passer par le village, et ces femmes coururent lui porter plainte contre nous. Que faire? Je me sauvai dans le bois et j'y restai deux jours jusqu'à ce que ce pacha fût parti. Et ces bergers restèrent en prison pendant trois mois. Ensuite le Kasab-bachi obtint un firman du vizir, fit mettre en liberté les bergers, prit les moutons au sultan, et se fit remettre par le Bostandji-bachi disgrâcié la moitié de notre argent, soit sept cent cinquante piastres. Ce Bostandji-bachi était de Karnobat et il s'appelait Serbez-Olou Mechmed.

Cette affaire une fois terminée, je passai l'hiver dans ma maison. Mais l'évêque ne me donnait toujours pas l'autorisation de servir la liturgie. Les prêtres m'abreuvaient chaque jour d'humiliations. Les anciens me livrèrent au Bostandji-bachi quoique innocent. On m'exploitait à propos de toutes les affaires du village. Que de fois je dus aller au divan du vizir dans l'intérêt des paysans! Pendant dix ans j'ai appris à lire aux enfants. Chaque dimanche, et chaque jour de fête, je faisais une instruction. En remercîment de tout le mal que je me donnais, pour tout le bien que je leur faisais, ils ont fini par me livrer au Bostandji-bachi pour qu'il me tuât. Par-dessus le marché les popes m'humiliaient, disant qu'ils me nourrissaient comme un aveugle. Pour échapper à cette misère, je partis et m'en allai dans l'éparchie d'Anchiale. L'évêque m'accueillit avec joie et me donna une paroisse (enoria) de douze villages, y compris Karnobat.

Je savais que Serbez-Olou était là, le même qui nous avait imposé une amende dont on l'avait dépouillé avec un firman. Mais je me savais innocent. Je n'avais ni vendu, ni acheté ces moutons; la vente s'était seulement faite dans ma maison. Quand j'arrivai là pour être pope, les Chrétiens se réjouirent et du mois de mars à la Trinité je passai ma vie en paix. Ce jour là vint un firman qui établit encore Serbez-Olou Bostandji-bachi. Il envoya aussitôt ses serviteurs; ils me saisirent et me mirent dans un prison effroyable. On m'y retint quatre jours sans m'y faire aucun mal. Car c'était alors la fête (panaïr) de Karnobat, et le Bostandji-bachi avait un sultan pour hôte; il lui était donc impossible de me faire du mal. Nous étions quatre attachés à une chaîne courte; nous ne pouvions pas nous coucher tous ensemble. Quand deux étaient couchés, les deux autres étaient debout. Les Bostandjis venaient auprès de moi et m'insultaient en disant : «Dès que le sultan sera parti, nous t'empalerons. Cela vous apprendra à reprendre au Bostandji l'amende qu'il a perçue.»

On ne laissait approcher de nous aucun chrétien. J'étais comme un bœuf qui attend l'heure de la mort. Le cinquième jour, le sultan s'en alla. Dès qu'il eut franchi la porte du Bostandji-bachi, il vint aussitôt me demander : «Quel est ton nom? Dis le moi.» Je le lui dis. Il voulut me tuer.

Quand les Chrétiens apprirent cela, ils vinrent l'implorer, ceux des villes et ceux des villages. Car c'était la fête et ils étaient rassemblés. Les hommes s'adressèrent à un de ses favoris, et les femmes s'adressèrent à sa mère. Elle obtint qu'il me livrât à elle, afin que les Chrétiens ne fussent point affligés par ma mort.

A force de prières on m'arracha donc à cette cruelle mort. Et comme il avait juré de me tuer, ce jour là il fit empaler un criminel à ma place. Celui-là était un assassin. Et l'amende qu'on lui avait reprise, il me la fit payer.

Bientôt après cela, m'arriva une autre mésaventure plus terrible, plus affreuse que la précédente. Il y avait dans ma paroisse un village appelé Scheklari. Là vivait un sultan appelé Achmed Geraï. Il avait pour femme la fille d'un Khan. Ce sultan devint amoureux d'une jeune fille chrétienne. Il voulut la prendre pour seconde femme. Elle était de ce village et fille d'un certain Jovan-tchorbadji appelé Kouvandji-Olou. La fille du Khan ne permettait pas à son mari de prendre une seconde femme. Il garda donc cette jeune fille pendant quatre ou cinq ans sous sa surveillance, sans l'épouser lui-même et sans lui donner la permission de se marier. Un jour on m'appela à Karnobat pour un mariage. Je demandai : «D'où est la jeune fille?» On me dit que c'était celle que le sultan avait voulu prendre pour seconde femme, mais qu'il lui avait donné la permission de se marier. Je le crus et fis le mariage.

Au bout de trois jours, j'appris que le sultan poursuivait le père de la jeune fille pour le tuer. Le père s'enfuit. Le sultan saisit son frère, le battit cruellement, le frappa d'une amende. J'eus peur alors et tombai dans de grandes inquiétudes. Vers ce temps j'allai à un village appelé Kosten, le seul qui possède une église dans le district de Karnobat, pour célébrer l'office le jour des saints apôtres Pierre et Paul. Survint un homme nommé Miloch; il venait me chercher pour une affaire pressée. Je partis après mon dîner et nous nous mîmes en route avec Miloch. A un certain endroit, non loin du chemin, nous aperçûmes des hommes et des femmes qui faisaient la moisson. Deux Turcs à cheval étaient auprès d'eux. Comme nous passions, ils nous appelèrent. Nous approchâmes. Miloch me dit : «C'est le sultan.» «Es-tu, me demanda le sultan, le pope de ce village?» — «Je suis votre esclave», répondis-je. «Est-ce toi, demanda-t-il, qui a marié la fille de Kouvandji de Karnobat?» «Je suis un étranger, répondis-je; je suis arrivé récemment et j'ignore quelle est la fille de Kouvandji.» Il leva aussitôt son fusil et me frappa deux fois avec la crosse sur les épaules; puis il dirigea son pistolet sur moi. Comme j'étais près de lui, je saisis le pistolet; il cria alors à son homme : «Donne vite une corde que nous pendions cet entremetteur.»

L'homme alla et prit la bride de mon cheval qui était double et la jeta autour de mon cou. Il y avait là un saule[1]. Il monta sur le saule et il me tirait en haut par la bride. Mais, comme mes mains n'étaient pas liées, je tirais la bride par en bas et je suppliais le sultan de m'épargner. Et lui du haut de son cheval criait : «Viens et enlève ce misérable.» Miloch se mit à le supplier en ma faveur; mais le sul-

1. Les saules en Turquie sont beaucoup plus élevés et beaucoup plus forts que dans nos régions.

tan le frappa au visage avec le canon de son fusil et lui brisa la mâchoire. Alors le sultan se tourna vers le saule, dirigea le fusil sur son serviteur et lui cria : «Pourquoi ne tires-tu pas la corde? Je vais te faire tomber de l'arbre.» Il tirait en haut et moi en bas. Pendant que le sultan tenait les yeux en l'air, Miloch s'enfuit. Il n'y avait plus personne pour m'enlever. Le sultan dit alors à son serviteur : «Descends; nous irons au village et nous le pendrons là, de façon à ce que tout le monde le voie.» Ils me mirent mon cheval en main et je le conduisais par le mors. Il me traînait, la bride autour du cou. Le sultan marchait derrière moi, m'insultait en disant: «Si je ne te tue pas, qui tuerai-je? Je t'apprendrai à marier ma femme avec un giaour.» Je me taisais; car j'avais renoncé à la vie. Ils me conduisirent à travers un champ. J'avais de l'herbe et des ronces jusqu'aux genoux et ne pouvais marcher. Que de fois je tombai! Il tirait la corde et manquait m'étrangler. Le sultan marchait derrière moi et me disait des injures. Une fois il lâcha le chien de son pistolet; mais le feu ne prit point. Il arma encore une fois et le feu prit; mais il ne m'atteignit point ou ne me visa point. Car il était ivre. Quand nous fûmes ressortis sur la route, il dit à son serviteur : «Arrête» et nous nous arrêtâmes.

Alors il dirigea son fusil sur moi et me dit : «Giaour, hâte toi d'embrasser notre foi; sinon tu vas à l'instant même quitter ce monde.» J'étais anéanti par la peur de la mort; mes lèvres étaient desséchées. Je ne pouvais parler. Je lui dis seulement : «Effendi, crois-tu que la foi dépende d'un coup de fusil? Crois-tu que si tu tues un pope, tu en auras beaucoup de gloire dans le monde?» Il tint longtemps le fusil dirigé sur moi et réfléchit. Puis il me dit : «Veux-tu séparer cette femme de cet homme?» Je lui répondis: «En vérité dès que j'arriverai à Karnobat, je le ferai.» «Jure-le», me dit il. Que faire? Je craignais la mort : je jurai et dit : «*Valakhi, biliakhi*[1], je les séparerai.» Alors son serviteur me vint en aide et dit : «Effendi, il suffit qu'il les anathématise; elle quittera d'elle-même son mari.» «Alors, repliqua le sultan, s'il en est ainsi, laisse-le continuer son chemin.» Je remontai à cheval, et j'arrivai en un quart d'heure au village de Segmen qui est à deux lieues de là. J'avalai coup sur coup trois ou quatre verres de forte eau-de-vie. Dès que je fut assis, la terreur me prit et je me mis à trembler comme si j'avais la fièvre. A une heure, Miloch arriva là et dès qu'il me vit, il s'étonna et fut comme épouvanté: «Comment, mon père, tu es encore vivant; pendant que je fuyais, je regardais souvent de loin vers le saule, pour voir si tu étais pendu; mais quand j'entendis le coup de fusil, je pensai : Voici qu'il a quitté ce monde, le pauvre pope Stoïko.»

Je souffris ainsi pour des intérêts qui n'étaient pas les miens. Après une année, j'allai à Kara-Bounar, j'y restai une année entière, et vécus en paix.

Quand je dus quitter, les Chrétiens pleuraient et me demandaient de rester une année encore; mais je ne le pouvais. Nos enfants avaient quitté Kotel pour vivre à Arbanasi et j'avais besoin d'être avec eux.

Je partis donc et allai à Arbanasi; j'y restai sans rien faire du 13 mars au mois de juillet. Je passai deux jours

1. Formule de serment.

dans un monastère. En ce temps là l'évêque de Vratsa, Kyre[1] Séraphim, devint malade et mourut. Quelques jours après j'allai chez le protosyncelle de Trnovo, Kyre Grégoire, pour une affaire du monastère. Il me dit : «Quitte le monastère; car nous voulons te faire évêque de Vratsa.» Je refusai me déclarant indigne d'un tel poste. «D'une part, disais-je, je suis trop vieux; j'ai cinquante-quatre ans. D'autre part, j'apprends que ce diocèse comprend un grand nombre de petits villages et demande beaucoup de travail.» — «Nous voulons à tout prix te faire évêque,» répondit-il. Quinze jours s'écoulèrent. Le jour de l'Exaltation de la Sainte Croix, vint dans notre maison l'archidiacre Kyre Théodose et il me dit : «Voilà, mon père, tant de jours que nous voulons te faire évêque et tu ne veux pas. Maintenant le seigneur métropolitain (il s'appelait Mathieu) m'envoie; il y a chez lui quatre évêques avec leur conseil. Tous t'ont jugé digne de l'évêché de Vratsa; réfléchis donc et donne une réponse. Veux-tu ou ne veux-tu pas? Je suis venu expressément pour cela. Écoute bien mon père, voilà vingt ans que je sers et je ne me crois pas digne de l'épiscopat; et d'autres paient de l'argent, présentent des requêtes pour l'obtenir, et toi, on te l'offre, sans argent et sans supplique.»

Je réfléchissais, ne sachant que répondre. Mes enfants se mirent à me dire : «Pourquoi, père, ne veux-tu pas consentir, puisqu'on te le demande, pour que nous ayons, nous aussi, un père évêque?» Je me laissai persuader et donnai mon consentement. L'archidiacre me baisa la main et s'en alla. Ensuite on m'appela chez le métropolitain où étaient réunis

1. Κυρίος.

les évêques; je leur baisai la main; c'était un jeudi. Le métropolitain me dit : «Sois prêt pour dimanche prochain. Nous te consacrerons évêque.» Singulière coïncidence; je fus consacré prêtre en 1762, le dimanche 1er septembre, et consacré évêque en 1794, le dimanche 13 septembre. Je revêtis, quand on me fit évêque, le vêtement épiscopal que portait l'évêque Kyre Gédéon de Kotel quand il m'imposa les mains. Il y eut le jour de ma consécration une grande joie dans la métropolie de Trnovo, et un grand banquet dans notre maison. Puis je restai trois mois à Arbanasi jusqu'à ce que j'eusse reçu le firman et l'autorisation de Constantinople. Et je partis pour mon diocèse le 15 décembre. Il faisait de la neige et un froid terrible; j'avais l'intention d'arriver à mon évêché pour la fête de Noël. Quand j'arrivai à Pleven, les Chrétiens s'étonnèrent de me voir en route pour Vratsa par un pareil temps.

C'est là que j'appris la première nouvelle des troubles. Je demandai : Quels sont ces troubles du côté de Vratsa? On me dit : «Pazvandji-Oglou est en lutte contre Gentch aga et Hamamdji-Oglou. Il les a chassés de Viddin. Ils ont rassemblé pour se battre contre lui des troupes turques et arnautes. Mais l'armée de Pazvandji les empêche d'arriver dans le *kadalyk* de Viddin, ils restent dans les villages autour de Vratsa.» Comment dans ce cas arriver à Vratsa? Je restai à Pleven. Nous repartîmes le quatrième jour. J'envoyai en avant des paysans. Ils devaient voir s'il y avait des troupes dans les villages et revenir nous prévenir; dans ce cas nous nous serions repliés sur Pleven. Nous arrivâmes ainsi jusqu'au village de Koïonlari qui est à moitié chemin de Pleven. Vers le milieu de la nuit survinrent des hommes qui nous dirent que quatre cents pandours de Pazvandji étaient arrivés au village de Branitsa; Branitsa est à une heure de Koïonlari. A ce nom de pandours, nous ne savions plus que dire. La terreur nous saisit. Où aller? J'envoyai des hommes pour me chercher un iasakdja[1]. Mais vu le froid et la terreur qui régnait, personne ne voulut aller. Après le repas, personne n'arrive. Je craignais que les pandours ne survinssent; nous aurions été pillés; dès que nous eûmes rencontré un Turc, nous partîmes de ce village. En approchant de Vratsa nous vîmes des troupes nombreuses qui sortaient de la ville et venaient au devant de nous. Mais nous ne savions quelles étaient ces troupes. Quelle terreur tandis que nous nous le demandions! C'étaient les gens de Vratsa; ils sortaient pour repousser l'autre armée qui ravageait et pillait les villages de Vratsa.

J'arrivai donc dans mon évêché. Il ne valait guère mieux qu'une prison. Soit! Les Chrétiens me reçurent avec joie, j'allais dans les églises les dimanches et je donnais les instructions dans notre langue bulgare; les Chrétiens qui n'avaient point entendu les autres évêques parler cette langue[2] me regardaient comme un philosophe[3]. J'allais par les villages, je recueillais le tribut des fidèles, mais on m'offrit bien peu de présents, d'aumônes, comme c'est la coutume : car cette année-là, il y avait une grande famine dans toute

1. Sorte de drogman ou de cavas qui accompagne en Turquie les évêques et les gros commerçants.

2. Le clergé fanariote avait imposé aux fidèles bulgares l'usage de la langue grecque.

3. Un savant.

la Bulgarie : l'*oka* de farine coûtait vingt *paras*[1]. On me promit qu'on me viendrait en aide plus tard quand Dieu donnerait l'abondance.

Quand j'eus fini dans le kadalyk de Vratsa, au mois de juin, je partis pour aller faire ma collecte à Pleven. J'envoyai des hommes quand j'approchai de la ville pour annoncer mon arrivée; par bonheur quelques popes vinrent au devant de nous et me dirent : «*Despoti*, il n'est pas possible que tu viennes maintenant à Pleven : Topouz-Olou et Nalbant-Olou se battent parce qu'ils se disputent le titre d'aïan. Pas un Chrétien n'ose sortir de sa demeure et nous, nous sommes sortis la nuit en cachette.» En arrivant près de Pleven, nous entendîmes des détonations de fusils; quelle terreur jusqu'à ce que nous fussions passés! Nous allâmes à Arbanasi. Quand je fus sorti de mon diocèse par la permission divine cet été-là la peste éclata; tout fut ravagé, villes et villages. Pas un village ne resta intact à cause de nos péchés. Par peur de la contagion je restai à Arbanasi quatre mois; l'argent que j'avais rassemblé dans le kadalyk de Vratsa, je le dépensai là. Au mois d'octobre les gens de Pleven vinrent me chercher et me dirent : «Il y a la peste; mais elle sévit surtout sur les Turcs et elle fait peu de mal aux Chrétiens.» J'allai avec eux à Pleven; un pope vint me baiser la main; je le regarde, il avait le visage tout en feu. Au moment où il s'en allait, j'entends un autre pope qui lui dit : «Pourquoi as-tu baisé la main du despote (de l'évêque)? Ne vois-tu pas que tu es atteint de la peste?» Cela était vrai; car il mourut cette nuit même. Le lendemain on

1. L'oka représente un kilo, 200 gr., 20 paras font environ 13 centimes.

vint me demander des popes pour l'enterrer : «Si tu n'en envoies pas, me dit on, nous irons trouver l'aga (le gouverneur) et nous nous en ferons donner de force pour l'enterrer. Ils ont jusqu'ici enterré tous les pestiférés, pourquoi n'enterreraient-ils pas celui là?» Que faire? J'envoyai des popes et ils l'ensevelirent. Le lendemain ils vinrent tous me trouver et je fis leur connaissance. Je servis la messe pour qu'ils pussent communier, m'en remettant à la grâce de Dieu.

Nous quittâmes ensuite Pleven et nous allâmes par les villages; partout nous consacrâmes l'eau et Dieu me préserva. Nous passâmes ainsi deux années. Avec ce que je rassemblai, je payai à grande peine le tribut de l'évêque et les intérêts; je couvris mes frais, mais ne je pus me débarrasser de mes dettes.

En 1796 les haïdouks de Pazvandji apparurent, ils remplissaient tous les villages et les villes; je ne pouvais plus aller nulle part. J'envoyai des popes recueillir les contributions des fidèles, mais ils reçurent à peine la moitié de ce qui m'était dû. Cette même année le gouverneur de la Roumélie, Moustapha pacha, marcha avec quarante mille hommes contre Pazvandji Oglou; il assiégea Viddin pendant longtemps, mais il n'obtint aucun résultat. Après le départ de Moustapha pacha les haïdouks de Pazvandji ravagèrent tout mon diocèse.

En 1797 les Kirdjalis et les partisans de Pazvandji marchèrent sur Vratsa et l'assiégèrent pendant huit jours, mais ils ne purent y entrer.

Deux jours auparavant, je m'étais sauvé la nuit, pour

aller à Riekhovò et passer en Valachie. Notre cheval chargé de nos hardes s'échappa pendant cette nuit; ce fut une perte d'environ deux cents piastres. Nous passâmes le Danube, au milieu de quelles terreurs, Dieu le sait! J'allai ensuite à Arbanasi, j'y restai un peu, jusqu'à ce que les Kirdjalis se fussent retirés de mon éparchie et j'allai vers l'automne à Vratsa.

En 1798 Pazvandji Oglou s'était emparé de Roustchouk et de Varna. Les troupes impériales marchèrent en très grand nombre contre lui. Le Kapetan pacha (amiral turc) arriva de Constantinople avec une immense quantité de canons, ainsi que l'illustre Kara Osman Olou d'Anatolie et vingt-quatre autres pachas, et tous les aïans d'Ouroum Eli (Roumélie). Trente mille hommes de troupes — à ce qu'on disait — se réunirent autour de Viddin et tinrent cette ville assiégée pendant six mois, mais ils ne purent rien lui faire. Pendant ce temps là où ne fuyais-je pas! Au mois de juin je me cachai vingt jours de suite dans une cabane de berger, jusqu'à ce que la première armée fût passée. Quand le calme fut un peu rétabli, j'allai la nuit à Tetuven à travers la forêt; les épines faillirent m'arracher les yeux. Je restai là deux mois et quand la première armée s'approcha de Viddin je quittai Tetuven pour aller à Vratsa, j'y arrivai à Pâques. En route quelques Turcs avaient voulu me tuer pour un fait dont je n'étais pas l'auteur. Alors Silichtar Hussein pacha, en marche vers Viddin, brûla Gabrovo et les Kirdjalis qui étaient avec lui pillèrent Arbanasi. Ils pillèrent toute notre maison, et ne me laissèrent ni cuiller ni assiette.

Ils prirent mes vêtements, tous mes livres et fouillèrent sous toute la maison. Mes enfants s'enfuirent à Kotel et de là à Svichtov. Comme la guerre ne me permettait plus d'aller dans mon diocèse, j'allai avec le protosyncelle de Trnovo quêter dans celui de Trnovo. Je retournai ensuite à Svichtov; j'y trouvai mes enfants nus, assis sur des nattes; je n'avais pas d'argent pour leur acheter des vêtements. Quel chagrin!

Au mois d'Août j'allai dans mon diocèse; toutes les troupes étaient devant Viddin et se battaient pour prendre cette ville. Mais quelle terreur quand je traversais mon diocèse pour recueillir le tribut. Les soldats turcs revenaient, fuyant le camp; ils ravageaient les villages, dépouillaient les *soubachis* (administrateurs des villages) et moi, j'allais par les villages. Plus tard, quand Pasvan Oglou à la Saint Dmitri eut dispersé l'armée impériale, je parcourais les villages; les Turcs qui fuyaient devant Viddin, se répandaient par les villages; quelle fatigue et quelle terreur ne souffris-je pas, pour atteindre Vratsa! Quels bois et quelles vallées n'eûmes-nous pas à traverser! J'y étais depuis quelques jours à peine quand j'appris qu'Ali pacha marchait sur cette ville avec quinze mille hommes. Les fourriers arrivèrent la nuit. Dès que je l'appris, je me levai à huit heures pour m'enfuir de Vratsa. La nuit était sombre, le temps pluvieux, la montagne âpre et haute. Que de fois je tombai en route! J'arrivai enfin au monastère de Tchérépich mais nous n'y trouvâmes personne; les moines s'étaient enfuis, le couvent était fermé. Impossible de savoir où ils étaient. Tout à coup apparut un paysan; il savait où ils s'étaient réfugiés, dans une grotte, et nous conduisit auprès d'eux. Je restai là dans cette grotte vingt-quatre jours; je pris froid, je tombai malade et dus me coucher quatre jours. Je me réchauffai ensuite, et me guéris à peu près. Je me levai pour aller dans un autre monastère qui appartient au diocèse de Sofia. Mais il y a sur la route des montagnes très hautes. On ne peut aller à cheval. Les pieds me faisaient mal; je ne pouvais marcher; il y a deux heures de montée et de descente. Tandis que je montais et descendais, en vérité, je pleurais ma vie à chaudes larmes. Je restai là quatorze jours. Arriva une lettre de Vratsa. Elle disait que le Kapitan pacha avait tué Ali pacha à Riekhovo et dispersé son armée. Isouf pacha II était venu à Vratsa prendre ses quartiers d'hiver et avait demandé : «Comment se fait-il que le siége épiscopal soit vacant?» «Isouf pacha, m'écrivait-on, est bon, retourne dans ton évêché.» Mais la neige était profonde, l'hiver cruel. Nous étions à dix lieues de Vratsa. Nous mîmes trois jours à y arriver.

J'y passai dix jours en paix. Survinrent ensuite dix baïraks (bataillons) d'Arnautes. Nous n'avions pas de maisons vides pour les loger. Ils s'installèrent à quinze environ à l'évêché; j'étais obligé de les nourrir. Je n'avais en tout qu'une maison. — (Il y en avait bien une seconde, mais les Turcs l'avaient détruite.) C'était l'hiver et il faisait grand froid. Car primitivement cette maison n'était pas l'évêché, mais une maison ecclésiastique où logeaient des moines. Pour trouver le loisir de fuir, quels mensonges ne dûmes-nous pas inventer! Dans quelle maison aller quand toutes étaient remplies de Turcs? J'allai près du tatar-aga-si (chef des courriers et directeur de la poste en ce temps là). Je portais un kolpak vert. Ils me demandèrent : «Qui es-tu?» Dire : «Je suis l'évêque», n'aurait servi à rien. «Je suis docteur,» répondis-je. Ils me demandèrent des remèdes et je leur répondis comme je pouvais. Ensuite, quand vint le soir, j'allai chez un chrétien et il me reçut avec sa famille. Car il n'y avait pas d'autre maison où il y eût de la place. Et mes serviteurs qui restèrent dehors faillirent mourir de froid. Je cherchai à sortir de Vratsa, mais les pachas arnautes occupaient les portes et surveillaient qui entrait et qui sortait. Que faire? J'envoyai en avant un portefaix avec deux Turcs de la ville, j'enveloppai ma tête avec un châle (tchalma-poch), je pris en main un fouet; j'envoyai en avant un piqueur et en prenant la qualité de tatar (courrier) du pacha, je franchis rapidement la porte sans qu'on me reconnût. J'allai au monastère de Tchérépich. Pendant ce temps là les Arnautes restaient dans l'évêché; lits, légumes, blé, orge, vin, ils consommèrent ou vendirent tout. Nous ne pûmes rester dans ce monastère et nous partîmes pour aller à un autre qui est plus loin de Vratsa.

Nous arrivâmes le soir dans un village. Les habitants étaient en fuite. Il n'y avait pas un seul homme, il n'y avait pas de pain, pas de vin. Le froid était terrible, la nuit longue. C'était en décembre. Nous crûmes mourir de froid. Le matin nous nous levâmes de bonne heure; il n'y avait point de route, la neige était profonde. Nous fîmes à peine quatre lieues en deux jours et nous arrivâmes au monastère de Karlioukav. Là nous restâmes cinq ou six jours et fêtâmes le Noël. Les Turcs de l'armée qui revenaient de Viddin commencèrent à arriver ici; dans toutes les villes il y avait des pachas. Leurs gens allaient dans tous les villages chercher leur nourriture et piller. Il ne me fut pas possible de rester dans ce monastère. J'allai à Tetuven et y restai quarante jours. Quelques hommes vinrent me trouver en février et me dire que les *deliis* (soldats) du Capitan-pacha venaient de partir de cette ville, où ils avaient été au nombre de deux mille. Je me réjouis et j'allai à Pleven. Mais je ne fis pas attention que Isouf pacha était à Vratsa, Giurdji pacha à Lom, et en Valachie, en face de Lom, Silichtar Hussein pacha. S'ils venaient à marcher sur Pleven, où fuirais-je? Certes je n'avais rien fait de mal pour fuir, mais j'avais un titre élevé, celui d'évêque, et si un pacha rapace m'avait saisi, je ne me serais pas racheté avec dix bourses (cinq mille piastres.) Or je n'avais pas sur moi cent piastres. Nous arrivâmes à Pleven le samedi, veille du jour des Morts et je restai en paix jusqu'au vendredi de la première semaine du Carême. Ce jour-là arrivèrent fort avant dans la soirée les deliis de Giorgi pacha; ils brisèrent les portes, vinrent à notre maison; ils étaient au nombre de douze avec des chevaux, et nous, nous n'avions ni pain, ni orge, ni paille, ni foin; nous les suppliâmes, leur offrîmes de l'argent et ils allèrent dans une autre maison. Ils annonçaient que le lendemain Giorgi pacha arriverait avec quatre mille hommes. Où fuir hors de la ville? On ne pouvait aller nulle part. Impossible pour moi de rester dans une maison chrétienne. Je m'enfuis et me cachai dans un harem turc. Je pensais que le pacha ne resterait qu'un jour ou deux, et s'en irait. Mais il n'en fut pas ainsi. Il resta dix jours et le jour même où il partit, arriva Isouf pacha avec six mille hommes. Ils ne laissèrent vide aucune maison, ni chrétienne ni turque. On n'entendait que des cris, des hurlements de kadouns (femmes turques), mais qui y faisait attention? Ils vinrent à notre konak, mais il n'y avait point d'emplacement pour leurs chevaux et il ne leur convint pas.

Mais tandis qu'ils visitaient la maison [où je m'étais caché], je m'enfuis par suite de ma terreur chez la Kadouna elle-même. Suivant leur coutume, elle détourna son visage du mien pour que je ne le visse pas. Ce pacha resta douze jours et moi, je demeurai dans le harem vingt-six jours. C'était pendant le Carême; il n'y avait rien à manger chez ce Turc; le marché était fermé. Chaque chrétien avait des Turcs dans sa maison. Chez qui aller pour le prier de m'apporter à manger? Les hommes de ce pays-là ne sont pas assez civilisés pour avoir leur archevêque en honneur. Que dire de leur nourriture? Je restai plusieurs jours même sans pain. Car ce Turc était pauvre. Ils ne mangeaient guère que du pain de maïs, avec un peu de chou aigre et pas autre chose. Quelle terreur j'avais qu'on ne dénonçât ma présence! Car les Turcs m'auraient demandé beaucoup d'argent et comme je n'en avais pas, ils m'auraient tué. Quand ils furent partis, je sortis de ma cachette et j'allai dans la maison de mon épitrope. Au bout de trois jours à peine, j'entendis un grand bruit dans la ville. Nous demandâmes ce qui se passait. On nous répondit : «Les *Kirdjalis* sont arrivés devant la ville. Ils veulent y entrer à l'instant.»

Les femmes turques et chrétiennes emportaient chacune

leurs effets les plus précieux et se sauvaient en courant vers le quartier turc qui était fortifié. L'épitrope et sa femme se levèrent, prirent quelques hardes avec eux et s'enfuirent de leur maison. Mais moi, où fuir? Quelques personnes me conseillèrent d'aller dans un han (auberge) qui est entouré d'une forte muraille en pierres. Il y avait là un grand nombre de Turcs et les Kirdjalis ne pourraient certainement pas piller. J'allai dans ce han et j'y restai quinze jours jusqu'à ce que les Kirdjalis fussent passés dans la direction de Trnovo. A la saint Lazare nous quittâmes le han et je me rendis à la paroisse (metokh) du Tombeau de notre Seigneur (Boji grob). J'y passai en paix la semaine sainte. Le jour de Pâques je célébrai la liturgie et nous nous réjouîmes. A neuf heures (à la turque) nous allâmes suivant l'usage à vêpres. Nous avions commencé à nous embrasser en disant : « Le Christ est ressuscité, » quand tout à coup la grèle commence à tomber. Tout le monde se mit à crier, à gémir. Le gens qui étaient dans l'église, se mettent tous à fuir. J'y restai seul revêtu de mes vêtements pontificaux et j'entendais au dehors des cris et des gémissements. Je ne savais ce que voulait dire ce bruit. Je n'osais sortir ni paraître au dehors. Car l'enceinte extérieure de l'église était basse[1] et l'on pouvait voir de tous côtés. A ce moment éclata tout à coup une grèle aussi grosse que des noisettes; mais elle ne dura que quelques instants. Alors un ecclésiastique vint dans l'église et me dit que deux milles haïdouks environ de Pazvandji Oglou étaient arrivés, avaient brisé les portes, s'étaient installés au pres-

1. Les églises bulgares sont généralement situées au milieu d'un enclos.

bytère et avaient pris toutes mes affaires. Où me sauver? J'étais stupéfait.

Il y avait alors un begliktchii (percepteur d'impôt), Kyre Kostadin, il était avec le *tchokadar,* avec des Bostandjis et environ soixante bergers qu'il avait engagés; ils étaient venus suivant l'usage recueillir le tribut des moutons pour le beglyk. J'envoyai auprès de lui cet ecclésiastique. Ses hommes vinrent me chercher, me firent sortir de l'église et m'emmenèrent à son konak. J'y restai dix-neuf jours. Il y avait là aussi des gens de Pazvandji. Ils étaient ivres et commettaient des excès. A cause de cela deux hommes de l'aga Gochantsaleu-Khalil qui étaient dans cette maison, mangeaient toujours avec nous. Les Kirdjalis venaient aussi au dehors. Et moi je restai au milieu de tout ce monde-là. J'avais sur la tête un bonnet valaque. Ils m'appelaient l'iasadjii (écrivain) Stoïan; je ne pouvais ni lire, ni faire ma prière.

Un jour le tchorbadji Kostadin me dit : «Nous voulons aller à Trnovo; mais par la Valachie. Car à cause des Kirdjalis nous ne pouvons pas prendre la route directe.» Je me mis à réfléchir à ce que nous pouvions faire. Devais-je rester à Pleven seul au milieu des Kirdjalis? Cela n'était pas admissible. Devais-je aller à Vratsa, je n'osais prendre un iasakdja turc de peur qu'il ne révélât mon départ. Je pris un chrétien qui me fut donné par le tchorbadji Kostadin. Nous partîmes la nuit. C'était en mai; les nuits étaient déjà courtes. Nous voilà partis à quatre à travers les bois et les champs, évitant les chemins. Nous arrivâmes à la rivière Isker, mais cette rivière ne peut se passer sans bateau. Nous apercevons le village de Koionlari, nous crions; mais le bruit de l'eau empêche de nous entendre. Personne n'apparaît; la nuit vient, la pluie commence à tomber. Nous n'osons pas tirer un coup de fusil de peur qu'il n'y ait dans le village quelques haïdouks de Pazvandji. Que faire? Nous nous désespérions. Tout à coup nous apercevons un berger. Il nous reconnut, alla prévenir au village; on vint avec une barque. Quelle barque! C'était un vrai baquet. Elle ne contenait que trois ou quatre personnes. Les chevaux durent traverser à la nage. Mais quand nous voulûmes les faire mettre à l'eau, l'un d'entre eux s'enfuit dans les bois. Comment faire? La tête nous tournait. Comment diriger en même temps les fugitifs et poursuivre le fuyard? Comment passer cette périlleuse rivière la nuit dans l'obscurité? Nous faillîmes tous nous noyer. Mais Dieu nous secourut. Le cheval fugitif n'alla pas loin et revint auprès de ses compagnons. Quand nous eûmes traversé la rivière, nos yeux commencèrent à s'éclairer; car nous n'avions plus si peur des Kirdjalis.

Nous allâmes à Vratsa, et cette année-là j'y restai jusqu'à la Saint Dmitri sans oser sortir de la ville. Et après la Saint Dmitri, je partis et j'allai à Pleven. Il y avait dans cette ville des haïdouks de Pazvandji; j'y restai jusqu'à la Saint Nicolas et mes prêtres recueillirent les contributions des fidèles. Lorsque je vis les partisans de Pazvandji se multiplier autour de Pleven, je craignis qu'ils ne me fissent quelque mal. Je partis de cette ville en décembre et j'allai à Nicopoli pour traverser le Danube et passer en Valachie. Mais le Danube était gelé sur ses deux rives. Nous ne pûmes traverser et nous restâmes six jours à Nicopoli. Ensuite nous apprîmes que Giavour Imam marchait sur Nicopoli. J'eus peur; je donnai beaucoup d'argent et on me fit traverser le Danube, mais avec quelle terreur! La glace se brisa; un cheval se noya; on attacha les autres et on leur fit traverser la glace. Mais avant d'arriver à Zimnitche, nous faillîmes mourir de froid. La Valachie est déserte; il n'y a ni chemin ni villages. Le trajet est de six lieues; nous mîmes près de trois jours à le faire.

En 1800 les troupes impériales marchèrent contre Pazvandji. Mourouz-bey de Bukarest l'attaqua par la Valachie et les pachas par la Turquie. Pour quelle raison, je vous le dirai. Il y avait un sultan du village de Verbitsa (cercle de Preslav). Il était célèbre par ce qu'il avait vaincu les Allemands[1] à Giurgevo. Il s'enorgueillit à cause de cela et ne voulut pas se soumettre au vizir, lorsqu'il se trouvait à Schoumen avec l'armée turque; le vizir ordonna de détruire son palais. Il s'enfuit en Moscovie et y resta six ans. Ensuite il revint avec une recommandation des Moscovites à Constantinople et l'empereur (le sultan) lui permit de rétablir son palais. Il rassembla une armée de Turcs et de Chrétiens et marcha sur Viddin. Je ne sais ce qu'il négocia avec Pazvandji. Mais le bruit courut qu'il était convenu avec lui que le sultan resterait empereur et que Pazvandji serait son vizir. Je ne sais au juste ce qui en est. Les troupes se mirent en marche contre Viddin. Que faire? Je n'avais pas d'argent pour mes dépenses et on me réclamait l'impôt. Que je retourne (en Bulgarie), c'est mau-

1. Les Autrichiens.

vais; que je n'y retourne pas, c'est mauvais encore. Il faut d'abord que j'obtienne une ordonnance du pacha de Viddin pour recueillir les contributions des fidèles. Mais je suis sans métropolie et sans évêques. Il n'est pas possible que j'obtienne une ordonnance. Il y avait un moine, hégoumène du monastère de Markoutsa en Valachie. C'était un homme indocile. Il ne se soumettait à personne, particulièrement au métropolitain de Hongrie-Valachie. Celui-ci, à la suite d'un jugement, l'avait mis en prison. Que fit-il pour lui tenir tête? Il envoya un homme à Viddin et promit à Pazvandji quarante bourses (vingt mille piastres) pour se faire nommer archevêque de Viddin. Car Pazvandji avait de la colère et de la haine contre l'archevêque de Viddin pour je ne sais quelle raison. Donc ce moine Callinique quand il eut appris tout cela, trouva par ruse le moyen d'aller à Viddin. Pazvandji chassa d'archevêque, lui prit tout ce qu'il avait, et établit Callinique à sa place, en attendant qu'il reçût une permission du patriarche pour être archevêque de Viddin. J'étais ami de ce Callinique depuis fort longtemps. Je lui adressai donc une supplique, le priant puisqu'il avait accès auprès de Pazvandji, de m'obtenir du pacha ou de son kihaïa un teskéré, c'est-à-dire une lettre me permettant d'aller recueillir les contributions. Il m'écrivit : «Va t'en à Vratsa et envoie-moi un homme pour que je te procure le teskéré.» Je ne connaissais pas sa perfidie. Je partis et allai à Vratsa. J'y restai quelques jours; j'envoyai un homme de confiance à Viddin. Il m'envoya un teskéré de Pazvandji avec un moubachir pour me prendre et m'amener à Viddin. J'allai à Viddin et je servis deux ou trois mois dans les églises. Le teskéré du pacha portait que les Chrétiens de Viddin avaient besoin de moi pendant quelque temps pour la célébration des offices, et que je pourrais ensuite aller dans mon diocèse. Quand je demandai la permission d'y retourner, survint un homme du pacha qui me dit : « Tant que Callinique ne sera pas évêque, il est impossible que tu ailles nulle part. » Que faire? Malheureux! J'étais enchaîné à Viddin. J'y restai trois années; que n'eus-je pas à souffrir de ce moine Callinique!

J'étais auprès de lui comme le dernier des serviteurs. Il voulait à peine me reconnaître pour homme et il me faisait remplir les fonctions d'un archevêque! Il était d'accord à la fois avec les Turcs, et avec les haïdouks de Pazvandji. Je n'osais parler à personne. Il ne me laissait aller nulle part, si ce n'est à l'église, accompagné d'un de ses prêtres. M'eût il laissé, j'avais les pieds malades et ne pouvais marcher. J'allais à l'église en carrosse. Viddin fut assiégé pendant deux ans et demi. Quelles terreurs j'eus alors, quels soucis, quels tourments! Puis vint le troisième siége de Viddin. Mais les Turcs se tenaient loin de la ville. A Pleven était établi Pliasa pacha avec quinze mille Arnautes, à Berkovets, Giourdji pacha avec autant de troupes; en Valachie Mourouz bey avec Ibraïl Nazare et Aïdin pacha avec autant de troupes. Les Kirdjalis de Pazvandji étaient répartis en trois corps : Manaf Ibrahim commandait deux mille Kirdjalis. Il vainquit Pliasa pacha, prit toutes ses munitions et les apporta à Viddin. Pliasa pacha s'enfuit aussi loin qu'il put. On amena à Viddin environ un millier de ses hommes. Pazvandji leur fit distribuer un pain par tête et les renvoya. Un autre Kirdjali Filibeli Kara Moustapha attaqua la nuit Gierdji pacha, lui prit toutes ses provisions et on l'amena à Viddin. Un troisième chef de corps était Hougantsaleu Khalil; il y avait encore beaucoup de haïdouks de Pazvandji qui tenaient énergiquement tête à l'armée du sultan et ne lui permettaient pas d'approcher de Viddin. Enfin, avec la permission de Pazvandji, les Kirdjalis passèrent en Valachie et brûlèrent Kraliovo (Kraïova), beaucoup de villages et tuèrent des habitants. Alors le voïévode Michel s'enfuit à Brasova ainsi que le métropolitain de Hongrie-Valachie, tous les boïars et les évêques valaques, tant ils avaient peur des Kirdjalis. Ils firent ensuite la paix avec Pazvandji.

Alors Pazvandji envoya Callinique avec cinquante Turcs auprès d'Ypsilanti-Bey à Bucarest; et il fut consacré archevêque de Viddin avec la permission du bey. Un mois après son arrivée à Viddin, j'obtins la permission d'aller dans mon diocèse dont j'étais absent depuis trois ans. Mais les Kirdjalis étaient dans mon diocèse, et je ne pus m'y rendre. Je résolus alors d'aller à Kraïova, pour m'y établir. Car j'avais beaucoup souffert à Viddin et je cherchais l'occasion de quitter cette ville au plus vite. Je restai à Kraïova vingt jours et j'y fus traité avec beaucoup d'honneur par le kaïmakan (gouverneur) Kostaki Karadja. Pendant que j'étais dans cette ville, survint un jour la nouvelle que les Kirdjalis marchaient contre elle. Dans la nuit tout le monde s'enfuit, le kaïmakan, les boïars, les négociants, les moines, les popes, je restai seul à l'évêché. Je voulus m'enfuir; mais je ne trouvai point de voiture. Quelles terreurs j'eus alors! Heureusement ils ne vinrent point. Ensuite tous les fuyards revinrent dans leurs maisons. Quand je vis que les Kirdjalis ne quittaient point mon diocèse, je quittai Kraïova et j'allai à Bucarest auprès de mes enfants qui étudiaient les sciences à l'Académie beylicale. J'allai présenter mes hommages au saint métropolitain de Hongrie-Valachie qui s'appelait Dosithée. C'était un homme âgé, savant, et renommé pour sa sagesse.

Il m'accueillit affectueusement et me présenta au bey qui était le voïevode Constantin Ypsilanti et à quelques boïars. Il leur raconta comment j'avais séjourné à Viddin pendant trois ans et tout ce que j'y avais supporté de misères et d'angoisses. Il m'appela à la métropole, m'y donna une cellule afin que je résidasse auprès de lui, et m'invita chaque jour à sa table. Je lui exposai toute ma détresse; comment on m'avait d'abord dépouillé, trompé, comment on m'avait imposé un évêché coûteux de cinquante cinq bourses, comment je n'avais pas pu pendant quatre ans aller dans cet évêché, comment je n'avais pas reçu un para, ni payé ni mes contributions, ni les intérêts, comment j'étais devenu endetté de plus de quatre-vingt bourses. Mon diocèse avait été ravagé, mes villages étaient devenus déserts, avaient été brûlés par les Kirdjalis et les haïdouks de Pazvandji, les habitants s'étaient enfuis en Valachie et dans d'autres pays. Le synode n'avait pas voulu me croire; il réclamait tout de même ses contributions. Il ne m'était pas possible de me tirer d'affaire avec cet évêché et ces dettes. Le métropolitain se montra généreux avec moi et pria le bey de me faire obtenir du synode que je fusse délivré de mon diocèse. Le bey — Dieu lui accorde de longues années! — l'écouta et s'adressa au synode. Je reçus ma lettre de congé, je m'affranchis ainsi de ces terreurs et de ces misères temporelles. Je n'ai plus qu'un seul souci; je crains que Dieu ne me juge pour avoir pris le fardeau de ce troupeau et l'avoir abandonné. Mais j'espère en sa grâce; car je ne l'ai pas abandonné pour me livrer au repos, mais par suite de ma détresse et des dettes qui pesaient sur moi. On me les a imposées, ces dettes, et on ne veut pas croire combien le monde a été ravagé et particulièrement le pays qui est près de Viddin. C'est un séjour de barbares et de haïdouks.

Maintenant je travaille nuit et jour à écrire quelques livres dans notre langue bulgare. Si les Bulgares ne peuvent rien entendre de ma bouche, qu'ils reçoivent du moins de moi pécheur quelque enseignement utile, qu'ils lisent mes écrits, qu'ils en profitent et qu'ils prient le Seigneur pour moi indigne, qu'ils le prient de corriger mon ignorance, de m'accorder le pardon en raison de mes travaux, afin que nous puissions être assis à sa droite au jour du jugement terrible. Amen.

C'est ce que nous nous souhaitons de tout cœur; et vous soyez indulgents pour celui qui a travaillé et portez-vous bien.

INDEX GÉOGRAPHIQUE.

Anchiale, turc Akhiolou, ville d'origine grecque sur la côte de la Mer noire, au Nord de Bourgas.

Anatolie, Asie mineure.

Arbanasi, le village des Albanais, en turc Arnaout Keuï, village situé à trois kilomètres environ de Trnovo, sur la rivière Jantra.

Berkovitsa, Berkovats, ville située au pied du Balkan sur la route de Lom Palanka à Sofia.

Brasova, ville de Transylvanie appelée Brasso par les Hongrois et Kronstadt par les Allemands.

Branitsa, village situé à une lieue de Koïonlari.

Constantinople est toujours désignée par le nom slave de Tsarigrad.

Fondoukleï, village situé près de Iamboli (Roumélie orientale). Il servit de résidence à des sultans tatares.

Gabrovo, ville bulgare située au S. E. de Trnovo au pied du Balkan.

Jouskioudar, nom turc de Scutari d'Anatolie.

Isker, affluent du Danube, prend sa source au mont Rylo, arrose la plaine de Sofia, franchit le Balkan par une gorge étroite et se jette dans le Danube au dessus de Nicopoli.

Kara Bounar (turc le puits noir), village situé probablement auprès de Karnobat. Il ne figure par dans les itinéraires de Kanitz.

Karnobat, Karnabad (turc Karin Abad), ville située au sud du Balkan à moitié chemin entre Sliven et Bourgas. «Cette ville, dit M. Kanitz, fut selon toute vraisemblance, la capitale de la province cotière bulgare de Kernska qui comprenait la région de la Mer noire jusqu'à la Toundja.» Elle appartient actuellement à la Roumélie orientale.

Kazanleuk (Kazanlik), ville située au sud du Balkan, près du col de Schipka. Elle appartient aujourd'hui à la Roumélie orientale.

Koïonlari, village situé à moitié chemin entre Vratsa et Pleven.

Koriten, village situé sur la route de Sliven à Kazanleuk.

Kosten, village situé aux environs de Karnobat.

Kotel. Cette ville s'appelle en turc Kazan. Les deux mots, le bulgare et turc, veulent dire le chaudron et font allusion à la situation de la ville assise, dit Kanitz, dans une sorte de chaudron formée de hautes montagnes. Kotel fut autrefois un village guerrier commandé par un voïévode. (V. Kanitz, édition française, p. 393 et suivantes.) Elle est située au pied du Balkan entre Schoumen et Sliven.

Kraliovo, forme bulgare du nom de Kraïova, ville de Roumanie.

Lom. Appelée plus habituellement Lom Palanka, sur le Danube, un peu au dessous de Viddin; elle est la tête de ligne du chemin qui va de Sofia au Danube et a comme entrepôt de commerce une importance considérable.

Matchin, village sur la rive droite du Danube, en face de Braïla.

Markoutsa, monastère de Roumanie.

Nicopoli, ville sur le Danube.

Osman Pazar, ville de la Bulgarie danubienne, à mi-chemin entre Schoumen et Trnovo.

Pleven; il convient de restituer désormais le vrai nom de cette ville généralement appelée Plevna et à jamais célèbre par la capitulation d'Osman pacha. Le nom est d'origine slave (*pleva,* la paille). Elle est située sur la rive droite du Vid, au S. O. de Nicopoli.

Prieslav. Ancienne résidence des tsars bulgares, aujourd'hui ruinée; elle est située au nord du Balkan, au S. O. de Schoumen (Choumla).

Riekhovo (Rahova, proprement Oriekhovo, le pays des noisetiers), ville sur le Danube entre Lom Palanka et Nicopoli.

Scheklary (Cheklare), village des environs de Karnabad, habité au siècle dernier par une tribu tatare émigrée de Crimée.

Schoumen, nom bulgare de Choumla.

Sliven, ville située entre le Balkan et la Toundja. Elle appartient aujourd'hui à la Roumélie orientale.

Svichtov (appelée dans les documents occidentaux Sistova), ville située sur le Danube entre Nicopoli et Roustchouk.

Tchérépis, monastère sur les bords de l'Isker.

Tetuven (Tetéven d'après Kanitz), petite ville située au Nord du Balkan, au S. E. de Pleven.

Trnovo (prononce Ternovo, Kanitz écrit Tirnovo), ancienne capitale des tsars bulgares. Cette ville est située au centre même de la principauté de Bulgarie à moitié chemin entre Svichtov et Kazanleuk.

Vratsa, ville au Nord de Sofia.

Zimnitche (Zimnitsa), ville de Roumanie, en face de Svichtov.

NOTICE

BIOGRAPHIQUE ET BIBLIOGRAPHIQUE

SUR

NICOLAS SPATAR MILESCU,

AMBASSADEUR

DU

TSAR ALEXIS MIHAJLOVIČ EN CHINE.

PAR

ÉMILE PICOT.

NICOLAS SPATAR MILESCU,

AMBASSADEUR DU TSAR ALEXIS MIHAJLOVIČ EN CHINE.

Peu d'hommes ont eu une existence aussi aventureuse et se sont rendus célèbres par des facultés aussi diverses que Nicolas Spatar de Mileştĭ. Il appartient en même temps à l'histoire littéraire de la Moldavie, de la Grèce, de la Russie et de la Chine. Son origine, ses talents, ses crimes, la mutilation qu'il subit, le hardi voyage qu'il exécuta pour gagner Péking en traversant toute l'Asie, les renseignements précieux qu'il rapporta de son ambassade auprès du Fils du Ciel, tout en lui concourt à exciter notre curiosité. Cependant l'histoire de Spatar est si peu connue que la plupart des orientalistes ignorent jusqu'à son nom de Milescu. Nous avons pensé que la Roumanie ne pouvait être mieux représentée dans un recueil consacré aux études orientales que par une notice sur ce personnage extraordinaire. Nous ne faisons guère que suivre pas à pas dans la plus grande partie de ce travail une étude publiée par M. B.-P. Hăşdeu dans un journal aujourd'hui introuvable[1].

1. *Traianŭ,* II (1870), n°s 7, 8, 9, 11, 13 et 14.

Cette étude est restée malheureusement inachevée; nous nous sommes efforcés de la compléter à l'aide de quelques autres sources[1]. Nous y avons joint le passage de la chronique moldave de Jean Neculcea, dans lequel est résumée la vie de Spatar, ainsi qu'une bibliographie aussi complète que possible des ouvrages composés ou traduits par notre auteur.

I.

Nicolas Spatar naquit dans le district de Vasluiŭ, en Moldavie, vers 1625. Sa famille, sur laquelle nous ne possédons pas de documents, paraît avoir été originaire de la Laconie[2]. Tout ce que nous en savons, c'est que le père

1. Les sources principales auxquelles nous avons eu recours, en dehors de l'étude de M. Hăşdeu, sont : l'édition du Voyage de Spatar publiée par M. Arsenjev, une notice de Mgr. Filaret, un article des *Nouvelles diocésaines de Černigov*, un article de M. N. Kedrov dans le *Journal du ministère de l'instruction publique de Russie,* enfin divers renseignements bibliographiques dont nous sommes redevables à M. A. Byčkov, le savant directeur de la Bibliothèque impériale de Saint-Pétersbourg. Nous donnerons plus loin les titres détaillés des diverses publications auxquelles nous venons de faire allusion, mais nous citerons dès maintenant un ouvrage récent de M. Bantyš-Kamenski, dont notre collègue M. Cordier a bien voulu nous communiquer un exemplaire : Дипломатическое Собраніе дѣлъ между Россійскимъ и Китайскимъ Государствами съ 1619 по 1792-й годъ. Составленное по документамъ, хранящимся въ Московскомъ Архивѣ Государственной Коллегіи Иностранныхъ Дѣлъ, въ 1792—1803 году. Николаемъ Бантышъ-Каменскимъ. Изданно въ память истекшаго 300 лѣтія Сибири В. М. Флоринскимъ, съ прибавленіями издателя (Казань, Типографія Императорскаго Университета, 1882, gr. in-8 de xij et 565 pp.).

2. Le titre d'un traité de Spatar dont nous parlerons plus loin, l'*Enchiridion, sive Stella orientalis*, etc., porte « a Nicolao Spadario, *Moldavo-Lacone* . . . . . conscriptum. » De là sans doute l'origine grecque attribuée à notre personnage par Zaviras (ap. Sathas, *Bibliotheca graeca medii aevi,* III, 493) et par Sathas (Νεοελληνική Φιλολογία, 399).

de Nicolas s'appelait Gabriel[1] et que lui-même avait un frère, appelé Apostol, qui est resté obscur[2]. Le nom de Spatar était son véritable nom patronymique; mais, quand il joua un rôle important en Moldavie, sous le règne de Gheorghiţă, et qu'il compta parmi les boïars, il porta de préférence le nom de Milescu, emprunté à sa terre de Mileştĭ[3].

Nicolas Spatar quitta jeune encore la Moldavie et se rendit à Constantinople, où il fit ses humanités sous Gabriel Vlasios[4]. Il dut aux leçons de ce savant maître ces connaissances étendues en théologie, en philosophie, en histoire et en littérature que possédaient alors beaucoup de Grecs. Il continua ses études en Italie, où il se perfectionna dans les sciences naturelles et mathématiques. De retour dans son pays natal, il se fit aussitôt remarquer par la solidité de son instruction; malheureusement cette instruction n'était pas la seule chose qu'il eût rapportée de Constantinople. Il avait puisé dans le commerce des Turcs et des Grecs du Phanar un esprit à la fois hautain et cau-

1. En Russie Nicolas porta le nom de Nikolaj *Gavrilovič* Spafari. Voy. Bantyš-Kamenski, 23, 530.

2. Codrescu, *Uricariul*, I, ed. a II., 402.

3. Frunzescu cite dans son *Dicţionarŭ topograficŭ şi statisticŭ alŭ Românieĭ* sept localités du nom de Mileştĭ; il n'en indique pas qui soit située dans le district de Vasluiŭ. Nous savons pourtant que la terre de Nicolas Spatar se trouvait dans ce dernier district (voyez le passage de la chronique de Neculcea que nous reproduisons plus loin). Le domaine dont nous parlons est mentionné en outre dans un chant populaire qui fait partie du recueil de M. Alecsandri (*Poesiĭ populare ale Românilor;* Bucurescĭ, 1866, in-8, 180).

4. Nicolas nous donne lui-même ce renseignement dans son *Enchiridion :* « Sapiens vir ac pius Gabriel Blasius, *meus olim professor in urbe imperatoria.* » — Gabriel Vlasios était métropolitain de Naupacte (Lépante) et d'Arta; il est cité comme tel entre 1618 et 1632 (voy. Sathas, Νεοελληνικὴ Φιλολογία, 302), mais ces dates ne sont pas les dates extrêmes de son apostolat. Le séjour de Nicolas Spatar à Constantinople ne saurait être placé avant 1640.

teleux, un amour de l'intrigue et une absence de scrupule qui devaient peser sur sa vie tout entière. Le premier document où il paraisse être question de lui en Moldavie nous le montre sous un jour peu favorable. Nicolas avait volé au monastère de Tăzlău un Tsigane, qu'il avait revendu en Valachie pour la somme de 25 ducats. On était sous le règne de Basile Lupul, et le code récemment promulgué par ce prince édictait les peines les plus sévères contre ceux qui commettaient un crime semblable. Quiconque avait vendu l'enfant ou l'esclave d'un autre était puni des travaux forcés dans les salines, si c'était un boïar, et condamné à la potence, si c'était un homme du commun[1]. Il est vrai que la loi admettait une foule de circonstances atténuantes, qui sans doute étaient largement appliquées dans la pratique; aussi Nicolas ne fut-il l'objet d'aucune poursuite criminelle. Le propre frère du prince, l'hetman Gabriel, se contenta de lui transmettre sur le ton le plus amical la réclamation des moines de Tăzlău, en l'engageant à restituer le Tsigane ou sa valeur[2].

En 1653 Basile Lupul fut renversé par le logothète Étienne-Georges, qui réussit à s'emparer du trône. Nicolas

1. Карте ромѫнѣскъ де ѫвѫцѫтѹрѫ дела прáвилеле ѫпѫрѫтéщй (Iassi, 1646, in-fol.), fol. 19, v°, art. 116; réimpression de M. Georges Sion, 1875, p. 15.

2. On trouve le texte de ce document dans l'*Archiva istorică* de M. Hăşdeu, I, I, 135. — Le personnage à qui l'hetman s'adresse n'est désigné que sous le nom de *Nicolas de Vasluiŭ;* aussi n'est-il pas absolument certain que ce soit notre Spatar, mais l'identification est au moins très vraisemblable. La pièce, qui n'est pas datée, doit être environ de l'année 1650, époque à laquelle Nicolas Spatar pouvait avoir 25 ans. Basile Lupul, qui monta sur le trône en 1628, confia d'abord les fonctions d'hetman à son frère Gabriel, qui est cité dans des diplômes de 1635 (Wickenhauser, *Bohotin,* I, 79) et de 1642 (id., *Moldawa,* I, 108), et qui dut mourir vers 1650. En 1652, un autre frère du prince, Georges, était devenu hetman (Hăşdeu, *Arch.* I, II, 191).

sut gagner la faveur du nouveau prince. Sans être «secrétaire d'état», comme il se vanta plus tard à M. de Pomponne de l'avoir été, il occupa du moins un poste de confiance. Lorsque, en 1655, le prince de Valachie Constantin-Şerban, retenu prisonnier par les mercenaires étrangers *(seimenĭ)*, implora l'assistance de la Transylvanie et de la Moldavie, Nicolas suivit Étienne-Georges en Valachie. L'armée moldave passa par le monastère de Niamţ, et Spatar, entraîné par son goût pour l'érudition, profita de l'occasion pour fouiller les archives du couvent. Il y découvrit une importante correspondance échangée au commencement du XVe siècle entre Jean Paléologue et le prince de Moldavie Alexandre le Bon. Ces pièces ne se retrouvent plus aujourd'hui, mais le métropolitain Georges nous en a fait connaître le sens général, en même temps qu'il nous a conservé le souvenir des études poursuivies par Nicolas Spatar[1]. Aucun autre historien roumain du XVIIe siècle ne semble avoir eu le souci d'interroger les archives nationales.

En 1657, l'Albanais Georges Ghica obtint le trône de Moldavie; Nicolas trouva moyen d'être aussi bien en cour que sous les règnes précédents. Ce fut à lui, en effet, que Georges confia, en 1658, le commandement d'un détache-

1. «Sous le règne du prince Étienne-Georges, il arriva que Nicolas le secrétaire, frère d'Apostol Milcul, se rendit au monastère de Niamţ (il s'agit du Nicolas à qui le prince Étienne fit couper le nez et qui traduisit la Bible de grec en roumain alors qu'il était à Constantinople qapi-kiaya du prince de Valachie Grégoire — cet ouvrage a été imprimé par ordre du prince Şerban Cantacuzène). Ce Nicolas le secrétaire, sous le règne d'Étienne-Georges, le 17 février 1655, lut les diplômes de l'empereur et du patriarche.....» Codrescu, *Uricariul,* I, ed. a II., 402.

ment de 1000 hommes qu'il dut, par ordre des Turcs, envoyer au secours du prince de Transylvanie Ákos Barcsai. Celui-ci venait d'être désigné par le grand vizir Köprili pour remplacer Rákóczi tombé en disgrâce; mais les Moldaves semblent avoir été hostiles à Barcsai. Peut-être aussi Nicolas Spatar, qui était un homme éclairé, ne voulait-il pas s'associer aux actes de barbarie et de destruction par lesquels les Turcs signalèrent leur passage[1]. Toujours est-il qu'il ne se hâta pas de pénétrer en Transylvanie et que, à peine entré dans le pays, il profita du premier prétexte pour se retirer[2]. De la sorte les Moldaves ne purent être rendus responsables des horreurs commises contre leurs voisins.

Sous le règne de Stefăniță, fils de Basile Lupul, qui remplaça Georges Ghica vers la fin de l'année 1659, Nicolas atteignit la plus haute faveur. Secrétaire et compagnon du prince, tantôt il expédiait les affaires avec lui, tantôt au contraire il se chargeait de l'amuser, jouait aux cartes avec lui et s'asseyait à sa table. Au dehors, il affectait le luxe d'un favori, menait grand train, sortait dans de brillants équipages et se faisait précéder de coureurs semblables à ceux du chef de l'état. Mais, parvenu au faîte des honneurs, il fut pris de ce vertige qui perd le plus souvent les ambitieux, et fut lui-même l'instrument de sa perte.

1. On en peut lire le récit dans Fessler, *Geschichte von Ungarn*, bearb. von Klein, IV, 287.

2. Miron Costin s'exprime ainsi : «А҆ȣ тримéс шѝ Гѝка Вóдъ аџютóрю ҂а де ѿамени́й кȣ Некȣлáй кърнȣл; че нáȣ фъкȣ́т зъбáвъ мȣ́лтъ а҆колѡ̀ . . . . Некȣлáй кърнȣл ꙟкъ възъ́нд погорѝрѣ лȣй Рáкоци шѝ а҆местекáте лȣ́крȣрй, а҆ȣ венѝт кȣ ѻ҆астѣ̀ чѐ се тримисéсе.» Cogălniceanu, Летопісіціле Църіі Молдовіі, I, 341—342.

Comblé de bienfaits par Stefăniță, Spatar put croire qu'il n'avait plus rien à espérer d'un prince faible et fantasque, qui ne laissait aucune sécurité aux boïars et qui pouvait lui reprendre le lendemain ce qu'il lui avait donné la veille. Ce fut sans doute cette considération qui entraîna Nicolas à chercher un nouveau maître.

Constantin Şerban, qui avait régné en Valachie de 1654 à 1658, et qui s'était vu enlever le trône par les Turcs à cause de ses relations amicales avec Rákóczi, vivait maintenant retiré en Pologne. C'était un homme doux et bienfaisant, à qui ses qualités avaient acquis de nombreuses sympathies et qui tâchait de les mettre à profit pour ressaisir le pouvoir en Valachie ou en Moldavie. Il avait échoué jusqu'alors, mais on pouvait croire qu'il réussirait tôt ou tard. Nicolas du moins le pensa et ne craignit pas d'entrer en relations avec le rival de Stefăniță. Suivant le chroniqueur Jean Neculcea, Constantin Şerban ne voulut pas devoir son succès à la trahison et révéla lui-même au prince de Moldavie les manœuvres déloyales de son secrétaire. Stefăniță, dans sa colère, fit appréhender Nicolas et, sans autre forme de procès, lui fit couper le nez[1]. Dès lors Milescu fut ordinairement désigné par ses compatriotes sous le sobriquet de Nicolas Cîrnul, c'est-à-dire le Camard.

Notre personnage dut s'estimer heureux de se tirer d'affaire à si bon compte. Le plus souvent les princes de Moldavie faisaient couper la tête à ceux de leurs boïars qu'ils soupçonnaient de conspirer contre eux, et Spatar était sim-

1. Voy. le passage de Neculcea cité en appendice.

politique paraît n'avoir été qu'un tissu d'intrigues, on n'en doit pas moins admirer le zèle avec lequel il s'adonnait à la littérature et à la science. Pendant son séjour à Constantinople il dota la langue roumaine de la première traduction complète de la Bible. Il existait déjà plusieurs versions des Évangiles, soit manuscrites, soit imprimées; une version de l'ancien Testament avait été imprimée à Orestie dès l'année 1582; mais ces différentes traductions laissaient beaucoup à désirer. Il s'agissait de les revoir, de leur donner l'unité de langue et de style qui leur manquait, sinon même de les refaire entièrement. Tel fut l'immense travail que Nicolas exécuta dans un espace de temps qui paraît avoir été assez court. Le manuscrit original passa entre les mains de Șerban Cantacuzène, qui avait sans doute demandé à Spatar de mettre les livres saints en langue vulgaire. Lorsque Șerban fut monté sur le trône, il en fit faire à ses frais une grande et belle édition; mais il se garda de citer le nom du traducteur. Démètre Procopios[1] et le métropolitain de Moldavie Grégoire[2] ont seuls réparé cette omission, probablement volontaire. Nicolas Spatar semble, en effet, avoir abandonné le parti des Cantacuzène quand il vit que leurs efforts avaient échoué et que le trône de Valachie était donné à Radu Tomșa, c'est-à-dire vers la fin de l'an-

vains prétextes, le postelnic Constantin Cantacuzène, père de Șerban. Dès lors il était naturel que Șerban et ses frères fissent tous leurs efforts pour venger leur père (voy. Engel, *Geschichte der Moldau und Walachey*, I, 310). Le rôle joué par Nicolas Spatar à Constantinople sera probablement éclairci par les documents contenus dans la seconde partie du tome IV du grand recueil d'Hurmuzachi.

1. Ap. Fabricius, *Bibliotheca graeca*, II, 789.

2. Voy. le passage rapporté ci-dessus, p. 437, en note.

politique paraît n'avoir été qu'un tissu d'intrigues, on n'en doit pas moins admirer le zèle avec lequel il s'adonnait à la littérature et à la science. Pendant son séjour à Constantinople il dota la langue roumaine de la première traduction complète de la Bible. Il existait déjà plusieurs versions des Évangiles, soit manuscrites, soit imprimées; une version de l'ancien Testament avait été imprimée à Orestie dès l'année 1582; mais ces différentes traductions laissaient beaucoup à désirer. Il s'agissait de les revoir, de leur donner l'unité de langue et de style qui leur manquait, sinon même de les refaire entièrement. Tel fut l'immense travail que Nicolas exécuta dans un espace de temps qui paraît avoir été assez court. Le manuscrit original passa entre les mains de Şerban Cantacuzène, qui avait sans doute demandé à Spatar de mettre les livres saints en langue vulgaire. Lorsque Şerban fut monté sur le trône, il en fit faire à ses frais une grande et belle édition; mais il se garda de citer le nom du traducteur. Démètre Procopios[1] et le métropolitain de Moldavie Grégoire[2] ont seuls réparé cette omission, probablement volontaire. Nicolas Spatar semble, en effet, avoir abandonné le parti des Cantacuzène quand il vit que leurs efforts avaient échoué et que le trône de Valachie était donné à Radu Tomşa, c'est-à-dire vers la fin de l'an-

vains prétextes, le postelnic Constantin Cantacuzène, père de Şerban. Dès lors il était naturel que Şerban et ses frères fissent tous leurs efforts pour venger leur père (voy. Engel, *Geschichte der Moldau und Walachey*, I, 310). Le rôle joué par Nicolas Spatar à Constantinople sera probablement éclairci par les documents contenus dans la seconde partie du tome IV du grand recueil d'Hurmuzachi.

1. Ap. Fabricius, *Bibliotheca graeca*, II, 789.
2. Voy. le passage rapporté ci-dessus, p. 437, en note.

née 1664. Il quitta Constantinople et, n'osant rentrer ni en Moldavie ni en Valachie, se dirigea vers l'Allemagne. L'électeur de Brandebourg Frédéric-Guillaume, qui accueillait avec empressement les savants aussi bien que les officiers étrangers, était pour lui un protecteur naturel. Il fut, en effet, fort bien reçu par ce prince, et passa quelque temps à sa cour; mais, s'il faut en croire La Neuville[1], l'électeur reçut du roi de Pologne des renseignements très défavorables sur le compte de Spatar, et le chassa.

Malgré ce nouveau revers, le séjour que Nicolas avait fait dans le Brandebourg ne lui avait pas été inutile. Il avait eu l'occasion de perfectionner ses connaissances historiques, théologiques et littéraires. Ce fut sans doute alors qu'il cultiva le latin au point de pouvoir le parler et l'écrire couramment. Bien que nous n'ayons pas de détails sur les études qu'il entreprit alors, nous sommes porté à croire que ce fut en Allemagne qu'il commença la rédaction d'une chronique roumaine que M. Hăşdeu lui attribue avec beaucoup de vraisemblance[2]. Le seul fragment de cette chronique que nous possédions est relatif à l'ancienne histoire de la Dacie et ne contient par conséquent aucun document personnel; mais l'auteur témoigne d'une lecture approfondie des historiens anciens et modernes, dont les œuvres ne devaient guère être accessibles en Moldavie. Le même appareil d'érudition et les renvois aux mêmes sources se retrouvent dans l'introduction d'un ouvrage rédigé quelques années plus tard par Milescu, le *Chrèsmologe*, dont

1. *Relation de Moscovie*, 220.
2. Voy. Cŏgălniceanu, *Letopiseţe*, ed. a II., I, 85—126.

nous parlerons plus loin. Aucun autre boïar roumain du XVIIe siècle ne possédait une science aussi vaste et aussi variée. Du reste, Nicolas semble s'être désigné lui-même dans un passage de la chronique, dans lequel l'auteur rappelle le temps où il était encore en Moldavie[1].

D'après Neculcea, le séjour de Spatar à la cour de Frédéric-Guillaume eut un résultat particulièrement important pour lui. Un médecin allemand, recourant aux procédés modernes de la rhinoplastie, parvint à lui refaire un nez. Ainsi disparaissaient les traces les plus hideuses de la mutilation que Nicolas avait subie. Il pouvait se présenter d'une façon plus décente pour un courtisan.

En quittant le Brandebourg, Nicolas se rendit en Poméranie auprès d'un de ses anciens maîtres, le prince Étienne-Georges, déposé par les Turcs en 1658, à la suite de l'alliance qu'il avait conclue avec Rákóczi et avec les Suédois. Maintenant Étienne-Georges vivait retiré à Stettin[2], à la merci du roi Charles XI, qui lui avait abandonné quelques terres. Il crut que nul ne saurait mieux que le fugitif moldave soutenir ses intérêts auprès de la cour de Suède et il le délégua comme son agent à Stockholm. Il lui donna des lettres de recommandation pour divers personnages,

1. «Ѫсть читéск ѫ лѣтописéцꙋл молдовенéск, кáре, фíинд ѥꙋ ѫкъ ѫ Молдóва, лáм гъсíт ла Їѡнíца Рáковицъ. — Je lis ces mots dans la chronique moldave que j'ai trouvée chez Ionița Racovița, *du temps que j'étais encore en Moldavie.*» Cogălniceanu, *Letopisețe,* ed. a II., I, 108.

2. Étienne-Georges, obligé de quitter la Moldavie, se rendit d'abord en Allemagne (des lettres publiées par M. Hășdeu, *Archiva istorică a României,* I, I, 108, nous apprennent qu'il était à Vienne au mois d'avril 1660). Il passa ensuite dans le Brandebourg (il arriva à Francfort-sur-l'Oder dans les derniers jours du mois de septembre 1662) et s'établit, peu de temps après, à Stettin. Voy. Papiu Ilarian, *Tesauru de monumente istorice,* III, 76—104.

notamment pour l'ambassadeur de France, Arnauld de Pomponne. Telle fut l'origine des relations que Nicolas eut avec l'homme qui devait la faire connaître à l'Europe occidentale.

M. de Pomponne, au milieu des négociations diplomatiques qu'il poursuivait, s'occupait alors de procurer des renseignements à son père, Arnauld d'Andilly, et à son oncle, le grand Arnauld, au sujet d'une question qui absorbait alors messieurs de Port-Royal. Un livre publié par le ministre Claude pour combattre la présence réelle dans l'eucharistie, avait fourni aux docteurs catholiques l'occasion de défendre contre les calvinistes ce qu'ils regardaient comme la foi constante de l'Église chrétienne. L'ouvrage à la rédaction duquel Antoine Arnauld et Pierre Nicole prenaient la part principale, devait écraser les protestants par le nombre et la diversité des témoignages. Comme M. Claude s'était fait une arme de la fameuse Confession de foi attribuée au patriarche Cyrille Lucaris, il importait de démontrer que la Confession de foi attribuée à ce prélat avait été rédigée par un adepte du calvinisme et ne reproduisait nullement la doctrine de l'Église grecque. M. de Nointel à Constantinople, M. de Pomponne à Stockholm furent priés d'user de leur haute influence pour réunir des informations précises sur la tradition orientale. Nicolas Spatar, élève des écoles grecques de Constantinople et traducteur de la Bible, était plus apte que qui que ce fût à guider M. de Pomponne dans ses recherches théologiques. Il ne tarda pas à se lier avec lui et composa pour les auteurs de la *Perpétuité de la foy* un petit traité dans lequel il donnait raison aux catholiques. Comme le remarque M. Hăşdeu, trois personnages se distinguèrent au XVIIe siècle en Moldavie par leur ardeur à combattre le calvinisme : Pierre Movila, métropolitain de Kyjev, qui composa une confession de foi opposée à celle de Cyrille; le métropolitain Barlaam, qui publia en 1654 un Anticatéchisme, destiné à réfuter les catéchismes répandus par Georges Rákóczi parmi les Roumains; enfin notre Spatar, dont la science théologique séduisit M. de Pomponne.

Une lettre adressée par ce dernier à messieurs de Port-Royal nous donne de curieux détails sur ses relations avec Milescu et sur la vie antérieure de Nicolas.

« Le traité que le feu roy de Suéde, dit M. de Pomponne, fit avec le Ragotski, prince de Transylvanie, et avec le prince de Moldavie[1], cousta les estats à l'un et à l'autre, par l'opinion que conceut le grand seigneur qu'il y avoit quelque jonction resolue contre luy. Il deposa le prince de Moldavie, qui, ayant perdu ses biens et ses estats, eut recours à la Suéde pour qui il avoit esté chassé, et en obtint quelques terres en Pomeranie, où il a toujours demeuré depuis. Ce prince a envoyé icy depuis peu de mois pour ses interests un gentilhomme nommé le baron Spatari, qui avoit esté long-temps secretaire d'estat lorsqu'il regnoit, et qui a depuis commandé les trouppes sous les deux princes que le Turc a tout de suite donnez à cette province. Il le chargea d'une lettre qu'il me rendit. Je fus surpris de trouver un homme si voisin de la Tartarie autant instruit aux langues, et avec une connoissance aussi generalle de toutes

1. Il s'agit d'Étienne-Georges, déposé par les Turcs en 1658.

choses. Il parle bien latin, mais il pretend que, comme sa principalle étude a esté le grec il y est beaucoup plus sçavant. Il sçait assez bien l'histoire, et particulièrement celle de l'Eglise. Et, comme il a fort étudié les questions qui sont entre nostre religion et la grecque, et mesme entre les lutheriens et les calvinistes, je l'ay cru aussi capable qu'homme du monde de bien sçavoir l'opinion des Grecs. Il a esté long-tems ministre de ses princes à la Porte, et c'est par là qu'il m'a expliqué que ce que le resident de Suéde mande de Moscou, que les patriarches y doivent venir, ne peut estre, parce qu'ils ne sortent pas ainsi de leurs siéges. Ce sont seulement leurs legats qu'ils envoient pour appaiser le trouble que la deposition du patriarche de Moscovie avoit causé. J'ay esté bien aise de vous envoyer sa réponse, que je l'ay prié d'écrire sur les questions que l'on veut eclaircir. Il y travaille, et j'espére l'avoir avant que de fermer mon pacquet. Il convient generalement avec nous sur toutes choses et n'en différe que sur la procession du S. Esprit. Aussi vient-il toutes les festes à la messe chez moy, et, à l'exception du *Credo*, où il oublie le *Filioque*, il n'y a pas un meilleur catholique.»

Les auteurs de la *Perpetuité de la foy*, après avoir reproduit cette lettre, ajoutent ce qui suit :

«Voilà l'histoire de ce seigneur. Et il est à remarquer que ces questions dont il parle dans cette lettre sont celles mesmes que l'on verra imprimées à la fin de ce volume, dont on avoit envoyé une copie à M. de Pompone. Elles contiennent clairement l'estat des differens qui sont entre nous et les calvinistes, tant sur l'eucharistie que sur quelques autres points. Ce fut à ces questions que ce seigneur entreprit de répondre et, pour cela, il composa un écrit en grec et en latin sous ce titre : *Enchiridion, sive Stella orientalis; id est sensus Ecclesiae orientalis, scilicet graecae, de transsubstatione corporis Domini aliisque controversiis, a Nicolao Spatario, Moldavolacone, barone et olim generali Wallachiae, conscriptum, Holmiae, anno 1667, mens. febr.*

« On le peut voir imprimé tout entier en latin à la fin de ce volume, n'ayant pas cru qu'il fust necessaire de le donner en grec, puisque le latin est aussi bien original que le grec, et qu'il le donna écrit de sa main à M. de Pompone en l'une et en l'autre langue . . .» [1]

III.

Le prince Étienne-Georges, dont Spatar était l'agent à Stockholm, mourut au mois de janvier 1668; dès lors Nicolas n'eut plus de motif pour rester en Suède. Il prit le parti de rentrer dans son pays natal. Depuis qu'il avait quitté la Moldavie plusieurs princes s'étaient succédé sur le trône : Stefăniţă avait été remplacé par Eustathe Dabija, qui lui-même avait eu pour successeur son gendre Duca. Après un règne de quelques mois, Duca avait été déposé et le pouvoir était passé aux mains d'Élie, fils d'Alexandre-Élie (mai ou juin 1666). Ce fut auprès de ce dernier que Spatar chercha un refuge [2]; mais, vers la fin de l'année

1. *La Perpetuité de la foy de l'Église catholique touchant l'Eucharistie, deffendue contre le livre du sieur Claude* (Paris, Savreux, 1669, in-4), 404—405; éd. in-12, 592—594.

2. Voy. ci-après l'extrait de Neculcea.

1668, ou dans les premiers jours de 1669, Élie fut renversé, Duca remonta sur le trône, et Nicolas dut reprendre le chemin de l'exil[1]. Certains indices que nous releverons plus loin[2], nous font croire qu'il passa de nouveau en Valachie et qu'il y séjourna pendant la plus grande partie du règne d'Antoine. Il demanda l'hospitalité au tsar Alexis Mihajlovič; en 1672 il était à Moscou.

En arrivant en Russie, Spatar eut la bonne fortune d'y trouver deux puissants protecteurs : le prince Basile Vasiljevič Golicyn et le boïar Artemon Sergêev Matvêev, l'ami des sciences et des lettres occidentales. Golicyn le fit entrer comme traducteur au bureau des ambassadeurs (посольскій приказъ); Matvêev lui confia l'éducation de son fils André[3]. Dès lors Nicolas se mit à composer ou à traduire une foule d'ouvrages didactiques, historiques, théologiques. Il montrait ainsi sa prodigieuse connaissance de toutes les langues européennes, fournissait à son élève des instruments de travail et trouvait le moyen de faire agréer au tsar diverses dédicaces productives.

1. Nous nous écartons ici de M. Hăşdeu. D'après le savant roumain, Spatar serait rentré en Moldavie dès le début du règne d'Élie-Alexandre; mais il aurait trouvé la situation intérieure du pays bien différente de celle qu'il avait connue sous les princes qu'il avait servis. Désespérant de pouvoir se livrer pour son compte à de nouvelles intrigues, il serait retourné à l'étranger, et ce serait alors seulement qu'il serait allé en Suède. Si l'on observe que l'*Enchiridion* fut composé à Stockholm au mois de février 1667, que les relations de Spatar avec M. de Pomponne remontaient sans nul doute à quelques mois, et que, d'autre part, Élie-Alexandre n'avait obtenu la principauté de Moldavie que vers le milieu de l'année 1666; si enfin l'on tient compte de la lenteur des voyages à cette époque, on trouvera le système de M. Hăşdeu peu vraisemblable.

2. Voy. plus loin notre Bibliographie, p. 477.

3. Introduction au *Voyage de Spatar en Sibérie,* publié par M. Arsenjev, 23.

A Moscou, Spatar avait en quelque sorte renoncé à sa qualité de Moldave et se laissait confondre avec les Grecs, alors fort nombreux dans cette capitale, où l'enseignement était en grande partie entre leurs mains; aussi la littérature grecque devint-elle dès lors le point de départ de ses études.

Le premier ouvrage dont il s'occupa, fut un *Dictionnaire grec-latin-russe,* auquel il travailla dès les premiers temps de son séjour en Russie, mais qui, à ce que nous croyons, ne fut pas achevé. Il rédigea ensuite une *Arithmétique,* qu'il termina au mois de septembre de l'année 1672. Sous un titre qui indiquait un simple manuel de l'art du calcul, il avait, en s'inspirant des petits traités en usage dans les écoles grecques, rédigé une sorte d'encyclopédie mathématique, religieuse et philosophique. Les citations de l'Evangile, des Saint-Pères et des auteurs profanes de l'antiquité servaient d'aide-mémoire aux étudiants. La dernière partie, consacrée à l'éthique, était composée d'exemples empruntés aux vertus impériales.

M. Kedrov, auteur d'une notice sur l'*Arithmétique*[1], a cru pouvoir la comparer au *San-dze-king* des Chinois, livret qui contient en 168 vers un résumé de toutes les connaissances humaines[2]. On trouve de plus dans l'ouvrage de Spatar des groupements de chiffres qui attestent le goût de l'auteur pour la science cabalistique.

Le même amour pour les sciences occultes se remarque dans un ouvrage beaucoup plus considérable qui porte la

1. Журналъ министерства народнаго просвѣщенія, 1876, I, 1-31.
2. Voy. *L'Empire chinois*, par le P. Huc, 2e éd. (Paris, 1854, in-12), I, 126.

date de 1673, le *Chrèsmologe, ou Livre de prophéties,* vaste commentaire théologique et mystique des visions de Daniel. Le titre même de cette compilation nous apprend que Nicolas ne se borna pas au rôle de simple traducteur, mais qu'il enrichit l'original grec de développements de son crû. Parmi ces additions, M. Hăşdeu fait remarquer un long passage relatif à l'étude de l'histoire, passage qui témoigne de l'érudition de Spatar et dans lequel sont cités, comme dans le fragment de chronique roumaine qu'on lui attribue, une foule d'auteurs anciens et modernes. La forme du livre est également curieuse : la prose y est entremêlée de vers.

Le *Chrèsmologe* fut entrepris par ordre du tsar Alexis Mihajlovič : on voit que Spatar avait su se faire bien venir à la cour. Pour répondre à la faveur dont il était l'objet, il participa à la rédaction d'un répertoire intitulé *Livres d'état des souverains de la Russie et d'autres pays anciens et modernes,* répertoire destiné à l'instruction du tsarévitch Théodore, et composa seul, sous le titre de *Vasiliologin,* une chronologie des principaux empereurs du monde. Dans un ordre d'idées différent, il se proposa d'initier les Russes aux traditions de l'antiquité classique et du moyen-âge, et fit un *Recueil de passages des auteurs grecs relatifs aux neuf Muses et aux sept arts libéraux.* C'était un complément à la petite encyclopédie qu'il avait donnée sous le nom d'*Arithmétique.*

Dans le cours de l'année 1673, Spatar entreprit encore une traduction du *Livre des Sibylles,* qu'il termina en 1674; mais ces travaux auxquels se joignaient les leçons qu'il donnait au fils de Matvêev et les devoirs ordinaires de sa charge ne lui permirent pas d'achever le *Chrèsmologe.* Nous ne connaissons en effet qu'une première partie de cet ouvrage, qui est loin de contenir toutes les matières annoncées sur le titre. L'original grec offre deux autres parties dans lesquelles l'auteur, à la suite de l'interprétation des visions de Daniel, rapporte diverses prophéties postérieures, relatives à la prise de Constantinople, à l'empire ottoman, etc. Nicolas aurait eu l'occasion dans ces nouveaux développements de mettre à profit sa profonde connaissance des affaires orientales; il s'arrêta cependant après son premier volume. M. Hăşdeu suppose qu'il aura craint de se compromettre dans les querelles théologiques. Il est vrai que, depuis la déposition du patriarche Nicon (1667), l'église russe montrait une intolérance extrême et suspectait d'hérésie tous les étrangers, surtout lorsqu'ils abordaient les matières religieuses; mais le *Livre des Sibylles,* qui suivit le *Chrèsmologe,* n'était pas moins de nature à inquiéter les timides représentants de l'orthodoxie. Il nous paraît donc plus simple de supposer que le temps seul manqua à l'auteur pour achever son œuvre. Deux notices détachées que nous possédons, une courte *Description de Sainte-Sophie de Constantinople* et un *Traité des hiéroglyphes,* étaient peut-être destinés à entrer dans la seconde ou dans la troisième partie.

Nous ne nous arrêterons pas à la traduction d'un *Discours prononcé par l'ambassadeur de Pologne le 18 septembre 1674.* Une pièce de ce genre rentrait dans la tâche journalière des interprètes du bureau des affaires étrangères, et Spatar ne devait pas y attacher grande importance.

Nous aurons fini l'énumération, probablement incomplète, des ouvrages composés ou traduits par Nicolas pendant la première période de son séjour à Moscou en citant un *Livre en figures*, traduit de Macaire, métropolitain d'Antioche. Ce prélat, qui était venu en Russie dans le courant de l'année 1666, avait pris part au procès de Nicon[1]; Spatar avait avec lui des relations personnelles.

L'ancien boïar moldave, qui jadis écrasait ses compatriotes par un luxe insolent, avait maintenant besoin de travailler pour vivre; sa fécondité était celle d'un auteur besogneux. Comme le fait observer M. Hăşdeu, il se plaît à rappeler, dans l'introduction du *Chrèsmologe,* les générosités d'Alexandre envers Pyrrhon, Xénocrate et Aristote[2].

Nous ignorons si Alexis Mihajlovič voulut bien comprendre ces allusions transparentes; nous savons seulement que, au mois de septembre 1673, Nicolas fut autorisé à fixer son domicile en Russie et reçut du tsar une coupe dorée[3]. Vers le milieu de l'année 1674[4] la protection de Matvêev lui valut une distinction plus haute : il fut chargé d'une ambassade en Chine.

Alexis Mihajlovič poursuivait alors avec une remarquable persévérance les efforts tentés précédemment par la Russie pour nouer des relations suivies avec les peuples de l'Asie

1. Sathas, Νεοελληνικὴ Φιλολογία, 288.

2. Il est à remarquer que tous les ouvrages composés par Spatar en Russie restèrent manuscrits. L'instruction était alors si peu répandue chez les Moscovites que l'imprimerie y était presque exclusivement employée pour les livres liturgiques. Quelques copies faites à la main suffisaient à la petite classe des lecteurs capables d'apprécier une œuvre littéraire.

3. Vostokov, Описанie Румянцовскаго Музеума, cité par Hăşdeu.

4. La nomination de Spatar est du 13 juillet 1674. Bantyš-Kamenski, 23.

centrale et de l'Extrême Orient. En 1669, il avait chargé Pazukin d'une mission à Khiva[1]; en 1670, il avait envoyé en Chine Daniel Aršinski, accompagné d'Ignace Milovanov, d'Antoine Filev et de Grégoire Kobjanov[2]; enfin, en 1674, le boïar Ivan Poršennikov et deux négociants, Eustathe Filatjev et Gabriel Romanov, avaient repris par son ordre le chemin de la Chine[3].

L'ambassade confiée à Spatar avait un double but. Il devait tout d'abord se rendre auprès de Gantimur, prince tongouze qui en 1667 était venu en Russie avec quarante des siens, s'était converti au christianisme et, depuis lors, s'était fixé à Nerčinsk, en Sibérie. La Chine ne cessait de réclamer ce personnage qu'elle considérait comme rebelle; il s'agissait de le fortifier dans ses bonnes dispositions et de l'assurer que la protection du tsar ne lui ferait pas défaut. A Péking, Nicolas devait naturellement plaider la cause de Gantimur, mais les instructions qui lui étaient données avaient surtout un caractère commercial. Après avoir réglé l'importante question des titres que les deux souverains devaient se donner mutuellement et déterminé la langue qui serait employée pour la correspondance entre la Russie et la Chine[4], l'ambassadeur devait s'occuper de la rédemption des captifs, s'il s'en trouvait dans le pays, puis demander certaines concessions propres à faciliter les échanges. Che-

1. *Travaux de la troisième session du congrès international des orientalistes*, St. Pétersbourg, 1876, I, 595—604.

2. Bantyš-Kamenski, 18—22.

3. *Ibid.*, 23.

4. Chose curieuse, les Russes proposent aux Chinois d'employer le latin ou le turc.

min faisant, Spatar devait étudier les cours d'eau reliant la Sibérie à l'empire chinois.

Les derniers mois de l'année 1674 furent consacrés aux préparatifs de l'expédition. Le 28 février 1675 le tsar signa les lettres adressées au Fils du Ciel, et le 4 mars (v. s.) Spatar quitta Moscou. Sa suite se composait de deux Grecs qui avaient pris du service en Russie, Constantin Ivanov syn Grečanin et Théodore Pavlov syn Livanov, et de deux attachés au bureau des ambassadeurs, Nicéphore Venjukov et Ivan Favorov. A Tobolsk, où il arriva le 30 mars, il s'adjoignit six nobles du pays, plus un personnel auxiliaire composé d'un aumônier, d'un interprète et de 40 serviteurs cosaques à pied ou à cheval.

L'ambassade dut attendre à Tobolsk pendant tout le mois d'avril la fonte des glaces; elle ne put se remettre en route que le 2 mai. Elle suivit alors sur trois bateaux plats le cours de l'Irtyš, de l'Oby, du Kety, traversa les villes de Surgut et de Narym et atteignit, le 9 juillet, Jeniseisk. De cette ville Spatar expédia en avant un de ses compagnons, Ignace Milovanov, qui avait fait précédemment partie de la mission d'Aršinski. Celui-ci gagna tout droit Nerčinsk et Péking, tandis que l'ambassadeur continua lentement sa route pour recueillir le plus grand nombre possible de documents sur le pays qu'il parcourait.

Spatar repartit de Jeniseisk le 18 juillet, suivit le cours du Jenisej, de la Tunguska, de l'Angara, et atteignit Irkutsk le 5 septembre. Il y rencontra Gantimur, qui lui donna sur la Chine d'utiles notions, et continua sa route par l'Angara et le lac Bajkal. Le 4 décembre, il atteignit enfin Nerčinsk, qu'il quitta le 19 du même mois.

A partir de Nerčinsk, il faudrait une carte très détaillée pour reconnaître les villes et les fleuves que l'ambassade traversa; nous ne pouvons ici les énumérer. Cette portion du voyage de Spatar est pourtant la plus intéressante à cause des détails qu'on y trouve sur un pays jusqu'alors si peu connu, en particulier sur le fleuve Amour, dont il constata la haute importance pour le commerce avec la Chine. La publication de M. Arsenjev permet aujourd'hui de suivre pas à pas l'explorateur.

Le 13 janvier 1676, l'ambassade franchit la frontière chinoise; elle se dirigea vers Péking, où elle fit son entrée le 15 mai. Spatar se mit aussitôt en relations avec le jésuite Ferdinand Verbiest, qui enseignait alors l'astronomie et la géométrie à l'empereur. Par sa connaissance du pays et de la langue, par l'accès facile qu'il avait au palais, Verbiest pouvait lui rendre de grands services. Le 15 mai, Spatar eut audience du Fils du Ciel, qui le reçut avec de grands honneurs et auquel il n'épargna pas les protestations d'amitié.

L'ambassadeur russe passa trois mois et demi à Péking; il s'y lia d'amitié avec les jésuites qui avaient toujours accès au palais et servaient d'interprètes à l'empereur pour les langues européennes. Il se mit lui-même à étudier le chinois avec la merveilleuse facilité dont il était doué[1].

Le 1er septembre 1676 Spatar quitta Péking, porteur d'une

1. M. Hăşdeu, qui n'a jamais achevé son travail sur Milescu, nous a dit avoir des renseignements sur une traduction que l'ancien boïar mol-

lettre adressée au tsar par le Fils du Ciel. Le 8 octobre il atteignit le Naun, suivit diverses rivières jusqu'à Selengisk, où il arriva le 3 mai 1677, et entra le 16 du même mois à Irkutsk. Le 7 juin il était à Jeniseisk. Le 5 janvier 1678 il était de retour à Moscou. Son voyage avait duré trois ans moins deux mois.

IV.

Pendant l'absence de Nicolas un changement de règne s'était produit: Alexis Mihajlovič était mort, laissant le trône à son fils Théodore (1676). Il s'agissait pour Spatar de conquérir la protection du fils comme il avait su gagner celle du père. Pour témoigner du zèle et de l'activité avec lesquels il avait rempli sa mission, il se hâta de remettre au bureau des ambassadeurs son journal de voyage.

Ce journal, qui vient d'être publié par M. Arsenjev, ne comprend que l'itinéraire en Sibérie, mais c'est de beaucoup la partie la plus importante de l'expédition. Spatar était en effet le premier explorateur qui eût fait de cet immense pays une reconnaissance régulière et vraiment approfondie. Une pareille reconnaissance pouvait avoir immédiatement des résultats pratiques, tandis que les relations avec la Chine ne pouvaient se développer que dans un avenir plus ou moins éloigné.

dave aurait faite en chinois. Il a de plus appris d'un membre de la légation russe en Chine que l'on conserve encore à Péking un portrait de Spatar, facilement reconnaissable à la mutilation de son visage.

Pour faire suite au journal de Tobolsk à Nerčinsk et au fleuve Amour, Spatar entreprit aussitôt une *Description de la Chine.* Il avait été précédé dans cette contrée par une foule d'explorateurs de tout ordre; il voulut mettre à profit leurs observations; aussi ne composa-t-il pas uniquement son ouvrage sur les notes qu'il avait recueillies lui-même; il y fit entrer un grand nombre de renseignements empruntés à ses devanciers. On aura une idée de la promptitude avec laquelle il travaillait si l'on songe que ce dernier ouvrage, qui ne contient pas moins de 59 chapitres, fut achevé le 13 novembre 1678.

La mission de Spatar ne donna pas et ne pouvait donner de résultats politiques, mais elle eut une réelle importance par les notions nouvelles qu'elle fournit sur les routes à suivre pour gagner l'extrémité orientale de la Chine. A ce point de vue, M. de Sabir, auteur d'un travail sur le fleuve Amour, nous paraît injuste quand il dit que l'ambassade confiée au boïar moldave n'eut aucun succès[1]. Les contemporains furent, au contraire, remplis d'admiration pour le hardi voyageur, surtout ceux que l'habitude des explorations mettait le mieux à même d'apprécier les difficultés de l'entreprise. Un agent français, M. de La Neuville, envoyé en Russie, dans le courant de l'année 1689, pour se renseigner sur les négociations poursuivies entre le tsar, la Suède et le Brandebourg, eut l'occasion d'y voir Spatar qui fut chargé, lors de son arrivée à Moscou, de lui faire compliment et de lui tenir compagnie. Il fut tellement

1. *Le fleuve Amour* (Paris, 1867, in-4), 17—18. — Cf. Legrand, *Bibliothèque grecque vulgaire,* III, xxxij.

frappé des conversations qu'ils eurent ensemble qu'il en fit un chapitre spécial de sa *Relation*[1]. Quoique ce chapitre ait été déjà deux fois réimprimé[2], nous ne pouvons manquer de le reproduire ici; il prouve que Golicyn mit immédiatement à profit les observations et les conseils de son protégé pour développer les relations entre l'Europe et l'Asie.

« Spatarus, Valaque de nation, dit M. de La Neuville, avoit été chassé de son pays, après avoir eû le bout du nés coupé, pour avoir découvert au Grand Seigneur un traité secret que l'hospodar de Valachie, son parent, avoit fait avec le roi de Pologne, et qui a été cause de la déposition de cet hospodar, qui est presentement à la cour du roi de Pologne, reduit à une pension. Il se retira d'abord chez l'electeur de Brandebourg, qui le reçut parfaitement bien, parce qu'il étoit fort sçavant et parloit parfaitement latin, grec et italien; mais, le roi de Pologne ayant donné avis de son infidelité à monsieur l'electeur, il fut aussitôt chassé de sa cour, et, ne sçachant où aller, passa en Moscovie. Galischin le reçut fort bien et lui donna de quoi subsister. Quelque temps après, il l'envoya de la part des czars à la Chine, pour découvrir les moyens d'établir par terre le commerce de ce pays là par la Moscovie. Il fut deux ans dans ce voyage et eut de grandes difficultés à le faire;

1. *Relation curieuse et nouvelle de Moscovie, contenant l'état present de cet empire, les expéditions des Moscovites en Crimée en 1689, les causes des dernières revolutions, leurs mœurs et leur religion, le récit d'un voyage de Spatarus par terre à la Chine.* (Paris, 1698, ou La Haye, 1699, in-12, pp. 219—225 de l'édition hollandaise.)

2. Par M. Hăşdeu, *Archiva istorică a Romîniei*, I, I, 137—139, et par M. Legrand, *Bibliothèque grecque vulgaire*, III, xxxix—xlij.

mais, comme il á beaucoup d'esprit, il remarqua si bien l'état des lieux où il passa qu'il fit espérer, à son retour, à Galischin que, dans un second voyage, il mettroit les choses en état de pouvoir aller dans ce pays-là aussi facilement que dans un autre. Galischin commença, sur ces assurances, à faire chercher un chemin aussi commode que court, pour le transport des marchandises, et, après l'avoir trouvé, il songea aux moyens d'y établir des voitures, qui furent de faire bâtir de Moscou à Tobolk, capitale de Ziberie, de dix lieues en dix lieues, quelques maisons de bois, d'y mettre des paysans à qui il abandonna le domaine de plusieurs terres, à condition seulement d'entretenir dans chaque maison trois chevaux, qu'il leur fit donner la première fois, avec droit d'exiger de ceux qui vont en Ziberie et en viennent, pour leurs propres affaires, trois sols par cheval pour dix vœrstes de chemin, qui sont deux lieues d'Allemagne. Il avoit aussi sur cette route, comme par toute la Moscovie, fait planter des pieux pour marquer les vœrstes et le chemin; et, dans les lieux où la neige est si haute que le chemin en est impraticable aux chevaux, il avoit établi des habitations qu'il avoit donné à des gens condamnez à l'exil perpetuel, à qui il faisoit fournir de l'argent et des vivres, avec de gros dogues pour tirer, au lieu de chevaux, les traisneaux sur la neige; et, à Tobolk, ville scituée sur ce grand fleuve Irstik, que l'on nomme improprement Oby, parce qu'il s'y décharge, il avoit établi de grands magazins remplis de vivres, et fait bâtir de grosses barques, sur lesquelles la caravane remontoit ce fleuve jusqu'à Kesilbas, lac scitué au pied des montagnes Pragog, où il avoit pareillement établi toutès les commodités necessaires.»

«Spatarus m'a asseuré qu'il n'avoit été que cinq mois en chemin dans son dernier voyage et qu'il l'avoit fait avec autant de commodité et de facilité que dans nôtre Europe. J'aurois fort souhaité qu'il m'en eût bien voulu dire toutes les particularités et m'en faire le détail, et apprendre de lui les noms des rivières, montagnes et pays par où il avoit passé; mais je le trouvai fort circonspect et retenu à toutes les questions que je lui faisois, et compris très bien que, s'il ne satisfesoit ma curiosité, ce n'étoit que la crainte qu'on lui rendît un mauvais office si cela venoit à être sçû, en l'accusant de m'avoir découvert une chose laquelle ils veulent être cachée et inconnue à toutes les autres nations, et que la complaisance qu'il pouvoit avoir pour moi en m'instruisant de tout ce que je lui demandois, ne lui attirât quelque bâtonnade de la part des czars, lesquels, quand il leur plaît, n'exemptent de ce châtiment personne, de quelque qualité et condition qu'elle puisse être, depuis le moindre paysant jusqu'aux boyars. Il esperoit, à ce qu'il me fit entendre, de trouver encore un chemin plus court et aisé dans un autre voyage qu'il pretendoit faire.»

Un autre voyageur français, le P. Philippe Avril, jésuite, qui se rendit en Russie, accompagné du P. Barnabé, pour y étudier les routes conduisant à la Chine, parle également avec quelque détail de l'expédition de Spatar. Il dit que jusqu'alors cinq routes ont été suivies pour gagner la Chine par terre, et, après avoir fait connaître les quatre premières, il ajoute :

«La cinquième est celle qu'a tenu Spartarius, envoyé de Moscovie à la Chine. On passe par la Sibérie pour se rendre à Nerczinski, qui est sur le fleuve Szilka; on va ensuite à Dauri, peu éloigné du fleuve Naiunaj, d'où l'on continue sa route jusqu'à Cheria, qui est à l'entrée de la Chine. Il y a une égale distance de Nerczinski à Dauri et de Dauri à Cheria.

«Si nous en croyons cette relation, dont j'ay fait jusques icy une fidelle copie, cette route est aussi sûre qu'elle est courte, parce que depuis Nerczinski jusqu'au fleuve Argus, qui se jette dans le fleuve Yamour, on trouve toûjours des Yachutchiki, c'est-à-dire des Moscovites qui chassent aux zibellines, et, au-delà de ce fleuve, on passe par les terres de certains Monguls qui craingnent extrêmement les Moscovites. Mais il y a apparence qu'on ne trouve pas maintenant toutes les sûretez qu'on trouvoit auparavant chez les Monguls qui sont de ce côté-là, puis qu'on prend plus haut par Albazin et qu'on fait un grand tour pour aller de là à la Chine, ou bien plus bas, en passant depuis Szelingui sur les terres du Taïso Bechroesaïn[1].»

V.

Le chroniqueur roumain Neculcea, dans le passage cité plus loin, raconte au sujet de Spatar diverses particularités

1. Avril, *Voyage entrepris pour découvrir un nouveau chemin à la Chine* Paris, 1692, in-4), 173.

qu'il n'a pas dû inventer, mais qu'il est difficile de concilier avec les faits à nous connus. D'après cet historien, Alexis Mihajlovič aurait donné Nicolas pour précepteur à son fils, le futur tsar Pierre le Grand. Ce ne serait qu'ensuite que ce personnage serait devenu interprète impérial et aurait été chargé d'une mission en Chine. Neculcea ajoute que Spatar reçut du Fils du Ciel divers présents de grand prix dont il fut dépouillé, à son retour, par les autorités de Moscou. Malicieusement déporté en Sibérie, il n'aurait dû la liberté qu'à l'intervention de son tout-puissant élève.

Nous supposons qu'il y a ici quelque confusion. Pierre le Grand, né le 10 juin 1672, ne put guère recevoir les leçons de Spatar avant le départ de celui-ci pour la Chine; on a vu, au contraire, qu'un ouvrage auquel Nicolas collabora était destiné à l'éducation de Théodore Aleksêevič. Quant à la condamnation prononcée contre le voyageur par les autorités de Moscou, il s'agit probablement d'un procès pour sorcellerie dans lequel il fut impliqué en 1678. Nous avons déjà insisté sur le goût que Spatar témoignait pour les prophéties (le *Chrèsmologe* et le *Livre des Sibylles* en font foi); aux yeux du clergé russe des compilations de ce genre ou des traités tels que le *Livre des hiéroglyphes* devaient aisément se confondre avec le grimoire des sorciers. Ces ouvrages avaient été composés pour complaire à Matvêev; maintenant cet ancien favori était tombé; c'était contre lui que la poursuite principale était dirigée[1].

1. N. Novikov, Исторія о невинномъ заточеніи Боярина А. С. Матвѣева; изд. 2-е (Москва, 1785, in-8), 11—13, 37—39, 134, 135, 192, 193, etc. — Nous empruntons ce renvoi à M. N. Kedrov, Журналъ мин. нар. просв., 1876, I, 12.

Spatar eut la chance de se tirer heureusement du procès; il put même bientôt reprendre ses fonctions au bureau des ambassadeurs. Nous trouvons en effet son nom au bas d'une lettre du 2 juillet 1679, accompagnant l'envoi d'une gratification de 60 roubles accordée par le tsar à l'interprète Simon Lavrecki pour services rendus à l'envoyé russe à Vienne, Jean Vasiljevič Buturlin[1].

En 1680, Nicolas était encore à Moscou, d'où il correspondait avec le jésuite Ferdinand Verbiest, l'ami qu'il avait connu à Péking. Il s'agissait d'obtenir des renseignements sur les Tatars[2]. On voit que Spatar ne perdait pas de vue la Chine. Cependant il cultivait encore la théologie; aussi, le 17 mai 1681, est-il appelé par le tsar à l'aider de ses conseils pour statuer sur une question délicate. Deux savants grecs qui venaient d'arriver en Russie pour enseigner à l'école de Moscou, les frères Lihoudis[3], se trouvaient en conflit avec un théologien russe Jean Bêlovodski au sujet du sacrement de l'eucharistie; Théodore ne dédaigna pas de se faire juge de la querelle[4]. L'auteur de l'*Enchiridion* était plus apte que qui ce fût à l'assister de ses conseils. De plus, il devait d'autant mieux connaître la doctrine des frères Lihoudis qu'ils s'étaient rendus en Russie à la sollicitation de Païsius Ligaridis, avec qui lui-même était lié depuis longtemps.

1. Памятники дипл. снош. др. Россіи съ державами иностранными, IV, 893. — Nous ne connaissons à Paris aucun exemplaire de cette collection, que nous citons d'après M. N. Kedrov.

2. Legrand, *Bibliothèque grecque vulgaire,* III, 416.

3. Voy. Sathas, Νεοελληνικὴ Φιλολογία, 358—371.

4. Описаніе рукоп. Моск. синод. библ., II, 3, n° 299; 465, n° 338; 818, n° 339, etc., ap. N. Kedrov dans le Журналъ мин. нар. просв., 1876, I, 12.

Le 24 janvier 1684, Spatar traduisit, concurremment avec deux autres interprètes, un mémoire adressé au bureau des ambassadeurs par un secrétaire autrichien, Jean Eberhardt Göbl. Malgré son habileté pour cette sorte de travaux, il ne parvint pas à satisfaire Göbl, qui trouva que les mots latins de l'original étaient exactement rendus, mais que le sens général était parfois altéré[1].

Nous ne savons rien de Nicolas entre le mois de janvier 1684 et le courant de l'année 1689. Nous supposons qu'il fit dans l'intervalle un second voyage en Chine. Ce serait alors qu'il aurait pu se perfectionner dans la connaissance de la langue chinoise et qu'il aurait rapporté les riches présents dont parle le chroniqueur Neculcea.

Le récit de M. de La Neuville nous confirme dans cette opinion. Le diplomate français parle, en effet, d'un dernier voyage que Spatar aurait fait en cinq mois; il ne peut être question de son retour après son ambassade, retour qui ne dura pas moins de seize mois. M. Bantyš-Kamenski est muet à ce sujet, mais il n'a pas eu à parler des missions purement commerciales ou administratives qui auraient été confiées par la suite à l'ancien ambassadeur.

La compétence particulière de Nicolas pour tout ce qui touchait les choses de la Chine était alors bien connue; c'est à lui que s'adressaient les hauts personnages qui désiraient se renseigner sur la situation de l'Extrême Orient. A la fin de l'année 1689, peu de temps après le séjour de M. de La Neuville à Moscou, le patriarche de Jérusalem, Dosithée, écrivit à Spatar en le priant de lui envoyer la relation de son

1. Памятники дипл., VI, 317.

voyage dans le Céleste Empire[1]. Malgré la haute situation du personnage qui lui faisait cette requête, Nicolas ne se pressa pas d'y obtempérer.

A partir de 1689, nous n'avons plus sur la vie de Spatar qu'un petit nombre d'informations qui ne permettent pas de reconstituer sa biographie d'une façon suivie.

En 1691, il fut chargé, de concert avec deux autres interprètes de la cour, de déterminer la valeur exacte du titre d'*internonce* porté par l'envoyé autrichien J. Kurtz. Les ministres russes tenaient à être fixés sur le caractère attribué à cet envoyé pour régler le cérémonial de sa réception[2].

Au mois de juillet 1693 Spatar, après un silence de trois ans et demi, répondit au patriarche Dosithée, en s'excusant de ne pouvoir lui donner que des renseignements sommaires sur la Chine, de peur de trahir des secrets d'état[3].

Beaucoup d'autres prélats de l'église orientale étaient en relations suivies avec lui. Un de ses correspondants les plus intimes était alors l'archimandrite du Saint-Sépulcre, Chrysanthe Notaras. De ses conversations avec Spatar et des notes que celui-ci lui communiquait, Chrysanthe tira une relation historique sur la conquête de la Chine par les Tatars (Κιτάϊα δουλεύουσα)[4]. Toutes les fois que le prélat était à court de documents, il faisait appel à l'inépuisable érudition de son ami. Nous en avons la preuve dans un billet

1. Voy. un fragment de la lettre de Dosithée ap. Legrand, *Bibliothèque grecque vulgaire,* III, xxxv.

2. Памятн. дипл., VII, 682.

3. La lettre de Spatar, qui est fort longue, est écrite en grec ancien. Voy. Legrand, *loc. cit.,* xxxv—xxxviij.

4. *Ibid.,* 337—441.

que Spatar lui adressa au mois de février 1694 et dans lequel il fait allusion à un mémoire sur les Scythes rédigé par lui en une nuit, à la demande de Chrysanthe[1].

Nicolas était, on peut le dire, le représentant le plus écouté de l'érudition en Russie. En 1694, on le voit s'occuper avec assiduité de l'académie slavo-gréco-latine de Moscou. Il rédige des alphabets et d'autres manuels élémentaires, en dirige l'impression, et fait lui-même le métier de correcteur[2].

Au mois de décembre 1696, c'est à lui et à Simon Lavrecki que les tsars Jean et Pierre confient le soin de traduire les lettres adressées par eux à l'empereur Léopold pour la conclusion d'une alliance contre les Turcs et les Tatars de Crimée[3].

En 1697, Spatar est appelé de nouveau à régler une question d'étiquette; c'est lui qui fixe les titres que les tsars devront donner au pape Innocent XII[4].

Au mois de septembre 1697, Nicolas achève la traduction du volumineux *Traité des hérésies et de la foi orthodoxe des Chrétiens*, écrit en grec par Siméon, archevêque de Thessalonique.

En 1700, par un ukaze daté du 18 juin, Pierre le Grand introduisit en Russie l'enseignement de la langue chinoise[5]. Nous pouvons croire que Spatar ne fut pas étranger à cette

1. Legrand, *loc. cit.*, 417.

2. Smirnov, Исторія Моск. сл.-гр.-лат. Академіи, 37, cité par N. Kedrov, Журналъ мин. нар. просв., 1876, I, 13.

3. Памятн. дипл., VII, 1016.

4. *Ibid.*, VIII, 632—634.

5. *Travaux de la troisième session du congrès international des orientalistes*, St. Pétersbourg, 1876, I, 167.

mesure. Il jouissait de toute la faveur du tsar, qui lui confiait les travaux les plus secrets et, sans doute, prenait souvent ses avis.

A la fin de l'année 1700 il remplissait encore ses fonctions d'interprète au bureau des ambassadeurs. Il fut notamment chargé, le 28 novembre de cette année, de traduire en latin une lettre adressée par Pierre le Grand au doge de Venise[1].

Peu de temps après, Spatar eut à s'acquitter d'une tâche plus considérable.

Un ancien secrétaire de l'ambassade de l'Empire en Russie, Jean-Georges Korb, venait de publier à Vienne un journal dans lequel il avait consigné une foule de détails jusqu'alors inconnus à l'étranger sur les premières années du règne de Pierre le Grand. Cet ouvrage causa, dès qu'il parut, une sensation des plus vives et faillit même amener la guerre entre la Russie et l'Autriche. Le prince A. Golicyn, ministre du tsar à Vienne, se hâta d'en envoyer un exemplaire à la cour de Moscou, qui fit immédiatement proscrire le *Diarium*. Il fallait cependant savoir quelles étaient au juste les révélations de Korb, et le latin n'était pas familier aux hommes d'état russes. Spatar fut chargé d'en faire une traduction destinée à rester secrète.

Cette traduction est le dernier ouvrage de Spatar qui nous soit connu. Nous ne savons rien des dernières années de notre personnage, qui vécut longtemps encore, entouré, paraît-il, d'une haute considération par Pierre le Grand et

1. Памян. дипл., VII, 1358.

par ses ministres. D'après M. Hăşdeu, il mourut en 1714. Il devait avoir plus de quatre-vingts ans.

Nous venons de reconstituer, dans la mesure de nos forces, la biographie de Milescu; il y reste encore bien des lacunes qui pourront être comblées un jour. Nous donnerons maintenant, en forme d'appendice, le passage de la chronique de Neculcea auquel nous avons plusieurs fois renvoyé, et nous y joindrons une notice bibliographique.

APPENDICES.

I. — Extrait de la chronique de Jean Neculcea[1].

Ѥ̂ра̀ оу҃н боїѥ́р, а̂нȣ́ме Николáй Милéскȣ Спатáр, дела Вáслȣю, де мошíѧ лȣй, прѣ̀ ꙟвъцáт шѝ кърт8рáр, шѝ щїѧ̀ мȣ́лте лíмбй: ѥ̂линѣ́щє, словенѣ́щє, гречѣ́щє шѝ тȣрчѣ́щє; шѝ ѥ̂ра̀ мъ́ндрȣ шѝ богáт, шѝ ꙟбла̀ кȣ повóдничй ꙟнаинтє домнéщй, кȣ бȣздȣгáнє шѝ кȣ пáлȣшє, кȣ солтáрє, тóт сíрмъ, ла кáй; шѝ лȣй Стефънíцъ Бóдъ ꙟй ѥ̂ра̀ прѣ̀ дрáг шíл цинѣ̀ прѣ̀ бíнє, шѝ тóт ла мáсъ ꙟл

Il y avait un boïar appelé Nicolas Milescu Spatar, originaire de Vasluiŭ, homme très savant et très lettré, qui possédait un grand nombre de langues : le grec ancien, le slovène, le grec moderne et le turc. Il était riche et arrogant; il n'allait que précédé de coureurs princiers, tenant des masses d'armes et des sabres, les chevaux couverts de chabraques d'argent. Il était en grande faveur auprès de Stefăniță, qui le comblait de bienfaits et le faisait sans cesse

1. La chronique moldave de Jean Neculcea s'étend de 1662 à 1743. L'auteur avait joué un rôle politique important de 1693 à 1711. Il passa en Russie avec Démètre Cantemir, mais il ne tarda pas à se séparer de ce prince et séjourna en Pologne de 1712 à 1719. Il put alors rentrer en Moldavie, où il vécut sur ses terres jusqu'en 1730. Il revint encore pour quelques temps aux affaires, puis retourna dans sa retraite, où il mourut en 1743. Pumnul, *Lepturariŭ rumînesc,* III, 166.

пѫнѣ ши ла сфатѹрй[1], ши се жюка ꙟ кѫрцй кѹ дѫнсѹл, кѫ ера атѹнче граматик ла дѫнсѹл. Їар, кѫнд аѹ фост ѿдатѫ нѹ саѹ сѫтѹрат де бине ши де чинстѣ че авѣ ла Стефѫницѫ Водѫ, че аѹ шѫзѹт ши аѹ скрис нище кѫрцй виклѣне, ши лѣѹ пѹс ꙟтрѹн бѫц сфределит ши лѣѹ тримес ла Константин Водѫ чел бѫтрѫн Бѫсѫраб ꙟ Цара Лешѣскѫ, ка сѫсѫ рѫдиче де аколѡ кѹ ѡщй сѫ віе сѫ скоатѫ пре Стефѫницѫ Водѫ дин домніе. Їар Константин Водѫ нѹ аѹ врѹт сѫсѫ апѹче де ачѣле лѹкрѹрй чей скрїѧ, че саѹ скѹлат ши аѹ тримис бѫцѹл ачел сфределит, кѹ кѫрцй кѹ тот, ꙟнапой ла Стефѫницѫ Водѫ де лѣѹ дат. Дѣчй Стефѫницѫ Водѫ, кѹм аѹ вѫзѹт бѫцѹл кѹ кѫрциле, саѹ прѣ мѫнїѧт, ши лаѹ ши адѹс пре ачел Николай Милескѹл ꙟна-

asseoir à sa table et dans ses conseils, et jouait aux cartes avec lui; [Nicolas] était son secrétaire. Or, un jour, il arriva que les biens et les honneurs qu'il devait à Stefăniță ne lui suffirent plus; il se mit à écrire traîtreusement des lettres qu'il enferma dans une canne creuse et qu'il envoya au vieux Constantin Băsărab, en Pologne, l'engageant à y lever une armée et à venir chasser Stefăniță du trône. Mais Constantin ne voulut pas se lancer dans l'entreprise que [Spatar] lui conseillait; il fut révolté, et envoya la canne creuse, avec les lettres, à Stefăniță, à qui elle fut remise. Le prince entra dans une grande colère en voyant la canne et les lettres; il fit amener Nicolas Milescu devant lui, au petit palais, et ordonna au bourreau de lui couper le nez. Stefăniță tira lui-même rapidement son handjar de sa ceinture et le donna au bourreau pour

1. Nous adoptons une correction faite par M. Hășdeu (*Traian*, II, n° 7, 28, col. 4). Le texte de Cogălniceanu porte : ла масѫ ꙟ пѫнѣ ши се жюкѫ ꙟ кѫрцй кѹ дѫнсѹл, ши ла сфатѹрй.

и́нтѣ лȣй, ꙟ ка́са чѣ ми́къ, шѝ аȣ пȣ́с пре калъ́ȣ де ꙗ̃ȣ тъїѧ́т на́сȣл, скоци́нд Стефъни́цъ Во́дъ ꙟ гра́бъ χа́нџерȣл лȣй дин бръ́ȣ, аȣ да́т де ꙗ̃ȣ тъїѧ́т калъ́ȣл на́сȣл, шѝ нȣ̀ аȣ врȣ́т съ́л ла́съ пе калъ́ȣ съ́й та́їе на́сȣл кȣ кȣци́тȣл лȣй калъ́ȣ, че кȣ χа́нџерȣл лȣй Стефъни́цъ Во́дъ ꙗ̃ȣ тъїѧ́т на́сȣл.

couper le nez [au coupable]. Il ne voulut pas laisser le bourreau s'e servir de son couteau à lui; ce fut le handjar du prince que celui-ci employa.

Дȣ́пъ ачѣ́ѧ Никола́й къ́рнȣл аȣ фȣџи́т ꙟ Ца́ра Немцѣ́скъ, шѝ аȣ гъси́т аколѡ̀ оу҆н до́фтор де́й то́т слобозїѧ̀ съ́нџеле ди́н ѡ̂бра́з ши́л боцїѧ̀ ла на́с, шѝ аша̀ ди́н зѝ ꙟ зѝ съ́нџеле се ꙟкега̀, де ꙗ̃ȣ крескȣ́т на́сȣл ла ло́к де са́ȣ тъмъдȣи́т; ꙗ̃р, къ́нд аȣ вени́т а̃ичѣ ꙟ ца́ръ ла домнїѧ лȣй Ӣлїеш Во́дъ, нȣ́май де абїѧ̀ са́ȣ фо́ст кȣноскъ́нд на́сȣл къ́й тъїѧ́т.

Après cette [exécution], Nicolas le camard s'enfuit en Allemagne; il y trouva un médecin qui lui fit constamment des saignées au visage en faisant amonceler le sang à l'endroit du nez. Par ce moyen le sang se coagula peu à peu; le nez repoussa et il guérit. Quand [Spatar] revint en Moldavie, sous le règne d'Élie, c'est à peine si l'on pouvait s'apercevoir qu'il avait eu le nez coupé.

Нȣ́май то́т на́ȣ шъзȣ́т ꙟ ца́ръ мȣ́лт де рȣши́не, че са́ȣ дȣ́с ла Мо́ск ла ма́реле ꙟпъра́т ла Алѐѯїй Миχа́иловичь, ла та́тъл ма́релȣй Пе́трȣ ꙟ-

Cependant il ne resta pas longtemps dans le pays, [où il était poursuivi] par la honte; il se rendit chez les Moscovites, auprès du grand tsar Alexis Mihajlovič,

пъра́т ка́реле а҄ȣ вени́т ла но́й а҄нчѣ ꙟ Молдо́ва; шѝ пѐнтрȣ ꙟвъцътȣ́ра лȣ́й а҄ȣ фо́ст терцима́н ꙟпъра́тȣлȣ́й, шѝ ꙟвъцѫ̀ шѝ пре фі́юл ꙟпъра́тȣлȣ́й, пре Пе́трȣ Ꙗле́ѯїевичь ка́рте; шѝ є҆ра̀ ла ма́ре чи́нсте шѝ богъці́е. Шѝ ла́ȣ тримі́с ꙟпъра́тȣл Ꙗле́ѯїй Миχа́иловичь со́л ла ма́реле ꙟпъра́т а҄л Кита́илѡр, шѝ мȣ́лте лȣкрȣ́рй де мира́т а҄ȣ възȣ́т ла а҄чѣ ꙟпъръці́е а҄ Кита́илѡр; шѝ і҄аȣ дърȣи́т оу҆н бли́д пли́н де пїе́тре скȣ́мпе шѝ оу҆н дїама́нт ка̀ оу҆н ѡ҄ȣ де порȣ́мб. Шѝ ꙟторкъ́ндȣсе пе дрȣ́м ꙟнапо́й са́ȣ тъмпла́т дѣ́ȣ мȣри́т ꙟпъра́тȣл Мо́скȣлȣй пре а҄нȣ́ме Ꙗле́ѯїй Миχа́иловичь; і҄а́р сенато́рїй дела Мо́ск і҄аȣ є҆ши́т ꙟтрȣ ꙟтимпина́ре шѝ і҄аȣ лȣа́т а҄чѣ́ле да́рȣрй шѝ то́т чѣ́ȣ а҄вȣ́т, шѝ ла́ȣ фъкȣ́т сȣргȣ́н ла Сиби́р, шѝ а҄ȣ шъзȣ́т къци́ва а҄ни́ сȣргȣ́н ла Сиби́р.

І҄аръ ма́й пре оу҆рмъ ръди-

père du tsar Pierre le Grand qui, plus tard, vint ici chez nous, en Moldavie. Grâce à ses connaissances, il devint interprète du tsar; il apprit au prince impérial, Pierre Alekséevič, à lire et à écrire et parvint à beaucoup d'honneurs et de richesses. Le tsar Alexis Mihajlovič l'envoya en ambassade auprès du grand empereur de la Chine. Il resta dans ce pays deux ou trois ans, et l'empereur lui prodigua les honneurs et les présents. Il vit une foule de choses curieuses dans cet empire des Chinois, et on lui fit cadeau d'un vase plein de pierres précieuses et d'un diamant gros comme un œuf de pigeon. Quand il revint de ce voyage, il arriva que le tsar de Moscou, Alexis Mihajlovič, mourut; alors les sénateurs de Moscou vinrent à sa rencontre, lui enlevèrent les présents qu'il avait reçus et tout ce qu'il possédait, puis le bannirent en Sibérie. Il y resta quelques années en exil.

Après l'avènement du tsar

къ́ндȣсе Пéтрȣ ꙟпъра́т, фі́юл лȣ́й Ѧлéѯій Михáиловичь, кá- реле аȣ венит ӑ́нчѣ ꙟ цáръ ꙟ Молдóва де сáȣ бътȣ́т кȣ Тȣ́рчій ла Прȣ́т, ла Стъни- лéщй, дин џїѡ́с де Хȣ́шй, ꙟ цинȣ́тȣл Фъ́лчюлȣй, ӑџю́нсаȣ къ́рнȣл дин Сибир кȣ къ́рцй ла дъ́нсȣл, ла ꙟпърáтȣл Пé- трȣ Ѧлéѯїевичь де їаȣ фъкȣ́т щи́ре де тóате чѣ́ȣ фъкȣ́т шѝ кȣ́м є́сте сȣргȣ́н. Ѧтȣ́нчѣ Пéтрȣ Ѧлéѯїевичь ꙟпърáт ꙟ- дáтъ аȣ кїемáт сенатóрій, шѝ їаȣ ꙟтребáт зикъ́нд: «Оу́нде є́сте дáскалȣл мéȣ, чéл чѐ мáȣ ꙟвъцáт кáрте? Ѧкȣ́м кȣръ́нд съ́л ӑдȣчéцй.» Шѝ ꙟдáтъ аȣ ръпезит де ѡлáк шѝ лáȣ ӑдȣ́с ла Пéтрȣ Ѧлéѯїевичь, ꙟ- пърáтȣл Мóскȣлȣй, ꙟ Стó- лицъ; шѝ лáȣ ꙟтребáт чѣ́ȣ възȣ́т шѝ чѣȣ пъцит; шѝ їаȣ плътит лȣ́крȣриле тóате ӑчѣ́ле дела сенатóри чéй лȣ- áсъ пъ́нъ ла оу́н кáп де ӑ́цъ; шѝ дїамáнтȣл чéл мáре, ꙟ- пърáтȣ, дȣ́пъ че лáȣ възȣ́т, сáȣ мирáт, шѝ лáȣ дáт ꙟ

Pierre, fils d'Alexis Mihajlovič, de ce Pierre qui est venu ici chez nous, en Moldavie, et qui s'est battu avec les Turcs sur le Prut, à Stănileștĭ, en aval de Hușĭ, dans le district de Fîlciŭ, [Nicolas] le camard parvint à faire passer, de Sibérie, audit tsar Pierre Alekséevič des lettres dans lesquelles il lui racontait ce qu'il avait fait et comment il était exilé. Aussitôt le tsar Pierre Alekséevič manda les sénateurs et leur posa cette question : « Où est mon précepteur, celui qui m'a appris à lire et à écrire? Hâtez-vous de me l'amener. » [Ceux-ci] dépêchèrent un courrier, qui amena [Milescu] à Stolica, auprès de Pierre Alekséevič. Le tsar de Moscou lui fit raconter ce qu'il avait vu et ce qu'il avait eu à souffrir, et lui rendit tout ce que les sénateurs lui avaient enlevé, jusqu'à une tête d'épingle. Le tsar fut saisi d'admiration en voyant le gros diamant; le camard en fit don au trésor impérial, et reçut quatre-vingts bourses d'argent. Le tsar

ха́знѣоа чѣ̀ ꙟпъртѣ́скъ; ꙗ҃р ке́рнȣлȣй ꙗ҃ȣ да́т ѡ҃птзе́чй де пȣ́нцй де ба́нй; шй ла́ȣ лȣа́т ꙗ҃ръ ꙟ драго́сте шй ꙟ ми́лъ, шй ла́ȣ пȣ́с ꙗ҃р сфѣ́тник. Шй ке́нд а҃ȣ ра́с ба́рбеле ꙟпъра́тȣл Моска́лилѡр, а҃тȣ́нчѣ кънд ша́ȣ скимба́т по́ртȣл, а҃тȣ́нчѣ си́нгȣр ꙟпъра́тȣл ꙗ҃ȣ ра́с ба́рба кȣ мъ́на лȣй.

le reprit en grâce et en affection et le nomma de nouveau son conseiller. Et quand le tsar fit couper la barbe aux Moscovites, à l'époque où eut lieu le changement du costume, il rasa lui-même, de sa main, la barbe [de Milescu].

Шй а҃ȣ тръи́т ке́рнȣл пъ́нъ ла а҃до́а домні́е а҃лȣй Миха́й Во́дъ Ра́ковицъ; шй а҃тȣ́нчѣ а҃ȣ мȣри́т, ка́ре ма́ре чи́нсте ꙗ҃ȣ фъкȣ́т ꙟпъра́тȣл ла мо́артѣ лȣй, шй ма́ре пъръ́ре де ръ́ȣ а҃ȣ а҃вȣ́т дȣ́пъ дъ́нсȣл, къ є҃ра̀ требȣитѡ́р ла а҃чѣ́ле вре́мй.

Le camard vécut jusqu'au second règne de Michel Racoviță, sous lequel il mourut. Le tsar lui fit rendre de grands honneurs funèbres et le regretta vivement, car c'était un homme fort utile à cette époque.

Ръма́саȣ а҃че́лȣй ке́рн фечі́ѡрй шй непо́цй, шй а҃ȣ а҃цю́нс ȣ҃ні́й дѣ́ȣ фо́ст полко́вничй спре слȣ́жба ѡ҃ще́рей, къ се ꙟсȣра́съ є҃л а҃колѡ̀ де лȣа́съ Моска́лкъ, шй са́ȣ ма́й дȣ́с дȣ́пъ дъ́нсȣл де а҃́ичй ди́н Молдо́ва тре́й непо́цй де фра́те де се а҃шеза́се шй є҃́й пе лъ́нгъ ȣ҃нкюл се́ȣ; шй а҃че́й а҃вѣ̀ ми́лъ де ла ꙟпъръці́е, шй а҃колѝ а҃ȣ мȣри́т.

[Milescu] le camard laissa des fils et des petits-fils. Plusieurs sont devenus colonels au service [russe], car il s'était marié en Russie à une Moscovite. Trois de ses neveux, fils de son frère, quittèrent la Moldavie pour aller le rejoindre. Ils s'établirent auprès de leur oncle, furent bien accueillis par le tsar et moururent en Moscovie.

(Летопісіціле Цѫрії Молdовії, пȣблікате пентрȣ ꙟнтѫіаші dатѫ de M. Когѫлнічеанȣ, II, Iaшії, 1845, in-4, 209—211.)

II. — Bibliographie.

I.

Библїѧ || а҆́декѫ || Дȣмнєзє́ꙗска Скрі́птȣрѫ || а҆лечє́и вє́ки ши̇ а҆лечє́и но́аѡ лѣ́џе. || то́ате || ка́рє саȣ тѫл'мѫчи́т' дȣпре ли́м'ба є҆лин'ѣ́скѫ спрє ꙟцелѣ́џерѣ || ли́м'бїй рȣмѫнє́щи кȣпорȣ́н'ка Прѣ̀ бȣ́нȣлȣй крєщи́нь, || ши̇ лȣмина́тȣлȣй до́м'нь || Ι҆ѡа́нь Шѫрба́нь, Катакозино̀ Басара́бѫ Воєво́дѫ || ши̇ кȣ ꙟдєм'на́рѣ дȣм'нѣ́лȣй || Ко́стади́нь Брѫн'ковѣ́нȣль ма́рєлє ло́гофѫ́ть. || Непо́ть де со́рь а҆ль мѫрїє́й са́лє, Ка́рєлє дȣпѫ прєстѫви́рѣ а҆че́стȣй маи || сȣ́с' помєни́т' до́м'нȣ, Пȣтѣ́р'никȣль дм҃нзѫ́ȣ ден' а҆лѣ́џерѣ а҆то́атєи || цѫ́рь рȣмѫнє́щи, Прє дȣм'нѣлȣ́и ла́ȣ корона́т' кȣ дом'нїѧ ши̇ стѫпѫ-||ни́рѣ а҆то́атѫ ца́ра оу҆гровла́хїєи. Ши̇ ꙟтрȣ зи́лєлє мѫрїєи са́лє са́ȣ || сѫвѫр'ши́ть а҆че́сть дм҃нзѫе́скь лȣ́крȣ. Ка́рєлє ши̇ то́атѫ || кєл'тȣꙗ́ла чѣ̀ десѫвѫр'ши́ть [sic] ѡ҆а́ȣ рѫдика́ть. || Типѫри́тȣсаȣ ꙟтѫ́и ꙟска́ȣнȣль митрополїє́й бȣкȣрє́щилорь, || ꙟ врѣ́мѧ пѫсторїє́й Прѣ̀ сф҃нцитȣлȣй пѫрин'тє кѵ́рь Ѳєодо́сїє || митрополи́тȣль цѫ́рїй, ши̇ є҆ѯа́р'хȣ ла́тȣрилорь, || Ши̇ пе́н'трȣ чѣ̀ де ѡ҆́бщє прїинцѫ, саȣ дѫрȣи́т', нѣ́мȣлȣй рȣмѫнє́скь || ла а҆́нȣль дєла фа́черѣ лȣмїй, *зр҃чз. || Іа́рѫ дєла Спѫсє́нїѧ лȣмїй, *ахпи. || ꙟлȣ́на лȣ́й

ноє́м'врн ↑ ї, зи́лє. [La Bible, c'est-à-dire l'Écriture sainte de la vieille et de la nouvelle Loi, entièrement traduite de langue grecque en langue roumaine, par ordre du bon chrétien et prince éclairé, Jean Șerban Cantacuzène Basarabă, voïévode, à l'instigation du seigneur Constantin Brîncoveanu, grand logothète, neveu de Son Altesse, par sa mère; lequel, après la mort dudit prince, par la grâce du Dieu puissant et le choix de toute la Valachie, a été couronné seigneur et maître de tout le pays d'Ongro-Vlachie; sous le règne de qui a été terminé ce saint travail et qui en a seul supporté la dépense considérable. *Imprimé pour la première fois au siège de la métropole de Bucarest, sous le pontificat de très saint père, messire Théodore, métropolitain du pays et exarque ad latus. Offert au peuple roumain pour le profit général, en l'an 7196 de la création, 1688 de la rédemption, le 10e jour du mois de novembre.* In-fol. de 932 pp. et 1 f. non chiffr.

Le titre est imprimé en rouge et en noir. — Le verso du titre porte les armes de la Valachie accompagnées de 8 distiques roumains du logothète Radu [Greceanu].

On connaît par les auteurs que nous avons cités plus haut (p. 441) le nom du véritable traducteur, mais ce nom ne figure ni sur le titre ni dans aucune autre partie du volume. Il est dit, au contraire, dans la préface que Șerban Cantacuzène s'est adressé, pour la traduction, à des hommes fort versés dans la langue grecque : Germain, archevêque de Niš, Radu [Greceanu], grand logothète, Șerban [Greceanu], son frère, second logothète, enfin, après la mort de Germain, Métrophane, évêque de Hușĭ. Ces quatre personnages durent se borner à revoir le texte de Spatar.

Nous connaissons des exemplaires de ce rare volume à la Bibliothèque nationale de Bucarest et à la Bibliothèque impériale de Vienne. M. Alexandre Odobesco, chargé d'affaires de Roumanie à Paris, en possède un troisième, qu'il a bien voulu nous communiquer.

Des extraits de la Bible de 1688 ont été donnés par M. Cipariu (*Crestomatia seau Analecte literarie;* Blasiu, 1858, in-8, 185—194).

II.

Cronica pre scurt a Romînilor.

Nous ne possédons de cette chronique qu'un fragment relatif à l'origine des Roumains. Ce fragment a été imprimé pour la première fois dans le recueil intitulé : *Istoria Moldo-Romăniei*... (Bucurescĭ, George Ioanid, 1858, in-8), I, 297—376. Il a été reproduit depuis par M. Cogălniceanu (*Cronicele Romăniei, séu Letopisețele Moldaviei și Valahiei,* a doua edițiune, I, 85—126).

Nous avons dit ci-dessus que l'attribution de la chronique à Nicolas Spatar, attribution proposée par M. Hăşdeu, nous paraissait fort probable. M. Cogălniceanu pense au contraire que l'auteur de ce travail historique était originaire de la Valachie et ne connaissait pas la Moldavie. Cette opinion s'appuie probablement sur un passage de la p. 111 des *Letopisețe*, où il est dit que sous le nom de Roumains on désigne, non seulement «ceux d'ici», c'est-à-dire sans doute les habitants de la Valachie, mais encore ceux de Transylvanie et de Moldavie. Ce passage s'explique tout naturellement en supposant qu'il aura été écrit pendant le séjour de Spatar en Valachie. Il est à observer que, quelques lignes plus bas, le chroniqueur parle des étrangers devenus Roumains par suite de leurs alliances et d'un long séjour au milieu des Roumains, dans des termes qui conviennent parfaitement à la famille de Spatar.

Quant à la date de la chronique, elle peut être déterminée approximativement à l'aide de certains passages. L'auteur fait allusion (p. 108) au comis moldave Ionița Racovița; plus loin (p. 123) il parle de Georges Branković, gentilhomme d'origine serbe, que le prince de Transylvanie Georges Rákóczi aurait chargé d'une mission en Russie en même temps que son frère, le métropolitain Sava Branković. Il y a ici une erreur facile à rectifier. Sava II Branković et Korenić, de Podgorica, fut appelé au siège métropolitain grec-oriental de Transylvanie le 28 décembre 1656, et déposé le 2 juillet 1680 (voy. Pope'a, *Vechi'a Metropolia ortodosa romana a Transilvaniei;* Sabiniu, 1870, in-8, 77). Ce fut en 1668, sous Michel Apafi (et non sous Georges Rákóczi, qui avait été renversé en 1657 et était mort en 1660), qu'il se rendit en Russie, accompagné de son frère Georges, celui qui prétendit plus tard au titre de despote serbe et fut, par ordre des Impériaux, enfermé à Cheb (Eger) en Bohême, où il mourut (voy. Šafařík, *Geschichte der südslawischen Literatur,* III, 130). Le voyage du prélat avait pour but de recueillir des aumônes en vue de reconstruire son église et sa résidence que les Turcs avaient détruites. Il le renouvela en 1675 (Hintz, *Geschichte des Bisthums der griechisch-nichtunirten Glaubensgenossen in Siebenbürgen;* Hermannstadt, 1850, in-8, 26); mais on ne dit pas que Georges Branković l'ait alors accompagné.

Les détails que nous venons de relever nous portent à croire que si, comme cela nous paraît probable, le fragment de chronique est l'œuvre de Spatar, il dut en écrire au moins une partie alors qu'il était en Valachie. Il séjourna une première fois dans ce pays vers 1663 et y revint peut-être avant de s'établir définitivement en Russie, entre 1668 et 1672, pendant la période de sa vie sur laquelle nous n'avons aucun renseignement.

III.

Écrit d'un seigneur moldave sur la créance des Grecs. — Enchiridion, sive Stella orientalis occidentali splendens, id est Sensus Ecclesiae orientalis, scilicet graecae, de transubstantiatione corporis Domini aliisque controversiis a Nicolao Spadario *[sic]*, Moldavo-Lacone, barone ac olim generali Wallachiae conscriptum, Holmiae, anno 1667, mense febr.

La Perpetuité de la foy de l'Eglise catholique touchant l'Eucharistie, deffendue contre le livre du sieur Claude [par Antoine Arnauld et Pierre Nicole]. Paris, Savreux, 1669, in-4, II, 50—54.

Schröck (*Christliche Kirchengeschichte*; Leipzig, 1768—1802, 35 vol., in-8, IX, 78) cite de ce petit traité une édition séparée qui aurait paru à Stockholm en 1667. Cette citation repose probablement sur une erreur. Spatar ayant remis son manuscrit à M. de Pomponne, qui s'empressa de l'expédier à Paris, on ne voit pas comment ni pourquoi l'*Enchiridion* aurait été imprimé en Suède.

IV.

Греко-Латино-Рѹсски Словарь. [Dictionnaire grec-latin-russe.]

Cet ouvrage est mentionné par Spatar au mois de mai de l'année 1672 (voy. Дополненіе къ актамъ историческимъ; изд. археографич. комисiею, VI, n° 54); nous ignorons s'il l'acheva. Nous n'en avons vu citer nulle part de manuscrit.

V.

Ариѳмологіа, сирѣчъ числесловѣзнаѧ Книга, внеиже изчисленіемъ ѡписѹетсѧ вѣщи достопамѧтныѧ, і кведению весма нѹждные, впользѹ любомѹдрымъ тщателемъ оупражнѧющимсѧ впрочитаніи и во оученіи кніжнемъ ізадесѧ; і на

три части разделися, іжде первая исчисляетъ вещи онихъ же самое благожественное писаніе і святая церьковъ наѹчаетъ, вторая онихъ же философи любомѹдръствѹютъ, третия же внихъ же иѳическое содержится оучение. — [A la fin:] Совершися и приведеся новая сия кніжица Арифмологіа ѡтъ мѹдрагѡ мѹжа Николая Спафария, влѣто ,зрпа, сепътевриа въ кѕ день . . . . . [Arithmétique, ou Livre de la science des nombres, dans lequel sont consignées, à l'aide des chiffres, des choses merveilleuses et très utiles pour la conduite; ouvrage propre à la lecture et à l'enseignement pour ceux qui s'adonnent à la philosophie; divisé en trois parties : dans la première sont enseignées l'Écriture sacrée et la sainte science ecclésiastique, dans la seconde les philosophes se livrent à l'étude de la philosophie, dans la troisième est contenue la science de l'éthique. — *Ce nouveau livre intitulé Arithmétique a été terminé et calculé par sage homme Nicolas Spatar en l'an 7181 = 1672, le 26ᵉ jour de septembre . . .*]

Biblioth. de M. le professeur N. Kedrov, ms. in-fol. de 148 ff. — Biblioth. du monastère de Čudov, ms. n° 159.

M. Kedrov a donné une notice détaillée et des extraits de son ms. dans le Журналъ министерства народнаго просвѣщенія, 1876, I, 1—31. — Le ms. de Čudov est cité par l'archevêque Filaret dans l'Обзоръ русской духовной литературы, 862—1720 (Харьковъ, 1859, in-8), 351. Ce dernier auteur indique l'*Éthique* comme un ouvrage distinct de l'*Arithmétique*.

VI.

Хрисмологіонъ, сирѣчь Книга пререченословная, ѡтъ пророчества Даніилова сказаніе соніа Навѹходоносора; таже ѡ четырехъ монархіахъ вселенныя и ѡ ложномъ пророцѣ Махметѣ и царствіи єгѡ. Потомъ предреченїє Лва царѧ премꙋдрагѡ и иныхъ, ѡ плѣненіи Царѧграда, и ѡ Тꙋркахъ, и что имать быти въ грѧдꙋщее времѧ. Таже ѡ антихристѣ и ѡ иныхъ изрѧдныхъ вещехъ. Іже всѧ на три ѡсобныѧ книги раздѣлѧютсѧ. Ѿтъ древнѣйшіѧ харатейныѧ книги еллино-греческіѧ преведена на славенскій ꙗзыкъ повелѣнїемъ благочестивѣйшагѡ, тишайшагѡ, самодержавнѣйшагѡ госꙋдарѧ царѧ и великагѡ кнѧзѧ Алеѯіѧ Михаиловича, всеѧ Великіѧ и Малыѧ и Бѣлыѧ Росіи самодержца, чрезъ Николаѧ Спаѳаріѧ, и не токмо преведена, но и на всѧ главы разлічнаѧ и пространнаѧтолкованіѧ єгѡ многотрꙋднымъ тщаніемъ приложена. Вѡ царствꙋющемъ и пренменитомъ градѣ Москвѣ, въ лѣто ѿтъ сотворенїѧ міра 7181-е, ѿтъ воплощеніѧ же Бога Слова 1673, мѣсѧца Іаннꙋаріа въ 25 день. Подлежитъ сіѧ книга разсꙋжденію православныѧ церкве и благочестивѣйшагѡ царѧ и самодержца разсмотрѣнію. [Chrèsmologe, ou Livre de prophéties, explication du songe de Nabuchodonosor par le prophète Daniel; item des quatre monarchies de l'univers, du faux prophète Mahomet et de son empire. Prédiction du très sage empereur Léon et de plusieurs autres personnages touchant la prise de Constantinople et les Turcs, et ce qui arrivera au temps à venir. Item de l'Antéchrist et d'autres choses extraordinaires. Le tout divisé en trois livres différents. *Traduit en langue slovène, d'après d'anciens manuscrits grecs, sur l'ordre de très pieux et très pacifique seigneur et autocrate, le tsar et grand prince Alexis Mihajlovič, autocrate de toutes les Russies : de la Grande, de la Petite et de la Blanche, par Nicolas Spatar; et non seulement traduit, mais encore accompagné, à chaque chapitre, de commentaires étendus, qui ont coûté beaucoup de peine et de persévérance. En l'impériale et très renommée ville de Moscou, l'an de la création du monde 7181, de l'incarnation du Verbe de Dieu 1673, le 25e jour du mois de janvier.* Ce livre est soumis à la censure de l'église orthodoxe et à l'examen du très pieux empereur et autocrate.]

La Bibliothèque impériale de Saint-Pétersbourg possède au moins trois copies de cet ouvrage : celle qui faisait partie de la collection Tolstoj, in-fol. de 195 ff. (voy. Stroev, Описаніе рукописей графа Толстова; Москва, 1825, in-8, I, n° 56), celle du comte Rumjancov, in-fol. de 327 ff. (voy. Vostokov, Описаніе русскихъ и словенскихъ рукописей Румянцовскаго Музеума; С.-Петербургъ, 1842, in-8, 790—791), enfin celle de V.-M. Undoljski, in-fol. de 476 ff. (voy. Славяно-Русскія Рукописи В. М. Ундольскаго; Москва, 1870, gr. in-8, 409, n° 556).

Un important ms., qui provient de la bibliothèque du prince B. Vasiljevič Golicyn et qui compte 357 ff., appartient au monastère Antoniev Sijski (n° 47); il contient, outre le *Hrismologion,* cinq ouvrages dont il sera parlé plus loin, savoir le *Livre appelé Vasiliologin,* le *Livre composé d'extraits touchant les neuf Muses,* la *Description de l'église Sainte-Sophie,* le *Discours prononcé par l'ambassadeur de Pologne en 1674* et le *Livre hiéroglyphique.*

Trois autres mss. existaient, au commencement de ce siècle, dans la bibliothèque du prince Paul Demidov *(Museum Demidoff mis en ordre systématique et décrit par G. Fischer;* Moscou, 1806—1807, 3 vol. in-4, I, n° 640, 641, 642); enfin il existe encore un exemplaire du *Hrismologion* dans la bibliothèque du saint synode de Moscou (voy. Gorski et Nevostruev, Описаніе славянскихъ рукописей синод. Бубліотеки въ Москвѣ).

Ajoutons que l'introduction de Spatar a été publiée en 1841, par M. Polevoj, dans le Русскій Вѣстникъ, II, 383—400.

VII.

Книги госꙋдарственной ѡ верховныхъ правителяхъ Россіи и дрꙋгихъ странъ древнихъ и новыхъ временъ. Всѣ ети книги составлены по желанію царя Алеѯія для наслѣдника престола царевича Ѳеодора. [Livres d'état des souverains de la Russie et d'autres pays anciens et modernes, recueillis par ordre du tsar Alexis pour l'héritier du trône, le tsarévitch Théodore.] Ms.

Stroev, Описаніе рукописей графа Толстова, I, n° 215.

Cette compilation fut faite par divers auteurs; mais Spatar y prit une part importante. Voy. Дополненіе къ истор. Акт., I, 190, 191, 193, 197, 199, 217. — Filaret, Обзоръ русской духовной литературы, 351. — Черниговскія епархіалныя Вѣдомости, 1864 года, часть неоффиціальная, 708.

VIII.

Книга Василіωлогинъ, се есть Сочисленіе или Ѡписаніе всѣхъ царей, иже бяху по всемъ мірѣ, ѿ всѣхъ народовъ доблественнѣйшіи и именитѣйшіи, ѿ начала міра доселѣ. [Livre appelé Vasiliologin, c'est-à-dire Chronologie ou Histoire de tous les empereurs qui, dans le monde entier et parmi toutes les nations, ont été les plus vaillants et les plus fameux, depuis le commencement du monde jusqu'à présent.]

Ce traité est contenu dans le ms. du monastère Antoniev Sijski que nous avons décrit ci-dessus; il en occupe les ff. 246—300. Il doit en exister des copies séparées.

IX.

Книга избранная вкратцѣ ω девѣти Мусахъ и ω седми свободныхъ художествахъ. [Livre composé de courts extraits touchant les neuf Muses et les sept arts libéraux.] Ms. in-4 de 65 ff. — **Мудрость или Ѡписаніе седми свободныхъ художествъ, кая что въ себѣ содержитъ; изъ**

еллинскагѡ дїалекта изслѣдованны на славенскїй ѩзыкъ чрезъ Николаѧ Спаѳарїѧ, лѣта господнїѧ ,аҳог. [L'Intuition ou Description des sept arts libéraux, ainsi que ce que renferme chacun d'eux; *recueil traduit de langue grecque en slovène par Nicolas Spatar, l'an du Seigneur 1673.*] Ms. in-4 de 12 ff.

Le ms. dont nous venons de décrire les deux parties était conservé autrefois dans la riche collection du comte Tolstoj (voy. Stroev, Описаніе рукописей графа Толстова, 377); il se trouve aujourd'hui à la Bibliothèque impériale de Saint-Pétersbourg. Le volume est supérieurement calligraphié et orné de figures coloriées d'après les dessins de Spatar.

Une autre copie se trouve dans le ms. du monastère Antoniev Sijski, fol. 301—332.

X.

Книга ѡ Сивиллахъ. [Le Livre des Sibylles.] Ms.

Bibliothèque impériale de Saint-Pétersbourg (Rumjancov, n° 227). Cette traduction, dédiée au tsar Alexis Mihajlovič, fut commencée en 1673 et achevée dans les premiers mois de l'année 1674. Voy. Дополненіе къ актамъ историческимъ, изд. археограф. комисіею, VI, n° 43.

XI.

Ѡписанїе преславныѧ и превеликїѧ церкве именованныѧ Сватаѧ Софїѧ въ Константинополѣ, ѩже междꙋ седми чꙋдесъ вселенныѧ по достоинствꙋ сочисляетсѧ. [Description de la très fameuse et très grande église appelée Sainte-Sophie, à Constantinople, laquelle est à bon droit comptée parmi les sept merveilles du monde.]

Cette pièce occupe les ff. 333—348 du ms. déjà décrit du monastère Antoniev Sijski.

XII.

Переводъ съ рѣчи каковꙋ при великомъ госꙋдарѣ царѣ и великомъ князѣ Алеѯїѣ Михаиловичѣ, всеѧ Великїѧ и Малыѧ и Бѣлыѧ Россїи самодержцѣ, говорилъ посланикъ полской Самойло Венцславской, бꙋдꙋчи на прїѣздѣ во 183-мъ годꙋ септѧбра во 18 день. [Traduction du discours prononcé devant le grand seigneur, tsar et grand prince, Alexis Mihajlovič, autocrate de toutes les Russies : de la Grande, de la Petite et de la Blanche, par l'ambassadeur de Pologne, Samuel Vencslavkoj, lors de son arrivée, le 18e jour de septembre 7183 = 1674.]

Cette pièce occupe les ff. 349 – 352 du ms. du monastère Antoniev Sijski.

XIII.

Книга ієроглифїискаѧ, свѧщенноваѧтелнаѧ, сирѣчь тайнописменнаѧ, ꙗкѡ ѡбыкоша Єгиптѧне и Єллины не писменнымъ, но живописанїемъ нѣкимъ тайнымъ и премꙋдрымъ, ꙗвити высокою мꙋдрость и оученїе. [Livre hiéroglyphique hiératique, ou de l'écriture secrète; comme les Égyptiens et les Grecs avaient coutume d'employer des signes secrets et des emblèmes, peints et non écrits, pour montrer leur haute sagesse et leur haute science.]

Ce traité, qui contribua probablement à faire accuser Spatar de sorcellerie, se trouve à la fin du ms. conservé au monastère Antoniev Sijski, fol. 353—357.

XIV.

Книга въ лицахъ и съ реченїемъ, сочиненная Макарїемъ, патрїархомъ Антїωхїйскимъ. [Livre en figures, avec un texte; composé par Macaire, patriarche d'Antioche.]

Cet ouvrage, daté de 1674, est cité par M. N. Kedrov (Журналъ мин. нар. просв., 1876, I, 4) d'après N. Novikov (Исторія о невинномъ заточеніи боярина Артемона Сергіевича Матвѣева, изд. 2-е; Москва, 1785, in-8, 39).

XV.

1. **Книга, а въ ней писано пѹтьшествїе царства Сибирскогω ωтъ города Тоболска и до самогω рѹбежа госѹдарства Китайскогω, лѣта 7183, мѣсяца маїя въ 3-й день. А писана сїя книга, когда по оуказѹ великагω госѹдаря, царя и великаго князя Алеѯѣя Михайловича, всея Великїя и Малыя и Бѣлыя Росїи самодержца, ωтпѹщенъ былъ съ Москвы въ Китайское госѹдарство Николай Спаθарїй, лѣта 7183 маїя въ 3-й день.** [Livre dans lequel est décrit le voyage de l'empire de Sibérie, depuis la ville de Tobolsk jusqu'aux frontières du royaume de Chine, le 3 mai 7183 (1675). *Ce livre a été écrit lorsque, par ordre du grand seigneur, tsar et grand prince Alexis Mihajlovič, autocrate de toutes les Russies : de la Grande, de la Petite et de la Blanche, Nicolas Spatar fit le voyage de Moscou au royaume de Chine, le 3 mai 7183.*]

Le ms. original de cette relation est conservé aux archives du ministère des affaires étrangères, à Moscou (Книга китайскаго двора, n° 5).

Le même dépôt possède, sous les n°s 3 et 4 de la même collection, les instructions données à Spatar et les correspondances qu'il adressa pendant sa mission au bureau des ambassadeurs. M. Bantyš-Kamenski (Дипломатическое Собраніе, 23—36) a donné quelques extraits de ces pièces.

2. Путешествіе чрезъ Сибирь отъ Тобольска до Нерчинска и границъ Китая русскаго посланника Николая Спаѳарія въ 1675 году. Дорожный дневникъ Спаѳарія съ введеніемъ и примѣчаніями Ю. В. Арсеньева. *С.-Петербургъ. Типографія Киршбаума, въ д. Мин. Финансовъ, на Дворц. площ. 1882.* [Voyage à travers la Sibérie, de Tobolsk à Nerčinsk et à la frontière de Chine, par l'ambassadeur russe Nicolas Spatar en 1675. Journal de voyage de Spatar, avec une introduction et des notes par J.-V. Arsenjev. *Saint-Pétersbourg, Typographie de Kirschbaum, hôtel du ministère des Finances, place de la Cour,* 1882.] In-8 de 214 pp., 1 f. et une carte.

Записки императорскаго русскаго географическаго Общества по отдѣленію этнографіи. Томъ X, выпускъ 1. [Mémoires de la Société impériale géographique de Russie. Section d'ethnographie. Tome X, 1ère livraison.]

M. Arsenjev a fait suivre le journal de Spatar d'un certain nombre de pièces également tirées des archives du ministère des affaires étrangères : instructions, notes, dépêches, etc.

3. Сказаніе о великой рѣкѣ Амурѣ, которая разграничила русское селеніе съ китайцами. [Récit du grand fleuve Amour, qui forme la limite entre les établissements russes et la Chine.]

Вѣстникѣ Имп. Русск. Геогр. Общ., VII (1853), II, pp. 15 et suiv.

Ce récit, publié par M. Spasskij, d'après un recueil ms. de la fin du XVIIe siècle, où le nom de l'auteur n'était pas indiqué, a été restitué à Spatar par M. J.-V. Arsenjev (О происхожденіи «Сказанія о великой рѣкѣ Амурѣ.» Отдѣльно отпечатано изъ Извѣстій Имп. Русск. Геогр. Общ., XVIII (1882), in-8 de 10 pp.).

4. Βίβλος ἐν ᾗ γέγραπται ἡ Ὁδοιπορία τῆς βασιλείας τοῦ Σημπηρίου *[sic]* ἀπὸ τῆς πόλεως Τομπόλσκης, μέχρι καὶ τῶν ὁρίων τοῦ βασιλείου τῆς Χήνας, ἐν ἔτει ἀδαμιαίῳ 7183. Ἐγράφη δὲ αὕτη ὅταν κατὰ προσταγὴν τοῦ μεγάλου αὐθεν-

τος, βασιλέως καὶ μεγάλου κνέζου Ἀλεξίου Μιχαηλοβίτζου, πάσης Μεγάλης, Μικρᾶς τε καὶ Λευκῆς Ῥωσσίας αὐτοκράτορος, ἐπέμφθη ἀπὸ τῆς Μόσκοβας μετὰ πρεσβείας εἰς τὸ βασίλειον τῆς Χήνας Νικόλαος ὁ Σπαθάριος. — [A la fin:] Μετεφράσθη ἐν ἔτει 1693 ἀπὸ Χριστοῦ γεννήσεως ἐν μηνὶ ὀκτωβρίῳ, ἐν τῇ μεγίστῃ βασιλευούσῃ πόλει Μόσκοβᾳ, προστάξει τοῦ πανοσιωτάτου καὶ λογιωτάτου ἁγίου ἀρχιμανδρίτου τῆς ἁγίας καὶ χριστοβαδίστου πόλεως Ἱερουσαλὴμ, παρόντος καὶ αὐτοῦ ἐν τῇ μεγίστῃ καὶ λαμπρᾷ πόλει ταύτῃ. Ms. in-fol. de 149 ff.

Traduction grecque du journal de voyage de Spatar.

Ce ms. a été vu dans la bibliothèque de feu M. Sophocle Œconomos, d'Athènes, par M. Sathas, qui en a donné la description (Νεοελληνικὴ Φιλολογία, 399). M. Émile Legrand a reproduit cette description (*Bibliothèque grecque vulgaire*, III, xxxiij) en rectifiant M. Sathas qui avait cru pouvoir attribuer à Spatar lui-même la rédaction grecque. La souscription reproduite ci-dessus porte simplement que la relation du voyage en Chine a été traduite par ordre de l'archimandrite de Jérusalem, c'est-à-dire de Chrysanthe Notaras; d'autre part, une lettre adressée par Spatar au patriarche Dosithée en 1693 dit expressément qu'il n'a écrit que le texte slovéno-russe.

Nous ignorons en quelles mains a passé le ms. de M. Œconomos. M. Spyridon Lambros, que M. Legrand avait prié de le rechercher, n'a pas réussi à le retrouver.

5. Ὁδοιπορικὸν γραφὲν ὅταν κατὰ προσταγὴν τοῦ βασιλέως Ῥωσσίας Ἀλεξίου Μιχαηλοβίτζ ἐπέμφθη ἀπὸ τῆς Μόσχας μετὰ πρεσβείας εἰς τὸ βασίλειον τῆς Κίνας Νικόλαος ὁ Σπαθάριος, ἐν ἔτει ἀπὸ κτίσεως κόσμου 7183 [1675]. Ms. in-fol.

Biblioth. du couvent du Saint-Sépulcre à Constantinople, n° 575.

M. Émile Legrand possède une copie complète de ce ms.

XVI.

Ѡписаніе ѡтъ положеніи, мытѣ, естествѣ и пространствѣ и проч. китайкогѡ госѹдарства. [Description du site, des douanes, du climat, de l'étendue, etc. de l'empire de Chine.]

On connaît un assez grand nombre de mss. de cet ouvrage qui est encore inédit. La Bibliothèque impériale de Saint-Pétersbourg en possède plusieurs qui ne portent ni la date ni le nom du copiste.

Un exemplaire qui se compose de 350 pp. in-fol. appartient à M. M. Petrovski, professeur à l'université de Kazan. C'est d'après cet exemplaire que M. V.-M. Florenski, dans les appendices qu'il a joints au Дипломат. Собраніе дѣлъ между Россійк. и Китайск. государствами de M. Bantyš-Kamenski (p. 520—529), a donné une notice et quelques extraits du livre.

Le plus intéressant des mss. connus de la Description de la Chine est celui qui fut rapporté en 1730 à Paris, par M. Soyer, et qui est conservé aujourd'hui à la Bibliothèque nationale (Mss. sl., 35). Ce dernier exemplaire, qui compte 211 ff. porte la mention suivante : Списанное благословеніемъ добрагѡ пріятеля попеченіемже Іѡанна Гав. Спарвенфелта въ Красной и Новонемецкой Слободѣ при царствѹющемъ градѣ Москвѣ, лѣта спасенія человѣческагѡ ҂ахпе а ѡтъ созданія міра по рѹскомѹ чинѣніѹ ҂зрчд (écrit avec la bénédiction d'un bon ami, par les soins de Jean Gavrilovič Sparwenfeld, dans la Sloboda (Faubourg) rouge et néo-allemande, près de la ville impériale de Moscou, en l'année de la rédemption humaine 1685, 7194 de la création, selon le comput des Russes).

Sur le titre même de sa Description Spatar nous apprend qu'elle a été écrite par ordre du feu tsar Alexis, et qu'elle a été composée, tant d'après ses observations personnelles que d'après les récits d'autres voyageurs. L'ouvrage compte 59 chapitres dont M. Florenski a reproduit les titres; il se termine par une histoire de la guerre des Tatars que le P. Martinov (*Les Manuscrits slaves de la Bibliothèque impériale;* Paris, 1858, in-8, 105) dit être une simple traduction du livre de Mart. Martini intitulé : *Historie delle guerre seguite in questi ultimi anni fra Tartari e Cinesi* (Milano, 1654, in-8). La narration de Martini avait eu entre 1655 et 1661 deux éditions latines et une édition française. Voy. Brunet, III, v° *Martini.*

XVII.

Сѵмеона, блаженнагѡ архіепископа ѳессалонікійскагѡ, на ереси, и ѡ единой правой нашей христіанской вѣрѣ, и свя-

щенныхъ слꙋжбахъ и тайнахъ церковныхъ, двоесловнаѧ Беседа. И ѡ божественнѣмъ храмѣ и ѡ иже въ немъ архїереевъ и іереевъ и діаконовъ, и тѣхъ, ихже кійждо ихъ ѡдеждами свѧтыми ѡдѣѧтсѧ, и ѡ божественномъ тайнодѣйствіи, и толкованїе Сvмвола православныѧ христіанскіѧ вѣры, и изложенїе рѣченій его ѿкꙋдꙋ собрани сꙋть и на кіихъ сложени сꙋть. Притомъ содержителныѧ православныѧ вѣры главы, си есть составы, дванадесѧть, и ꙗкѡ сихъ ѡбдержитъ свѧщенный сvмволъ; и ѡ ѡбдержителныхъ добродѣтелѣхъ, и ѿвѣты къ нѣкіимъ вопросомъ архїерея, вопросившꙋ егѡ, и послѣди ѡ свѧщенсвѣ. Потомъ мꙋдрѣйшагѡ и словеснѣйшагѡ Марка Еvгеніка, митрополита ефескагѡ, толкованїе церковныѧ слꙋжбы и ѡ нихъ ѡглавленіѧ нꙋжднаѧ и пребогатаѧ два. Напечатасѧ иждивеніемъ благочестивѣйшагѡ, преславнагѡ и пресіѧющагѡ и тишайшагѡ кнѧзѧ, господина Іѡанна Дꙋки, воеводы всеѧ Молдовлахїи и велможнагѡ владѣтелѧ и началствꙋющагѡ всеѧ Оукрайны; прилѣжаніемъ и исправленїемъ словеснѣйшагѡ нотаріа великіѧ церкве господина Іѡанна Моливда Ираклїанитина, въ пречестной патріаршеской и господарственной ѡбители первоверховныхъ апостолъ именꙋемыѧ Четацꙋа, въ лѣтѣ спасителномъ 1683-мъ, въ мѣсѧцѣ ѡктовріи, въ Ꙗсѣ Молдавіи. — [A la fin :] Напечатасѧ во Гіасіи Молдавскіѧ земли, иждивенїемъ оубѡ пресіѧтелнагѡ, благочестивѣйшагѡ и превосходителнагѡ игемона господина Іѡанна Дꙋки, воеводы всеѧ Молдовлахїйскіѧ земли господарѧ и началника всеѧ Оукрайны; тщанїемъ же и исправленїемъ словеснѣйшагѡ господина Іѡанна Моливда Періноіаннина, при боголюбезнѣйшемъ епископѣ хꙋскомъ кvръ Митрофанѣ, въ лѣто ѿъ Христа 1683.

И на словенскій ꙗзыкъ преведеса по силѣ ѡтъ многогрѣшнагѡ толкователѧ Николаѧ Спаѳаріѧ, лѣта 7206-гѡ семтемвріѧ въ 26 день. [Traduit en langue slovène par les soins du très fautif interprète Nicolas Spatar en 7206 [1697] le 26e jour de septembre.] Ms. in-fol. de 749 ff. (XVIIIe siècle).

Bibliothèque des archives du ministère des affaires étrangères à Moscou.

Voici le titre complet et la description de l'original grec :

Συμεὼν ‖ τοῦ Μακαρίου ‖ ἀρχιεπισκόπου ‖ Θεσσαλονίκης ‖ Κατὰ αἱρέσεων, Καὶ περὶ τῆς μόνης ὀρθῆς τῶν Χριστιανῶν ἡμῶν πίςεως. Τῶν τε ἱε-‖ρῶν τελετῶν καὶ Μυςηρίων τῆς 'Εκκλησίας ‖ Διάλογος. ‖ Περί τε τοῦ Θείου Ναοῦ ‖ καὶ τῶν ἐν αὐτῷ ἀρχιερέων τε περὶ ‖ ἱερέων καὶ διακόνων. Καὶ τῶν ὧν ἕκαστος ‖ τούτων ςολῶν ἱερῶν περιβάλλεται. Καὶ περὶ τῆς θείας μυςαγωγίας. ‖ Εἶστε τὸ τῆς ὀρθοδόξου τῶν Χριςιανῶν πίςεως Σύμβολον ἑρμη-‖νεία. Καὶ τῶν τούτου ῥήσεων ἔκθεσις, ὅθεν τε συνελέγη-‖σαν, καὶ κατὰ τίνων συγκειμεναί εἰσιν. Ἔτι δὲ περι-‖εκτικὰ τοῦ ὀρθοδόξου πίςεως κεφάλαια, ἤτοι ‖ ἄρθρα δώδεκα. Καὶ ὅτι ταῦτα περιέχει ‖ τὸ ἱερὸν Σύμβολον. Καὶ περὶ τῶν ‖ περιεκτικῶν ἀρετης. ‖ Αποκρίσεις τε πρός τινας ἐρωτήσεις 'Αρχιερέως, ‖ ἠρωτηκότος αὐτὸν. Καὶ τελευταῖον περὶ ‖ 'Ιερωσύνης. ΜεΘ'ὧν ‖ τοῦ σοφωτάτου καὶ λογιωτάτου ‖ Μάρκου Εὐγενικοῦ μητροπολίτου 'Εφέσου ‖ 'Εξήγησις τῆς ἐκκλησιαστικῆς ‖ 'Ακολουθίας. ‖ 'Εφ' οἷς πίνακες ἀναγκαῖοι ‖ καὶ πλουσιώτατοι δύο. ‖ Τυπωθέντα διὰ δαπάνης τοῦ εὐσεβεςάτου ἐνδοξοτάτου ἐκλαμπροτάτου τε καὶ γαλη-‖νοτάτου ἡγεμόνος κυρίου κυρίου 'Ιωάννου Δούκα Βοεβόδα πάσης Μολδοβλαχίας. ‖ τοῦ μεγαλοπρεπεςάτου 'Αυθέντου καὶ ἀρχηγοῦ πάσης 'Οκραΐνης. ‖ 'Επιμελείᾳ καὶ διορθώσει τοῦ λογιωτάτου Νοταρίου τῆς μεγάλης ‖ 'Εκκλησίας κυρίου 'Ιωάννου Μολίβδου τοῦ ἐξ 'Ηρακλείας. ‖ 'Εν τῇ σεβασμίᾳ Πατριαρχικῇ καὶ αὐθεντικῇ μονῇ τῶν ‖ πρωτοκορυφαίων 'Αποςόλων τῃ καλουμένῃ ‖ Τζετατζούϊα ‖ 'Εν ἔτει σωτηρίῳ : ΑΧΠΓ. Κατὰ Μῆνα 'Οκτώβριον. ‖ 'Εν Γιασίῳ τῆς Μολδοβίας. — [A la p. 391:] 'Ετυπώθη ἐν Γιασίῳ τῆς Μολδοβίας, ἀναλώμασι μὲν τοῦ πα-‖νεκλαμπροτάτου, εὐσεβεςάτου, καὶ μεγαλοπρεπεςάτου ἡγεμόνος, Κυρίου Κυρίου 'Ιω-‖άννου Δούκα Βοεβόνδα πάσης Μολδοβλαχίας, Αὐθέντου καὶ ἀρχηγοῦ πά-‖σης 'Οκραΐνης. 'Επιμελείᾳ καὶ διορθώσει τοῦ λογιωτάτου Κυρίου ‖ Ιωάννου Μολίβδου τοῦ Περινθίου, παρὰ τοῦ θεοφιλεςάτου ‖ 'Επισκόπου Χουσίου κυρίου Μητροφάνους. ‖ Εν ἔτει ᾳχπγ' [1683]. In-fol. de 12 ff. lim., 391 pp. et 15 ff. de table.

Le verso du titre est orné d'un bois représentant les armes de Moldavie. Au-dessous de ce bois sont quatre distiques signés : Jean.

Le 2e f. contient une épître de Dosithée, patriarche de Jérusalem, au prince Jean Duca. Cette épître est datée d'Andrinople le 20 mars 1673. Le 3e f. est occupé par un avertissement du même Dosithée.

Les 9 autres ff. lim. contiennent la table des matières.

Biblioth. nat. de Paris, D 19 (Inv. D 2). — Biblioth. Mazarine, n° 1380 A.

XVIII.

Діаріѹмъ или повседневное Ѡписаніе пѹтшествіѧ къ Москвѣ ꙗсневелможногѡ господина Ігнатіѧ Хрістофора шлѧхтича Декваріенъ и Раллъ, свѧщеннагѡ Рѹмскагѡ Імперіѧ и королевства Венгерскагѡ кавалера, свѧщеннагѡ Цесарскогѡ Величества совѣтника дворовогѡ и военногѡ, ѡтъ авгѹстисимѣйшагѡ и непобѣдимѣйшагѡ Римскагѡ їмператора Леополда А҃-гѡ ко пресвѣтлѣйшемѹ и державнѣйшемѹ царю и великомѹ кнѧзю Московскомѹ Петрѹ Алеѯѣевичю лѣта 1698-гѡ посланника чрезвычайногѡ, описанное ѡтъ Іѡанна Георгіѧ Корба, секретаріѧ посланничества цесарскогѡ. Приложено къ семѹ Возвращеніѧ егѡ Царскогѡ Величества ѡтъ европейскихъ странъ къ своимъ рѹбежамъ, и бѣдственнагѡ бѹнта стрѣлцовъ, и ѹчиненногѡ на нихъ приговора и съ послѣдѹющимъ кровавымъ наказаніемъ, также и ѡ болшихъ дѣлахъ Московскихъ перечноватое и подлинное Ѡписаніе. Съ привилегіемъ свѧщенногѡ егѡ Цесарскогѡ Величества. Печатана въ Вѣнѣ Аѹстрійской печатїю Леополда Воикта, тѵпографа академійскогѡ. Ms. in-fol. de 208 ff., d'une belle écriture du XVIIIe siècle.

Bibliothèque impériale de Saint-Pétersbourg, F. IV, n° 321.

D'après M. Byčkov (Письма Петра Великаго хранящіяся въ Императорской Публичной Библіотекѣ; С.-Петербургъ, 1872, in-8, 138), cette traduction porte le nom de Nicolas Spofari *(sic)*.

Voici le titre de l'ouvrage original :

Diarium itineris in Moscoviam Perillustris ac Magnifici Domini Ignatii Christophori Nobilis Domini de Guarient, & Rall, Sacri Romani Imperii, & Regni Hungariæ Equitis, Sacræ Cæsareæ Majestatis Consiliarii Aulico-Bellici ab Augustissimo, & Invictissimo Romanorum Imperatore Leopoldo I. ad Serenissimum, ac Potentissimum Tzarum, & Magnum Moscoviæ Ducem Petrum

Alexiowicium Anno MDCXCVIII. Ablegati extraordinarii Descriptum a Joanne Georgio Korb, p. t. Secretario Ablegationis Cæsareæ. Accessit Reditus Suæ Tzareæ Majestatis à Provinciis Europæis ad proprios limites periculosæ Rebellionis Streliziorum, & latæ in eosdem sententiæ cum subsecuta sanguinea Executione, nec non præcipuarum Moscoviæ rerum compendiosa, & accurata descriptio &c. Cum Privilegio Sacræ Cæsareæ Majestatis. *Viennæ Austriæ, Typis Leopoldi Voigt, Universit. Typog. S. d.* (le privilège est daté du 8 octobre 1700), in-fol. de 3 ff. lim., 252 pp., plus 8 plans, 2 cartes et 4 figg. (Biblioth. nat. de Paris, M. 1180. Rés.)

Il est établi aujourd'hui que Korb était presque toujours bien renseigné et que, loin d'avoir voulu dénigrer la Russie, il professait au contraire une véritable estime pour Pierre le Grand.

Un ms. du texte russe, différent de celui que nous avons décrit ci-dessus (peut-être l'autographe de Spatar), existe aux archives de l'empire à Moscou. Voy. Minzlöff, *Pierre le Grand dans la littérature étrangère* (St. Pétersbourg, 1872, in-8), 122—125.

Une traduction anglaise du *Diarium* a paru en 1863 : *Diary of an Austrian Secretary of Legation at the Court of Czar Peter the Great, translated from the original Latin and edited by the Count Mac Donnel, K. S. I. I.* (London, Bradbury and Evans, 1863, 2 vol. in-8).

ESSAI

D'UNE

BIBLIOGRAPHIE

DES OUVRAGES

PUBLIÉS EN CHINE PAR LES EUROPÉENS

AU XVIIE ET AU XVIIIE SIÈCLE

PAR

HENRI CORDIER.

ESSAI

D'UNE

BIBLIOGRAPHIE

DES OUVRAGES PUBLIÉS EN CHINE PAR LES EUROPÉENS AU XVIIe ET AU XVIIIe SIÈCLE.

Sauf cinq ou six exceptions, les ouvrages que nous indiquons aujourd'hui ont été écrits en langue chinoise par les missionnaires pour enseigner aux habitants du Céleste Empire notre religion et nos sciences. Notre *Bibliotheca Sinica* ne comprenant pas ce genre d'ouvrages, nous avons cru utile d'ajouter ce chapitre de bibliographie chinoise. Nous croyons donner la moitié environ des ouvrages écrits en Chine au XVIIe et au XVIIIe siècle par des Européens, mais cette moitié comprend, croyons-nous, toutes les publications importantes.

Nous avons trouvé les éléments de notre travail dans la riche collection de la Bibliothèque nationale dont les conservateurs ont montré à notre égard la plus grande bienveillance.

Les ouvrages suivants ont été utilement consultés :

— Catalogus librorum Bibliothecae Regiae Sinicorum.

Ce catalogue est imprimé à la suite de la *Grammatica Duplex* de Fourmont, *Lutetiae Parisiorum,* 1742, in-fol. Il occupe les pp. 343—511 du vol. Il comprend 389 numéros répartis par chapitres : *Grammatici, Geographia, Historia, Libri sacri,* etc. La majeure partie des livres qui nous occupent se trouvent dans le chapitre *Theologia* qui embrasse les numéros 168—289. C'est le plus important du livre.

Le travail de Fourmont ne possède aucune valeur scientifique, et il est criblé d'erreurs et d'omissions qui ont été relevées en partie par le P. Foureau.

— Réflexions sur la Grammaire chinoise de M. Fourmont.

Par le P. Foureau, S. J., né au Mans le 13 fév. 1700; arrivé en Chine en 1733; † à Paris le 16 nov. 1749.

Les réflexions sur la grammaire sont suivies d'observations sur le catalogue de Fourmont dans lesquelles une grande partie des erreurs de celui-ci sont relevées. Le travail du P. Foureau n'a pas été imprimé; il se trouve à la Bibliothèque nationale, Ms. Fr. 12215. — Une copie en a été faite par M. Jault, professeur de syriaque au collège de France, et fut vendue à Deshauterayes par son fils en 1779. Cette copie se trouve également à la Bibliothèque nationale, N. F. Chinois 3422.

— Catalogue des livres chinois, mandchous, mongols et japonais.

Ce catalogue, rédigé par M. Stanislas Julien, forme 4 vol. de fiches collées sur des feuillets reliés ensuite. Les livres qui nous occupent sont compris dans le vol. 4, *Nouveau Fonds,* 1871, qui comprend les numéros 2746—3394.

Ce travail est à peine supérieur à celui de Fourmont : l'explication que donne M. Julien n'est les trois-quarts du temps que la reproduction de l'indication fournie par le P. de Prémare sur la couverture de quelques volumes; très rarement aussi, M. Julien s'est-il occupé de rechercher lui-même le nom des auteurs. — Voir Benevente, *Alvaro de,* infra, n° 22.

— Notes on Chinese Literature with introductory remarks on the progressive advancement of the Art; and a List of translations from the Chinese, into various European Languages. By A. Wylie, Agent of the British and

Foreign Bible Society in China. Shanghae : American Presbyterian Mission Press, 1867, in-4.

Mr. Wylie donne, pp. 140/144, au chap. des *Miscellaneous Writers,* le titre d'un certain nombre des ouvrages qui nous occupent.

— Catalogue of Chinese Printed Books, Manuscripts and Drawings in the Library of the British Museum. By Robert Kennaway Douglas. Printed by order of the Trustees of the British Museum. London : 1877, gr. in-4.

La collection du Musée Britannique contient relativement peu des volumes qui nous occupent aujourd'hui.

— Catalogus Patrum ac Fratrum e Societate Jesu qui a morte S. Fr. Xaverii ad annum MDCCCLXXII Evangelio Xti Propagando in Sinis adlaboraverunt. Pars prima. Shanghai. Typis A. H. de Carvalho. 1873, gr. in-8.

Grâce à ce travail considérable dû à notre ami, le R. P. Pfister, il nous a été relativement facile d'identifier les auteurs des ouvrages. Il est regrettable que les autres congrégations n'aient pas un semblable catalogue.

— Catalogus librorum venalium in Orphanotrophio Tou-sai-wai, Zi-ka-wei, ex Typographia Missionis Catholicae, 1882, pet. in-8.

Ce petit volume dont la première édition a paru en 1876 nous a donné les dates d'un grand nombre de réimpressions.

I. Aleni, Giulio, 艾儒畧 *Ngai Jou-lio*, S. J.

Né à Brescia en 1582; arrivé en Chine en 1613; † à Foutcheou en août 1649.

Suivant le P. Foureau, le P. Aleni « a composé vingt-cinq (ouvrages). Les Chinois ont admiré non seulement sa science en fait de Chinois, mais encore sa sagesse et sa vertu. L'idée qu'ils en avaient était telle qu'ils lui donnaient le nom de *Confucius d'Europe.* C'était beaucoup dire selon eux et c'est le seul à qui ils avaient donné pareil titre. Son nom sera longtemps fameux en Chine, mais surtout dans la province du *Fou-kien* où il a demeuré. »

1—1. 彌撒祭義

Mi sa tsi i.

Traité du Sacrifice de la Messe.

Fourmont CXCVII. — N. F. Chinois 3022 et 3023. Réimp. en 1849 en un vol. in-8.

2—2. 天主降生言行紀略

T'ien tchou kiang cheng yen hing ki lio.

Vie de N. S. Jésus-Christ.

Pub. en 1635 en 8 livres. — Fourmont CCLXVIII. — N. F. Chinois 3278 et 3279. B. M., p. 69. Réimp. en 1853 en 2 vol. in-8.

3—3. 耶穌言行紀畧

Ye sou yen hing ki lio.

Édition abrégée de la vie de N. S.

N. F. Chinois 3375.

4—4. 萬物眞原

Wan ou tchen iuen.

Véritable origine de toutes choses.

Imprimé en 1628; réimp. en 1792 en un vol. in-8. A aussi été traduit et publié en mandchou.

Fourmont CCXXV. — N. F. Chinois 3354, etc.; 3357 et 3358 en mandchou. B. M., p. 69.

5—5. 滌罪正規

Ti tsoui tcheng kouei.

Traité du Sacrement de la Pénitence.

N. F. Chinois 3321 et suivants. Réimp. en 1849 en un vol. in-8.

6—6. 三山論學紀

San chan luen hio ki.

Dialogues sur la Religion chrétienne.

Dialogue entre l'auteur et un fonctionnaire indigène *Yé* sur Dieu, créateur et maître de l'univers.

Fourmont CCXLI. — N. F. Chinois 3075, etc. — B. M., p. 69. Réimp. en 1847 en un vol. in-8.

7—7. 聖體要理

Cheng ti yao li.

Catéchisme de la Sainte Eucharistie.

N. F. Chinois 2895 et 2896. Réimp. en 1881 en un vol. in-12.

8—8. 聖蒙歌

Cheng mong ko.

Traduction d'un dialogue de St. Bernard entre une âme et le corps à laquelle elle appartenait.

N. F. Chinois 2859 et 2860.

9—9. 聖教四字經文

Cheng kiao se tse king wen.

Catéchisme contenant en lignes de quatre caractères l'explication de l'existence de Dieu, de la création du monde, de l'incarnation de N. S., les dix commandements, etc.

N. F. Chinois 3263. Réimp. en 1856 en un vol. in-12.

10—10. 悔罪要指

Hoei tsoui yao tchi.

De la Contrition.

N. F. Chinois 2924 et 2925.

11—11. 幾何要法

Ki ho yao fa.

Principes nécessaires de géométrie.

Fourmont CCCXLVIII. N. F. Chinois 2957 et 2958.

12—12. 口鐸日抄

Keou to je tchao.

Réponses à diverses questions.

Réponses des PP. Aleni et André Rudomina à diverses questions qui leur avaient été posées par des lettrés chinois.

Réimp. en 1872 en 4 vol. in-8.

13—13. 五十言餘

Ou che yen yu.

Cinquante Paroles. [Du Ciel.]

Fourmont CCXXXIX. N. F. Chinois 3043 et 3044.

Ricci et Aleni ont composé chacun vingt-cinq paroles = 50 de ce livre. 25 est une allusion à l'*Y-king* où le nombre cinq multiplié cinq fois fait celui de 25 qui est le nombre du Ciel.

14—14. 西方答問

Si fang ta wen.

Choses et coutumes européennes.

N. F. Chinois 3082.

15—15. 西學凡

Si hio fan.

Sur les sciences européennes.

N. F. Chinois 3085 et 3086.

16—16. 職方外紀

Tchi fang wai ki.

Notice géographique sur tous les royaumes de l'univers.

N. F. Chinois 3152.

17—17. 性學牰述

Sing hio tsou chou.

Court traité de la nature hūmaine.

N. F. Chinois 3101, 3102, 3103. Réimp. en 1873 en 2 vol. in-8.

18—18. 天主降生引義

Tien tchou kiang seng yn i.

Traité sur l'incarnation de N. S.

N. F. Chinois 3276 et 3277. Réimp. en 1872 en un vol. in-8.

19—19. 大西利先生行跡

Ta si li sien sing hing che.

Vie de Matteo Ricci.

N. F. Chinois 2995, 2996, 2997 et 3090; ces ex. sont ms.

20—20. 艾先生行述

Ngai sien seng hing chou.

Vie du P. Aleni.

N. F. Chinois 2753 et 3084. Ms. Avec une gravure sur bois en blanc sur noir comme front. représentant le Père.

II. Bahr, Florian, 魏繼晉, *Wei Ki-tsin,* S. J.

Né le 16 août 1706; arrivé en Chine en 1739; † à Peking le 7 juin 1771.

21—1. 聖若望臬玻莫傳

Cheng jo-wang nie-po-mo tchoan.

Vie de St Jean Népomucène.

Réimp. en 1871 en un vol. in-8.

III. Benevente, Alvaro de, 白多瑪, *Pe To-ma.*

Augustin, né en Espagne; arrivé en Chine en 1680; év. d'Ascalon et vic. ap. du Kiang si.

22—1. 要經畧解

Yao king lio kiai.

N. F. Chinois 3371, 3372.

Ce vol. montre avec quelle légèreté M. Julien a fait son catalogue. Le P. de Prémare écrit sur la couverture de l'ex. 3372 : *Catechismus D. Episcopi Ascalonensis;* M. Julien transcrit sur sa fiche : Explication du Pater par l'évêque *Akalmouki!!* (Voir fiche 3371.)

IV. Brancati, Francesco, 潘國光, *Pan Kouo-kouang,* S. J.

Né en Sicile en 1607; arrivé en Chine en 1637; † à Changhai le 25 avril 1671.

23—1. 十誡勸論

Che kiai kiuan luen.

Instructions sur le Décalogue.

N. F. Chinois 2774. Réimp. en 1869 en 2 vol. in-8.

24—2. 天神規課

Tien chen kouei ko.

Catéchisme.

N. F. Chinois 3218 et 3219.

25—3. 聖體規儀

Cheng ti kouei i.

Court traité du T. S. Sacrement.

N. F. Chinois 2892. Réimp. en 1881 en un vol. in-12. *Cat.* n° 86.

26—4. 聖教四規

Cheng kiao se kouei.

Fourmont CXCIV. N. F. Chinois 2819.

27—5. 聖安德肋宗徒瞻礼

Cheng ngan te le tsong tou tchen li.

Instructions pour la fête de St André.

N. F. Chinois 2785; *manuscrit.*

28—6. 天階

Tien kiai.

Echelle du ciel ou ascension de l'âme vers Dieu.

Fourmont CCIV. N. F. Chinois 3229 et 3230. Réimp. en 1871 en un vol. in-16. *Cat.* n° 74.

29—7. 瞻禮口鐸

Tchen li keou to.

Commentaires et explications des Évangiles pour les jours de fêtes, en 1642.

Wylie, p. 141.

30—8. 天神會課

Tien chen hoei ko.

Manuel de la Congrégation des SS. Anges.

Fourmont CCXVI. N. F. Chinois 3213, et suivants. Réimp. en 1861.

« C'est . . . dit le P. Foureau, un catéchisme par demandes et par réponses, où l'on traite des vérités essentielles au salut, mais il n'y est nullement question des Anges. Nous dirons dans un moment pourquoi le mot d'Anges se trouve dans le titre. Voici l'ordre de ce catéchisme. On y parle d'abord du Dieu éternel et créateur de l'Univers, de sa justice en récompensant le bien et punissant le mal, de la Trinité, de l'Incarnation et de la mort de J.-Ch. pour tous les hommes, de l'âme destinée à être éternellement heureuse ou malheureuse suivant ses œuvres, enfin de la Religion chrétienne comme la seule véritable. Après avoir expliqué en abrégé ces six points fondamentaux, on s'étend plus particulièrement sur la nature de Dieu, et sur celle de l'homme. On traite des quatre fins de l'homme, de la contrition, du signe de la Croix, du Pater, de l'Ave, du Credo, des Commandements de Dieu et de l'Église, des Sacrements et des Huit Béatitudes.

«Pour entendre présentement le titre de ce catéchisme il faut savoir que le P. *Pantoja* (le P. Foureau se trompe de nom) qui en est l'auteur et les autres missionnaires assemblaient de temps en temps les enfants des chrétiens afin de les mieux instruire. Ils en formèrent une congrégation à laquelle ils donnaient ce livre à apprendre, et pour attirer la bénédiction du ciel sur cette congrégation, ils la mirent sous le titre des SS. Anges. Voilà tout le sujet du titre de ce catéchisme qui signifie simplement *Exercice* ou *Office de la congrégation des Anges.* »

V. Buglio, Luigi, 利類思, *Li Lei-se,* S. J.

Né en Sicile le 29 janvier 1606; arrivé en Chine en 1637; † à Peking le 7 octobre 1682.

Il « est un de ceux qui ont le plus travaillé pour la religion. Il a composé 21 ouvrages dont il n'y en a que deux ou trois sur des matières indifférentes. » (Foureau.)

31—1. 天主正教約徵

Tien tchou tcheng kiao yo tching.

De la vraie religion.

N. F. Chinois 3176, 3264, 3265.

32—2. 主教要旨

Tchou kiao yao tchi.

Abrégé de la religion chrétienne.

N. F. Chinois 3192, 3193, 3194.

33—3. 超性學要

Tchao seng hio yao.

Index de la théologie de St. Thomas d'Aquin.

Fourmont CCXXII. N. F. Chinois 3149/3151. B. M., p. 122. Ouvrage considérable.

34—4. 獅子說

Sse tse choue.

Du Lion.

N. F. Chinois 3130. Avec une planche représentant un lion.

35—5. 司鐸典要

Sse to tien yao.

N. F. Chinois 3128.

36—6. 性靈說

Seng ling choue.

De l'âme.

N. F. Chinois 3108.

37—7. 不得已辨

Pou té i pien.

Réfutation du fameux libelle publié par 楊光先 Yang kouang-sien (astronome mahométan).

N. F. Chinois 3066, 3067, 3068, 3070 et 3072. Réimp. en 1847, en un vol. in-8.

38—8. 御覽西方要紀

Yu lan si fang yao ki.

Mémoires sur les pays d'Occident (d'Europe).

N. F. Chinois 3385.

39—9. 聖母小日課

Cheng mou siao je ko.

Petit office de la Ste Vierge.

N. F. Chinois 2871, 2872 et 2873; cette dernière éd. diffère des précédentes.

40—10. 已亡者日課經

I wang tche je kouo king.

Office des morts.

N. F. Chinois 2928.

41—11. 聖教簡要

Cheng kiao kien yao.

Abrégé de la Ste. Loi.

Fourmont CLXXXVIII. N. F. Chinois 2813 et 2814.

42—12. 善終瘞塋禮典

Chen tchong i ing li tien.

Recommandation de l'âme et office des morts.

24 ff. N. F. Chinois 2766 et éd. diff., plus petite de format, 2767, ff. 32.

43—13. 彌撒經典

Mi sa king tsien.

Sur le frontispice gravé sur bois et représentant un autel différent de celui du Bréviaire et du Manuel :

Missale ‖ Romanvm ‖ auctoritate ‖ Pavli. V. Pont. M. ‖ Sinice redditum ‖ a ‖ P. Lvdovico Bvglio ‖ Soc. Iesv ‖ Pekini ‖ In Collegio ejusd. Soc. ‖ An. M.DCLXX.

N. F. Chinois 3020 et 3021; ce dernier ex. est ms.

44—14. 日課槩要

Je ko kai yao.

Sur le frontispice gravé sur bois et représentant un autel, le titre suivant gravé :

Breviarivm ‖ Romanvm ‖ Sinicè redditum ‖ a ‖ P. Ludouico Buglio ‖ Soc. Iesv ‖ In Collegio ‖ Pekinensi ‖ eiusd. Soc. ‖ Anno 1674.

N. F. Chinois 2931; cet ex. est ms.

45—15. 聖事禮典

Cheng sse li tien.

Sur le frontispice gravé sur bois et représentant un autel, le titre suivant gravé :

MANVALE ‖ AD ‖ SACRAMĒ‖TA ‖ MINISTRANDA ‖ iuxta ritū ‖ S. Rom. Ecc. ‖ Sinicè redditū ‖ a ‖ P. Ludouico Buglio ‖ Soc. Iesv ‖ Pĕ kim̄ ‖ in colleg. eiusd. Soc. An. 1675.

N. F. Chinois 2886.

46—16. 安先生行述

Ngan sien seng hing chou.

Vie du P. Gabriel de Magalhães. Br. de 2 ff.

N. F. Chinois 2754.

VI. Castner, Gaspar, S. J.

Né à Munich en 1665; † en 1709.

47—1. RELATIO SEPVL‖TVRAE‖MAGNO ORIENTIS APOSTOLO S. ‖ FRANCISCO XAUERIO ERECTAE IN ‖ INSULA SANCIANO anno secula‖ri MDCC.

Se compose de 32 ff. pliés en double à la chinoise; dont 30 chiffrés en chiffres chinois sur la tranche; au bas du recto du f. 30 on lit : *Gaspar Castner Soc : Iesù.* Le f. 31 (recto) : *Ichnographia Sepulturae S Franciscj Xaverij in Sanciano Sinarum Insula recèns erectae Anno 1700.* — F. 31 (verso) : Plan de Sancian. — F. 32 (recto) : Mer de Chine, près de Sancian. — F. 32 (verso) : Orientation.

VII. Chavagnac, Emeric de, 沙守信, *Cha Cheou-sin,* S. J.

Arrivé en Chine en 1701; † à Jao-tcheou fou le 14 sept. 1717.

48—1. 眞道自證

Tchen tao tse tcheng.

La vraie doctrine prouvée par elle-même.

Publié en 1718. N. F. Chinois 3162, 3163, 3164. Réimp. en 1868 en 2 vol. in-8.

VIII. Costa, Ignacio da, 郭納爵, *Ko Na-tsio*, S. J.

Né au Portugal en 1599; arrivé en Chine en 1634; † à Canton en mai 1666.

49—1. 原染虧益

Youen jen kouai i.

Du péché originel et de son remède.

N. F. Chinois 3381; ex. ms.

50—2. Sapientia Sinica || Exponente P. Ignatio a Costa Lusitano || Soc. Ies. || à P. Prospero Intorcetta Siculo eiusd. Soc. || orbi proposita.

Fleuron avec *IHS* et les noms chinois de *Jésus, Intorcetta, da Costa,* etc., ainsi placés :

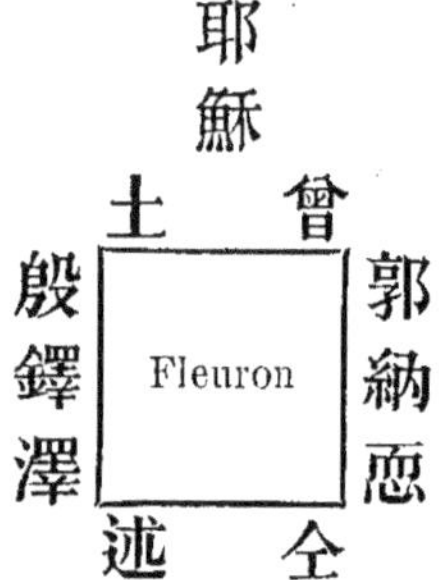

Kién chām in urbe Sinarū || Prouinciae Kiām Sī. 1662 || Superiorum Permissu. petit in-folio.

Nous avons examiné au British Museum un exemplaire C. 24. b. 2. de cet ouvrage qui est fort rare; en voici la description :

L'ouvrage se compose de 51 feuillets doubles :

1er feuillet, *recto* : Titre, *ut supra;* ce titre est encadré dans une bordure.

1er feuillet, *verso* : Facultas R. P. V. Protlis . . . signée : Iacobus le Faure.

2e feuillet, *recto* : [Epistola] R. R. Patribus Extremi Orientis. Datée « Ex 建昌 Kién chām Vrbe Prouinciae 江西 Kiām sī 13. Aprilis 1662. R. R. VV. Humillimus seruus Prosper Intorcetta.

2e feuillet, *verso* — 3e feuillet, *recto* : Ad Lectorem.

3e feuillet, *recto* jusqu'au 4e feuillet, *verso* : Vita Confucij Principis Sapiētiae Sinicae.

5e feuillet, *recto et verso* : Missionarijs ad Sinas pergentibus et Authori S. P..... daté : «Fo cheū fū 25. 8bris. 1660 Andreas Ferram Soc. Ies. :

Ces 5 feuillets ne sont pas numérotés; les pages suivantes portent des chiffres arabes, 1, 2, 3, 4, et les feuillets (sur la tranche) des chiffres chinois, 一 二 三 四. . .

Lib. *Ta Hio*, pp. 1/14 = feuillet 七 (7). On lit p. 14 : finis lib. *ta hio.*
2 pages blanches = 1 feuillet.

Lib. *Lun Yu*, pp. 1/76 = feuillet 三八 (38). On lit au bas de la page 76 comme réclame : «Lib. *Lùn Yù* Pars 6», le vol. ne comprenant que les 5 premières parties du *Lun yu*.

La Bib. nat. (F. Chinois 208) possède les 38 feuillets du *Lun yu* provenant de la collection de Rémusat, n°. 1597, vend. Fr. 100.

51—3. Sinarvm
Scientia
Politico-Moralis
殷 *yn* 耶 *ie*
鐸 *tō a* 穌 *sv*
澤 *çē* 會 *hoei*
P. Prospero Intorcetta
Sicvlo Societatis
Iesv
in
Lucem edita
著 *chù*

pet. in-folio.

Collation :

— 1er ff. double : blanc.

— 2e ff. *recto* : titre ut *supra.*

— 2e ff. *verso* :

Moderatores Societatis Iesv in Sinensi V. Prouinciâ Ignatius à Costa Lvsitanus — Iacobus le Faure Gallus — Matthias à Maya Lusitanus — Felicianus Pacheco Lusitanus suo singuli tempore Approbarunt é Iesv Societate Antonius de Gouuea Lusitanus — Petrus Caneuari Genuesis — Franciscus Brancato Siculus — Io. Franciscus de Ferrarijs Pedemontan — Humbertus Augeri Gallus — Adrianus Grelon Gallus — Iacobus Motel Gallus — Io. Dominicus Gabiani Pedemontan — Emmanuel Georgius Lusitanus — Philippus Couplet Flandrobelga — Franciscus Rougemont Flandrobelga — Christianus Herdtrich Austriacus recognoverunt.

Chaque nom est précédé des caractères chinois qui le représentent.

— 3e ff. *recto :*

Facvltas R. P. Vice provincialis. Ego infrascriptus Societatis Iesv in Sinis Praepositus Vice provincialis potestate mihi factà ab A. R. P. N. Ioanne Paulo Oliua Praep. : Generali, do facvltatem P. Prospero Intorcetta ejusdem Societatis, vt typis excvdendam curet *Sinarvm Scientiam Politico-moralem :* quod opvs primvm à P. Ignatio a Costa, deinde à P. Iacobo le Favre, demvm à P. Matthia à Maya praedecessorib. meis approbatvm, & à dvodecim alijs Patrib. Soc[tis] nostrae in Sinis recognitvm, & pvblica lvce dignvm judicatvm fvit. In qvorum fidem has manu meà signatas, & sigillo officij mei mvnitas dedi. In vrbe Quàm cheū metropoli Sinensis pvinciae Quàm tvm die 31. mensis Iulij. Anni 1667. Felicianus Pacheco.

— 4e ff. Ce f. est simple; il est de 2 pages à la manière européenne, tandis que les précédents sont doubles à la manière chinoise. Il contient l'avertissement du P. Intorcetta au lecteur.

— 13 feuillets doubles chinois contiennent le *Tchoung young;* 1 f. est consacré au titre.

— 14 feuillets simples, de 2 pages à la manière européenne, continuant le *Tchoung young;* les pages sont numérotées sur la tranche avec des chiffres chinois de 13 à 26; elles sont divisées en 2 colonnes; à gauche le latin; à droite le chinois.

— 1 feuillet blanc.

— 4 ff. simples : Confvcii Vita; au bas de la page 8, on lit : « Goae Iterum Recognitum, ac in lucem editum Die. 1. Octobris. Anno 1669. Svperiorvm Permissv. »

En résumé, 36 feuillets dont 16 doubles chinois (1 blanc) imprimés à Canton, et 20 simples (1 blanc) imprimés à l'européenne à Goa.

Cet ex. appartient à la Bib. nat. de Paris (F. Chinois 209); il provient de la collection de Rémusat, n°. 1596, vend. fr. 40. On verra qu'il est en tous points semblable à l'ex. de la maison professe des PP. Jésuites de Palerme, passé dans la Bib. nat. de cette ville et décrit par le P. de Backer, et mieux encore, pp. 290/1, du *Catalogo ragionato*[1].

D'après ce qui précède, on verra donc que le nom d'éditions de Goa donné à ces anciennes publications n'est justifié que par l'impression de l'avertissement d'Intorcetta, d'une partie du *Tchoung young* et de la Vie de Confucius dans cette ville portugaise; que le reste du *Tchoung young* est

1. Catalogo ragionato dei Libri di prima stampa e delle edizioni aldine e rare esistenti nella Biblioteca Nazionale di Palermo compilato dal Sac. Antonio Pennino, Assistente di essa Biblioteca. Vol. I, Palermo, 1875, in-8, pp. 284/302.

de Canton; que le *Tahio* et le *Lun yu* (en partie) sont du Kiang si, et que rien n'en a été publié à Goa.

Une note du Cat. de Rémusat, n°. 1597, dit que : « L'exemplaire complet, seul connu en Europe, des ouvrages de Confucius publiés en chinois et en latin par le P. Intorcetta, édition de Goa, existe à la Bibliothèque impériale de Vienne. »

Il est probable qu'il contient comme celui de la Bib. de Palerme les deux ouvrages que nous venons de décrire.

La Vie de Confucius publiée dans l'éd. de 1669 est différente de celle qui est donnée dans l'éd. de 1662.

Il y a un ex. de la première partie du *Lun-yu* au Collége de Siu-ca-wei formant un cahier de 72 pages; on a remarqué que les ex. que nous venons de décrire avaient 38 ff. et comprenaient les 5 premières parties du *Lun-yu;* le nom du P. Ferran se trouve au bas de la dernière page de l'ex. de Siu-ca-wei.

IX. Couplet, Philippe, 柏應理, *Pe In-li,* S. J.

Né à Malines en 1623; arrivé en Chine en 1659; † en mer en 1692.

52—1. 天主聖教永瞻禮單

Tien tchou cheng kiao yong tchen li tan.

Calendrier perpétuel pour les fêtes de tous les saints et de tous les martyrs.

N. F. Chinois 3268 et 3269.

53—2. 天主聖教百問答

Tien tchou cheng kiao pei wen ta.

Réponses à cent demandes sur la religion chrétienne.

Fourmont CLXXXII. — N. F. Chinois 3259 et 3260. Réimp. en 1868 en une br. in-8.

54—3. 四末眞論

Se mo tchen luen.

La vraie doctrine des quatre choses les plus nouvelles (quatre fins de l'homme).

N. F. Chinois 3118 à 3121. Réimp. en 1825 en un vol. in-12.

La vie de Candide Hiu (voir *Bib. Sinica*) du P. Couplet a été traduite en chinois par le père indigène Jean-Baptiste Hiu 許靖邦 *Hiu tsiu pang* et imprimée en 1882 en un vol. in-8 sous le titre de 許太夫人傳 *Hiu tai fou jen tchoan.*

X. Dentrecolles, François-Xavier, 殷弘緒, *In Hong-siu.*

Né le 5 février 1662, à Lyon; arrivé en Chine en 1698; † le 2 juillet 1741.

55—1. 主經體味

Tchou king ti wei.

Explication de l'oraison dominicale.

Publié en 1743. N. F. Chinois 3196, 3197 et 3231. Réimp. en 1881 en un vol. in-12.

56—2. 逆耳忠言

I eul tchong yen.

Paroles fidèles pour frapper les oreilles.

Ouvrage composé de 4 livres sur l'utilité des persécutions pour la Foi, l'exemple des S. Martyrs, etc.

N. F. Chinois 3036 et 3037. Réimp. en 1873 en un vol. in-8.

57—3. 莫居凶惡勸

Mo kiu hiong ngo kiouen.

Exhortation pour ne pas rester dans la société des hommes vicieux et méchants.

N. F. Chinois 3030 et 3031.

58—4. 訓慰神編

Hiun wei chen pien.

Histoire de Tobie.

N. F. Chinois 2916 et 2917. Réimp. en 1872 en un vol. in-12.

XI. Diaz (jeune), Emmanuel, 陽瑪諾, *Yang Ma-no*, S. J.

Né à Castello-Branco (Portugal) en 1574; arrivé en Chine en 1610; † à Hang-tcheou le 4 mars 1659.

Suivant le P. Foureau, Diaz a écrit huit livres concernant la religion.

59—1. 聖若瑟行實

Cheng jo se hing che.

Vie de St Joseph.

Fourmont CCLXXIV. — N. F. Chinois 2797, 2798 et 2799; cette éd. diff. des précédentes qui sont semblables.

60—2. 天問畧

Tien wen lio.

De la sphère.

Fourmont CCCXXXIX. — N. F. Chinois 3296.

61—3. 十誡直詮

Che kiai tche tsiuen.

Simple explication du Décalogue.

N. F. Chinois 2775. Réimp. en 1798 en un vol. in-8.

62—4. 聖經直解

Cheng king tche kiai.

Évangiles des dimanches et des principales fêtes de l'année.

Forme 14 livres. L'ouvrage a été terminé en 1636. Fourmont CXCV. — N. F. Chinois 2849 et suivants. Réimp. en 1790 en 8 vol. in-8.

« Sans contredit un des meilleurs [livres] qui aient été faits en Chine, dit le P. Foureau . . . . . Cette traduction du texte sacré quoique simple et aussi littérale que le peut permettre le génie de la langue chinoise, est regardé même par les lettrés comme un modèle d'éloquence. »

63—5. 天學舉要

Tien hio kiu yao.

Abrégé de la Ste Loi.

N. F. Chinois 3221 et 3222; ex. ms.

64—6. 唐景教碑頌正詮

Tang king kiao pai song tcheng tsiuen.

Explication de l'inscription de la pierre de Si-ngan fou gravée au VIIe siècle, et découverte au XVIIe.

Fourmont CCLXXVIII. Réimp. en 1878 en un vol. in-8.

65—7. 代疑論

Tai i luen.

Dissertation sur différents doutes sur l'incarnation.

N. F. Chinois 3135 et 3136.

66—8. 袖珍日課

Sieou tchin je ko.

Journée du chrétien.

N. F. Chinois 3093.

67—9. 輕世金書

King che kin chou.

Livre d'or du mépris du monde.

Traduction libre de l'*Imitation de Jésus-Christ.* Publié en 1640; réimp. en 1815, en 4 vol. et en 1848 en un vol. in-8. N. F. Chinois 2979, 2980 et 2981. B. M., p. 254.

«The style of this is unexceptionable to literary taste.» (Wylie.)

Une autre traduction plus exacte, mais moins littéraire de l'*Imitation de Jésus-Christ,* traduction dont l'auteur est resté inconnu, a été réimp. en 1860 en 4 vol. in-12 sous le titre de : 遵主聖範 *Tsuen tchou cheng fan,* N. F. Chinois 3347.

XII. Ferran, André, 郎安德, *Lang Ngan-tée,* S. J.

Né au Portugal en 1621; arrivé en Chine en 1659; † à Fou tcheou en 1661.

Voir Costa, Ignacio da.

XIII. Ferreira, Gaspar, 費奇觀, *Fei Ki-kouei,* S. J.

Né au Portugal en 1571; arrivé en Chine 1604; † à Peking le 27 déc. 1649.

68—1. 振心諸經

Tchin sen tchou king.

Exercice de piété pour enflammer les cœurs des fidèles.

N. F. Chinois 3158.

XIV. Figueredo, Roderic de, 費樂德, *Fei Lo-tée*, S. J.

Né au Portugal en 1594; arrivé en Chine en 1622; † à Kai-fong fou le 9 oct. 1642.

69—1. 念經總牘

Nien king tsong to.

Prières chrétiennes.

N. F. Chinois 3038; ex. incomplet; ne contient que le dernier volume de l'ouvrage.

XV. Froes, João, 伏若望, *Fou Jo-wang*, S. J.

Né au Portugal en 1588; arrivé en Chine en 1624; † à Hang tcheou le 11 juillet 1638.

70—1. 五傷經禮規程

Ou chang king li kouei tching.

Méthode pour prier les cinq blessures du Christ.

N. F. Chinois 3042.

71—2. 善終助功

Chen tchong tsou kong.

Méthode pour assister les mourants.

N. F. Chinois 2768 et 2769. — 96 ff.

XVI. Furtado, Francisco, 傅汎濟 *Fou Fan-tsi*, S. J.

Né en 1587 au Portugal; arrivé en Chine en 1621; † à Macao le 21 nov. 1653.

72—1. 名理探

Ming li tan.

Recherches philosophiques.

N. F. Chinois 3028—3029.

73—2. 寰有詮

Hoan yeou tsiouen.

Du ciel et du monde.

N. F. Chinois 2919. — 6 vol. reliés en un.

XVII. Gouvea, Alexandre de, franciscain, évêque de Peking.

74—1. 默想指掌

Mé siang tche tchang.

Guide à la méditation.

N. F. Chinois 3013 et 3014. Réimp. en 1848 en un vol. in-16.

XVIII. Gouvea, Antonio de, 何大化 *Ho Ta-hoa,* S. J.

Né au Portugal en 1592; arrivé en Chine en 1636; † à Fou-tcheou, le 14 fév. 1677.

75—1. INNOCENTIA ‖ VICTRIX ‖ sive ‖ Sententia Comitiorum Imperij Sinici ‖ pro ‖ Innocentia ‖ Christianae Religionis ‖ Lata juridicè per Annum 1669. ‖ & ‖ Ivssv R. P. Antonij de Govvea Soc[is]. ‖ Iesv, ibidem V. Provincialis ‖ Sinico-Latinè exposita ‖ In Quàm cheū metropoli provinciae Quàm tūm in Regno Sinarum. ‖ Anno Salvtis Hvmanae M DC LXXI.

L'exemplaire que nous avons examiné est celui de la Bib. nationale où il est placé dans la réserve. Dans le nouveau catalogue, il porte le n° O²n, 361. Il provient de la Bibliothèque de Falconet. Un autre ex. est marqué N. F. Chinois 3183. C'est un petit in-folio, imprimé avec des caractères en bois, à la manière chinoise, c'est-à-dire sur du papier plié en deux, le pli restant blanc intérieurement. Il y a 90 pages imprimées (45 ff.) : le f. 1 *recto* contient un frontispice imprimé avec un bloc de bois, représentant une couronne de lumière, au centre de laquelle se trouvent les trois caractères I H S, avec trois clous au-dessous. Au-dessus de la couronne on lit : *Innocentia;* au-dessous : *Victrix;* et autour : *e tenebris clarivs ipsis promicat.*

F. 1 *verso.* Caractères chinois (8) anciens : Xâm chù hě liń siuēn ý yū xi. Au-dessous : *In conspectv gen||tivm revelavit Iv||stitiam svam.* Psal. 97.

F. 2 *recto.* Le titre comme nous l'avons donné ci-dessus.

F. 2 *verso.* Facvltas R. P. V. Provincialis .... In Quàm cheū metropoli provinciae Quàm tūm. Die 28. Decembris Anni 1670. Antonius de Gouuea.

Les feuillets suivants sont numérotés; il y en a 43, c'est-à-dire 86 pages.

F. 1 *recto.* Libellus svpplex (offert par les PP. Louis Buglio, G. de Magalhaēns et Ferd. Verbiest).

F. 9 *verso.* Responsvm Concilij Ritvvm ad postvlata trivm Patrvm.

F. 18 *verso.* Mandatvm Imperatoris quo cavsa nostra Comitijs Imperij traditur examinanda.

F. 20 *recto.* Sententia Comitiorvm.

F. 24 *verso.* Responsvm Imperatoris ac Sententia.

F. 27 *recto.* Elogivm Exeqviale.

F. 30 *verso.* Libellvs svpplex.

F. 34 *verso.* Mandatum Imperatoris quod prodijt eiusdem anni & mensis die 28.

F. 35 *recto.* Consultvm ac Responsvm Concilij Rituum.

F. 37 *recto.* Alterum consultum & responsum eiusdem Concilij.

F. 39 *verso.* Placitvm Imperatoris ac Sententia data eiusdem mensis dvodecimi die vigesimā primā.

Le texte chinois des décrets, etc., est donné avec l'interprétation.

Voir dans les *Acta Sanctorum* (Danielis Papebrochii e Soc. Jesu Paralipomena addendorum, mutandorum, aut corrigendorum in conatu chronico-historico ad catalogum romanorum pontificum) post vol. mensis Maii : Dissertatio XLVIII, pp. 126 et seq. — On trouvera l'*Innocentia victrix,* pp. 131 et seq. L'ouvrage est attribué au P. Verbiest. — On conserve un exemplaire, C, 24, b, de l'*Innocentia victrix,* dans une des vitrines de la King's Library, au British-Museum.

76—2. 蒙引要覽

Mong in yao lan.

Catéchisme en style vulgaire.

N. F. Chinois 3032.

XIX. Gravina, Geronimo de, 賈宜睦, *Kia I-mou,* S. J.

Né en 1603 en Sicile; arrivé en Chine en 1637; † à Tchang-chou le 4 sept. 1662.

77—1. 提正編

Ti tcheng pien.

Considérations sur les différents mystères de la foi.

Fourmont CCIII. N. F. Chinois 3320. Réimp. en 1870 en 2 vol. in-8.

78—2. 辨惑論

Pien hoe luen.

Petit traité pour dissiper les erreurs.

N. F. Chinois 3057.

XX. Greslon, Adrien, 聶仲遷, *Nié Tchong-sien,* S. J.

Né à Périgueux en 1618; arrivé en Chine en 1657; † à Canton en mars 1697.

79—1. 古聖行實

Kou cheng hing che.

Vies des Sts Patriarches de l'Ancien Testament.

N. F. Chinois 2985, 2986 et 2987; ces ex. sont ms.

XXI. Hinderer, Romain, 德瑪諾, *Tée Ma-no,* S. J.

Né en France le 21 sept. 1669; arrivé en Chine en 1707; † à Nanking le 24 août 1744.

80—1. 舉彌撒功程

Yu mi san kong tching.

Méthode pour assister à la messe.

N. F. Chinois 3389.
Par 德瑪諾 Hinderer et 孟由義 Mendez, Manoël.

XXII. Intorcetta, Prospero, 殷鐸澤, *In To-tsée,* S. J.

Né à Piazza, en Sicile, en 1625; arrivé en Chine en 1659; † à Hang tcheou le 3 oct. 1696. Voir Costa, Ignacio da.

XXIII. Lobelli, Andrea, 陸安德, *Lo Ngan-tée*, S. J.

Né à Naples en 1610; arrivé en Chine en 1659; † à Macao en 1683.

81—1. 聖教畧說

Cheng kiao lio choue.

Abrégé de la Ste Loi.

Fourmont CCLXIII. — N. F. Chinois 2816, 3256 et 3257.

82—2. 眞福直指

Tchen fou tche tche.

Livre de la vraie béatitude.

Pub. en 1670 et non pas en 1673, en 2 vol. in-8. N. F. Chinois 2781; incomplet; et 3154/3156. Fourmont CCXVIII. Réimp. en 1873 en un vol. in-8.

83—3. 善生福終正路

Cheng cheng fou tchong tcheng lou.

Vrai chemin pour vivre bien et mourir heureusement.

Fourmont CCII. — N. F. Chinois 2757, 2759/2760, etc. 2 vol. de ff. 67 + 5 ff. prél. et 58. N. F. Chinois 2758, éd. différente de la précédente. — 2761/2762 et N. F. Chinois 2765, éd. différente des précédentes. Réimp. en 1853 en 2 vol. in-8.

XXIV. Longobardi, Nicolao, 龍華民, *Long Hoa-min*, S. J.

Né en Sicile en 1559; arrivé en Chine en 1597; † à Peking le 1er sept. 1654.

84—1. 死說

Sse choue.

De la mort.

N. F. Chinois 3115; ex. ms.

85—2. 念珠規程

Nien tchou kouei tching.

Méthode pour méditer les mystères du Rosaire.

N. F. Chinois 3041.

86—3. 靈魂道體

Ling hoen tao ti.

N. F. Chinois 3001.

87—4. 聖教日課

Cheng kiao je ko.

Journée du chrétien.

Fourmont CCXXXI. — N. F. Chinois 2806, éd. diff. des suivantes : 2807, 2808, 2809, 2810, 2811, 2812.

88—5. 聖若撒法始末

Cheng jo sa fa chi mo.

Vie de St Josaphat.

N. F. Chinois 2795 et 2796.

XXV. Mailla, Joseph Marie Anne de Moyria de, 馮秉正, *Fong Pin-tcheng,* S. J.

Né le 16 déc. 1669; arrivé en Chine en 1703; † à Peking le 28 juin 1748.

89—1. 朋來集說

Pong lai tsi choue.

Recueil d'entretiens d'amis, c'est-à-dire de Chrétiens qui se considèrent comme des amis.

N. F. Chinois 3064 et 3065.

90—2. 聖心規程

Cheng sin kouei tching.

Méthode pour prier le cœur du Christ.

N. F. Chinois 2882 et 2883.

91—3. 聖體仁愛經規條

Cheng ti jin'ai king kouei tiao.

Exercices préparatoires pour recevoir le sacrament de l'Eucharistie.

Publié en 1719. N. F. Chinois 2890 et 2891.

92—4. 聖經廣益

Cheng king koang i.

Evangiles des dimanches et des principales fêtes de toute l'année.

N. F. Chinois 2847 et 2848. Réimp. en 1866 en 2 vol. in-12.

93—5. 盛世芻蕘

Cheng che tsou jao.

Traités divers.

Sur Dieu et la création; du péché d'Adam et de la rémission du monde; de l'âme, de la récompense des bons et du châtiment des méchants; des fausses religions.

N. F. Chinois 2787 et 2788; éd. différentes. Réimp. en 1863 en 4 vol. in-8. — *Cat.* n° 28.

94—6. 聖年廣益

Cheng nien koang i.

Année sacrée, ou Vies des Saints de l'année.

Pub. en 1738. Nouv. éd. 1815. N. F. Chinois 2874 et 2875. Réimp. 1876 en 4 vol. in-16. A été trad. en mandchou.

XXVI. Martini, Martino, 衛匡國, *Wei Kouang-kouo*, S. J.

Né à Trente en 1614; arrivé en Chine en 1643; † à Hang tcheou le 6 juin 1661.

95—1. 眞主靈性理證

Tchin tchou ling sing li tching.

Preuve par la raison qu'il y a un Dieu et que nous avons une âme.

Fourmont CCXII. — N. F. Chinois 3004, 3005, 3165, 3166.

« Pour établir la première thèse qu'il y a un Dieu qui préside à l'Univers, l'auteur, dit le P. Foureau, tire sa démonstration des choses visibles, non en entrant dans le détail de toutes les parties de la nature, encore moins en parlant de la génération de tout ce qui a vie comme le prétend M. Fourmont, mais en prenant quelques points en particulier, tels que les éléments dont les choses matérielles sont composées, l'ordre immuable des saisons, le cours réglé des corps célestes, etc. qui ne sauraient être que l'effet visible d'une cause invisible. A l'égard de l'existence de l'âme, il la prouve par ses facultés mêmes, et par ces sentiments intérieurs de droiture, d'amour du bonheur, du désir de la gloire, etc. que nous éprouvons tous.

Ce livre est divisé en deux parties. La première ne renferme que quatre preuves de l'existence de Dieu. La seconde en contient vingt-trois sur l'âme. »

96—2. 逑反篇

Kieou yeou lun.

De l'amitié.

N. F. Chinois 2977 et 2978.

XXVII. Mendez, Manoel, 孟由義, *Meng Ieou i*, S. J.

Né au Portugal le 1er janvier 1656; arrivé en Chine en 1684; † à Macao en déc. 1743. Voir Hinderer, Romain.

XXVIII. Monteiro, João, 孟儒望, *Meng Jou-wang*, S. J.

Né au Portugal en 1603; arrivé en Chine en 1637; † aux Indes en 1648.

97—1. 天學要義

Tien hio lio i.

Abrégé de la loi divine.

N. F. Chinois 3223; ex. ms.

98—2. 天學辨敬錫

Tien hio pien king lo.

Du culte vrai et faux et de l'adoration.

N. F. Chinois 3059.

99—3. 炤迷鏡

Tchao mi king.

Flambeau pour éclairer les ténèbres.

N. F. Chinois 3147 et 3148; ces ex. sont ms.

XXIX. Motel, Jacques, 穆迪我, *Mou Ti-ngo*, S. J.

Né en France en 1618; arrivé en Chine en 1657; † à Ou-tchang fou le 2 juin 1692.

100—1. 聖洗規儀

Cheng si kouei i.

Sur les cérémonies du baptême.

N. F. Chinois 2880.

XXX. Noël, François, 衛方濟, *Wei Fang-tsi*, S. J.

Né à Hesdrud (Hainaut) le 18 août 1651; arrivé en Chine en 1687; † en 1729.

101—1. 人罪至重

Jen tsoui tche tchong.

Livre sur la gravité du péché.

N. F. Chinois 2939; ex. ms. Réimp. en 1873 en un vol. in-8.

XXXI. Pantoja, Diego de, 龐迪我, *Pang Ti-ngo*, S. J.

Né en Espagne à Valdemora, dioc. de Tolède, en 1571; arrivé en Chine en 1599; † à Macao en janvier 1618.

102—1. 耶穌苦難禱文

Ye sou kou nan tao wen.

De la passion de Jésus.

N. F. Chinois 3377.

103—2. 未來辯論

Ouei lai pien luen.

Explication des choses à venir, ou des suites de la mort.

Fourmont CCLIX. — N. F. Chinois 3367.

104—3. 天主實義續篇

Tien tchou che i so pien.

Supp. au *Tien tchou che i* (par Ricci).

N. F. Chinois 3238 et 3239.

105—4. 龐子遺詮

Pang tse i tsouen.

Explication posthume du symbole.

Fourmont CXCI. — N. F. Chinois 3010 et 3011.

106—5. 七克大全

Tsi ko ta tsiuen.

Sept Victoires.

Les sept victoires = les sept vertus par opposition aux sept péchés capitaux. Publié en 1614. Fourmont CCVI. Réimp. en 1873 en 4 vol. in-8.

Ne pas confondre cet ouvrage avec le 七克眞訓 *Tsi ko tchen hiun.* Vraie instruction des Sept Victoires; réimp. en 1857 en 2 vol. in-12.

« Un chrétien, nommé *Tsoui tchang,* dit le P. Foureau, qui avait aidé le père en ce travail (七克), a mis une préface de sa façon à chacun des sept chapitres dans laquelle il a inséré plusieurs fables d'Esope, par exemple celle du *Corbeau et du Renard* contre l'Orgueil, celle de la *Fourmi et de la Cigale* contre la Paresse. Ce genre d'instruction peu connu des Chinois leur plaît fort. L'ouvrage au reste est rempli de beaucoup de raisons très persuasives et à la portée de tout le monde. Du temps de l'empereur Kang Hi une de ses femmes qui était pleine de défauts et bien peu supportable pour le caractère, l'ayant lu, en fut si frappée que, sans en venir à se faire chrétienne, elle se réforma beaucoup et son changement fut remarqué par l'empereur. »

XXXII. Parrenin, Dominique, 巴多明, *Pa To-ming,* S. J.

Né au Russey, dioc. de Besançon, le 14 sept. 1665; arrivé en Chine en 1698; † à Peking le 27 sept. 1741.

107—1. 濟美篇

Tsi mei pien.

Vie de St Louis de Gonzague.

N. F. Chinois 3339 et 3340. Réimp. en 1869 en un vol. in-12.

108—2. 德行譜

Té hing pou.

Vie de St Stanislas Kostka.

Les trois premiers livres de l'ouvrage sont consacrés à Stanislas Kostka, le dernier à Paul Kostka.

N. F. Chinois 3206 et 3207. Réimp. en 1869 en un vol. in-12.

XXXIII. Pereira, Thomaz, 徐日昇, *Siu Je-cheng,* S. J.

Né au Portugal le 1 nov. 1645; arrivé en Chine en 1673; † à Peking le 24 déc. 1708.

109—1. 南先生行述

Nan sien seng hing chou.

Vie du P. F. Verbiest.

N. F. Chinois 3033.

XXXIV. Prémare, Joseph Marie de, 馬若瑟, *Ma Jo-ché,* S. J.

Né le 17 juillet 1666, au Hâvre de Grâce; arrivé en Chine en 1698; † à Macao le 17 sept. 1736.

110—1. 聖若瑟傳

Cheng Jo-ché tchoan.

Vie de St Joseph, époux de la Vierge Marie.

Fourmont CCLXXVI. — N. F. Chinois 2802. Réimp. en 1872 en un vol. in-8.

111—2. 楊淇園行蹟

Yang ki youen hing tsi.

Vie d'un chrétien chinois par des élèves chinois (Prémare).

N. F. Chinois 3370.

XXXV. Rho, Giacomo, 羅雅各, *Lou Ia-ko,* S. J.

Né à Milan en 1590; arrivé en Chine en 1624; † à Peking le 26 avril 1638.

Suivant le P. Foureau, le P. Rho est l'auteur de dix-neuf livres différents sur la religion.

112—1. 天主經解

Tien tchou king kiai.

Explication de l'oraison dominicale.

Fourmont CXCVI. — N. F. Chinois 3291 et 3292.

113—2. 天主聖教啓蒙

Tien tchou cheng kiao ki mong.

N. F. Chinois 3254.

114—3. 齋克

Tchaï ko.

Du jeûne et de la mortification.

N. F. Chinois 3143, 3144 et 3145.

115—4. 哀矜行詮

Ngai king hing tsiuen.

Traité des œuvres de miséricorde.

N. F. Chinois 3034 et 3035. Réimp. en 1873 en un vol. in-8.

116—5. 求説

Kieou choue.

De la manière de prier.

N. F. Chinois 2952.

117—6. 聖記百言

Cheng ki pei yen.

Cent instructions spirituelles de Ste Thérèse.

N. F. Chinois 2803. Réimp. en un vol. in-8 en 1873. *Cat.* n° 73.

XXXVI. Ricci, Matteo, 利瑪竇, *Li Ma-teou,* S. J.

Né à Macerata le 6 octobre 1552; arrivé en Chine en 1583; † à Peking le 11 mai 1610.

118—1. 天主實義

Tien tchou che i.

Vraie doctrine de Dieu.

Publié en 1601. Fourmont CLXX. — N. F. Chinois 3232 et suivants. B. M., p. 122. Réimp. en 1868 en 2 vol. in-8.

A été traduit en mandchou sous le titre de *Abkai edchen i ounengai dchourgan*. N. F. Chinois 2748 et 2749.

«Le P. Julien Baldinotti, jésuite de Pistoie, le fit réimprimer, en 1730, au Tonkin, pour la seconde fois, et il assure que l'élégance et la pureté du style de ce catéchisme contribuèrent puissamment au succès de ses prédications dans ce royaume.» (A. Rémusat, *Nouv. Mél. As.*, II, p. 213.)

119—2. 幾何原本

Ki ho youen pen.

Les six premiers livres d'Euclide.

N. F. Chinois 2959 et 2960. — B. M., p. 122.

M. A. Wylie a donné, en 1857, à Song kiang 續 | | | | *Su ki ho youen pen*, une traduction des livres VII à XV d'Euclide en continuation de la traduction de Ricci. En 1865, le Vice-Roi Tseng Kouo-fan, a fait réimprimer Ricci et Wylie à Nanking.

120—3. 交友論

Kiao yeou luen.

De l'amitié.

N. F. Chinois 2971. Pub. en 1595; commencé à Nan tchang, cap. du Kiang si.

121—4. 同文算指通編

Tong wen souan tchi chong pien.

Traité général d'arithmétique.

N. F. Chinois 3304.

122—5. 西國記法

Si kouo ki fa.

Art de la mémoire.

N. F. Chinois 3089.

123—6. 句股義

Keou kou i.

Des mesures.

N. F. Chinois 2947.

124—7. 二十五言

Eul che ou yen.

Vingt-cinq sentences morales.

N. F. Chinois 2902.

125—8. 圜容較義

Hoan yong kiao i.

Géométrie.

N. F. Chinois 2920.

126—9. 畸人十篇

Ki jen che pien.

Dix conversations sur des sujets de religion et de morale.

Fourmont CCXXIII. — N. F. Chinois 2961 et 2962. Réimp. en 1847 en 2 vol. in-8.

Ki jen était l'un des *hao* (nom d'honneur) du P. Ricci; son autre *hao* était 西泰 *si tai,* grand *homme d'Europe.*

127—10. 徐先啓行畧

Siu kouang ki hing lio.

Vie de Siu Kouang-ki.

N. F. Chinois 3112; ex. ms.

128—11. 辯學遺牘

Pien hio i to.

Controverse avec les sectes idolâtres.

Fourmont CCXLV. — N. F. Chinois 3054, 3055 et 3056.

129—12. 乾坤體義

Kien kouen ti i.

Du ciel et de la terre.

N. F. Chinois 2953 et 2954.

XXXVII. Rocha, João da, 羅如望, *Lo Jou-wang*, S. J.

Né au Portugal en 1566; arrivé en Chine en 1598; † à Hang tcheou en mars 1623.

130—1. 天主聖教啟蒙

Tien tchou cheng kiao ki mong.

Clef pour ouvrir la loi de Dieu.

Fourmont CLXXVIII.

XXXVIII. Rougemont, François de, 魯日滿, *Lou Je-man*, S. J.

Né en 1624 en Belgique; arrivé en Chine en 1659; † à Tchang-chou le 4 nov. 1676.

131—1. 要理六端

Yao li lou touan.

Prière nécessaire avant le baptême.

N. F. Chinois 3374.

132—2. 天主聖教要理

Tien tchou cheng kiao yao li.

Doctrine nécessaire de la Ste Loi.

Fourmont CLXXIX. — N. F. Chinois 2837 et 2838, éd. diff.

XXXIX. Rudomina, André, 盧安德, *Lou Ngan-tée*, S. J.

Né en 1596 en Lithuanie; arrivé en Chine en 1626; † le 5 septembre 1632 à Fou tcheou.

Voir Aleni : *Keou to je tchao* (n° 12).

XL. Ruggieri, Michaele, 羅明堅, *Lo Ming-kien*, S. J.

Né à Naples en 1543; arrivé en Chine en 1581; † à Salerne le 11 mai 1607.

133—1. 天主聖教實錄

Tien tchou cheng kiao che lo.

Véritable aspect de la sainte religion de Dieu.

Fourmont CCXV. — N. F. Chinois 3249.

« C'est, dit le P. Foureau, le premier ouvrage que l'on ait fait en faveur de la religion chrétienne, depuis qu'elle y est pénétrée dans le XVIe siècle. Ce père [Ruggieri] était contemporain du P. Ricci, mais il l'avait précédé de quelques années dans la mission, et il composa ce livre la XIXe année de l'empereur Ouan li, qui répond à l'année 1584. »

XLI. Sambiaso, Francesco, 畢方濟, *Pi Fang-tsi*, S. J.

Né à Naples en 1582; arrivé en Chine en 1613; † à Macao en 1649.

134—1. 畫答

Hoa ta.

Réponses sur la peinture.

Fourmont CCCLXIII. — N. F. Chinois 3204.

135—2. 睡畫二答

Choui hoa eul ta.

Traité sur le sommeil et les peintures allégoriques.

Fourmont CCCLXIII. — N. F. Chinois 2897.

136—3. 靈言蠡勺

Ling yen tchong tche.

Sur l'âme.

Fourmont CCXXI.

L'auteur « appelle l'âme *ya ni ma*, dit le P. Foureau, et c'est ce qui donna occasion il y a vingt-cinq ans à la conversion de *San Kong ye*, chef de cette branche impériale qui a presque toute entière embrassé la religion chrétienne. On en voit l'histoire dans les *Lettres édifiantes*. Ce prince ayant par hasard aperçu dans ce livre ces mots *ya ni ma*, qu'il n'entendait point, et qu'il ne pouvait entendre, tout habile qu'il était, parce que ces trois sons ainsi réunis ne signifient rien en Chinois, il eut la curiosité de lire le livre. Il en fut si touché que s'étant instruit plus à fond dans d'autres ouvrages qui achevèrent de le convaincre, il se fit chrétien, et introduisit la religion dans sa famille; où malgré ce qu'elle a eu à souffrir depuis, il y a encore plus de soixante chrétiens, la plupart très fervents. Cette petite anecdote suffirait seule à rendre le livre estimable».

XLII. Sande, Eduardo da, 孟三德, *Meng San-tée*, S. J.

Né au Portugal; arrivé en Chine en 1585; † à Macao en 1600.

137—1. De Missione || legatorvm Iaponen||sium ad Romanam curiam, rebusq., in || Europa, ac toto itinere animaduersis || Dialogvs || ex ephemeride ipsorvm legatorvm col||lectvs, & in sermonem latinvm versvs || ab Eduardo de Sande Sacerdote Societatis || Iesv. || [Vignette.] || *In Macaensi portu Sinici regni in domo* || *Societatis Iesv cum facultate* || *Ordinarij, & Superiorum.* || *Anno* 1590, in-4, pp. 412, + 4 ff. n. c. au com. pour le tit., la perm., etc. + 12 ff. n. c. à la fin pour l'ind. et les errata.

Un ex., C. 24. a., est exposé au Musée Britannique dans la King's Library avec cette mention : «The first book printed by Europeans in China.»

Le traité du P. Sande se trouve en espagnol et en latin dans les publications suivantes :

— Historia || del reyno de Iapon || y descripcion de aqvella || tierra, y de algunas costumbres, cerimonias, y re-||gimiento de aquel Reyno : Con la relacion de la || venida de los embaxadores del Iapon a Roma .... por el Doctor Buxeda de Leyua .... *En Caragoça.* || Impressa .... Pedro Puig .... año 1591, in-8.

— De || trivm regvm || Iaponiorvm legatis, || qui nvper Romam profecti, || Gregorio XIII. Pont. Max. || obedientiam publicè præstiterunt. || Varia || Quæ Lectorem mirificè delectare, & piorum omnium || animos ad maximas Deo gratias agendas vehe-|| menter excitare possunt. || Denuo impressa cum extracto quarundam litterarum Roma || missarum de eorum ad suos reditu. || [Vig.] || Lovanii, || Ex officina Ioannis Masij, sub viridi Cruce. || Anno M.D.LXXXV. || Cvm gratia et privilegio. || in-4, pp. 24.

British Museum, 493, h, 24.

— De || trivm regvm || Iaponiorvm legatis, || qui nvper Romam || profecti, Gregorio || XIII. Pont. Max. Obedien-|| tiam pvplice præ-|| stitervnt. || Varia || Quæ Lectorem mirificè delectare, & piorum omnium || animos ad maximas Deo gratias agendas vehe-|| menter excitare possunt. || [Vig.] || Antverpiæ, || Excudebat Martinus Nutius ad insigne dua-|| rum Cyconiarum. Anno 1593. || pet. in-8, ff. 16 n. c.

British Museum 1369, $\frac{a}{1}$ 47.

XLIII. Schall von Bell, Johann Adam, 湯若望 *Tang Jo-wang*, S. J.

Né en 1591, à Cologne; arrivé en Chine en 1622; † à Peking le 15 août 1666 ou 1669; cette dernière date est la plus probable.

« Ce père, bien connu en Chine, dit le P. Foureau, a composé vingt-cinq ouvrages différents, la plupart sur les mathématiques et quelques-uns sur la religion. »

138—1. 崇禎曆書

Tsong tchin li chou.

Sur les étoiles.

N. F. Chinois 2906.

139—2. 民曆鋪註解惑

Min li tso pou tchou kiai.

Réponses à des doutes posés à propos des Ephémérides

N. F. Chinois 3026 et 3027.

140—3. 主布辟徵

Tchou tchi kiun tching.

Preuve que toutes choses sont dirigées par Dieu.

Fourmont CCXIII. — N. F. Chinois 3200 et 3201.

141—4. 主教緣起

Tchou kiao youen ki.

De l'origine de la religion chrétienne.

Fourmont CCXX. — N. F. Chinois 3195.

142—5. 遠鏡說

Youen king choue.

Des lunettes d'approche.

Fourmont CCCXLIX. — N. F. Chinois 3382 et 3383.

XLIV. Soerio, João, 蘇如漢, *Sou Jou-han*, S. J.

Né au Portugal en 1566; arrivé en Chine en 1595; † à Macao en août 1607.

143—1. 聖教約言

Cheng kiao io yen.

Courte dissertation sur la religion chrétienne.

Fourmont CLXXV. — N. F. Chinois 2840, 2841, 2842; éd. diff.; ce dernier ex. est celui du P. Daniel Papebroch; 3266 et 3267. Réimp. en 1871 en un vol. in-8.

XLV. Terenz, Jean, 鄧玉函, *Teng Iu-han*, S. J.

Né en Suisse en 1576; arrivé en Chine 1621; † à Peking le 11 mai ou le 13 mars 1630.

144—1. 遠西奇器圖說錄

Youen si ki ki tou choue lo.

Mémoires sur les instruments (mécaniques) des Européens.

N. F. Chinois 3384.

145—2. 人身說槩

Jen chin choue kaï.

Du corps humain.

N. F. Chinois 2934 et 2935; ces deux ex. sont ms.

XLVI. Trigault, Nicolas, 金尼閣, *Kin Ni-ko*, S. J.

Né à Douai le 3 mars 1577; arrivé en Chine en 1610; † à Hang tcheou le 14 nov. 1628.

146—1. 宗徒禱文

Tsong tou tao wen.

Litanies.

N. F. Chinois 3345.

147—2. 西儒耳目資

Si jou eul mou tse.

Dictionnaire de la prononciation chinoise et européenne.

N. F. Chinois 3087 et 3088.

148—3. 況義

Hoang i.

Fables choisies d'Esope.

N. F. Chinois 2922 et 2923; ces deux ex. sont ms.
Les fables d'Esope ont été depuis traduites en chinois par Robert Thom:

意拾喩言

ESOP'S FABLES, written in Chinese by the learned Mun Mooy seen-shang, and compiled in their present form (With a free and literal translation) by his pupil Sloth. [R. Thom.] ... *Printed at the Canton Press Office,* 1840, pet. in-fol., pp. XXI + 1 f. n. c. + pp. IV-104.

Notice : *Chin. Rep.,* IX, pp. 201 et seq. (by E. C. Bridgman).
British Museum 826, k, 23.

*ESOP'S FABLES; as translated into Chinese by R. Thom Esqr. rendered into the Colloquial of the Dialects spoken in the Department of Chiang-chiú, in the province of Hok-kien : and in the department of Tie-chiú, in the province of Canton. Part first. — *Hok-kien,* in-8, p. II-39/40. *Singapore,* 1843.

« The first part of this work, in the Hok-kien (or Fuh-keen) dialect, is the joint production of Messrs. S. Dyer and J. Stronach; the second, in the Tie-chiu dialect, is entirely the work of Mr. Stronach. » (*Mem. of. Prot. Miss.,* p. 106.)

XLVII. Ursis, Sabbathinus de, 熊三拔, *Hiong San-pa,* S. J.

Né à Naples en 1575; arrivé en Chine en 1606; † à Macao le 3 mai 1620.

149—1. 泰西水法

Tai si choui fa.

Sur les machines hydrauliques.

N. F. Chinois 3209.

150—2. 表度說

Piao tou choue.

Gnomonique.

N. F. Chinois 3053.

XLVIII. Vagnoni, Alfonso, 高一志, *Kao I-tche*, S. J.

Né en 1566, à Trufarelli, dioc. de Turin; arrivé en Chine en 1605; † à Kiang tcheou, le 19 avril 1640.

151—1. 則聖十篇

Tse cheng che pien.

Imitation des saints.

N. F. Chinois 3334.

152—2. 齊家西學

Tsi kia si hio.

De la vraie institution de la famille chez les Européens.

N. F. Chinois 3315.

153—3. 天主聖教聖人行實

Tien tchou cheng kiao cheng jen hing che.

Vie des saints.

Fourmont CLXIX. — N. F. Chinois 2793. Incomplet.

154—4. 達道紀言

Ta tao ki yen.

Recueil des instructions.

N. F. Chinois 3134.

155—5. 四末論

Se mo luen.

Quatre choses les plus nouvelles (les quatre fins de l'homme).

N. F. Chinois 3116.

156—6. 脩身西學

Sieou chin si hio.

De la bonne direction de soi-même, suivant la doctrine européenne.

N. F. Chinois 3091 et 3092.

157—7. 譬學

Pi hio.

N. F. Chinois 3050.

158—8. 勵學古言

Li hio kou yen.

N. F. Chinois 2994.

159—9. 教要解畧

Kiao yao kiai lio.

Explication du catéchisme.

N. F. Chinois 2965 et 2966.

160—10. 聖教解畧

Cheng kiao kiai lio.

Courte explication de la doctrine chrétienne.

Réimp. en 1869 en un vol. in-8. *Cat.* n° 82.

161—11. 寰宇始末

Hoan yu chi mo.

N. F. Chinois 2921.

162—12. 聖母行實

Cheng mou hing che.

Vie de la B. Vierge Marie.

Fourmont CCLXXI. — N. F. Chinois 2861, 2862, 2863. Réimp. en 1798 en un vol. in-8.

163—13. 神鬼止紀

Chen kouei tcheng ki.

Sur les esprits.

N. F. Chinois 2784.

164—14. 十慰

Che ouei.

Les dix consolations.

N. F. Chinois 2779 et 2780; éditions différentes. Fourmont CCV.

165—15. 天主聖教聖人行實

Tien tchou cheng kiao cheng jen hing che.

Cat. Fourmont CLXIX.

166—16. 童幼教育

Tong yeou kiao yo.

De l'éducation des enfants.

Fourmont CCXIX. — N. F. Chinois 3307.

Cet ouvrage se compose de 20 chapitres et non pas de 21 comme l'imprime Fourmont.

167—17. 空際格致

Kong tsi ke tchi.

Météores.

2 vol. N. F. Chinois 2955.

XLIX. Varo, Francisco, Vang.

De l'ordre de St. Dominique; arrivé en Chine en 1654.

168—1. Arte ‖ de la Lengva ‖ Mandarina ‖ cómpuesto por el M, R°, ‖ P^{e}, fr. Francisco Varo de la sa‖grada Orden de N, P, S, Domi‖go, acrecentado, y reducido a ‖ mejor forma, por N°, H°, fr, Pedro de ‖ la Piñuela P^{or}. y Comissario Pror, ‖

de la Mission Serafica de China. ‖ Anadiose un ‖ Confesionario muy vtil. y ‖ provechoso para alivio ‖ de los nueos Ministros. ‖ Impreso en Canton año ‖ de 1703.

IHS
ARTE
DE LA LENGUA
MANDARINA
cõpuesto por el M. R.
P. fr. Francisco Varo de la sa
grada Orden de N. P. S. Domi
go, acrecentado, y reducido a
mejor forma, por N. H. fr. Pedro de
la Piñuela P. y Comissario Prov.
de la Mission Serafica de China.
Añadiose un
Confessionario muy vtil y
provechoso para alivio
de los nueos Ministros
Impreso en Canton ano
de 1703.

Cahier chinois gr. in-8. Collation : — 1ᵉʳ f. verso : titre ut supra encadré; la date de l'impression est hors du cadre; — 3 ff. doubles chinois numérotés en chinois sur la tranche : *Prologo;* — 50 ff. doubles numérotés en chinois sur la tranche; les pages sont numérotées en chiffres arabes depuis 1 jusqu'à 99, le verso du f. 50 étant blanc; elles comprennent la grammaire en espagnol; — 10 ff. doubles numérotés en chinois sur la tranche et en chiffres arabes en haut du recto de chaque f.; elles comprennent : Brevis Methodvs confessionis institvendae. Non solum Confessarijs, ad linguam erudiendam utilis; sed & necessaria; praesertim noviter intrantibus, ut eo citius Poenitentiae Sacramentum administrare possint. Composita â R° P. Basilio â Glemona Vicario Apostolico Provinciae Xèn si, Ord. Minor. Refor.

En tout 64 ff. doubles. — Le 5ᵉ f. de la grammaire est broché à l'envers.

L'ex. que nous avons examiné est celui de M. Thonnelier. Renfermé dans une boîte-livre demi-maroquin rouge, il paraît être, sinon le seul, du moins l'un des deux ex. de la grammaire de Varo qui ait paru dans les ventes depuis un siècle. Son histoire mérite donc d'être retracée, car, la bibliothèque de son possesseur défunt ayant été dispersée sous le feu des enchères, nous espérions qu'il terminerait enfin ses pérégrinations en entrant soit à la Bibliothèque nationale, soit au British Museum où il ne se trouve pas encore. Il n'en a rien été malheureusement. Le propriétaire le plus ancien a tracé son nom «Philippi Telli» sur le frontispice (verso du 1er f.). Ce Telli était un musicien italien (laïque) appelé en chinois *Tê*, envoyé en Chine en 1720 par la Propagande. Dans son ouvrage *De Studiis sinicis*, p. 22, Montucci dit qu'il possède un ex. de cette grammaire; notre ex. paraît être le sien, car sur la couverture on lit: «Emptum à Dom. A. Montucci, H. J. v. Klaproth, Berolini, 23. Feb. 1812». D'autre part, l'ex. ne figure pas au catalogue des livres de Klaproth (Paris, 1839), et il porte sur le frontispice également le cachet chinois rouge d'Abel-Rémusat; il y a donc lieu de supposer que l'ex. de Montucci acheté par Klaproth aura été donné ou cédé par ce dernier à Rémusat. Il n'est pas marqué non plus dans le catalogue de vente de Rémusat (1833) où l'on ne trouve qu'une copie (n° 476) vendue 32 francs. Dans le catalogue de Landresse (1862), on le retrouve au n° 239, la description de la reliure dem.-mar. rouge dans un étui ne saurait laisser subsister aucun doute à cet égard. Landresse avait collaboré au Catalogue de la Bibliothèque de Rémusat (*Avert.*, p. 4); il était élève de ce sinologue dont il publia après la mort le *Foe koue-ki* (avec Klaproth); il est donc permis de supposer que l'ex. passa directement de la collection de Rémusat dans celle de Landresse. De celle de Landresse, il est allé à M. F. Villot qui a écrit une longue note historique au verso de la couverture le 23 octobre 1863, et des mains duquel il passa, par l'intermédiaire d'un libraire de Paris, entre les mains de M. Thonnelier. Il a été revendu à la vente de ce savant (1522) au libraire dont nous venons de parler, M. Maisonneuve, de Paris, pour Fr. 615. Ce livre remis en vente par M. M. pour Fr. 1500 à été acheté l'année dernière (1882) par M. le Dr Julius Platzmann, de Leipzig, qui a fait en même temps à la même librairie pour Fr. 80, l'acquisition de la copie de l'ouvrage faite pour Abel Rémusat (vide infra).

D'autres exemplaires de cette grammaire ont été connus, mais il nous a été impossible d'en suivre la trace:

1° Ainsi Fourmont qui s'est largement servi de la grammaire de Varo pour son propre ouvrage, et lui a consacré une longue notice (*Grammatica duplex*, 1742, pp. xxvj-xxx); mais l'ex. qu'il a eu entre les mains n'est pas le nôtre, car nous lisons après le titre espagnol de l'*Arte de la Lengua Mandarina* dans la *Grammatica duplex*, p. xxvij: «In quo etiam ad marginem inveni, sed manuscriptum. *Ad usum R. P. Johannis. P. ab ilice, Mission. Ordinis Minorum Sancti Francisci*», indication qui ne se retrouve pas dans notre exemplaire. Le paragraphe suivant de la *Grammatica* nous apprend que

Fourmont avait eu le sien du R. P. Eustache, Augustin, qui l'avait apporté de Rome.

2° Neumann écrit dans une Note de la Préface de son *Catechism of the Shamans,* 1831, p. XII : «Only three copies are known of this great literary curiosity; one is in Rome, one in Paris, and one is now in my possession».

3° A la vente de la Bibliothèque de M. De Guignes (1845), un ex. *imprimé* a été vendu 50 fr. (n° 501). Nous ne croyons pas qu'il soit celui de Rémusat et qu'il ait passé à Landresse par l'intermédiaire de De Guignes. Il est broché comme le nôtre, mais l'étui de demi-maroquin rouge dont celui-ci est revêtu et qui paraît semblable à celui d'une copie de cette grammaire dont nous parlerons plus loin, doit être de l'époque de la Restauration. Il n'est donc guère permis de croire que l'ex. de De Guignes sans étui serait passé à Landresse qui l'aurait fait enfermer dans cet étui. Il est plus probable que De Guignes, qui avait visité Peking avec une ambassade hollandaise et avait été consul de France à Canton, aura rapporté son ex. de Chine.

Outre son ex. imprimé de la grammaire de Varo, Rémusat en possédait également une copie manuscrite avec une d.-rel., dos de mar. r., fil. qui a figuré au catalogue de la vente de ses livres (n° 476, vendu fr. 32). Cette copie a depuis appartenu à Landresse (n° 240 du Cat. de ses livres) à la vente duquel elle fut achetée en même temps que l'ex. imprimé par M. Villot.

Nous trouvons également au Cat. de Langlès, 1825, n° 1058, un vol. intitulé : «Arte de lengua mandarina. Addicion al arte de lengua mandarina» vendu 47 fr. La note ajoutée à cette description : «Ms. pet. in-4, sur beau papier de Chine, qui paraît avoir été composé par quelque missionnaire jésuite», semblerait indiquer que ce ms. ne portait pas de nom d'auteur. C'est peut-être néanmoins une copie de la grammaire de Varo.

Chose curieuse, les PP. Quétif et Echard ne parlent pas de la grammaire de Varo.

L. Verbiest, Ferdinand, 南懷仁, *Nan Hoei-jen,* S. J.

Né à Pitthem, près de Courtrai le 9 octobre 1623; arrivé en Chine en 1659; † à Peking le 29 janvier 1688.

Voir : GOUVEA, Antonio de; PEREIRA, Thomas.

169—1. ASTRONOMIA EUROPEA SUB IMPERATORE TARTARO-SINICO CAM HY APPELLATO EX VMBRA IN LUCEM REUOCATA a P. Ferdinando Verbiest Flandro-Belga Brugensi e

Societate Jesu Academiae Astronomicae in Regia Pekinensi Praefecto Anno Salutis M.DClXVIII.

In-folio, autographié sur papier plié en double à la manière chinoise; 6 feuillets sans le titre, contient le : Liber organicus Astronomiae europeae apud Sinas restitutae. Suivi de :

170—2. Compendium latinum proponens XII posteriores figuras libri obseruationum nec non priores VII figuras Libri organici. 3 ff. s. l. tit., et 12 ff. simples de figures.

Abrégé du

— LIBER ORGANICUS ASTRONOMIAE EUROPEAE apud Sinas restitutae sub Imperatore sino-tartarico Cam-Hy appellato, auctore P. Ferdinando Verbiest, Flandro belga Brugensi e Societate Jesu, academiae astronomicae in regia Pekinensi praefecto, Anno salutis 1668. in-fol. Fig. Sur Pap. de Chine, ff. doubles.

171—3. TYPÚS ECLIPSIS LŪNAE, ‖ Anno Christi 1671, ‖ Imperatoris Căm̄ Hȳ ‖ decimo, die XV^to^ Lunae ii^ae^, ‖ id est, die XXV^to^ Martj; ‖ ad meridianūm Peki‖nensem; nec non ima‖go adúmbrata diuerso‖rum digitorúm in ho‖rizonte obseruatorum, ‖ in singulis Imperij Sinen‖sis provincijs, tempore quo ‖ luna in singulis oritur. ‖ Auctore P. Ferdinando ‖ Verbiest Societ^is^. Jesu, ‖ in Regia Pekinensi, ‖ Astronomiae praefecto.

En chinois et en mandchou avec le titre latin imprimé avec des caractères en bois.

British Museum, 15255, d, 17.

172—4. 妄推吉凶辨

Wang tchoui kie hiong pien.

Réfutation de Yang Kouang-sien.

Fourmont CCLVII. — N. F. Chinois 3363.

Voir le *Pou té i pien,* de Buglio.

173—5. 熙朝定案

Hi tchao ting 'an.

N. F. Chinois 2907 et 2908.

174—6. 驗氣圖說

Nien ti tou choue.

Sur l'emploi du thermomètre.

N. F. Chinois 3039 et 3040; plaquette de 5 ff.

175—7. 坤輿圖說

Kouen yu tou choue.

Cosmographie.

N. F. Chinois 2956.

Dans le dernier vol., des grav. sur bois représentent les merveilles du monde : Colosse de Rhodes, Pyramides, etc.

176—8. 告解原義

Kao kiai youen i.

Du sacrement de la Pénitence.

N. F. Chinois 2945 et 2946.

177—9. 善惡報畧說

Cheng ngo pao lio choue.

Court traité de la rémunération du bien et du mal.

N. F. Chinois 2755 et 2756. Réimp. en 1869 en un vol. in-8.

178—10. 聖體答疑

Cheng ti ta i.

Réponses aux doutes sur l'Eucharistie.

N. F. Chinois 2893 et 2894.

179—11. 教要序論

Kiao yao su luen.

Explication méthodique de ce qu'il y a d'essentiel dans la religion.

Fourmont CCLXII. — N. F. Chinois 2967 et 2968. — B. M., p. 160; 15116, d, 24. — Réimp. en 1867 en un vol. in-8.

180—12. 不得已辯

Pou te i pien.

N. F. Chinois 3069 et 3071.

LI. Xavier, St François-de-Xavier, 方濟各, *Fang Tsi-ko,* S. J.

Né le 7 avril 1506 en Navarre; † à l'île de Sancian le 2 déc. 1552.

Une édition sans titre, lieu ni date, a été faite en Chine des lettres de ce Saint. Nous ne l'avons pas vue, mais le R. P. Pfister, S. J. nous donne la description suivante d'un exemplaire qu'il a eu entre les mains : « Si je ne me trompe, c'est une édition faite à Peking au siècle dernier avec des planches gravées à la manière chinoise. Elle fourmille de fautes. L'exemplaire que j'ai a 104 — 248 pages, plus une page qui semble écrite à la main. La première page : *S. P. Francisci Xaverii Epistolarum Liber I. Epistola I. . . .* Il y a 4 livres. P. 246, *finis libri quarti.* Du livre V il n'y a que la première lettre qui est terminée comme je l'ai dit par la page non chiffrée et d'une main différente. Il y a 2 paginations; la 1re de 1 à 104 pour le livre Ier; la 2 de 1 à 248 pour le reste. C'est un in-8 sans registre, ni rappel. Chaque page est de 25 lignes. »

LII. Divers.

181. 聖教總牘

Cheng kiao tsong to.

Recueil de prières.

N. F. Chinois 2830.

182. 聖教約徵

Cheng kiao io tching.

N. F. Chinois 2839.

183. 聖教撮要

Cheng kiao tso yao.

N. F. Chinois 2828.

184. 聖教撮言

Cheng kiao tso yen.

Abrégé de la Ste Doctrine.

N. F. Chinois 2829.

185. 成人要集

Tching jen yao tsi.

N. F. Chinois 3173 et 3174.

Par 利安定 *Li Ngan-ting.*

186. 聖教問答

Cheng kiao wen ta.

Petit catéchisme par demandes et par réponses.

N. F. Chinois 2831.

187. 聖教要訓

Cheng kiao yao hiun.

Catéchisme par un Franciscain.

N. F. Chinois 2833.

188. 聖教切要

Cheng kiao tsi yao.

Abrégé de la Ste Doctrine par un Augustin.

N. F. Chinois 2823. — Réimp. en 1842 en un vol. in-8.

189. 聖人若瑟禱文

Cheng jen jo se tao wen.

Litanies de St Joseph.

N. F. Chinois 2794.

190. 聖父方濟各行實

Cheng fou fang tsi ko hing che.

Vie de St François.

N. F. Chinois 2792 en 3 vol.

191. 聖方濟各第三會規

Cheng fang tsi ko ti san hoei kouei.

Les règles des trois confréries de St François.

N. F. Chinois 2791; *manuscrit.*

192. 聖史

Cheng che.

Histoire des Maccabées.

N. F. Chinois 2786; *manuscrit.*

193. 哀矜煉靈說

Ngai king lien ling choue.

Traité pour relever les âmes du purgatoire, ff. 8. Par un Franciscain.

N. F. Chinois 2751 et 2752. — Réimp. en 1824 en un vol. in-16. *Cat.* n° 61.

194. Breuis Relatio eorū, ‖ quae spectant ad Declaratio‖nem Sinaru Imperatoris ‖ Kam Hi ‖ circa Cœli, Cumfucij, et Auorū ‖ cultú, datam anno 1700. ‖ Accedunt Primatú, Doctissimo‖rúq'. virorú, et antiquissimae Tra‖ditionis testimonia. ‖ Operâ PP. Societ. Jesu Pekini pro ‖ Euangelij propagatione laborantium. ‖ In-8, de 61 feuillets doubles, pliés à la manière chinoise, numérotés avec des caractères chinois. — Imprimé avec des caractères en bois. .

On lit à la dernière page (verso du f. 61):

Cui Protestationi subscribimus Pekini 29 Julij anni 1701. — Antonius Thomas vice Proulis Sinensis. — Philippus Grimaldi Rector Pekinensis. — Thomas Pereyra. — Joannes Franc[s] Gerbillon. — Josephus Suarez. — Joachimus Bouvet. — Kilianus Stumpf. — J. Baptista Regis. — Ludovicus Pernoti. — Dominicus Parrenin. Omnes et Socte Jesu Sacerdotes.

Bib. nat., Fonds Chinois n° 925. — Vend. : Regnauld-Bretel, 60 fr.; Libri, *Choicer Portion,* n° 625, 1 liv. 2 s.

195. Informatio ‖ pro veritate ‖ Contra iniquiorem famam sparsam ‖ per Sinas ‖ cum calumnia in PP. Soc. Jesu, ‖

& || Detrimento Missi||onis. || Cōmunicata Missionariis || in Imperio Sinensi. || Anno 1717. [Canton.]

Petit in-folio, imprimé avec des caractères en bois, à la manière chinoise : 94 feuillets numérotés sur la tranche avec des chiffres chinois, plus 1 feuillet pour le titre et 1 feuillet de caractères mandchous au commencement.

L'exemplaire que nous avons examiné est celui du British Museum; il est semblable à l'ex. de la Bibliothèque nationale de Palerme décrit par M. Pennino dans son *Catalogo ragionato*, I, 1875, n° 629. — Et il porte le n° 4281, Grenville. Un autre ex. porte le n° C. $\frac{24.\ b.}{3}$ 13 et n'a pas le f. de caractères mandchous. Il est relié avec :

1° Copie [manuscrite] du mémoire [en latin] que M. Pedrini [lazariste] présenta à l'Empereur. C. $\frac{24.\ b.}{1}$ 13.

2° Pièce d'un f. imprimé d'un côté relative à la question des rites; mandement en latin signé : *Li ning ceu, die 15ª Febr. Anno Dñi 1718 : F. Bernardinus ab Eccl'a qui supra Episcopus Pechinensis.* Le P. B. ab Ecclesia a ajouté son sceau et sa sign. manuscrite. C. $\frac{24.\ b.}{2}$ 13.

3° Pièce d'un f. imprimé d'un côté relative à l'*Informatio;* mandement en latin signé : *Lin ning ceu, die 24ª Septembris 1718. F. Bernardinus ab Ecclã qui supra Epũs Pechinensis.* Le P. B. ab Ecclesia a ajouté son sceau et sa sign. ms. C. $\frac{24.\ b.}{4}$ 13.

4° Pièce in-fol. imprimé contenant le décret du 24 janvier 1720 qui condamne l'*Informatio.* Romae, Ex typographiâ Reuerendae Camerae Apostolicae 1720. C. $\frac{24.\ b.}{5}$ 13.

5° Pièce imprimée en rouge. C. $\frac{24.\ b.}{6}$ 13 en chinois et en mandchou avec la déclaration en latin :

«Nos Ytoury, Voamtaohoa, Tchaotcham, Aulae *Ouintien,* et ejusmodi, ubi libri conficiun||tur, locorum Mandarini, obedientes reverenter Imperatoris mandato, ad omnes qui || ex Europa appulerunt, scribimus.

Anno Kam-Hi 45°. PP. Ant^s. Barros et Ant^s. Beauvolier : anno Kam-Hi 47°. PP. Jose^s. Provana || et Raymondus de Arxo de mandato Imperatoris in Europam missi sunt. Multis ab hinc || annis non modò nullum responsum venit, unde verum a falso discerni non potest, sed || etiam confusi rumores afferuntur. Idcirco Moscovotis rursus tradita est Epistola de-||ferenda, quam verisimile est pervenisse. Certè quidem cum homines a nobis mis-||si redierint, et negotia omnino clara fuerint, tunc adhiberi fides poterit. At ni-||si homines a nobis missi revertantur, deerit verum fondamentum; et etiamsi|| quaecumque epistolae vel nuntia venerint, omnino credi non potest. Et veriti ne lit-||terae penetrare non possint, has scribimus: his versio europaea adjiciatur : omnia || typis mandentur : Proregis Cantoniensis sigillo muniãtur: non autem claudan-||tur: plurimaque Exemplaria omnibus recenter advectis

Europaeis distribuantur, ‖ quae ipsi secum asportent. Datum An: Kam-Hi 55°. (1716) 9ae. Lunae die 17a (octob. 31). ‖

De mandato Imperatoris subscripsimus :

Matthaeus Ripa, Mis^s. Aplicus Sac. Cong. de Prop. Fide	Kilianus Stumpf, Soc. Jesu	Dominicus Parrenin, Soc. J.	Joseph Baudinus, S. J.
Theodor^s. Pedrini M. A.	Josephus Suares, S. J.	Petr. Vinc. De Tartre, S. J.	Frantz Stadtlin, S. J.
	Joachimus Bouvet, Soc. J.	Petrus Jartoux, Soc. J.	Jacobus Brocard S. J.
	Joan. Franc. Foucquet, S. J.	Franc. Cardoso, Soc. J.	Joseph da Costa, S. J.
		Joannes Mourão, S. J.	Joseph Castiglione, S. J.

196. Grammaire chinoise et espagnole. Fokien. Février de 1682.

Ternaux-Compans qui indique cet ouvrage, n° 2435, ajoute : « Cette grammaire, qui se trouve à la Bibliothèque royale, paraît avoir été composée par un religieux de l'ordre de St. François. »

Malgré tous nos efforts, il nous a été impossible de trouver cette grammaire.

Abréviations.

Fourmont,	Bib. nat., voir p. 496.
N. F. Chinois,	Bib. nat., voir p. 496.
Cat.,	Cat. de Siu ca-wei, voir p. 497.
B. M.,	British Museum, Cat. de Douglas, voir p. 497.

UN ÉPISODE

DU POÈME ÉPIQUE

SINDÂMAṆI

PAR

JULIEN VINSON.

UN ÉPISODE

DU POÈME ÉPIQUE

SINDÂMAṆI.

La place que l'on a bien voulu mettre à ma disposition dans ce volume étant assez restreinte, j'ai dû me borner à ne donner un spécimen que de l'une des deux langues dont l'enseignement m'est confié. Le tamoul et l'hindoustani sont toutes deux fort importantes, à tous les points de vue; j'ai choisi la première parce qu'elle est moins connue, moins cultivée, moins étudiée même et parce qu'elle est d'ailleurs historiquement plus ancienne et scientifiquement plus intéressante, parce qu'elle est enfin plus proprement et plus originairement indienne.

Je donne ci-après un épisode absolument inédit de l'un des poèmes tamouls les plus anciens. Le *Sindâmaṇi* est l'un des cinq ouvrages classiques recommandés par les grammairiens les plus estimés du pays. Il remonte sans doute au huitième ou neuvième siècle de notre ère, et c'est probablement l'œuvre tamoule la plus vieille qui soit parvenue jusqu'à nous. On ne pourrait guère regarder comme antérieurs que les recueils de sentences morales intitulés *Kur'al de Tiruvalluva* et *Nâladiyâr;* mais, à mon avis, ces recueils, sous leur forme actuelle, sont des compilations relativement récentes.

Le *Sindâmani* est peu connu, même dans l'Inde. Il offre, en effet, cette particularité d'être en quelque sorte un *purâna* jainiste, d'être comme un livre de propagande rédigé par un hétérodoxe, et, n'était son mérite littéraire, il aurait été peut-être depuis longtemps supprimé. Il n'en existe qu'un petit nombre de copies, sur feuilles de palmier. Celle que je possède ne comprend malheureusement que les huit premiers chants, les trois cinquièmes environ de l'ouvrage; mais j'espère qu'on voudra bien m'en envoyer de l'Inde le complément. En 1868, un missionnaire anglais, le rev. H. Bower a publié, à Madras, le premier chant (texte, commentaire et sommaires; in-8° de xliii-157 p.); aucune autre partie n'a encore été imprimée : l'épisode ci-après est emprunté au troisième chant.

Une autre raison qui a fait un peu laisser de côté ce remarquable poème, c'est l'extrême difficulté qu'on rencontre à sa lecture. L'auteur a un style tout spécial; les formes anormales, irrégulières ou archaïques abondent sous son stylet; il a recours à un nombre considérable de synonymes et, deux ou trois fois, en le lisant, j'ai trouvé en défaut le *Dictionnaire,* si complet pourtant, des Missionnaires de Pondichéry. De plus, il fait souvent allusion à des légendes, à des croyances jâina, fort peu connues; on raconte à ce sujet que le commentateur dut refaire son travail qu'il reconnut, à la suite d'une étude plus approfondie, tout-à-fait insuffisant. Ce commentaire, écrit en prose savante, n'est pas lui-même d'une lecture facile. J'ai pris le parti, comme je l'ai toujours fait pour les poètes tamouls, de traduire directement sur le texte. Je ne prétends pas que ma traduction soit irréprochable, mais je crois qu'on n'y trouvera pas de grosses erreurs. J'ai conservé la division du texte en strophes et j'ai signalé en notes certaines particularités grammaticales.

Comme tous les poèmes épiques, le *Sindâmaṇi* est en strophes de quatre vers soumis à la double règle d'harmonie que j'ai désignée par les mots *consonnance* et *assonnance*. La *consonnance (édugei)* veut que la seconde consonne au moins des quatre vers soit la même; l'*assonnance (mônei)* exige la répétition dans le vers, au début du second hémistiche généralement, de la lettre initiale du vers ou d'une lettre assonante (*a* et *â*, *i* et *î*, *t* et *ç*, *m* et *v*, etc.). La mesure change après un nombre de strophes variable correspondant à notre division en paragraphes.

Il s'agissait ici d'un ouvrage pour ainsi dire de littérature supérieure. J'ai cru, par conséquent, devoir me conformer à l'usage des lettrés du pays : j'ai copié textuellement le manuscrit avec ses irrégularités et ses fautes; je n'ai pu par suite ni séparer les vers, ni séparer les mots, ni ponctuer les consonnes muettes, ni distinguer certaines voyelles brèves de leurs longues. Ces difficultés graphiques ne sauraient embarrasser ceux qui sont en état de lire le poème.

L'auteur du *Sindâmaṇi* est inconnu; certains philologues du pays disent pourtant qu'il se nommait *Tiruttakkadêva* et qu'il vivait à *Mailâppûr* (S. Thomé). Le commentateur est le célèbre érudit *Natchinârkkiniyâ*, du Maduré, qui était Çâiva. On ignore l'époque de sa vie; elle doit être relativement ancienne.

Le *Sindâmaṇi* (ce mot n'est que la transcription du sanscrit चिन्तामणि) est la traduction ou plutôt, suivant l'ordinaire, l'imitation fort libre d'un ouvrage sanscrit dont l'original ne paraît pas avoir été conservé. Il raconte, en 13 chants et 3145 strophes (12580 vers), la vie de *Djîvaka*, roi du pays d'*Êmangada* qui avait *Râdjamâpura* pour capitale. Après diverses aventures et de nombreux mariages, il finit par renoncer au monde et à se consacrer uniquement, ainsi que ses femmes, à la vie religieuse. L'épisode ci-après est relatif à sa seconde femme, *Gândharvadattâ*, musicienne sans rivale qu'il put seul vaincre, que la destinée lui réservait et qu'une aventure miraculeuse (c'est celle qui fait l'objet du passage traduit plus loin) avait amenée dans son pays.

L'ouvrage est, ainsi que nous l'avons dit plus haut, essentiellement religieux. Il faut donc, pour en lire avec intérêt même un simple épisode, se rappeler constamment les doctrines fondamentales du Jâinisme. Je ne saurais m'y arrêter ici, je prierais seulement les lecteurs de vouloir bien ne pas perdre de vue ce point fondamental, commun d'ailleurs à tenter les religions hindoues, que le but de la vie est non pas l'anéantissement, mais seulement la suppression de l'existence individuelle, le retour à la grande masse matérielle, la fin de l'isolement et de la personnalité active. C'est là le vrai sens du *nirvâna* bouddhiste, religion matérialiste et scientifique au premier chef.

சீவகசிந்தாமணி - மூன்றாவது - காந்திருவத
த்தையாரிலம்பகம் - மின்னெழுத்சாயலமிருந்
பதுமைதெழவணகொணடெழுதுவெலியவததன
துளிதுாவுநதனைவழியனாவிசிறிததனவனற
னபொபொனனெழுததுனறுறையொபபு
லியொடொபபான - க - மெமியெனநுணபெ
நுனகளிடைநதியனசிககமெயநுமாவாகளி
னெனைடநுதலநூடையமமிததாழநதுசனா
விழநதறநசாலகெனமுமைவினெறாநதுபுல
நதூடலுனாலனறெ - உ - உளளமுடையா
னமுயறசிசெயகவொருநாளெவெளளிநதிவி
ழுமவிளையாடததனிலததொனளையுளாவின
னவேகளசெலவினமைஉகிறபினைவனினாகட
கெகககெழுததமபொலவினறனனெற - ங - செயக
பொருளயாருஞசெயவானாசசெறுகிறதுமெல
தபிறிதிலியருந்தெயுயினாயுனனுமமைய
மிலியனபமறறெடனவயுமாகுமபொயயில
பொருளொபொருணமறறலலபிறபொருளெ - ச
தூவுதசினறவாவலுமறநொடமைநலகளனன
வொவுததலனறயதவனுடபிறநதவீராதாவகல
கடனுநநதலசாயகலருநதியசசொலநிவகன
மடவாாகளகடனெனறெழுநதுபொநதாண - ரு
மொதுபடுபணடமுனியாதுவொிதெறறிமாதுபடு
நொககினலாலாடனைவடுபுறறதாதுபடுதார
ளெழியதநுவலனமாபனனெொதுபடவிலலதறி
ககொணடெழுநதுபொநதான - சா - வாணமுற

நீணடபுகழுமாரிமழைவளவனாறுணலொணவெணாடு
நாகளவெணடுவணநலகிநாணமிகநாலுசமழகுஞசி
யவனெறியுணமெனுமினறியிணிதொடுகவிதை
ணுண-எ-ஆடுகொடியுசசியணிசடமயிறுய
ஈயர்யமுனறிடுயடகசெயதிரையவெதகவிமிழுண
ணீாகலொடுபணறுயாாயபகதொழுநதாடபயழு
கொலலாவொடுகளிறெபபவிணிதொடியதைய
ணகறு-அ-திகைகடநஙசஙகுசலநதாககிகிா
ணமுதகஙனைகடலுடகாலகக மாயினாளெழி
யமுனணீாவனாகிடநதுகிடைதெணககிறிய
ளாதிவினணிாயிடறியபாயநதிாியவெகிய
ணைமாதொ-கூ-மினனுமினிாபூஙகொடியுமெ
ணமலநமொபபாானணமொடுநதொகைநடை
சாயலமிாதணணாதுனனியிணிதாகவுஙைதுயபு
ஈவினமிககநணமையுடைநணபெரிளவிளாதீபம
டைநகு௦௦தெ-ய-வெறு-திவிறுளளிழிநதநெ
ளுாசெயதுநதிருசதிாாஙகொலிளைகதழிபமி
நகணடுகொடுததுளாசமநதுசெமவொறபூவிறுள
ளவளாயணணவெணஙகிளமுகியிறாதநநாவிறு
ளளமிழதஙகெடுநாடகநலநது சினாறுள-ய
க-புணாநதவளபிரிதலாறுயபொகமினறளிகி
குஞசாயலணஙகிறுககணஙகறுொாடறுமதிக
ழிநதபினனறகலொணாநதனபணைடமவிறுக
கொழுநதிகுபளையெலலாமுணாாநதணமதில
வெறறியொருபபடுததாககுமிளவாண-௰௨-அ
ாசளைககணடுகணணுறலாகவெவிடுததுநண

றளிரெவதியாழவொணாயிருஙசிலமுனாபபவெறி
கணாகடலமுவநிநதிககாறறிறுஙகடுகினையநது
ஞாறுணாயுடைககாதமொடியொசனையெலலை
சாநதை-யசு-களிததலைமயஙகியிபபாலிருநதி
ழுஙகலநதொககாறறிறுளிததலைமுகிலகளிணடி
றதுஙகிருணமயஙகிமாணாறுவிளியயதுமொல
மினனிலெடியடமுழஙகிசசுறறமொளிததுலந
தொழிலவெமபியுறறினாறிடபபநாலகசை-யசை
ணடிசைசவளியமிணடியைதிரொதிததலைாவியய
லவஙகொணடுமெலெழுலதொபயகருமிழிநின
றதிநதுமெகநதணடுளியளிததககொலயொறு
ணயாயசசெரிநதுதெயவஙகொணடதொசெ
றறமயொழுஙகுழுஙகணமினொறுகூறுமை-யரு
ஞிடுககணவநதுறறகாலையெரிகினறவிளககுபயொ
லநடுககமொணாறுமினறிநகுகதிநககபயொழதல
விடுககினயாிவுமெஃகாமிருநதழுதியாலருயந
தொாலடுயயடுததெனனையாணமைலருபலநது
றுஙகளெனறை-யசா-ஆடகசசெமபொறகிண
ணததெநதியலலஙகறறெணணிககூடகஙகொ
ணடவாணாலலநதததெறகொலலுமயவலநதா
டகமபுகதமுநநீாழநதிறுமுயவாநலலாாபாட
கமயொலசசுழநதபழவினைபபயததினாறண-
யசா-வினையதுவினைவிளைவாதலைவநதுணையமுநநீ
ாககினைகடலமுவநிநதிகணகணிநதிாஙகலவெண
டாநலைமலாயபிணடிநாதணவஙகிளாயாதழுலநி
னைவிளககணிவீொலலாநிஙகுமினசசமெணறுணா-யசஅ

பருமிததகளிறறுமையையணஙகவிறநதுநிறபக
கருமிததுமதலையொஙகிககடமபிறபபாயநதுபல
லெநருமிததவளையினைமுநீரநிறைநதாழநதவொ
திநருமிழததிடடதொயயவுளளவனொருவத
மாயநதாா - ௱௯௯ - வேறு - நிமபியபடைததபொ
ருளுமமுறுகாதலருமமெயயுறறுமுநநீரவிழுஙகவி
ளையாதுநினறுணககுமபுறறதுணடநதழுவிககிட
நதாணைகொழிததுதமெயபறறைபநதாரவினைதநி
னையுயததநதனனெ - உ௱ - நாவாயழிநதநடுவா
ருமிலயாமநிறதியபொவாயதமமியபொருளாயபி
பாருளெனறுகொணடாயவிலாயெனமுனைய
டையாயபபடைததாயவினையெபாலாயெனா
யபொயபபடுமெனமனறிடடைசொநதான
- உ௱க - வேறு - பொாியனாறாழுதுமபுனலி
யுமபூததுவாிதிருவணடொடுதெனனிமாாகதந
திருவாிபூமபொழிறசெலவனருசொாநதாா
கருவனைமாயனைவவிததிருநதானை - உ௱உ
நிடுநதினாகளுநதையபவுருணடுருணடாடுமம
லவினாயனனமமருளசெயநிழயநெயதலஙு
கானலநெடுநதிகைவாழயிருநதானவருகில
நொககா - உ௱௩ - ஆனியமொயமபனிருந
துவபபூமபொழிறறளவலியாதொமகனிததுங
படுககெளிதணகதுறறகெணமினனினொனத
தொளவலிமிககொணறுடாநதுனாககினானா -
உ௱௪ - கருவகடறபெயாிறறுஙகாறறிறகவி
ழநதுநதிருநதியவானபொருழதுறறவாறுமம

மருமபுகைசசாலாயலொனறுயநதவாறுமிருநதவ
ரகெலலாமெடுததுமொழிநதான - உ௰ரு - மா
ஜுமயானுமிாஙகமெதவலிதானறாறதுணயநதா
ஞசகுணததலிற றெனுமமிழதுநதிஙாததாஙகி
ளியணாவூணமிலகடடுமொககுளளாஙகுளிாநதா
ன - உ௰௬ - விருணசசெளவலலெனவிளிநதநிண
றெழுமொடைநசியவானமொருனொலலாமிமைய
பினுளாவுநசமெனறினறிமறிததெதநதுவணணெ
நசிறதணழநதுநிலையனமினானறுன - உ௰
௭ - உணாயகஙகொளளாவுணாதநினறுகிலெ
ணயகமெறவலிவிளமெணனுவிணாசெலலவெம
பரிமெழுகமெறிகதணாகழனமைநதிலககொ
ணடுயறநதான - உ௰அ - விசுமபிவாமெக
மலிணாவணாமொழநதுயசுமபுனறுறணடுலி
யயகிகநதிவபயநயநதனாமொகிநளிமலாசு
சொலியசுமபிவாசாலநலனாசசாநதாா -
உ௰௯ - கிணடாலினியனகாணடநகாய
னதணடாமணாயவடாழுநதகையனகொண
டானகொழுஙகணிகொடடிடைதாஙகுலவு
ணடாணமிழதொததுடமபுகுளிாநதான -
௩௰ - மழைவளாசொலிமபிணைநிணடது -
ணழுதவழுகுஙகுமஙகொழுணாநாகததழைவளா
சநதனசசாறுதெளிகிலழைதவழுமாாய -
விளிநுவநதான - ௩௰௧ - கொனறையநலி
குளிாவணாமெனனுகாதஙகடநதபிணக

ணலிககொடிமதிலநாகதுணைலதொரநணகரு
ணடாஙகுயபொதுமெழுகினையபொயினாசொர
நதொர - ௯ ௭ ௨ - வெறு - மெசமெமினைடநதுதா
ழவரிநனசொணட வெளளிகுணறுமாககததுவிள
ஙகிததொணறுமலைபபுநாமலைதககலுறுலநாதந
றாணகரிய தொணறுகிழநிணறுநடுஙககலைவியா
கமெலிழுஙகபபட டயாணமதியொணறுதணறெ -
௯ ௰ ௯ - துளஙகுபொனனகாினறணமைசொல
லாருசிறிதொாதெவனவிளஙகுபொனறுலகதது
ளாதுயபுநவிடஙகளெலலாமலாநதுகொணடி
ணடமபூரிதத ணிநகாாககிமெலாவிளஙககியய
நதிருடிடியியறறிய தெனனலாமெ - ௯ ௰ ௪ -
வெறு - பொஙகியாயினநதாமனாபூததபொறு
செஙகணயினநசொநதவனபொனனகாகொஙு
குதொயகுழலாசொடுஙகுனறினமெறறஙகுகின
றுதுபொறறகைசசொணறதெ - ௯ ௰ ரு

வெறு - நனகாநொககிநாயகதெசஙகொ
லபுதநததெனறுவொனனகாபொலியபபுககுபவொ
ஙகுமாமணழகடஙகுமினனவிாசெமயொனமாட
ததிருஞருமிழிநதுபுககுபயினனவனவிருநதுபெண
யபெசினனபிறஙகுததாாான - ௪ ௰ ௪ - மாடியநதா
ளாமனனாமாமணிநாகமாககதெடிலசிாதெழுமுறைய
தெழுடிவெகறுததெவிதொடலாகொதைததொளசி
ததொாணிசருமபுணாகணணியாடவாரிபுபொழு
மணிமுலையணஙகினனுள - ௪ ௰ ரு - விணக

மலிாடகலிணகொட்டிளமபிறைமுவாததெபொ
றபணணகததினியசொலலாளயாணவாயபயநதவா
றெயெணணிடமினறிமனனாிமமலயிறைகொணடு
ணடியணணலைகளிறறினுசசியிருவகலவெழுகக
யியநதாா - ௨௰௩ - மநதிாதநாசணவலவெஙகித
திசாவருககவெனனவநதாதசொடுகொளாிசாதத
மவனுஞசெயதாணிநதிாதிருவிலெயபபகதலவிய
புருவததாடதுவநதடையாணமைமணாமெலிாசு
மாபுாததஙெனறுன - ௨௰ச - அவனுணாதெனிநதுவெ
நதுனைசயுனாசாறிறபககவணவகொளபுாவிககொ
டபிறகாதவுவகாநதுவை ததாணவனதெகநதறிற
ஙகொமனாுகொலறியளாகாவிவணதுமறிதுமெ
னுமெொயிதுககெகிஞறொ - ௨௰௫ - பாலபாநத
லையபடடாாபூவலைபசுமபொறகடடிறகாலய
ாநதிருநதவெஙகடகதிாமுலககசசினலிககிலெலய
ாநதலையகணணொாவெணமதிககதிாபெயகறனை
பொாவிலாகவாிலிசமனனவணிருநதபொழுதின -
௨௰௬ - எனனவாவிசைசககலெனனவாயிலொணி
னசெபபலெகிமனனாதமமுடிகளவெயறதவயிாம -
பொழநதுநதுசெநதபொனனவிாகழலகொளபாதம
லெடிமைநததடகைககடபியினறுணாமுகமனகூ
றிததாணததினிருககலெனறுன - ௨௰௭ - முதிாபுயலமு
ரிவாணமுழஙகியாயவிடடதெனனவதிாதாணமுாசநா
ணவமிாதுபெயமாாியொபயககதிாவிாிபூணினறுதி
ததநதைதாயதாாஙகாதணமதுாமாமககலாசீறும

விளாவிமறநதுவநசொணனான - ௫௰௧ - ம்ஊணையத
ளுதெணணமையெமாநுமொழுவாகாறுநினாறுதுதெ
ணணமைநிலகாலசசிரயாபயிறுாழாலணறியுமறுறு
மெணணெறயாசனயாணவணகணியெயெனறிாணா
டிலஙககணாடாயிதுநினதிலலமெனறனா - ௫௰௨ -
மநதிாததராசனசொனனிாமாரியாலவறறிநினறச
நதனாறதனிாதததெபொறசிறிததனாறனிாததுநொக
கியெநதைககுதநதைசொனனனனைனாமெனறு
தெடபமுநதைததானதெடடவாறெமுழுதெடுததியமபுகி
னறனா - ௫௰௩ - வெளளிவெதணடததஙகணாவிலி
றெணசெழபபாலாறகளாவிழைகைதவெலிககாசிலி
காநதாாநாடடுபபுளாணிகிடஙதநிசசாலொக
மானகாறபொகாவெளளவெறதுழுவெகணவெதி
ணடவெநதாவெநதன - ௫௰௪ - சஙகுடைநதிா
யவெணடாமனமலாததடஙகளையெறுநஙதுழதி
தெயவஙகணடாநமாஙகாளறிமினனனாககொ
ஙகுடைமுலஙிககொயயொதிநவடயஙகிடநதமாாப
விஙகழிணழபபதனாறுலெஙதுலமெனறுசொனனான
-௫௰௫ - பெருநதைகுாிசிறெழனபெருவிஙகடக
முனனைததிருநதுபுவனாஙகயபறறிசசெனறுதனாறுா
ணமகாடடழபபொருநதுவபொறபவெமபிபொனனி
ளைழசடாநினறகருஙகணணிறததுவெறகடடு
ணயபயிறுமினறனா - ௫௰௬ - ளாிமணிபளிகரு
மாடததெருநதொாகாமாவலலியருமணிகொழ
கொலமினகொலுமாாகொனழுதிணவததலொருமணி
குயினறபாணவையெனறுகொலெனறுநாயகனாறிருடீ

ணிககொடியையியொரானனெறு நமமனனனசொன
னா - ருயஎ - தூசுக்குமுதிடநதவலதறறுயபுறமுதொணடைசெ
வவாயவாசவொனறுமின்மின்பொலவருமுகசசொநதுநதகி
யூசலபாயநதாடிககாதிறதணடலமேலைககிணருளதாசியா
மூகணணநகொடையலககநதிருவததனதயெனபான - ருயக
அ - விளைகிறுலகமெலலாமவிணணயினவனபபிறபபுமனா
நதுணாவரியமலைகைகருமணிமுகிழுத்தபொலபொலிவகதி
முலையுமாககதிடவகொணடுபாநதுமினசிறுனவகுதண
னுசுபபுநதொனறுருவநமெனனவுனாடெ - ருயக
நினைகளவில நியெநிபாபதிகொணடுயொகியினனனிகக
யெறுதுவெலவானயாவயெயானுமாகவனனவறுததி
யனொனைவடியணிசெயவவனுணறனனயாதெவி
கெடுததுததைசசெததைகனறுள - கூய - முனபிருமபொ
கபபூமிபபொதமுடறுபெறறுநதியயவாகிவறதலசாதுய
ாதனிவிலேிதகணிபடுகிவியாதிவகாதலனைகவாணிறுந
சியமவிபுவிசுமபிறறெவபாபணனமயுறறெனறுசொனறு
ன - சாயக - நூறபடுபுலவனசொனனநூனபொருணமுடி
நதியானுமவெறகடறறுவெபெநதாவிழுநதிறநதாடுநெரி
னசெறகணடமதானைவநொதகிறசெலவகதுதடவகணவளக
பாறபடுவகாலமவநதாறயானமையளாவிலககுகிறபரா -
சாயஉ - பணடையபநுவகறபிறுடனபானையையபாகு
நீககிககொணடகதவியாலவெலலாவகொடுததபினகூ
றுமுடகுமவிணடபபநநதானவிநதனவெனடுபெ
றுயயநலகிதகொடுதலாககொணடவிறுபதிககிதசெலவி
றனொ - சாயரு - உடமபினைவிடுயிரறவிணனனியெவ

நுவயிறங்கலசெலலாநெடுஙகணணுநதொருமபொ
துநெரிழையாளைவநினறுடஙகணணிறணமெநஙகத
தநதையுநதாயுமாகியடஙகலாடடபெலாணுளாயினி
ராமினளுள - காய௪

காமபுபொனசெயதபிசசஙகதிரமணிகதடெயொ
டெறிதராமபலாகலாவிசகிணகிணிததுமயுறாகபபா
மயுமைபதலையலலதுறயறகலமிறறடுமொலகியாமமபணு
மிதசசெயலாயாசனாதநொமுதுநினறுள - காய௫ -
அழுகதலமாறறபொலகிய நமபெறறநதைபாதமுழுகக
லநசொரியசசெனனியிறைநசலுமுரிநதுமினனுககொ
முபபலநுடஙகியாவதததொழியாதுழாததுநிறபவ
டுததனையுலலிலெநதனுறறகிலாதுசொனனுளள - கா
ய - வலமபுரியினாறமுததமணமினசையவாகடக
லாலவலமபுரியயததையெயதாவனாயநொமகளி
னனகுலமபுரிநதனாயகாதறுறெலிதனனனைவளைய
நிககிதுலமபுரிநதனாயதனாறிறகதிபதிகடிறு
னள - காய௭ - இனசுவையாநொடனனவிள
ஙகிளிமழலமதனைபொனபுனாயுகமநதிபொ
றியறபுறவமபொனனாரமெனபுனமருளானொக
கிமாணமரியாதியாகததணபுறநதுயபொகி
தனிரியலவிமாணமபுககாள - காய௨

முறறு

[illegible]

எழுயாதுமெபொது

வணககடவுளாயாதமெசனணம

LES PIEDS D'ARHAT NOUS PROTÈGENT!

---

2. L'époux de Padmâ, la fleurie, dont la beauté immense resplendissait; le jeune homme issu de la race féconde de Yavadatta au javelot meurtrier; — Çrîdatta — c'était son nom — pareil à un lion guerrier qui demeure sur la montagne où l'or abonde, [pensa]:

3. «Les artisans eux-mêmes font fortune en amassant pour ainsi dire grain à grain de petites choses; ils possèdent des éléphants. Les hommes se mettent sur le front un ornement superbe, ils dissimulent, ils hésitent, ils s'humilient, ils tombent dans le péché et pour produire la vertu souffrent le mal de la naissance; ils éprouvent des répugnances et ont à lutter : de tout ceci l'intelligence

4. «celui qui possède, qu'il fasse son devoir! En s'attachant à ce qu'un jour ses trésors ne diminuent pas, s'il se conforme aux paroles des anciens sages, cela lui est doux comme la médisance aux calomniateurs.

5. «Que chacun fasse fortune! Il n'y a point d'autre arme pour tuer ceux qui veulent nous tuer. Résolu à cela, on n'a point le doute qui ronge l'âme; les richesses obtenues sans feinte donnent le plaisir et la vertu; en dehors de celles-là, il n'y a pas d'autres richesses.

6. «Comme les arbres antiques qui soutiennent les chauves-souris aux ailes engourdies, les héros nés dans la pé-

nitence doivent soutenir dans l'infortune leur race jadis florissante. Courber la tête et s'éloigner devant les mauvaises paroles, c'est le propre des lâches!» Il dit et se leva.

7. Il réunit sans s'impatienter un grand nombre d'objets fabriqués, et lui, dont la large poitrine, où reposait une guirlande aux fleurs abondantes, était blessée par les glaives des yeux des femmes aux regards pleins de désirs, se leva, après avoir pris une décision irrévocable, et se mit en marche.

8. Le héros dont la renommée s'étend jusqu'au ciel, généreux comme les nuages qui donnent la pluie, fit présent de tout ce qu'ils voulurent à ceux qui étaient pauvres. Puis, ce [prince] aux cheveux parfumés et sentant le musc, monta [sur le navire] et dit : «Qu'il courre doucement, afin qu'on ne dise pas qu'il va mal!»

9. Les jeunes gens s'empressèrent de hisser trois voiles sur les mâts dont les pointes étaient ornées de pavillons agités; au bruit du tambour recourbé du triple océan retentissant, brisant les coraux aux ramifications étendues, [la barque] s'élança comme un éléphant rapide.

10. Broyant les coquillages produit des vagues, rejetant au fond de la mer les perles abondantes qui coulaient avec la rapidité d'une flèche, fendant le triple océan comme si elle déchirait une montagne, [la barque] s'élançait vers les rives d'une île florissante.

11. Elle atteignit l'île qui produit le bel or superbe; là abondaient agréablement et pleines de beauté des [femmes] dont la démarche gracieuse est comme celle du paon ou du

cygne, et qui ressemblent à des fleurs délicates, à de brillantes lianes fleuries et à l'éclair.

(Autre mesure.)

12. Le prince à la guirlande mielleuse descendit dans l'île. Il vit le roi, signalé par son joyau de pierres précieuses et reçut sa grâce, et il demeura quelques jours à écouter les chants d'ambroisie des [femmes] aux seins gonflés pareilles à la déesse de la fleur et à admirer leurs danses.

13. Ne pouvant supporter l'absence de celle qui lui était unie, après être demeuré six lunes avec celles qui ressemblaient à la belle des belles à la démarche gracieuse et désespérante, il vendit tous les objets qu'il avait apportés et, ayant obtenu de grandes sommes d'argent, il mit tout ce trésor sur son navire et se prépara à revenir dans sa ville.

14. Il vit le roi, il congédia ceux qui étaient venus le voir et s'embarqua un bon jour, à la vue de Rêvati, de Jupiter et du grand arc Horâ. Il courut rapide comme le vent, faisant pleurer la mer limitée et franchit un espace de cinq cents *kâdam*. Arrivé à un *yôdjanâ* de son pays,

15. comme il était transporté de joie, alors, par un coup de vent, [tout] se troubla : les nuages pluvieux s'amoncelèrent, l'obscurité épaisse arriva, les éclairs parurent semblables aux regards de la folie, la foudre retentit et éclata furieuse de manière à effrayer la mort [même] et à la forcer à se cacher. Le prince:

16. «Les vents des huit points cardinaux se sont réunis pour nous assaillir; comme s'ils soulevaient contre nous

l'océan, les nuages pleins d'eau ont crié et nous lancent des trombes pareilles à des colonnes de clairs miroirs; on dirait qu'un dieu nous en veut... Ne tremblez pas», dit-il, et il ajouta :

17. «Quand arrive l'adversité, il faut rire et ne pas trembler un seul moment comme la flamme d'une lampe; lorsqu'on rit, c'est l'arme qui chasse l'infortune. Qui a été sauvé en restant là, à pleurer? pourquoi récriminer? Rappelez votre virilité et venez ici.

18. «La belle eau pure, renfermée dans un vase d'or, peut tuer si le malheur vient troubler des jours heureux; les sages, même plongés dans le triple océan où nagent les jeunes poissons, sont sauvés par le produit de leurs actions passées qui les entoure comme un anneau.

19. «En traversant la mer bruyante de la douleur impérissable qui est le produit de l'activité, il ne faut pas se fatiguer les yeux à pleurer. Parez vous tous bellement de la pensée des pieds suprêmes et excellents du Seigneur de l'Açôka aux fleurs en boutons et chassez la crainte». Il dit :

20. Et, pareil à un éléphant exercé, demeura inaccessible à la crainte. Le navire, criant, bondit; ses mâts se brisèrent; il fut emporté rapidement de la manière fixée [par le destin], se remplit d'eau et coula. Tous ceux qui étaient là moururent comme s'ils étaient frappés de la foudre.

(Autre mesure.)

21. Il demeura inflexible quand le triple océan irrité dévora ses amis et les richesses qu'il s'était procurées avec peine. Il embrassa un tronçon de mât. Les vagues empor-

tèrent balloté le [héros] qui portait une fraîche guirlande mielleuse.

22. «Va tout seul, traverse [la mer] pendant cette veille où sont absents ceux dont leur langue a causé la perte; tu as pris les richesses pour le vrai bien; tu les a faites jadis pour qu'elles causent ta mort; c'est le résultat de l'activité». Pendant qu'il pensait ainsi, il arriva sur une terre au sable blanc battu [par les eaux].

(Autre mesure.)

23. Dans une belle forêt aux buissons pleins de fleurs brillantes épanouies où bruissaient le bourdon et l'abeille aux ailes rayées, où fleurissaient le *cassia* et le *callophyllum*, le [prince] à la vaste poitrine superbe demeura souffrant, évanoui.

24. Il demeurait, épuisé, sur le long terrain ardent du rivage maritime qui nourrit le crabe sans cesse en mouvement, roulé par les coups de pieds des vagues rapides, et ne voyait rien venir.

25. Le [prince] au bras de lion se désolait dans le bosquet fleuri où il se trouvait, lorsqu'il aperçut un homme. Le fort alla à lui et lui dit: «Écoutez! écoutez ce qui m'est arrivé!»

26. Il raconta en détail à cet homme tout, comment il s'en était allé sur la mer sombre, comment il avait été tourmenté par la tempête, comment avaient été perdues les grandes richesses qu'il avait amassées et comment il s'était sauvé seul au moyen d'un morceau du navire.

27. Le puissant raconta les malheurs qu'il avait éprouvés, de façon à faire pitié même aux animaux; son cœur

se rafraîchit aux paroles douces et parfaites qui lui furent comme du miel ou de l'ambroisie :

28. « Je suis fort dans la magie; en un clin d'œil, je te rendrai, avec tes amis morts, tes grandes richesses perdues tout entières sans que rien n'y manque; n'y pense donc pas et ne te désole pas dans ton cœur », disait [le nouveau venu].

29. Après lui avoir bien fait comprendre ses paroles, il lui dit : « Hâtons-nous de gravir la montagne »; pour aller plus vite il disposa un bélier, coursier rapide, et s'en alla, emmenant le jeune homme aux bruyants anneaux.

30. Ils gravirent la montagne avec la rapidité du nuage qui fend les airs; et se hâtant parmi les cours d'eau qui mouillaient leurs flancs de fraîches gouttes, ils arrivèrent au sommet de la montagne dont les pentes glissantes sont couvertes de bosquets aux fleurs fraîchement épanouies.

31. [Çrîdatta] cueillit des fruits superbes qui pendaient aux branches [des arbres] et les mangea, rafraîchissant ainsi son corps comme avec de l'ambroisie : c'étaient des fruits doux et rares à voir, capables de faire descendre pour les goûter la déesse du frais lotus.

32. En voyant les *crocus* aux nombreux rameaux, les *calophyllum* aux tiges grasses, les sandals au feuillage épais, qui s'étendaient sur la montagne dont les bosquets sont arrosés par les nuages, le [héros] dont la poitrine est ornée d'un bijou se réjouit.

33. « Au delà d'un *kâdam*, à partir du sommet de la fraîche montagne qui s'enguirlande de ruisseaux, est une belle ville aux remparts vierges décorés de drapeaux, de-

meure du Seigneur; allons y; lève-toi» dit [l'étranger] et ils se remirent en route. Ils y arrivèrent.

(Autre mesure.)

34. Si nous décrivions la beauté de cette montagne d'argent que cache aux hommes d'en bas un amas de nuages noirs, mais qui brille dans les airs, ce serait comme lorsque réapparaît en partie la blanche lune qu'a avalée un noir serpent glouton qui la guettait avidement.

35. Nous pouvons parler un peu de la nature de la belle ville d'or resplendissant : on pourrait dire qu'un dieu, ayant mesuré toutes les habitations joyeuses qui sont dans le monde d'or étincelant, a construit heureusement la belle ville autour de laquelle il a élevé un [rempart], soleil rayonnant.

(Autre mesure.)

36. Elle était telle que si c'eut été la ville d'or du dieu qui a reçu mille yeux brillants semblables à mille lotus superbement épanouis, descendue sur la montagne avec les [filles célestes] aux cheveux abondamment parfumés...

(Autre mesure.)

44. En voyant la belle ville, le prince se dit : «Un *nâga* y a donc pénétré?»; ils descendirent tous deux et entrèrent dans une demeure d'or pur éclatant qui s'élevait jusqu'à pénétrer dans les nuages gonflés comme pour atteindre à la ville d'or. Puis, après avoir accompli les devoirs de l'hospitalité, l'hôte à la guirlande brillante parla ainsi :

45. «L'épouse de Garuḍavêga qui est comme le milan

Garuḍa à la gloire indestructible, comme un *nâga* au large chaperon au milieu d'une armée de rois en marche; la belle Dhâraṇi aux épaules ornées de guirlandes aux fleurs épanouies, semblable à ces femmes aux seins magnifiques qui troublent les sages;

46. «la [reine] aux douces paroles harmonieuses comme le luth; mit au monde une fille : tel grandit le croissant jeune et cornu qui brille dans les cieux. Sans songer à les compter, les rois apportèrent leurs trésors sur cette montagne et, n'y tenant plus, les lui donnèrent en monceaux aussi hauts que les éléphants superbes du roi.

47. «Le roi de la montagne dit: «Qu'un astrologue vienne vite!» Celui-ci consulta les astres qui courent dans le ciel et dit ensuite : «Ce qui doit convenir à celle qui est nubile et ressemble par sa beauté à l'épouse d'Indra, se trouve dans la ville de Râdjamâpura».

48. Ayant compris ce discours, le prince, tandis que les rois demeuraient dans l'inquiétude, cacha son désir comparable aux tours et détours d'un cheval inquiet : «Ce qui est dans sa pensée sera-t-il ou non? Ne pouvant le savoir, nous allons le savoir ici!»; pensant cela, ils allèrent au palais.

49. Le roi était sur sa couche d'or pur, ornée de fleurs, couverte de soie [blanche] comme du lait; des [femmes] dont les yeux paraissaient lancer des javelots, comprimant d'une ceinture leurs vastes seins brillants aux bouts ardents, agitaient des éventails qui semblaient formés de rayons de la blanche lune.

50. «Qu'est-ce? viens! parle» dit-il et l'éloquent parla. Puis [Çrîdatta] unissant ses larges mains libérales comme

les nuages [vénéra] les pieds [du roi] ornés d'anneaux brillants d'or, rougis par la fatigue du poids des diamants vainqueurs des couronnes royales, et lui fit un compliment harmonieux. [Le roi] lui dit : «Prends place sur un siége!»

51. [Avec une voix douce] comme une pluie d'ambroisie, à la honte des tambours dont le cri retentissant semble le mugissement qu'un taureau aux fortes épaules lance dans les airs, il l'interrogea sur son père, sa mère, sa femme, ses enfants tendrement aimés et sa famille; puis il dit ceci :

52. «Les parentés d'aujourd'hui n'en sont pas; les nôtres deviendront les vôtres; les parentés existantes passeront; par le destin au lien de diamant, l'ignorance et la sagesse ne sont qu'une même chose; entre moi, roi, et toi, marchand, il n'y a pas de différence; vois, ceci est ta maison!» Il dit :

53. Et Çrîdatta, épanoui sous la pluie des douces paroles du roi de la montagne comme le sandal desséché qui se ranime, dit : « A mon père son père a parlé ainsi » et il lui raconta tout, ainsi qu'il l'avait entendu dire lui-même anciennement :

54. «Si vous allez sur la montagne d'argent, dans le pays pur de Gândhâra aux haies de *pandanus* mielleux, dans la ville de Niççâlôka aux fossés où se pressent les oiseaux, regardez le roi des rois de la montagne, Garuḍavêga, au javelot d'argent

55. «comme le dieu de notre race pareille à l'épanouissement des blancs lotus qui fleurissent à la façon dont se brisent les coquillages; sachez-le, ô nos parents!» ont dit [mes pères] : aussi, ô toi dont la poitrine porte deux guirlandes

de fleurs parfumées, notre famille n'a d'autre salut qu'ici dans tes pieds!» Il dit,

56. Et le monarque au grand mérite prit le bras orné d'un bracelet de grand prix du compagnon, reçut son hommage, et l'amena pour lui montrer ses richesses. Comme ils se réjouissaient de leur excellence, [ils virent] une femme aux yeux noirs dont resplendissaient les bijoux d'or, et [Çrîdatta] s'écria :

57. «Cette belle liane unique, qui s'est élevée dans ce palais brillant aux pierreries éclatantes, est-ce une liane? est-ce un éclair? est-ce la créature formée d'une pierre précieuse, comme il l'avait écrit, par le roi des immortels?» et, pour éclairer le prince qui considérait la liane superbe, le grand roi dit :

58. «Celle qui se tient là comme l'éclair, avec sa vaste chevelure parfumée, sa bouche rouge à la gorge de corail, et ses beautés secrètes couvertes d'un voile épais; celle dont brillent les pendants d'oreille qui en se balançant lèchent le sandal dont elle a décoré ses seins; c'est la divine Gândharvadattâ, habile et parfaite au luth.

59. «Elle est célèbre dans tout le monde par sa lyre. Cette fille, dont la beauté est incommensurable, a des seins rayonnants pareils à des perles noires épanouies et une taille mince qui brille comme l'éclair rapide; on n'a pas vu [son égale];

60. «Emmène la dans ton pays comme ta fille. Celui qui, luttant avec elle sur le luth, la vaincra; à celui là, quel qu'il soit, elle est destinée». — «J'exécuterai vos ordres», dit Çrîdatta, et la belle reine, entendant cela, dit : «C'est ce qui convient à cette perruche!»

61. [Le roi reprit:] «Même lorsqu'on a éprouvé un bonheur toujours égal sur la terre à la joie tranquille, en être réduit à vivre seul est une douleur mortelle! Les femmes d'ici-bas, aux paroles douces comme des fruits mûrs, lorsqu'elles reposent sur le sein de leur bien-aimé sont heureuses comme les dieux du vaste ciel d'où tombe la rosée!» Il dit et il ajouta :

62. «Aussi, moi, qui avais pénétré le sens ténu des paroles que le Sage a mises dans son livre, je demeurais ferme, même quand une foule de rois armés de javelots tombaient à mes pieds et me la demandaient; quand le temps de la souffrance venait pour cette fille aux longs yeux rayés de rouge, aux regards vifs et aigus, pareils à des cyprins en lutte, les habiles devaient lui éviter cette douleur!»

63. La [reine] à la chasteté inimitable consola sa fille et lui donna tout ce qu'il convenait de lui donner; puis le roi, dont l'armée irréprochable est l'effroi de la mort, lui donna aussi en abondance tout ce qu'il fallait et dit à Vînâpati, [la nourrice?] à la guirlande aux fleurs brillantes :

64. «O femme aux beaux bijoux, sois à la fois pour ta fille aux longs yeux père et mère pour la consoler de sa séparation d'avec nous, œil et bras [pour la protéger], et ne la quitte jamais, la suivant, de même que l'âme est unie au corps. Obéissez désormais à celui-ci dont le javelot meurtrit la guirlande fatiguée!» . . . . . .

69. La [belle] à la bouche d'ambroisie parfumée comme le nénuphar, aux charmes secrets pareils à l'épanouissement du serpent capelle, aux anneaux agités, se leva et vint saluer le roi, en faisant sonner ses divers bijoux, tandis

que plusieurs suivantes l'éventaient, tenant le parasol orné de pierres précieuses rayonnant et les panaches au bout des manches d'or.

70. Elle salua de la tête, semant les joyaux de sa couronne, les pieds de son père imcomparable, faisant sonner en marchant les anneaux de ses jambes; plusieurs [femmes semblables à des] lianes ou [à l']éclair s'affligeaient; elle demeura là dans la foule de ses compagnes. S'approchant d'elle et l'embrassant, le roi, dans sa peine, dit :

71. «La perle produite par le coquillage ne porte aucun profit utile si ce n'est aux habitants de la terre; il en est ainsi de nos filles!» A ces mots, son épouse, à l'affection excellente, chassa sa douleur; ainsi parla le roi de la montagne, orgueil de sa race.

72. Entourée des gazelles qui regardaient troublées les doux champs pleins d'or, de colombes, de paons tachetés, de singes noirs et rouges précieux, la jeune fille dont le babil de jeune perruche ressemblait à la douce harmonie du luth, entra dans le char superbe.

NOTES.

Strophe 1. *Padmâ, Yavadatta, Çrîdatta.* — J'ai rétabli partout l'orthographe sanscrite des noms propres, sauf en ce qui concerne le nom même du poème. *Sindâmaṇi* est la transcription tamoule du sanscrit चिन्तामणि (C'intâmaṇi) «joyau de la pensée», surnom de Brahmâ et de J'ina ou Arhat, dieu suprême des J'âina.

9. *Ôḍiyadei* «cela courut», avec *ei* explétif.

10. *Mun'n'îr,* ou plus exactement *munnîr* «la mer, l'océan», c'est-à-dire «la triple eau», formée de l'eau du ciel, l'eau de la pluie (productrice), l'eau des rivières (conservatrice) et l'eau de l'abîme (destructrice).

Même strophe. — *Kiṇḍadu* «il a déchiré», passé logique, mais irrégulier de *kiḷ* «arracher, pincer, etc.»; la forme régulière serait *kiḷḷinadu.*

11. *An'n'amoḍum* «avec le cygne», forme irrégulière, pour *an'n'attôḍum.* Le suffixe est joint au nominatif et non à la forme oblique, adjective; c'est une preuve de l'indépendance du suffixe.

2—11. Ces dix strophes sont sur la mesure suivante :

⏑ ⏓ ⏑ ⏓ —
— ⏑ ⏓ — | — ⏑ ⏓ — | — ⏑ ⏓ — | — ⏓

12. Sarasvatî.

14. *Kâdam,* environ seize kilomètres; *yôdjanâ,* mesure qui varie suivant les localités, en moyenne sept à huit kilomètres.

16. *Kulaṅgan'min';* impératif pluriel négatif.

17. *Ur'uṅgaḷ;* impératif pluriel affirmatif.

18—19. Allusions à la théorie indienne du destin. Le destin, c'est-à-dire la vie, n'est que le résultat, le produit de l'activité, de l'action bonne ou mauvaise qui, détruisant la neutralité, l'inertie naturelle à la substance, contribue à l'isoler de la masse et est la cause unique de la naissance des êtres.
Le Seigneur de l'Açôka, Arhat, dieu suprême de J'âina.

12—20. La mesure de ces neuf strophes est la suivante :

— ⏑ ⏓	⏑ ⏓ —	— ⏓	— ⏑ ⏓	⏑ ⏓ —	— ⏓
⏑ ⏓ ⏑ ⏓	— —		⏑ ⏓ ⏑ ⏓	— —	

21—22. Ces deux strophes sont sur le rhythme suivant :

— — | ⏑ ⏓ — | ⏑ ⏓ — | ⏑ ⏓ — — | — ⏓

27—33. La mesure est ici plus courte :

⏑ ⏓ ⏑ ⏓	— —	— —	— ⏓
— ⏑ ⏓	— ⏑ ⏓	— ⏑ ⏓	
	⏑ ⏓ —	⏑ ⏓ —	
	⏑ ⏓ ⏑ ⏓	⏑ ⏓ ⏑ ⏓	

25. *Kêḻir, kêṇmin'n'ir*. Ces deux formes de l'impératif pluriel « écoutez » sont employées ici respectueusement pour la seconde personne du singulier. De même à la strophe 28 *nin'eiyan'min'* « ne pensez pas » est pour « ne pense pas ».

28. *Taruguvan'*, forme irrégulière, « je donnerai ».

33. *Pôdum*, forme archaïque et irrégulière, « nous sommes allés », employée souvent avec le sens du futur aoristique; elle est ici pour l'impératif « allons ».

34—35. Même mesure que 12—20.

36. Mesure très harmonieuse :

— ⏓	— ⏑ ⏓	— ⏑ ⏓	— ⏑ ⏓
⏑ ⏑ ⏓			

36. Indra et les Apsarâs.

44—72. Même rhythme que 12—20 et 34—35.

48. *Karuttit't'u* « ce qui est la pensée », nom verbal formé du locatif. — *Ari'dum*, forme archaïque, « nous avons su », ici « nous saurons, nous allons savoir ».

52. *Illam*, forme neutre, mise ici pour la mesure; la forme ordinaire est

il «maison», qui est aussi l'un des suffixes du locatif. — J'ai traduit par «destin» le mot *ûj*, qui est proprement le *karma*, l'activité, le fruit des actes de la vie. — *Emar, numar, «nostrates, vostrates».*

54—55. Il a été impossible de séparer complétement ces deux strophes dans la traduction. J'ai reporté dans la première le verbe de la seconde *kaṇḍîr* «vous avez vu» pris ici pour «voyez».

55. *Namaraṅgâl, «ô nostrates»*, voc. plur. avec un *am* (finale neutre) explétif, comme dans l'*illam* de la strophe 52.

62. *Viḷakkugit'pâr*, une de ces formes verbales archaïques qui abondent dans les vieux textes, et où se combinent le suffixe du présent et celui du futur aoristique.

64. *Irâmin'* «demeurez»; c'est la forme négative vulgaire «ne demeurez pas». Son emploi positif ici confirme la théorie logique qui veut, dans les négatifs, la présence d'une particule négative. *Irâ* «sois» est pour *iru*, + *â*; *irâ* «ne sois pas», est une contraction de *iru*, + *al*, + *â*.

70. *Ât't'akilâdu*, gérondif négatif, formé de rad. *ât't'u* «souffrir, supporter», *aga*, finale infinitive ou gérondive, *il*, négation, *â*, finale verbale, *du*, finale du gérondif passé, caractéristique du passé.

TABLE DES MATIÈRES.

www.ingramcontent.com/pod-product-compliance
Lightning Source LLC
Chambersburg PA
CBHW050328240426
43673CB00042B/1567
9782012749399